À plus !
Nouvelle édition

Französisch für Gymnasien

Vokabeltrainer-App

Verfügbar für: iOS, Android und Windows Phone

À plus! 4 *Nouvelle édition*

Lehrwerk für den Französischunterricht an Gymnasien

Im Auftrag des Verlages erarbeitet von
Gertraud Gregor, Catherine Jorißen, Catherine Mann-Grabowski, Lara Nikolic, Dirk Philipp, Fidisoa Raliarivony-Freytag und Erik Wagner (Bilan)

und der Redaktion Französisch
Julia Goltz (Projektleitung), Iris Gleimann, Yvonne Hildebrandt, Barbara Jantzen und Marie-France Lavielle

Beratende Mitwirkung:
Rita Beyer (Püttlingen), Otto-Michael Blume (Hilden), Dr. Martin Braun (Nürnberg), Anne Delacroix (Magdeburg), Hermann Demharter (Heidelberg), Herta Fidelak-Beilke (Oberhausen), Marliese Frings-Mock (Köln), Anette Fritsch (Dillenburg), Renate Gegner (Nürnberg), Madeleine Hütten (Stuttgart), Thilo Karger (Frankfurt am Main), Prof. Ulrike Klotz (Stuttgart), Jens-Uwe Klün (Stockstadt am Rhein), Jutta Hanna Knoop (Hannover), Dr. Hans-Ludwig Krechel (Königswinter), Martina Mäsch-Donike (Düren), Klaus Mengler (Buseck), Prof. Dr. Jürgen Mertens (Ludwigsburg), Anke Rogge (Bonn), Peter Schmachtel (Lübeck), Heidi Schmitt-Ford (Bad Kreuznach), Michael Stenz (Straßburg), Silke Topf (Frankfurt am Main), Verena Unmüßig (Heidelberg), Peter Winz (Wermelskirchen), Stefanie Wölz (Sinsheim)

Illustrationen: Laurent Lalo
Karten: Lennart Fischer
Umschlagfotos: © Glow Images/Henri-Louis Roland (links), © Shutterstock/Edyta Pawlowska (rechts)
Gesamtgestaltung und technische Umsetzung: werkstatt für gebrauchsgrafik, Berlin

Begleitmaterial zu À plus! 4 *Nouvelle édition*:

Audio-CDs zum Schülerbuch	ISBN 978-3-06-021321-4
Schülerbuch als ebook	ISBN 978-3-06-520140-7
DVD zum Schülerbuch	ISBN 978-3-06-020807-4
Carnet d'activités mit Audios online	ISBN 978-3-06-520119-3
Grammatikheft	ISBN 978-3-06-520197-1
Vokabeltaschenbuch (TING®)	ISBN 978-3-06-520191-9
Klassenarbeitstrainer + Audio-CD	ISBN 978-3-06-023275-8
Vokabeltrainer-App zu erwerben in allen App Stores	

www.cornelsen.de

Die Mediencodes enthalten ausschließlich optionale Unterrichtsmaterialien; sie unterliegen nicht dem staatlichen Zulassungsverfahren.

Allgemeiner Hinweis zu den im Lehrwerk abgebildeten Personen:
Soweit in diesem Buch Personen fotografisch abgebildet sind und ihnen von der Redaktion fiktive Namen, Berufe, Dialoge und Ähnliches zugeordnet oder diese Personen in bestimmte Kontexte gesetzt werden, dienen diese Zuordnungen und Darstellungen ausschließlich der Veranschaulichung und dem besseren Verständnis des Buchinhalts.

Alle Drucke dieser Auflage sind inhaltlich unverändert und können im Unterricht nebeneinander verwendet werden.

Druck und Bindung: Livonia Print, Riga

1. Auflage, 3. Druck 2021
broschiert
978-3-06-520047-9

1. Auflage, 4. Druck 2021
gebunden
978-3-06-520048-6

PEFC zertifiziert
Dieses Produkt stammt aus nachhaltig bewirtschafteten Wäldern und kontrollierten Quellen.
www.pefc.de
PEFC/12-31-006

Avant-propos

Chers élèves!

Euer Französischbuch *À plus! 4* enthält folgende Teile:

ein kurzes Kapitel zum Einstieg nach den Ferien (fakultativ),

die drei *Unités* des Buches, die den Pflichtstoff enthalten,

einen *Bilan des compétences*, mit dessen Hilfe ihr euren Lernstand überprüfen könnt,

sechs *Modules* (fakultativ), für deren Behandlung der Stoff der *Unités 1–3* Voraussetzung ist. Sie sind frei wählbar und bauen nicht aufeinander auf.

einen Anhang, in dem ihr z. B. die Methodenseiten, Hilfen zum Verständnis der Übungsanweisungen oder einen Überblick über alle euch bekannten Zeiten und Modi der Verben findet.

Jede *Unité* besteht aus folgenden Seiten:

einer Doppelseite Übungen, mit deren Hilfe ihr den Stoff der letzten Jahre wiederholen und euch wieder ins Gedächtnis rufen könnt: ziemlich nützlich, um fit in die darauffolgende *Unité* zu starten,

einer Doppelseite, die euch alle wichtigen Informationen zu den Inhalten und Zielen der *Unité* gibt: praktisch auch für die Vorbereitung auf Klassenarbeiten ...,

zwei Doppelseiten (*Coin Lecture A* und *B*), auf denen ihr Texte aus französischsprachigen Jugendbüchern und Comics findet (es ist auch ein Film dabei). Ihr könnt einen von beiden oder auch beide Texte im Unterricht lesen (fakultativ).
Unter den Texten stehen Worterklärungen, die euch beim Verstehen des Textes unterstützen. In der *Liste des mots* findet ihr zu jedem der beiden Texte eine Auswahl an nützlichen Ausdrücken, die ihr in euren Lernwortschatz übernehmen könnt (fakultativ),

drei *Volets*, wie ihr sie aus den ersten drei Bänden kennt. Sie vermitteln den Pflichtstoff,

einer Doppelseite mit zwei Lernaufgaben (*Tâches*), zwischen denen ausgewählt werden kann. Neben den Aufgaben bieten sie weitere Lese- oder Hörtexte und viele Tipps und Verweise auf Hilfsmittel.

der Doppelseite mit den *Repères*, die euch einen Überblick liefert über Grammatik und Redemittel, die ihr zum Sprechen oder Schreiben rund um das Thema der *Unité* (und somit auch für die *Tâches*) gut gebrauchen könnt.

Viel Erfolg und Spaß beim Französischlernen wünschen die Autoren und die Redaktion!

Die folgenden aufgelisteten Angebote sind nicht obligatorisch abzuarbeiten.
Die Auswahl der Übungen und Übungsteile richtet sich nach den Schwerpunkten des schulinternen Curriculums.
Grün gekennzeichnete Lektionsteile und Übungen sind fakultativ.

Inhalt

Symbole und Verweise

Diese Symbole findest du in deinem Buch:

CD 1 ₂ Hörtext auf der CD (z. B. CD 1, Track 2)

DVD Film auf der DVD

✎ schriftliche Aufgabe

👥 Partneraufgabe

👥 Partneraufgabe (A und B) mit unterschiedlichen Informationen (Aufgabenteil für Partner B im *Annexe* ab S. 110)

👥 Gruppenaufgabe

Koop Hier arbeitet zunächst jeder für sich. Dann vergleicht ihr eure Ergebnisse und kommt zu einer gemeinsamen Lösung.

DELF Vorbereitung auf die DELF-Prüfung.

🏳 Sprachmittlungsaufgabe

P F Portfolio/Lerntagebuch

▶ 2|3 passende Aufgabe im *Carnet d'activités* (z. B. S. 2, Aufgabe 3)

GH 22 passender Abschnitt im Grammatikheft (z. B. Abschnitt 22)

Differenzierung:

◯ leichte Aufgabe

◉ anspruchsvollere Aufgabe

//◉ anspruchsvolle Aufgabe mit Hilfestellung im *Annexe* ab S. 114

//◯ Hilfestellung im *Annexe* ab S. 114

webcode **APLUS-4-25** Gib den jeweiligen Webcode auf www.cornelsen.de/webcodes ein. Dort findest du kostenlose Zusatzmaterialien und Arbeitsblätter.

CD 1
1

[...]

[...]

Dans le sac, elle trouve des clés et une carte d'identité ...

... Et ça a l'air d'être moi sur la photo, mais... mais ce nom... ça me dit rien non plus ...

C'est pas mon nom, moi je m'appelle

... Je m'appelle ...

Putain...

...Mais qu'est-ce qui m'arrive ?...

[...]

Elle va à l'adresse indiquée sur la carte d'identité. Devant la porte, elle se demande ce qu'elle va trouver dans l'appartement. Elle entre. Il n'y a personne, seulement un chat. Elle regarde tout: les meubles, les objets, les photos … mais elle ne reconnaît rien …

… Quelques jours plus tard, elle trouve un carton dans la chambre à coucher …

je ferais mieux de + *inf.* ich sollte lieber + *Inf.*
ça a l'air d'être moi es sieht so aus, als wäre ich das
un genre de coffre au trésor eine Art Schatztruhe

Extrait de: La Page blanche, Pénélope Bagieu/Boulet, Éditions Delcourt 2012, p. 6–81

1 a Lis la bédé. Explique dans quelle situation se trouve la jeune femme.

b Décris la jeune femme. Tu trouves des expressions utiles sur webcode (APLUS-4-11).

bizarre	calme	content/e	curieux/-euse	courageux/-euse	étonné/e	fatigué/e
faible	furieux/-euse	idiot/e	intelligent/e	malheureux/-euse	pauvre	rassuré/e
seul/e	spécial/e	sympa	touchant/e	triste	———	

c «Mais qu'est-ce qui m'arrive?» (▶ Texte, p. 10). Faites des hypothèses.

2 Qu'est-ce que la jeune femme trouve dans le carton? Imagine ce que ces objets lui disent sur sa vie et sa personnalité. (Tu peux aussi imaginer que, dans le carton, la jeune femme trouve encore autre chose, qu'on ne voit pas sur le dessin.)

3 À toi. Remplis une boîte avec des objets qui disent quelque chose sur toi et présente-toi à l'aide de ces objets.

Dans ma boîte, j'ai mis ——.
J'adore / Je déteste ——.
Mon/Ma/Mes —— préféré/e(s), c'est / ce sont ——.

Ça, c'est ——.
Je fais du / de la / des ——.
(Plus tard,) j'aimerais ——.

Tu es en forme pour l'unité 1? facultatif

Arbeitsblatt unter www.cornelsen.de/webcodes APLUS-4-12

1 Qu'est-ce que la voyante leur dit? Utilise le futur simple. (▶ Pense-bête, p. 232)

1. il *avoir* onze frères et sœurs
2. ils *s'amuser* bien ensemble
3. il *s'intéresser* à la nature
4. il *collectionner* les pierres
5. il *être* sportif
6. il *gagner* beaucoup de tournois
7. il *faire* beaucoup de voyages
8. il *aller* au Canada
9. il *connaître* beaucoup de monde
10. il ne jamais *être* seul
11. il *réussir* sa vie
12. vous *être* fiers de lui

Il aura onze frères et sœurs.

2 a C'est la rentrée. Les jeunes prennent des bonnes résolutions*. Qu'est-ce qu'ils disent? Utilise le futur simple. (▶ Pense-bête, p. 232)

* **la bonne résolution** der gute Vorsatz

1 Je/*rêver*/moins.

2 Je/*lire*/plus de livres.

3 Nous/*avoir*/des meilleures notes en français.

4 Je/*faire*/plus de sport.

5 Et toi, qu'est-ce que tu/*faire*?

b À toi. Prends des bonnes résolutions* pour cette année comme en a.
Tu peux utiliser:

(ne pas / ne plus)   *aller*   *apprendre*   *commencer* à + inf.   *faire*   *jouer* à   *jouer* de   _____

3 a Trouve des conditions et complète les phrases. Utilise le présent.
Exemple: S'il pleut demain, je resterai au lit toute la journée.
1. _____, je changerai mon mot de passe.
2. _____, je deviendrai prof de français.
3. _____, j'aurai 1 250 amis sur Internet.
4. _____, je ferai beaucoup de sport.
5. _____, ma vie ne sera pas ennuyeuse.

b Qu'est-ce qui se passera si ...? Termine les phrases. Utilise le futur simple. (▶ Pense-bête, p. 232)
1. Si je fais un stage de ? cet été, _____.
2. Si j'ai des bonnes notes en ? , _____.
3. Si je trouve un/e correspondant/e en/au/aux ? , _____.
4. Si je m'entraîne régulièrement cette année, _____.

4 a Tu connais déjà ces métiers*. Trouve leur nom.

* **le métier** der Beruf

1. Il/Elle joue dans des films. Il est `?` / Elle est `?` .
2. Il/Elle joue d'un instrument de musique. Il est `?` / Elle est `?` .
3. Il/Elle travaille dans un cirque. Avec lui/elle, les gens rient beaucoup. Il est `?` / Elle est `?` .
4. C'est le métier de ZAZ et de Stromae. Elle est `?` . Il est `?` .
5. Il/Elle travaille dans un hôpital et s'occupe des malades. Il est `?` / Elle est `?` .
6. Il/Elle est le/la chef des surveillants. Il est `?` / Elle est `?` .
7. C'est le métier de Gustave Eiffel. Il était `?` .

b À vous. Expliquez trois noms de métiers comme en **a** à votre partenaire.

> prof   auteur   guide   arbitre   entraîneur
> documentaliste   journaliste   principal

5 Trouve la forme féminine de ces métiers et fais un tableau. Puis, complète-le par les mots de l'exercice **4**. Range ton tableau dans ton classeur de français. Tu pourras l'utiliser dans l'unité 1.
(▶ Liste alphabétique, p. 188)

masculin	féminin
l'artiste	
le marchand	
l'animateur	
l'ouvrier	
le médiateur	
le navigateur	

6 Sois diplomate. Reformule les phrases à l'aide des expressions que tu trouves dans l'encadré, à droite. Il y a plusieurs possibilités.

> ce serait sympa de   je ne voudrais pas
> on voudrait   tu devrais   tu pourrais
> il faudrait   on pourrait   je voudrais

1. Sois à l'heure.
2. Je veux une glace!
3. Tu dois ranger tes affaires aujourd'hui.
4. On veut faire une fête samedi.
5. Je ne veux pas que vous dérangiez les voisins.
6. Aide-moi!
7. Je veux qu'on aille au cinéma demain soir.
8. Il faut que tu travailles plus vite.

> Ce serait sympa d'être à l'heure.

7 Autrefois, la vie était différente. Raconte comment c'était. Utilise l'imparfait. (▶ Pense-bête, p. 232)

(ne pas)	exister	pouvoir	écrire
	travailler	partir	avoir
	faire	être	passer ——

Exemple: Autrefois, les ordinateurs n'existaient pas.
On ne pouvait pas ——.

PF **Tâches – au choix**
Am Ende dieser Unité kannst du

A eine Person vorstellen, die dich
fasziniert.

B ein Bewerbungsgespräch für ein
Praktikum führen.

Coin lecture – au choix

- ein Auszug aus einem Jugendroman (S. 16–17) ●
- ein Comic (S. 18–19) ○

Compétences communicatives
Du lernst

- über Berufswünsche zu sprechen. (▶ V1)
- deine Bewunderung auszudrücken. (▶ V1)
- Ratschläge zu geben, Vermutungen und Wünsche zu äußern. (▶ V1)
- Möglichkeiten und Bedingungen auszudrücken. (▶ V2)
- ein Bewerbungsschreiben und einen Lebenslauf zu schreiben. (▶ V3)
- dich telefonisch auf eine Job-Annonce zu melden. (▶ V3)

Dazu brauchst du z. B.

- das *conditionnel présent*.
- die Verneinung mit *personne ne …* und *rien ne …*
- den irrealen Bedingungssatz.
- Außerdem lernst du das Verb *(se) battre*.

Compétences interculturelles

- Du lernst französische Persönlichkeiten kennen.
- Du erhältst Einblicke in die französische Arbeitswelt.

Apprendre à apprendre
Du lernst

- wie du vorgegebene Texte als Modell zum Schreiben eines eigenen Textes nutzen kannst.

Chapitre 1

CD 1
2

– Vous avez quel âge?
– Quatorze ans.
– Vous avez déjà gardé des enfants?
– Non.
5   – Ce n'est pas grave. Je vous attends demain à 17 h.

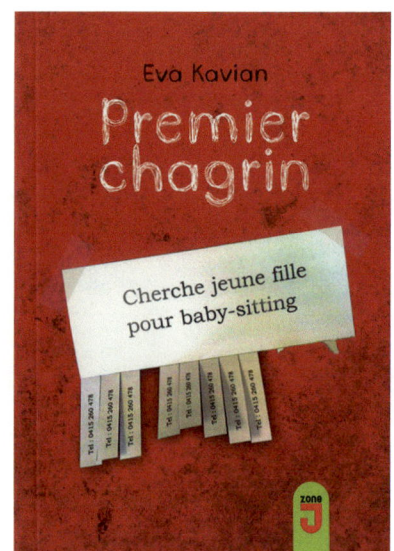

Je ne me suis pas posé de questions. Je n'ai pas pensé que
j'étais trop jeune ou que je n'avais jamais langé[1] un bébé. Je
n'avais aucune idée du nombre d'enfants à garder, ni de leur
âge. J'avais vu l'annonce à la boulangerie, j'ai appelé. Je lis
10   toujours les petites annonces, on ne sait jamais. En général[2],
je cherche un travail plus épanouissant[3] pour Maman ou une
voiture d'occasion[4] vraiment bon marché[5] ou une maison
à garder pendant les vacances, avec piscine de préférence.
L'annonce précisait[6] *une jeune fille* et *pour une durée[7] d'environ*
15   *quatre mois*. Ce n'était pas une annonce pour Maman, elle a
l'air jeune, mais tout de même[8]. *Deux fois par semaine.* Parfait.
J'ai tout de suite fait le calcul[9]: en comptant[10] 5 euros de l'heure, cinq heures par
semaine, pendant environ quatre mois, j'aurais environ 450 euros, deux fois plus que
ce qu'il me fallait pour participer au stage cet été. Il me resterait de quoi[11] acheter, enfin,
20   un téléphone portable. Et de quoi voir venir. Mais après le coup de fil[12], la première
chose à laquelle j'ai pensé, c'est à la tête de Célia et Odile. J'étais peut-être l'intello de
service[13] ou la plus petite de la classe, j'étais celle qui[14] avait les plus petits seins[15], celle
qui n'était pas encore sortie avec un garçon et celle qui ne portait pas de vêtements de
marque, mais je devenais la première de la classe à faire du baby-sitting. [...]
25   La deuxième chose à laquelle j'ai pensé, c'est au soulagement[16] de Maman. Elle voit
défiler[17] tellement de[18] jeunes qui ne font rien de leur jeunesse qu'elle se demande
souvent à quoi sert quoi[19]. J'allais lui montrer que j'étais d'une autre trempe[20]. Elle
aimerait me servir[21] du steak plus souvent, mais *l'argent ne tombe pas du ciel[22]*. Je déteste
le steak et j'adore les pâtes[23] au beurre, mais je vois bien que ce n'est pas facile pour elle,
30   et l'idée de gagner[24] de l'argent moi-même me donnait l'impression d'avoir pris dix
centimètres[25] en un coup de téléphone[26].

Extrait de: Premier chagrin, Eva Kavian, Éditions Mijade 2011, p. 9–11

1 langer qn jdn wickeln   **2 en général** d'habitude, le plus souvent   **3 épanouissant** *hier*: intéressant
4 d'occasion gebraucht   **5 bon marché** ≠ cher   **6 préciser** dire qc plus clairement
7 la durée die Dauer   **8 tout de même** quand même   **9 faire le calcul** etw. berechnen
10 en comptant *hier*: quand on calcule   **11 il me resterait de quoi** + inf. mit dem Rest könnte ich + Inf.
12 le coup de fil l'appel téléphonique   **13 l'intello** *m./f.* **de service** der/die Streber/in vom Dienst
14 celle qui diejenige, die   **15 le sein** die Brust   **16 le soulagement** die Erleichterung
17 défiler passer   **18 tellement de** so viele   **19 se demander à quoi sert quoi** sich fragen, wozu etw. nutzt
20 être d'une autre trempe *hier*: être différent/e des autres   **21 servir qc** etw. servieren, auftischen
22 le ciel der Himmel   **23 les pâtes** *f. pl.* die Nudeln   **24 gagner qc** *hier*: etw. verdienen
25 prendre dix centimètres um zehn Zentimeter wachsen   **26 le coup de téléphone** l'appel téléphonique

1 Regarde la première de couverture* du roman et lis les lignes 1–5. Expose la situation: à ton avis, qui parle et où a lieu cette conversation?

* **la première de couverture** die Titelseite, das Cover

2 a Lis le texte et prends des notes sous forme de dessins ou de symboles sur les mots ou passages du texte que tu trouves importants. (▶ Méthodes, p. 128/26.1)

b Travaillez en groupe. Présente tes dessins ou tes symboles aux autres et justifie ton choix.

c Maintenant présentez vos résultats à la classe.

3 a Quels sont/seraient les avantages de ce travail pour la jeune fille? Avant de répondre, relis les lignes 17 à 31.

b Explique pourquoi la fille a «l'impression d'avoir pris dix centimètres en un coup de téléphone.» (l. 30)

4 Cherche dans le texte les mots et les expressions que tu peux utiliser pour parler d'argent. Fais un associogramme. Complète-le par des mots et des expressions que tu connais déjà. (▶ Liste alphabétique, p. 188)

l'argent

5 Choisis une des activités suivantes.

a La narratrice retrouve ses copines Odile et Célia. Qu'est-ce qu'elle leur raconte? Quelles questions est-ce qu'Odile et Célia vont poser? Imaginez leur dialogue.

b Et toi, est-ce que tu as déjà (eu) un job? Qu'est-ce que tu fais (as fait)? Pourquoi est-ce que tu as choisi ce job? Quels sont les avantages? Écris un petit texte. (▶ Méthodes, p. 121/5.2, ▶ Dictionnaire)

faire du dog-sitting

donner des cours de soutien scolaire

distribuer des journaux

réparer des vélos

laver des voitures

s'occuper de personnes âgées

faire les courses pour qn

tondre le gazon

CD 1
3

Extrait de: Boulard, 1 En mode cool, Mauricet/Erroc, Bamboo édition 2013, p. 38

la file d'attente die Warteschlange   **le pôle emploi** die Agentur für Arbeit / die Arbeitsvermittlung
le chômeur / la chômeuse der/die Arbeitslose   **en fin de droits** nach Ablauf des Arbeitslosengeldes
le don de voyance die hellseherische Gabe   **faire flipper qn** *fam.* jdm Angst machen

1 Regarde et lis d'abord les deux premières vignettes. Puis expose la situation.   (▶ Méthodes, p. 128/24)

2 Lis la bédé en entier et réponds aux questions.
  1. Comment est-ce que Thierry se voit dans dix ans?
  2. Qu'est-ce que Chloé pense de cela?

3 Comment est-ce que tu trouves les deux jeunes? Justifie ta réponse à l'aide de la bédé. Tu peux utiliser les adjectifs suivants.

> réaliste   égoïste   modeste   timide   violent/e   tranquille   ouvert/e   énervé/e
> flexible   calme   compliqué/e   lâche   sérieux/-euse   fier/fière   sympa   drôle
> fort/e   faible   curieux/-euse   créatif/-ive   courageux/-euse   ennuyeux/-euse   ____

4 Trouve un titre à cette bédé. Justifie ton choix.

5 Choisis une des activités suivantes.

  a Raconte la bédé à quelqu'un qui ne la connaît pas.
   Utilise le présent.

> *demander* à qn si   *demander* à qn comment   *dire* à qn que   *répondre* à qn que

  b Imagine une autre fin possible à cette bédé. Tu peux la dessiner ou l'écrire.

  c Et toi, comment est-ce que tu te vois dans dix ans? Tu peux écrire un petit texte ou dessiner des vignettes comme dans la bédé, p. 18, vignettes 3 à 5.   (▶ Méthodes, p. 121/5.2, ▶ Dictionnaire)

6 Faites le hit-parade des métiers dans votre classe et comparez-le avec le hit-parade des métiers des jeunes Français/es.   (▶ Méthodes, p. 120/5, ▶ Dictionnaire)

Les jeunes Français/es veulent devenir …	
1 photographe	11 fleuriste
2 architecte	12 ingénieur de la police scientifique
3 cuisinier/cuisinière	13 agent de voyage
4 vétérinaire	14 infirmier/infirmière
5 médecin	15 jardinier/jardinière paysagiste
6 chirurgien/chirurgienne	16 professeur des écoles
7 décorateur/décoratrice d'intérieur	17 sage-femme
8 concepteur/conceptrice de voyage	18 avocat/avocate
9 journaliste	19 ostéopathe
10 styliste	20 webmaster

Source: palmarès des métiers 2014
Sondage exclusif réalisé par *Orientations*

Projets d'avenir

CD 1
4–7

Le Monde des jeunes

Spécial métiers

Les métiers de rêve

Interview avec Leïla Bekhti: Comment je suis devenue actrice

Rendez-vous chez le conseiller d'orientation

1

Matéo: Vous savez ce que vous aimeriez faire plus tard?

Lara: Moi, je ne sais pas encore.

Lili: Moi, je rêve de devenir
5 dessinatrice. Le dessin, c'est ma passion!

Matéo: Je trouve que tu es très douée pour le dessin. Et en plus, tu es créative. Moi, je te verrais
10 bien auteure de bédés parce que tu as aussi de l'humour. Je suis sûr que tu aurais du succès.

Lili: Merci, c'est gentil de me dire ça! ... Et toi, tu ferais un très bon
15 conseiller d'orientation.

> Le conseiller d'orientation va dans les collèges et conseille les élèves sur leur orientation après la troisième et sur leur avenir.

3

Sami: L'homme qui vient de passer, c'est mon voisin. Il travaille pour «Médecins du
5 Monde». Il part soigner les gens partout où il y a des conflits. C'est un type très courageux. Rien
10 ne lui fait peur. Et il s'engage aussi en France! Il aide les pauvres et se bat contre l'exclusion. C'est
15 vraiment quelqu'un de bien. Je l'admire. Je voudrais suivre son exemple. Et puis, j'aime me sentir utile.

20 **Aurélien:** Personne ne t'empêche de faire comme lui! Moi, à ta place, c'est ce que je ferais. J'irais là où les
25 gens ont besoin de moi.

2

Marion: C'est quoi, ton métier de rêve?

Lucie: Ben, l'autre jour, dans «Le Monde des
5 jeunes», j'ai lu un article sur Leïla Bekhti et depuis, je rêve de devenir actrice. Je sais, ce n'est pas réaliste,
10 mais je voudrais faire comme elle.

Marion: Je te comprends, c'est une des meilleures actrices du moment.

15 **Lucie:** Et ce qui m'impressionne le plus chez elle, c'est son courage. Elle est partie de rien mais elle s'est
20 battue, et elle a réussi. Et malgré ça, elle est restée modeste. Je voudrais lui ressembler!

4

Lire, écouter et comprendre

1 a Lis les dialogues et réponds. Qu'est-ce que les jeunes veulent devenir? Pour quelles raisons?

CD 1
7
b Écoute le dialogue **4** et réponds aux questions.   (▶ Méthodes, p. 123/12)
1. Qu'est-ce que ces deux jeunes veulent faire plus tard?
2. Quel est le problème de Félix? Explique-le.

Parler

2 Et toi, qu'est-ce que tu voudrais devenir? Qu'est-ce que tu ne voudrais surtout pas faire plus tard?
Et pourquoi? Faites le tour de la classe, posez ces questions à vos camarades et répondez à leurs questions.
Prenez des notes.   (▶ Tableau, p. 13/5; ▶ Exercice, p. 19/6; ▶ Dictionnaire)

Pour les réponses:
Je me verrais bien ____
Je voudrais devenir ____   parce que ____.
Je ne voudrais surtout pas devenir ____

Découvrir

Koop **3** a Übersetzt die beiden Sätze. Stellt den Bedeutungsunterschied heraus.
1. À ta place, je **parlerais** à mes parents.
2. Demain, je **parlerai** à mes parents.

b Findet weitere Beispielsätze mit dem *conditionnel présent* im Text, S. 20. Wie werden die Formen des
conditionnel présent gebildet?

S'entraîner

4 a Donnez des conseils à ces jeunes. Utilisez:
Moi, à ta place, je ____ + conditionnel présent.
(▶ Repères, p. 33/2)

s'engager (pour ____)
faire un stage
devenir acteur/actrice/____
partir au pair
travailler pendant les vacances
aller chez un conseiller d'orientation
parler à ____
faire des études de ____

1 Le théâtre, c'est ma passion.

2 J'aime aider les gens.

3 Je voudrais passer un an en France mais mes parents n'ont pas beaucoup d'argent.

4 Je ne sais pas ce que je voudrais faire plus tard.

5 Je voudrais voyager, aller partout dans le monde.

b À vous. Ton/Ta partenaire te parle d'un problème (amour/amitié, argent, école, famille, ____).
Donne-lui des conseils comme en a.
Exemple: – J'aimerais sortir avec Nadia mais je n'ose pas lui dire.
– À ta place, je l'inviterais au cinéma / je lui composerais une chanson.

> Sans télé, on s'ennuierait un peu mais les gens liraient peut-être plus souvent.

5 Comment ce serait sans ____? Imagine.
Utilise le conditionnel présent.
(▶ Repères, p. 33/2)   //○ ▶ p. 114

sans télé	sans Internet	sans ami/e
sans casque	sans chocolat	sans vélo
sans vêtements de marque		sans livres
sans ____		

6 Aurélie a des problèmes.
Explique pourquoi.
Utilise *personne ne …* et *rien ne …*
(▶ Repères, p. 32/1)

l'intéresser vraiment   lui *plaire*
l'encourager   lui *donner* des conseils
se *passer* comme elle veut   *l'aider*
changer dans sa vie   *être* facile pour elle
la *consoler*   lui *parler*   *penser* à elle

Médiation

7 Tu as lu ce blog sur la chanteuse ZAZ. Tu racontes à un copain allemand, qui ne la connaît pas, comment l'auteur du blog la trouve et pourquoi.   (▶ Méthodes, p. 133/33)

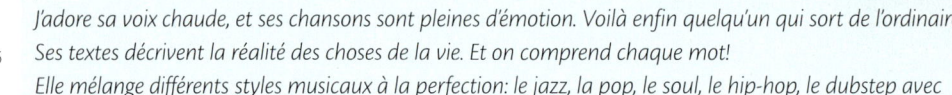

Fan de ZAZ   le blog de Louna

À 4 ans, elle a déclaré à ses parents: «Je serai chanteuse». Et elle l'est devenue!
Elle a commencé à chanter dans les rues et maintenant, c'est une grande star. ZAZ n'est
pas comme tout le monde et elle le montre dans son titre «Je veux», son premier succès.
J'adore sa voix chaude, et ses chansons sont pleines d'émotion. Voilà enfin quelqu'un qui sort de l'ordinaire.
5   Ses textes décrivent la réalité des choses de la vie. Et on comprend chaque mot!
Elle mélange différents styles musicaux à la perfection: le jazz, la pop, le soul, le hip-hop, le dubstep avec
des influences arabes et africaines, elle joue de la trompette avec ses mains pour seul instrument. Elle est
magique. Son nouvel album est sorti: il faut que vous l'écoutiez!
En plus, ZAZ est très engagée dans l'association «Colibris», une association qui s'occupe de projets pour un
10 meilleur respect de l'homme et de la nature, partout dans le monde.
ZAZ, tu es géniale, tu es mon idole, j'aimerais trop te rencontrer!

Vocabulaire

8 Lisez encore une fois les textes p. 20. Relevez les mots et les expressions pour parler d'une personne que vous admirez. Complétez avec des expressions de 7. Vous pourrez les utiliser pour la tâche A.

Activité

9 Prépare un rendez-vous chez le conseiller d'orientation. Fais une fiche.

nom?   âge?   passions?   hobbys?
matières préférées?   métiers de rêve?
modèle?   projets d'avenir?   qualités?

CD 1
8–9

Qu'est-ce qui compte pour toi?

Le Monde des jeunes

**Quand on te parle de «demain», comment est-ce que tu te vois?
Dans un bureau ou libre comme l'air? Avec beaucoup de responsabilités?
Ou est-ce que tu n'en sais rien? Fais vite ce test pour le savoir.**

TEST Qu'est-ce qui compte pour toi?

1 Si tu passais une semaine sur une île déserte, tu emporterais …

B … des jumelles.
A … une montre.
C … un cahier et un stylo.

2 Si tu ratais un examen, …

C … tu arrêterais tes études et tu monterais ta propre entreprise.
A … tu le repasserais plus tard.
B … tu poserais ta candidature pour faire un stage à l'étranger.

3 Tu voudrais que ton futur travail …

B … soit passionnant et enrichissant.
C … te permette d'avoir des horaires de travail flexibles.
A … te permette de gagner beaucoup d'argent.

4 Tu n'aimes pas …

B … faire toujours la même chose.
A … être seul/seule.
C … qu'on te donne des ordres.

5 Si tu travaillais en équipe, …

A … l'avis des autres compterait beaucoup pour toi.
B … tu n'hésiterais pas à poser beaucoup de questions.
C … c'est toi qui prendrais les décisions.

6 Si tu étais un super-héros, …

C … tu sauverais le monde plusieurs fois par jour.
B … tu utiliserais tes pouvoirs pour réussir ta vie.
A … tu rêverais d'avoir une vie normale.

7 Ta qualité principale:

B tu es flexible et tu es prêt/prête à travailler dans différents domaines.
A tu es sérieux/sérieuse, on peut te faire confiance.
C tu es optimiste et rien ne te fait peur.

RÉSULTATS

Tu as quatre C ou plus:
Tu ne sais pas encore ce que tu veux faire plus tard. Tu es curieux/curieuse et tu voudrais vivre un tas d'expériences formidables. Tu pourrais par exemple devenir journaliste, reporter ou guide.

Tu as quatre B ou plus:
Tu as besoin d'un travail sûr avec un salaire fixe. Tu pourrais faire des études d'économie pour travailler dans une grande entreprise.

Tu as quatre A ou plus:
Tu voudrais être ton propre chef. Tu aimes décider librement de ce que tu fais. Tu pourrais devenir concepteur/conceptrice de jeux vidéo, artiste ou traducteur/traductrice.

Lire et comprendre

1 Fais le test «Qu'est-ce qui compte pour toi?».

Parler

2 Est-ce que tu te reconnais dans ce que dit le test sur toi? Discute de tes résultats avec ton/ta partenaire.

> Je (ne) me reconnais (pas).
> Je (ne) suis (pas) d'accord.
> Je suis plutôt ____.
> J'aimerais + *infinitif* ____.
> Je voudrais (plutôt) + *infinitif* ____.
> Je me vois / Je me verrais bien/plutôt ____.
> Je rêve de + *infinitif* ____.
> J'ai besoin de + *infinitif* ____.
> Je ne sais pas encore. / Je n'en sais rien.

> Moi aussi, je ____.
> Moi non plus, je ____.
> À mon avis, tu ferais un/e bon/ne ____.
> Je te verrais plutôt ____.
> Tu pourrais + *infinitif* ____.
> Moi, à ta place, je + *conditionnel* ____.

Découvrir

Koop **3** a Regarde les deux dessins et lis les bulles. Quelle bulle correspond à quel dessin? Justifie ta réponse.

> Si je peux, je passerai chez toi.

> Si je pouvais, je passerais chez toi.

b Lest die Sätze. Welche Verbform wird in den folgenden Sätzen im „si"-Satz verwendet? Welche im Hauptsatz? Stellt eine Regel auf.
1. Si je **ratais** cet examen, ce **serait** une catastrophe.
2. Si je **passais** une semaine sur une île déserte, j'**emporterais** mon portable.

c Übersetzt die Sätze von b ins Deutsche und Englische und vergleicht den Gebrauch der Verbformen in den drei Sprachen.

d Complétez les phrases. Utilisez l'imparfait et le conditionnel présent.
1. Si je/j' *(être)* concepteur de jeux vidéo, je/j' *(inventer)* des jeux pour mes parents.
2. Si Félix *(devenir)* reporter, ses parents ne/n' *(être)* pas contents.
3. Qu'est-ce que tu *(faire)* si tu (ne pas *avoir*) cours aujourd'hui?

S'entraîner

4 a Qu'est-ce que tu ferais dans ces situations? Pose des questions à ton/ta partenaire et réponds à ses questions. (▶ Repères, p. 33/3)    ▶ p. 114

Qu'est-ce que tu ferais …

1. … si tu pouvais partir en vacances avec tes copains – sans tes parents?
2. … si tu étais le principal / la principale de ton collège?
3. … si tu étais très riche?
4. … si tu avais 18 ans?

b Qu'est-ce que tu ferais si …? Imagine et réponds par écrit.
Utilise l'imparfait et le conditionnel présent. (▶ Repères, p. 33/3)    ▶ p. 114

1. *vivre* seul/e sur une île déserte
2. *parler* sept langues
3. *rencontrer* un acteur célèbre dans la rue
4. *avoir* des pouvoirs surnaturels
5. ne pas *devoir* aller à l'école
6. ____

> *Si je vivais seul/e sur une île déserte, je mangerais seulement du poisson, je parlerais aux animaux et je dormirais sur la plage.*

Écouter et comprendre

CD 1 **10**

5 a Écoute la conversation et décris la situation.   (▶ Méthodes, p. 124/13)

b Vrai ou faux? Écoute encore une fois la conversation et réponds. Corrige les phrases fausses.
(▶ Méthodes, p. 124/14)

1. Guillaume s'intéresse aux maths.
2. Il a de très bonnes notes.
3. Il voudrait vivre comme ses parents.
4. Il devrait arrêter l'école.

CD 1 **11**

6 Écoute la chanson de Pascal Obispo et de Natasha St-Pier. Quelle question la chanson pose-t-elle? Tu trouveras les paroles sur webcode (APLUS-4-25).

Vocabulaire et expression

7 a Trouve dans les textes (p. 20, p. 23) des adjectifs pour décrire les qualités d'une personne. Fais une liste. Complète-la par des adjectifs que tu connais déjà. Tu pourras utiliser ta liste pour la tâche A.

b Quelles qualités est-ce qu'il faut avoir pour être un/e bon/ne journaliste? Trouvez au moins trois qualités. Utilisez votre liste de a et justifiez votre réponse. Continue avec d'autres métiers.

journaliste	médecin	clown	artiste
auteur/auteure		animateur/animatrice	
professeur		dessinateur/dessinatrice	
acteur/actrice	reporter	____	

Écrire

8 *Le Monde des jeunes* fait une enquête sur l'avenir des jeunes et sur le thème: «À 25 ans, je serais heureux/heureuse si …»
Réponds-y. Écris un petit texte.    ▶ p. 115

> *À 25 ans, je serais heureuse si j'étais directrice d'un zoo. Je m'occuperais des animaux, je ____*

CD1
12–14

Le stage de troisième

Je dois bientôt faire un stage en entreprise et je ne sais pas comment poser ma candidature. Pourriez-vous m'aider, s'il vous plaît?
Raphaël, élève de 3e

Toi aussi, comme Raphaël, tu vas faire un stage?
Voici quelques tuyaux pour réussir ta candidature.

Le Monde des jeunes

1 Ta lettre de motivation
Elle doit donner envie à l'employeur de te rencontrer! Alors, n'attends pas jusqu'au dernier moment pour l'écrire.

Nicolas Tabel
18, rue du Commerce
75015 Paris
01 45 65 78 39
nicotabel@nomail.fr

> Attention à ton adresse mail: donne une adresse sérieuse, ne mets pas superheros@nomail.fr pour une demande de stage!

Restaurant La Table de Léo
23, rue Mademoiselle
75015 Paris

Paris, le 1er septembre 2015

Objet: Demande de stage en entreprise en classe de 3e du 15 au 20 février 2016

Madame, Monsieur,

Je suis en classe de troisième au collège André Citroën à Paris. Cette année, je dois faire un stage
5   en entreprise pendant une semaine.

Je suis très intéressé par tout ce qu'on fait dans un restaurant.
Je sais faire la cuisine. Ma spécialité, ce sont les desserts. Je
suis créatif et j'aime inventer des recettes. De plus, je suis très
doué pour décorer les tables et mettre le couvert. Quand il y a
10   une fête de famille, c'est moi qui sers tout le monde parce que
j'aime m'occuper des gens.

> Là, tu expliques tes points forts. Tu peux en rajouter. Mais n'exagère pas trop quand même.

Je m'intéresse particulièrement au service en salle depuis le
jour où mon oncle, qui a un restaurant à Montpellier, m'a
demandé de l'aider. J'ai beaucoup aimé et j'ai pu utiliser mes
15   connaissances d'allemand et d'anglais pour servir les touristes.
Faire un stage dans votre restaurant me permettrait de mieux
connaître le métier de serveur et le travail en équipe.

> Là, tu dois montrer à l'employeur que tu es vraiment motivé/e et que tu as le profil idéal.

Je serais très heureux de pouvoir faire mon stage dans votre restaurant.
J'espère que ma candidature vous intéresse et que je pourrai bientôt vous rencontrer.

20   Dans l'attente de votre réponse, je vous prie de recevoir, Madame, Monsieur,
mes salutations respectueuses.

Nicolas Tabel

> Enfin, tu fais la liste des documents que tu envoies avec ta lettre de motivation.

> Et tu signes.

Pièce jointe: CV

Le Monde des jeunes

 Ton CV

Le CV (= curriculum vitae), c'est un peu le film de ta vie en quelques mots.

Nicolas Tabel
18, rue du Commerce
75015 Paris
01 45 65 78 39
nicotabel@nomail.fr

Né le 15 juin 2000 à Paris

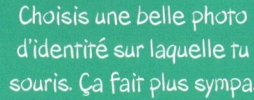

Choisis une belle photo d'identité sur laquelle tu souris. Ça fait plus sympa.

Formation

Études   Depuis 2012 Collège André Citroën à Paris

Langues   Anglais (niveau B1)
          2015 Échange de 15 jours à Cambridge
          Allemand (niveau A2)

Expérience professionnelle

2014 Stage de 4e au club de sport Grenelle à Paris
Découverte du travail en entreprise en trois jours

Connaissances en informatique

Word, Powerpoint

Hobbys

Cuisine
Sport (athlétisme)

Si, après trois semaines, tu n'as pas de réponse, téléphone pour demander s'ils ont reçu ta candidature.

Lire et comprendre

1 a Survole les deux pages. De quoi est-ce qu'il s'agit?

   b Qu'est-ce qu'il faut faire pour poser sa candidature?

   c Lis les documents et trouve les points forts de Nicolas.

   d À ton avis, Nicolas a-t-il les bonnes qualités pour ce qu'il veut faire? Justifie ta réponse.

Écouter et comprendre

CD1 15   **2** **a**   Trois semaines plus tard, Nicolas n'a pas reçu de réponse. Il appelle le restaurant. Écoute et réponds.
1. Comment est-ce que le patron réagit?
2. À ton avis, qu'est-ce que Nicolas va faire maintenant? Formule des hypothèses.

CD1 16   **b**   Écoute la suite. Comment est-ce que la conversation se termine? Compare avec tes hypothèses.

CD1 15–16   **c**   Faites deux groupes. Écoutez une deuxième fois la conversation et prenez des notes. Le premier groupe se concentre sur ce que dit Nicolas, le deuxième groupe se concentre sur ce que dit le patron. Quels sont les arguments de Nicolas? Quels sont les arguments du patron?   (▶ Méthodes, p.123/12)

Parler

3   Lis les petites annonces. À quelle annonce est-ce que tu répondrais? Pourquoi? Explique.

1
> Cherche jeune m./f. qui aide mon fils à faire ses devoirs (surtout allemand et maths, niveau 6ᵉ).

04 69 54 48 32 (×6)

2
> Ferme[1] dans le Languedoc-Roussillon cherche jeunes pour faire les vendanges[2] du 15 septembre à fin octobre. 5 euros de l'heure, repas et camping à la ferme.
> Contacter M. Gardère:

04 65 58 90 02 (×6)

3
> Famille cherche baby-sitter pour s'occuper de Ludivine (4 ans) du 22 octobre au 2 novembre (6 jours par semaine, 5 heures par jour) dans sa maison de vacances avec piscine chauffée à 10 mn de Montpellier. 150 euros d'argent de poche.

Tél.: 01 88 44 25 64, après 19 heures. (×6)

4
> Music'halle cherche jeunes pour distribuer[3] prospectus, centre commercial du Polygone, octobre à décembre, Mobile:

06 55 11 12 42 (×6)

1   **la ferme**   der Bauernhof
2   **les vendanges**   *f. pl.* die Weinlese
3   **distribuer qc**   etw. austeilen

Vocabulaire et expression

Koop   **4**   Fais un associogramme sur le thème du travail. Il sera utile pour la tâche B et l'exercice **5b**. Tu peux aussi utiliser les textes du *Coin lecture* (p.16–19) et la chanson *Vous pouvez travailler chez nous* (▶ webcode APLUS-4-28) pour trouver des mots.

CD1 17

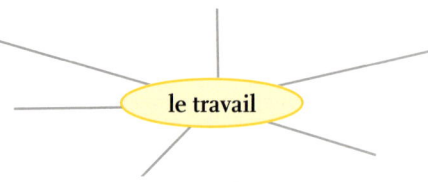

le travail

Apprendre à apprendre

5 Wie du einen Text zum Schreiben eines eigenen Textes nutzen kannst

a Wenn du einen Text schreiben willst, ist es hilfreich, auf einen Modelltext zurückzugreifen. Lies die Ratschläge im Methodenteil (S. 130–131/29) und wende sie in **b** an.

b Tu veux faire un stage en France, par exemple dans une colonie de vacances, un restaurant, un hôtel? Écris ton dossier de candidature (lettre de motivation et CV) sur le modèle du dossier de Nicolas (▶ Texte, p. 26–27). Utilise ton associogramme de l'exercice **4**.

| Où? | Quand? | Pourquoi? | Tes qualités? | Ton expérience? | Tes connaissances? |

Écouter et comprendre

CD 1
18

6 a Lucas cherche un job. Il a lu ces annonces. Lis-les toi aussi. Puis écoute la conversation et trouve à quelle annonce Lucas répond.

1 Cherche dog-sitter pour mes deux labradors, le mercredi. 7,50 € par jour.
Tél: 04 71 18 00 22

2 Cherche dog-sitting, 2 fois par semaine, 14h à 15h, parfois le samedi. 6,50 €/h.
Tél: 04 61 34 99 12

3 Garder chiens quelques heures en semaine. 2 Jack Russel, 12 ans, très gentils. **Renseignements par téléphone: 04 35 65 42 86**

4 Cherche dog-sitter expérimenté pour s'occuper de mon chien, 8 ans. 2 promenades de 30 min/jour. 7,50 €/jour.
Renseignements: 04 57 36 38 40

CD 1
19

b Lucas rappelle madame Richard parce qu'il ne peut pas venir à 18h. Écoute. Qu'est-ce que tu comprends?

c Prépare ta réponse et joue le rôle de Lucas.

Regarder et comprendre

DVD **7** Regarde la séquence et décris-la.

Activité

8 Tu cherches un job pour les vacances? Travaillez à deux et choisissez une annonce dans l'exercice **3**. Préparez l'appel téléphonique entre le jeune et l'employeur et jouez-le.

Choisis une des deux tâches.

 A   **Je voudrais lui ressembler**

Toi aussi, tu participes à l'enquête «Mon modèle» du magazine *Le Monde des jeunes*:
Présente une personne que tu admires.

- Choisis une personne, célèbre ou non.
- Fais une courte biographie de cette personne et décris ce qu'elle (a) fait dans sa vie.
  (▶ Méthodes, p. 127/21)
- Explique les raisons pour lesquelles tu l'admires (qualités, etc.).
- Pour préparer ton texte, tu peux d'abord faire une fiche d'identité de ton «modèle».
- Après, présente cette personne à tes camarades.

Tu cherches des idées? Les documents sur cette page peuvent t'aider. Tu cherches des expressions utiles?
▶ *Repères (Qu'est-ce qu'on dit*, p. 32), *textes* (p. 20), *exercices* (p. 22/7+8), *Méthodes* (p. 131/29).

«As-tu une personne modèle?»

**C'était notre question du mois dernier. Comme beaucoup d'entre vous,
Alissa et Ben y ont répondu. Lisez leur témoignage.**

C'est la personne que j'admire

Je voudrais vous présenter Aïcha, ma belle-
mère. Elle est née en Tunisie mais elle habite
en France depuis longtemps. Elle est venue
5   avec ses parents qui n'avaient pas beaucoup d'argent et ne pouvaient pas payer
ses études. Elle est partie de rien mais elle
s'est battue et elle a réussi. Maintenant,
elle est infirmière-psychologue. Elle n'est
10 pas célèbre mais je l'admire beaucoup.
D'abord, elle me comprend et m'aide: je
suis souvent perdue avec mes parents sé-
parés et elle me donne toujours des conseils utiles. Elle me montre que tout est
15 possible et qu'il faut continuer. Elle me dit
toujours: «Rien n'est impossible. Si on a des
rêves, il faut les réaliser».
Ce qui m'impressionne le plus chez elle, c'est
son courage et son engagement mais aussi
20 son humour. Avec elle, je peux rire de beaucoup de choses. Je rêve de lui ressembler.

Alissa, 14 ans

C'est mon modèle!

Alain Prost – qu'on appelle aussi
«le professeur» – est vraiment le
meilleur pilote français de For-
5   mule 1 et aussi un des plus
grands pilotes de l'histoire de ce
sport.

Il est né en 1955 en France. À
l'âge de 14 ans, il découvre sa
10 passion: le karting.
À 17 ans, Prost décide de com-
mencer sérieusement la compétition. Il arrête ses études -
il voulait devenir professeur d'éducation physique -, et travaille dans la petite entreprise de son père pour gagner de
15 l'argent et pouvoir payer son premier kart.
À 18 ans, il devient champion de France junior. Trois ans plus
tard, il gagne le Championnat de France de Formule Renault: 12 victoires sur 13 courses!
C'est un résultat incroyable, jamais vu avant!
20 En 1980, il commence la Formule 1 dans le team Mc Laren.
Rien ne l'arrête: quatre ans plus tard, il est déjà champion du
monde – et il est le premier Français qui gagne ce titre.
Il a participé à 199 Grand-Prix, il a terminé 128 fois dans
les points, dont 106 fois sur le podium. Il a gagné 51 Grand-
25 Prix et il a été quatre fois champion du Monde.
Pour moi, il reste le meilleur pilote de Formule 1 de tous les
temps. Ce qui m'impressionne le plus chez lui c'est son
courage. Je l'admire. Aujourd'hui encore, beaucoup de jeunes
qui commencent la compétition en Formule Renault
30 voudraient lui ressembler et suivre son exemple.
Moi aussi, je fais du karting et je rêve de faire comme lui:
gagner de l'argent pour pouvoir acheter mon propre kart un
jour!

Ben, 15 ans

B Des entretiens d'embauche pour un stage

Faites deux groupes. Le premier groupe joue le rôle des employeurs. Le deuxième groupe joue le rôle des candidats.

Avant les entretiens:
- Chaque élève choisit une fiche (▶ webcode **APLUS-4-31**), lit ce qu'il/elle doit faire et prépare son entretien d'embauche.

Pendant les entretiens:
- Chaque employeur/employeuse rencontre trois candidats et chaque candidat/e se présente à trois employeurs/employeuses. Prenez des notes.
  Changez de partenaire toutes les deux minutes.

Après les entretiens:
- Chaque candidat/e choisit le stage qu'il/elle préfère et chaque employeur/employeuse choisit son candidat préféré/sa candidate préférée. Présentez et expliquez votre choix en classe.

Tu cherches des expressions utiles?   ▶ *Repères* (*Qu'est-ce qu'on dit*, p. 32), *textes* (p. 20, 23, p. 26–27), *exercices* (p. 22/9, p. 25/7, p. 28/2+4, p. 29/6+8).

Exemples:

Tu cherches une place pour un stage dans une auberge de jeunesse

- Prépare ton entretien.
  – Présente-toi.
  – Parle de tes points forts, de ton expérience, de ce que tu aimes faire.
- Prépare tes questions.
  – Où est-ce que tu peux travailler?
  – Qu'est-ce que tu peux faire?
  – Tes collègues?
  – La durée du stage?
  – Les horaires de travail?
  – Ton salaire?
  – Les jours libres?

Tu es le directeur / la directrice d'une auberge de jeunesse

- Fais le profil de ton auberge de jeunesse.
  – Où est-ce que ton auberge se trouve? (quelle région? près d'une ville / à la montagne / au bord de la mer)
  – Combien de places?
  – Combien d'employés?
  – Où est-ce qu'un/e stagiaire pourrait travailler dans ton auberge de jeunesse?
  – Qu'est-ce qu'il/elle pourrait faire?
  – La durée du stage?
  – Les horaires de travail?
  – Le salaire?
  – Les jours libres?
- Prépare les questions que tu veux poser aux candidats.
  – Ses expériences?
  – Pourquoi est-ce que ce stage l'intéresse?
  – Pourquoi dans ton auberge?

1 Bonjour, Mademoiselle.

2 Bonjour, Monsieur. Je m'appelle Alexandra Kreter. J'ai quinze ans et je suis en classe de troisième au collège Viktoriaschule à Darmstadt. J'aimerais faire un stage dans votre auberge de jeunesse.

3 Avez-vous déjà fait un stage dans une auberge de jeunesse?

4 Non. Mais j'ai déjà travaillé dans un camping et ____.

Qu'est-ce qu'on dit?

Du sprichst über Berufswünsche

Tu sais ce que tu aimerais faire plus tard?

C'est quoi, ton métier de rêve?

Je rêve de devenir (acteur).

Je me vois / Je me verrais bien (reporter).

J'aimerais faire un métier (d'Internet) / quelque chose avec (les langues).

J'aimerais monter ma propre entreprise.

Je voudrais avoir un travail passionnant / enrichissant/sûr.

J'aimerais avoir un salaire fixe / travailler dans un bureau / dans une grande entreprise.

Du sprichst über deine Stärken und Interessen

Je suis doué/e pour (le dessin).

(Le dessin,) c'est ma passion.

Je ferais un/e bon/ne (dessinateur/dessinatrice).

J'ai de l'humour. / Je suis flexible et sérieux/-euse.

C'est ma qualité principale.

J'aime me sentir utile.

J'aime prendre des décisions.

L'avis des autres compte beaucoup pour moi.

Je n'aime pas qu'on me donne des ordres.

Je suis prêt/e à travailler dans différents domaines.

On peut me faire confiance.

Je m'intéresse particulièrement à (l'économie).

Je suis intéressé/e par (tout ce qu'on fait dans un restaurant).

Du bittest höflich um etwas

Pourriez-vous (m'aider), s'il vous plaît?

Je voudrais savoir si vous avez reçu ma candidature.

Du sprichst über jemanden, den du bewunderst

Je l'admire parce qu'il/elle (s'engage).

Il/Elle se bat contre (l'exclusion).

C'est un/e des meilleurs/meilleures (acteurs/ actrices du moment).

Ce qui m'impressionne le plus chez lui/elle, c'est (son courage).

Il/Elle est parti/e de rien. Malgré ça, il/elle a réussi.

Il/Elle est resté/e modeste.

C'est un type (courageux) / une femme (courageuse).

C'est vraiment quelqu'un de bien.

Il/Elle s'est battu/e.

Rien ne lui fait peur.

Je voudrais lui ressembler / suivre son exemple.

Du gibst jemandem einen Ratschlag

Moi, à ta place, je (leur parlerais).

Tu pourrais devenir (journaliste).

Tu devrais faire des études (d'économie).

Personne ne t'empêche de faire cela / comme lui/elle.

Moi, c'est ce que je ferais.

Du stellst Vermutungen an

Ils ne comprendraient pas.

Je suis sûr/e que tu aurais du succès.

Tu ferais un très bon (conseiller d'orientation).

Du drückst Bedingungen aus

Si je passais une semaine sur une île déserte, j'emporterais (un livre).

Si nous rations l'examen, nous pourrions le repasser plus tard.

Grammaire

Weitere Verneinungen:

GH 13   **1**

> **Personne ne** m'invite. **Rien ne** lui plaît.

Dazu brauchst du:

→ *personne ne …* **und** *rien ne …*

Personne ne t'empêche de faire comme lui.
Il **n'**empêche **personne** de faire comme lui.

Rien ne change.
Il **ne** change **rien**.

À vous:

a Traduisez les phrases ci-dessus et expliquez la différence entre:
personne ne … **et** *ne … personne*, *rien ne …* **et** *ne … rien*.

b Dites-le en français: **1.** *niemand hat ihn gesehen*; **2.** *niemand kommt heute*; **3.** *niemand hilft mir*;
4. *nichts ist unmöglich*; **5.** *nichts ist interessant*; **6.** *nichts gefällt ihr*.

Du drückst eine Möglichkeit aus: Dazu brauchst du:

GH 11 **2**

Je **voyagerais** partout dans le monde.   →   **das** *conditionnel présent*

1. Moi, à ta place, je leur **parlerais**.
2. Je **voudrais** lui ressembler.
3. Ils ne **comprendraient** pas.

> Die Endungen des *conditionnel présent* kennst du schon vom *imparfait*.

Die Bildung des *conditionnel présent*

		parler	**finir**	**attendre**
	-ais	je parler**ais**	finir**ais**	attendr**ais**
	-ais	tu parler**ais**	finir**ais**	attendr**ais**
Infinitiv +	-ait	il/elle parler**ait**	finir**ait**	attendr**ait**
	-ions	nous parler**ions**	finir**ions**	attendr**ions**
	-iez	vous parler**iez**	finir**iez**	attendr**iez**
	-aient	ils/elles parler**aient**	finir**aient**	attendr**aient**

> Folgende Verben haben im *conditionnel* einen eigenen Verbstamm. Diesen Stamm kennst du schon vom *futur simple*.

! avoir	→ j'**aur**ais	vouloir	→ je **voudr**ais	voir	→ je **verr**ais
être	→ je **ser**ais	pouvoir	→ je **pourr**ais	envoyer	→ j'**enverr**ais
aller	→ j'**ir**ais	savoir	→ je **saur**ais	venir	→ je **viendr**ais
faire	→ je **fer**ais	devoir	→ je **devr**ais	il faut	→ il **faudr**ait

À vous:

a **Traduisez:** 1. *Ich würde reisen.* 2. *Das wäre super.* 3. *Was würdest du an meiner Stelle machen?*
   4. *An deiner Stelle würde ich Reporter werden.* 5. *Ich möchte einen interessanten Beruf haben.*

b **Lies die Beispielsätze oben. Was kannst du mit Hilfe des** *conditionnel présent* **ausdrücken?**

Du drückst eine Bedingung aus: Dazu brauchst du:

GH 12 **3**

Si tu **faisais** ce test, tu te **connaîtrais** mieux.   →   **den irrealen Bedingungssatz** *(la condition irréelle)*

Si tu **faisais** un stage, tu **apprendrais** beaucoup de choses.
Si nous **étions** en vacances, nous **irions** à la plage tous les jours.

À vous:
Übersetzt die Beispielsätze und bestimmt die Verbformen:
Im *si*-Satz verwendet man ❓ , im Hauptsatz ❓ .

Neue Verben:

GH 14 **4**

(se) battre   →   *Verbes*, p. 138–143

Arbeitsblatt und Hörtext unter www.cornelsen.de/webcodes APLUS-4-34

1 a Décris ces endroits. Utilise des propositions relatives avec *qui*, *que* et *où*.

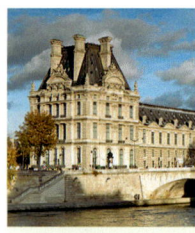
le Louvre

– un musée
– *se trouver* à Paris, au bord de la Seine
– *être* un palais royal, autrefois
– *pouvoir* visiter
– *montrer* des tableaux célèbres
– *voir* la Joconde

le pont du Gard

– un pont
– *se trouver* dans le Languedoc-Roussillon
– *faire* 273 mètres de long
– les Romains *construire* au 1er siècle
– *amener* l'eau dans les villes, autrefois
– des millions de touristes *visiter*

la passerelle Mimram

– un pont
– *appeler* aussi la passerelle des Deux-Rives
– *faire* 387 mètres de long
– *traverser* le Rhin à Strasbourg
– *pouvoir* traverser à pied ou à vélo
– *être* un symbole de l'amitié franco-allemande

la tour Eiffel

– un monument
– *se trouver* à Paris, au bord de la Seine
– *faire* 324 mètres de haut
– *avoir* 3 étages
– Gustave Eiffel *construire* en 1889, pour l'Exposition universelle
– *appeler* aussi «la dame de fer»

b Choisis cinq endroits en Allemagne ou dans ta ville et décris-les comme en a.
Ton/Ta partenaire devine de quel endroit il s'agit. Puis, échangez les rôles.

2 Lis les deux portraits (B ▶ p. 110), puis présente tes deux personnalités à ton/ta partenaire, en allemand.
Précise en quoi ces personnes sont franco-allemandes.

Stéphane Hessel, activiste et écrivain

Il est né en 1917 à Berlin et à l'époque, il s'appelait encore Stefan Hessel. En 1924, sa famille est partie vivre à Paris et il est devenu Français. Pendant la Seconde Guerre mondiale, il s'est battu pour la France et en 1941, il est parti à Londres et il a travaillé pour la Résistance française. En 1944, la Gestapo l'a arrêté à Paris et l'a envoyé dans le camp de concentration de Buchenwald. Là-bas, un surveillant lui a sauvé la vie avec des faux papiers. Après la guerre, il a longtemps travaillé pour l'ONU (l'Organisation des Nations Unies) et il s'est battu toute sa vie pour les droits de l'homme. En 2010, il a écrit le petit livre «Indignez-vous!» qui a eu beaucoup de succès partout en Europe et pour lequel il a reçu le prix de l'Académie de Berlin en 2011. Il est mort en 2013.

Célia Šašić, footballeuse

Je suis née en 1988 à Bonn, en Allemagne. Mon père vient du Cameroun et ma mère est Française. Un jour, quand j'avais 5 ans, j'ai accompagné mon frère à son entraînement de foot et c'est comme ça que tout a commencé! J'ai été Française jusqu'à l'âge de 16 ans, mais je suis devenue Allemande pour pouvoir jouer dans l'équipe nationale. Je suis milieu de terrain, mais je suis aussi une très bonne buteuse. Parce que mon nom de famille était trop long (avant de me marier, je m'appelais Célia Okoyino da Mbabi), j'étais la seule joueuse de la Bundesliga qui portait seulement son prénom sur son maillot, comme les joueurs brésiliens. Depuis 2010, je suis ambassadrice d'intégration de la ligue allemande de football (DFB). Avec l'équipe nationale, j'ai été championne d'Europe en 2009 et 2013, et joueuse de l'année en 2012. J'ai même joué mon propre rôle dans un épisode de la série policière «Tatort».

3 a Pour mieux connaître ton/ta partenaire, tu prépares un questionnaire. Formule six questions à partir des éléments suivants.

Quelle est la personne	sans	lequel	tu peux toujours compter?
Quel est l'objet	avec	laquelle	tu ne pourrais pas vivre?
Quel est le personnage	pour	lesquels	tu voudrais passer du temps?
Quels sont les films	sur	lesquelles	tu aimerais jouer?
Quels sont les pays	dans		tu aimerais vivre?
Quelles sont les idées			tu te battrais, s'il le faut?

b Pose tes questions à ton/ta partenaire. Il/Elle répond.

4 Erlangen et Rennes sont des villes jumelées depuis 1964. Lis les informations sur ces deux villes et compare-les. Utilise *plus de*, *moins de*, *autant de* et le comparatif.

Rennes 🇫🇷
fondée en 57 avant J.C.
environ 200 000 habitants

jeune
branchée
moderne
riche
50,39 km²
11,2°C en moyenne*
1 gare
15 universités
environ 30 festivals par an

Erlangen 🇩🇪
fondée en 1002 après J.C.
environ 100 000 habitants

traditionnelle
belle
célèbre
riche
76,95 km²
8,9°C en moyenne
1 gare
1 université
environ 3 festivals par an

* **en moyenne** im Durchschnitt

CD1 20

5 a Écoute *La chanson des optimistes* et note les adverbes que tu entends (il y en a cinq).

Koop

b Maintenant, lis les paroles de la chanson (▶ webcode APLUS-4-35). Trouve pour chaque mot souligné s'il s'agit d'un adjectif ou d'un adverbe.

6 Ton/Ta correspondant/e français/e est chez toi. Il/Elle ne se sent pas bien. Faites des mini-dialogues. Utilisez le subjonctif, si nécessaire.   (▶ Pense-bête, p. 232)

Exemple: – Ça ne va pas?
  – Non, j'ai mal au ventre / à la tête[1] / à la gorge[2] / ____.
  – Tu veux que je te fasse une tisane[3] / ____?
  – Oui, merci.
  – Il faudrait que tu ailles au lit / qu'on ____.

faire une tisane[3]   *aller* au lit   *appeler* le médecin / tes parents
aller à la pharmacie   *boire* beaucoup d'eau   *ouvrir* la fenêtre
prévenir mes parents   *prendre* un médicament
donner un bonbon à qn   *mettre* des vêtements plus chauds

1 la tête der Kopf **2 la gorge** hier: der Hals **3 la tisane** der Kräutertee

P F **Tâches – au choix**
Am Ende dieser Unité kannst du

A einem Franzosen / einer Französin etwas typisch Deutsches vorstellen.

B in einem Rollenspiel ein Missverständnis zwischen Deutschen und Franzosen darstellen und es ausräumen.

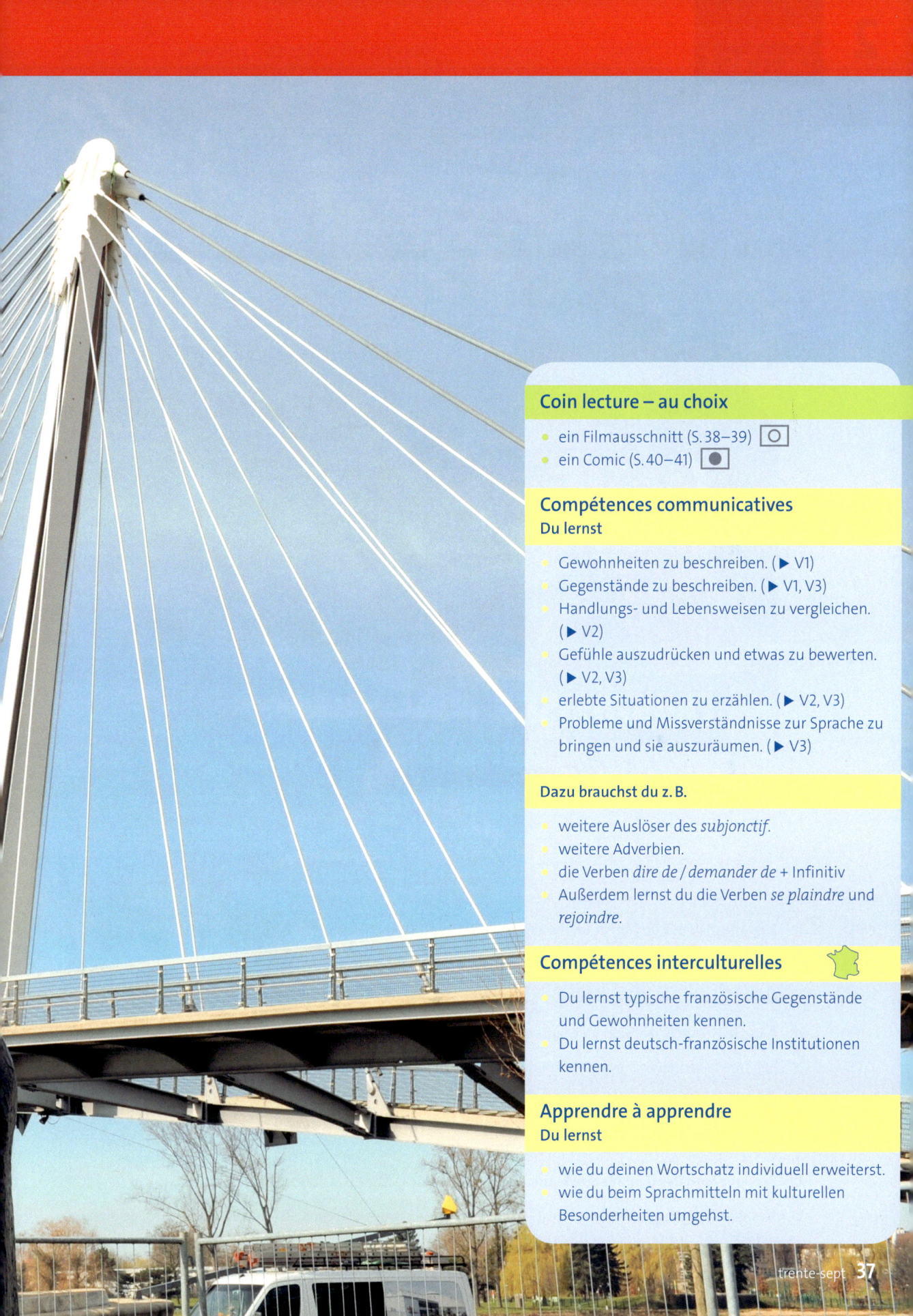

Coin lecture – au choix

- ein Filmausschnitt (S. 38–39) ⬚
- ein Comic (S. 40–41) ◉

Compétences communicatives
Du lernst

- Gewohnheiten zu beschreiben. (▶ V1)
- Gegenstände zu beschreiben. (▶ V1, V3)
- Handlungs- und Lebensweisen zu vergleichen. (▶ V2)
- Gefühle auszudrücken und etwas zu bewerten. (▶ V2, V3)
- erlebte Situationen zu erzählen. (▶ V2, V3)
- Probleme und Missverständnisse zur Sprache zu bringen und sie auszuräumen. (▶ V3)

Dazu brauchst du z. B.

- weitere Auslöser des *subjonctif*.
- weitere Adverbien.
- die Verben *dire de / demander de* + Infinitiv
- Außerdem lernst du die Verben *se plaindre* und *rejoindre*.

Compétences interculturelles

- Du lernst typische französische Gegenstände und Gewohnheiten kennen.
- Du lernst deutsch-französische Institutionen kennen.

Apprendre à apprendre
Du lernst

- wie du deinen Wortschatz individuell erweiterst.
- wie du beim Sprachmitteln mit kulturellen Besonderheiten umgehst.

1 a Voici l'affiche d'un film allemand. Décris-la.   (▶ Méthodes, p. 126/19)

b À ton avis, quel est le genre du film et quelle est l'histoire? Formule des hypothèses.    ▶ p. 115

François **GÖSKE**   Paula **SCHRAMM**   Lennard **BERTZBACH**   und   Christian **TRAMITZ**

FRANZÖSISCH *für* ANFÄNGER

1 **la famille d'accueil** die Gastfamilie
2 **le malentendu** das Missverständnis
3 **au signal du réalisateur** auf ein Zeichen des Regisseurs

DVD 2 a Regarde le début du film et vérifie tes hypothèses de **1b**.

b Décris le problème de Henrik.

c Qu'est-ce que vous feriez à sa place? Discutez.   (▶ Pense-bête, p. 232)

d À ton avis, quelle décision va-t-il prendre? Formule des hypothèses.

DVD e Regarde la séquence suivante. Explique la décision de Henrik et donne ton avis.

DVD 3 a Après une première nuit passée dans sa famille d'accueil[1], Henrik se réveille. Regarde la séquence et décris ce qui se passe.

b Explique le malentendu[2] entre la mère et Henrik et les raisons possibles de ce malentendu.

c Travaillez en groupe. Chacun choisit un membre de la famille d'accueil. Rejouez la scène, puis, au signal du réalisateur[3], arrêtez-vous et dites ce que votre personnage pense.

Koop **4** Si vous regardez le film en entier, choisissez une des activités suivantes (a, b ou c). Vous trouverez les trois fiches de travail correspondantes sur webcode (APLUS-4-39).

  a Faites un schéma qui montre l'évolution de l'histoire.

  b Faites le portrait d'un des protagonistes et présentez-le.

Henrik

Mathieu et Charlotte

Valérie

Johannes

  c Étudiez une des chansons du film, présentez-la et expliquez pourquoi (à votre avis) le réalisateur l'utilise dans son film et à ce moment précis du film.

5 a Des jeunes français et allemands ont vu le film et ils en parlent sur Internet. Dites en français s'ils ont aimé le film et pour quelles raisons.

> **Louise:** C'est un film super drôle et vraiment réaliste. Et les acteurs jouent vraiment bien. Vous saviez que l'acteur qui joue Henrik a une mère française? Ça vous étonne? Eh bien moi aussi, parce que pendant tout le film, on dirait qu'il ne comprend vraiment rien!
>
> **Malaika:** Der Film kommt nicht ganz ohne Klischees aus. Da fällt mir zum Beispiel die Frühstücksszene mit der Weinflasche ein. Aber ich finde trotzdem, dass er sich insgesamt auf liebevolle Art über die kleinen Schwierigkeiten in den deutsch-französischen Beziehungen lustig macht. Mir hat er jedenfalls gefallen.
>
> **Joris:** Während der Film lief, habe ich die ganze Zeit gedacht: „So etwas würde ich nie machen!" Henriks Verhalten ist total ungeschickt und unglaubwürdig.
>
> **Bastien:** J'ai adoré! Bien sûr, il y a l'histoire d'amour entre Henrik et Valérie qui est vraiment cool ... Mais pour moi, le meilleur moment du film, c'est la scène où Henrik met du vin dans ses céréales. J'étais mort de rire!
>
> **Omar:** J'avais très envie de voir le film, mais je suis vraiment déçu: un tas de clichés sur la France et les Français et rien d'autre ... Du vin au petit-déjeuner, n'importe quoi!

  b Est-ce que vous êtes d'accord avec ce que les jeunes disent sur le film / la scène du petit-déjeuner? Discutez en classe ou en groupe et justifiez votre avis. Si vous avez vu le film en entier, vous pouvez aussi écrire une critique de film.   (▶ Méthodes, p. 130–131/29)

la pomme de terre die Kartoffel   serrer la main à qn jdm die Hand geben   se faire la bise sich mit Küsschen begrüßen
la saucisse die Wurst   se marrer s'amuser

1 Lis les trois premières vignettes* de la bédé, puis expose la situation. (▶ Méthodes, p. 128/24)

* **la vignette** le dessin

 2 a Maintenant, lis la bédé en entier. Décris la rencontre entre Mathieu et Nils.
Comment se comportent-ils? Que font-ils et pourquoi? Justifie à l'aide de la bédé.  ▶ p. 116

   b Il y a des vignettes dans lesquelles personne ne parle. Imagine des bulles-pensée* pour les personnages.

   c Trouve un titre pour la bédé.

* **la bulle-pensée** die Gedankenblase

 3 Retrouve à quels moment de l'histoire correspondent ces deux vignettes. Décris et compare l'ambiance dans les deux situations. Puis montre les moyens graphiques[1] (couleurs, arrière-plan[2], composition de l'image[3] etc.) que la dessinatrice utilise pour illustrer l'évolution de l'histoire.

1 **les moyens graphiques** *m. pl.* die gestalterischen Mittel
2 **l'arrière-plan** *m.* der Hintergrund
3 **la composition de l'image** der Bildaufbau
4 **la bouche** der Mund
5 **les rayures** *f. pl.* die Streifen

> le(s) personnage(s) en face de à côté de loin de près de séparé
> toucher qn l'arrière-plan vide le contraste les cheveux *m. pl.*
> les vêtements *m. pl.* embrasser sur la bouche[4] les rayures[5] *f. pl.* timide différent

4 a Fais un tableau et réponds spontanément à ces questions. Puis mettez vos résultats en commun.
   1. Qu'est-ce que tu associes* à la France / à l'Allemagne?
   2. Comment les Français / les Allemands sont-ils?

* **associer qc à qc/qn** etw. mit etw./jdm verbinden

   b On a posé les mêmes questions à des élèves français et allemands. Lisez les réponses suivantes. Pour chacune des réponses, devinez si c'est ce que les élèves allemands ont dit de la France / des Français ou si c'est ce que les élèves français ont dit de l'Allemagne / des Allemands. Puis, vérifiez vos hypothèses à l'aide des résultats du sondage (▶ Solutions, p. 144–145). Enfin, comparez vos réponses de **a** aux résultats du sondage.

> **1. À la France / À l'Allemagne, j'associe …**
> la Seconde Guerre mondiale[1] le foot
> plus que trois repas par jour la musique
> le fromage la charcuterie (au petit-déjeuner)
> la baguette les vacances la bière
> les longs dîners qu'on prend tard le vin[2]
> une langue difficile des beaux paysages
> le soleil les voitures de luxe l'amour
> des bons films les après-midis libres

> **2. Les Français / Les Allemands sont …**
> sympa grands généreux[3] élégants
> écolos[4] arrogants accueillants[5]
> chaotiques gourmands[6] beaux
> drôles ouverts timides sportifs
> fiers de leur pays bavards végétariens

1 **la Seconde Guerre mondiale** der Zweite Weltkrieg
2 **le vin** der Wein   3 **généreux/-euse** großzügig
4 **écolo** umweltbewusst   5 **accueillant/e** gastfreundlich
6 **gourmand/e** naschhaft, gefräßig

   c Est-ce que vous vous reconnaissez dans ce que les élèves français disent des Allemands? Discutez. (▶ Méthodes, p. 125/18)

CD 1
22–23

Vive la différence!

> «Karambolage» est une émission qui passe sur la chaîne de télévision franco-allemande Arte.

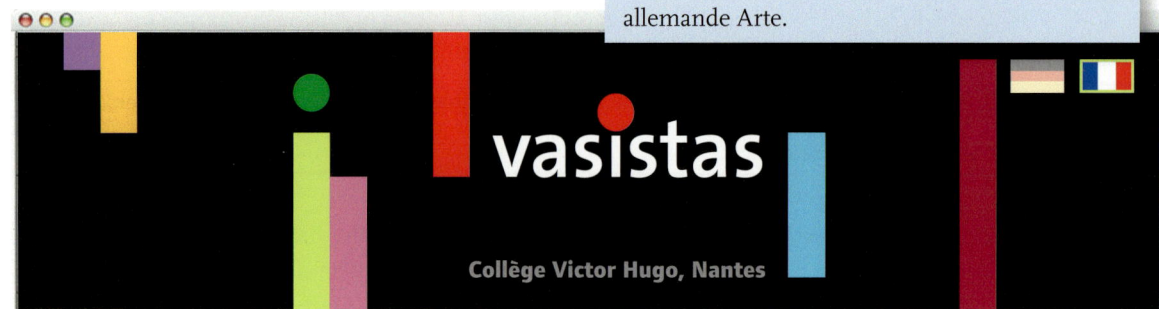

vasistas

Collège Victor Hugo, Nantes

En cours d'allemand, nous avons vu l'émission «Karambolage» et nous avons bien aimé. C'est pourquoi, avec nos correspondants allemands, nous avons voulu faire pareil et présenter quelques habitudes de la vie quotidienne en Allemagne et en France.

L'objet

5 **Les mouillettes**

En France, un œuf à la coque, ça se mange en général comme ça: on met du beurre sur une tranche de pain blanc et on la découpe en morceaux longs et fins qu'on appelle des mouillettes. Ensuite, on trempe les mouillettes dans son œuf. Mmm! C'est drôlement bon!

10 Mais attention: si l'œuf n'est pas assez cuit, on en met partout et c'est un peu dégoûtant. Et s'il est trop dur, on ne peut plus y tremper ses mouillettes et c'est bien dommage! Les Allemands, eux, utilisent une petite cuillère en plastique ou en métal à la place des mouillettes.

La «Schultüte»

15 La «Schultüte» est une tradition allemande du 19e siècle. C'est un grand cornet en carton et en papier qui se ferme avec un ruban. En Allemagne, le premier jour d'école, les parents offrent une «Schultüte» à leur enfant. Il part à l'école avec son cadeau qu'il tient fièrement dans ses bras. Les parents peuvent, bien sûr, acheter la «Schultüte»,

20 mais c'est beaucoup plus sympa de la faire soi-même. On la remplit, par exemple, avec des objets utiles comme des stylos et des crayons, mais aussi avec des bonbons, un jeu de cartes et un porte-bonheur. Mais … chut! Le contenu de la «Schultüte» doit rester une surprise jusqu'au dernier moment!

25 **Vos commentaires:**

 *Tom:* Vous oubliez de dire qu'en France, on mange les œufs à la coque plutôt le soir et pas au petit-déjeuner comme en Allemagne.   **le 3 décembre**

 *Zaïa:* Je trouve que la «Schultüte» est une belle tradition. On devrait l'introduire en France!   **le 4 décembre**

Lire et comprendre

1 a   Lis le début du texte (l. 1–3) et explique ce que fait l'émission *Karambolage*.   (▶ Civilisation, p. 137)

    b   Explique en allemand à ton/ta partenaire comment on mange les œufs à la coque en France. Ton/Ta partenaire vérifie à l'aide du texte et complète tes informations si nécessaire.

    c   Lis le texte sur la «Schultüte». Est-ce que les élèves français présentent la tradition de la «Schultüte» comme tu la connais? Écris un commentaire pour le site *Vasistas*.

Parler

2   Choisissez un des objets et faites des devinettes, puis échangez les rôles.
Vous pouvez aussi choisir d'autres objets qui se trouvent dans votre salle de classe.
Exemple:
– C'est un objet en métal?   – Oui. / Non.
– C'est quelque chose qu'on utilise pour manger de la glace?   – Oui, par exemple. / Non.
– C'est une cuillère?   – Oui, c'est ça!

en fer
en métal
en plastique
en papier
en carton

avec *lequel* on ____
sur *lequel* on ____
qu'on utilise pour ____
qu'il faut pour ____
____

le porte-revues   la rampe   le couteau   le marque-page   la chemise   l'enveloppe *f.*

Vocabulaire et expression

3 a   Trouve les phrases qui correspondent à ces phrases allemandes dans le texte, p. 42. Comment est-ce qu'on peut exprimer un passif allemand en français?
     1.   Sie <u>wird</u> zum Beispiel mit nützlichen Gegenständen <u>gefüllt</u>.
     2.   Das ist eine große spitze Tüte, die mit einem Band <u>verschlossen wird</u>.

    b   Choisis un mot et explique-le. Ton/Ta partenaire devine ce que c'est.   //○ ▶ p. 116

un stylo   une porte   «merci»
une glace   le foot
les vêtements   le pain   la lecture

ça se/s' | *acheter   manger   dire   jouer   ouvrir*
            | *mettre   apprendre   utiliser   ____*

Recherche

4   Pour en savoir plus sur ce qui est typiquement français ou allemand, fais une recherche sur le site de l'émission *Karambolage* (sous «Toutes les rubriques»). Choisis deux exemples dans deux rubriques différentes, puis présente-les. Les questions suivantes peuvent t'aider pour structurer ta présentation.

Où?   Dans quel but?
Comment?   Quand?
Quoi?   Depuis quand?
____

Lycée et collège de l'Iroise, Brest

Trois mois en Allemagne!

mis en ligne le 10 décembre

On m'a demandé de vous raconter mon expérience «Brigitte Sauzay», alors voilà. Il y a deux ans, mon frère a fait cet échange et il est revenu super content! Évidemment, ça m'a donné envie de partir, moi aussi. Alors, l'an dernier (j'étais en troisième), je suis allée sur le site de l'OFAJ et j'ai trouvé une correspon-

5   dante. Elle s'appelle Anna et vit à Rüsselsheim, près de Francfort. Elle est en 10ᵉ classe (ça correspond à la seconde) au Neues Gymnasium de Rüsselsheim et elle a 15 ans et demi comme moi. Enfin, je suis partie pendant trois mois de septembre à novembre. Anna, elle, viendra chez moi de début mars à fin mai.

    Au début, j'avais peur que ça se passe mal, mais tout s'est très bien passé.

10   Ma famille d'accueil a été absolument adorable! Les parents d'Anna s'appellent Daniel et Katrin. Ils sont très gentils! Sa sœur, Luisa, a 13 ans. Elle m'a gentiment laissé sa chambre pendant ces trois mois et elle a dormi dans la chambre d'Anna. (Ce n'est pas ma sœur qui ferait la même chose!) Le premier soir, on a fait un vrai repas avec une entrée et un plat principal. Les autres soirs,

15   il y avait le «Abendbrot» (qui veut dire mot à mot le «pain du soir»). Moi, j'ai compris «Armenbrot» (mot à mot le «pain des pauvres»). J'ai trouvé bizarre qu'ils appellent ça «Armenbrot» même si ce n'est pas un vrai repas. Alors, j'ai demandé à Anna de m'expliquer. Elle a éclaté de rire! Eh non, je ne connaissais pas ce mot! :-/ Maintenant, je ne parle pas encore couramment allemand, mais j'ai fait énormément de progrès!

    Pendant tout mon séjour à Rüsselsheim, je suis allée en cours avec Anna. En Allemagne, les cours sont

20   cool. (Ils durent seulement 45 minutes. Et les élèves ont cours jusqu'à 13 heures 30 seulement.) Je pense que les élèves sont plus libres que chez nous. Et puis, ils travaillent différemment, de manière plus autonome. Ils sont souvent assis en petits groupes et les profs font le tour de la classe pour expliquer. Pour moi, c'était vraiment super parce qu'au début, je ne comprenais pas grand-chose, mais je n'osais pas déranger. Et puis, j'avais peur qu'on ne me comprenne pas bien ou qu'on se moque de moi à cause de mon accent. Mais on m'a

25   dit de ne pas m'inquiéter à cause de ça. Ce qui m'a beaucoup plu aussi, dans le lycée d'Anna, c'est qu'il n'y a pas de carnets de correspondance comme en France et qu'il n'y a pas de surveillants non plus. C'est carrément cool!

    Avec Anna, on s'est très bien entendues. On a fait un tas d'activités ensemble. Je suis même allée avec elle au club-théâtre du lycée! Pourtant, le théâtre, ce n'est pas trop mon truc. Anna et moi, on a fait aussi

30   beaucoup de choses avec ses copains. Pendant les «Herbstferien» (mot à mot «les vacances d'automne»), ils m'ont montré Francfort, une ville avec un tas de tours modernes. On est allés au «Palmengarten», au «Senckenberg-Naturmuseum», on s'est promenés sur les bords du Main et on a fait du shopping, bien sûr!

    Ces trois mois ont vite passé et je n'ai presque pas eu le mal du pays. Par contre, j'ai eu mal au ventre à cause de l'eau gazeuse. (Il y avait toujours de l'eau gazeuse à table. L'eau plate m'a énormément manqué,

35   mais je n'ai pas osé le dire …)

    C'est dommage que ce soit fini, mais j'ai eu la chance de faire cette expérience. J'ai appris à me débrouiller seule, sans ma famille et mes copains. Alors, forcément, je suis devenue plus indépendante. Et puis, je suis contente qu'Anna vienne bientôt chez moi!

Voilà! Vous hésitez à partir pendant trois mois en Allemagne? Allez-y, c'est «toll»!

▶ Lisez aussi: Le coin des anecdotes

40   Morgane, élève de seconde

Lire et comprendre

 1 a Lis le texte, puis note les informations que tu y trouves sous forme de schéma.    ▶ p. 116

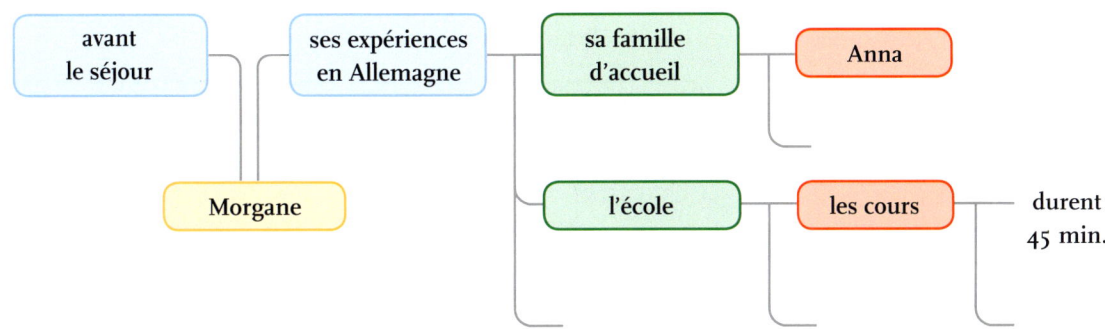

| avant le séjour | ses expériences en Allemagne | sa famille d'accueil | Anna |
| Morgane | | l'école | les cours — durent 45 min. |

b Un journal veut imprimer le texte de Morgane. Aide-la à trouver des titres pour les paragraphes. Utilise ton schéma de a.

 c Que penses-tu de ce que Morgane dit de l'Allemagne à propos des thèmes suivants? Commente.   ▶ p. 116

les repas *m. pl.*   la durée des cours   l'ambiance à l'école *f.*

Koop **2** Trouvez des informations sur l'OFAJ et les programmes d'échange franco-allemands (par exemple *Brigitte Sauzay* et *Voltaire*) sur Internet. Vous pouvez aussi consulter le *Petit Dictionnaire de Civilisation*, **p. 134–137**.

Parler

 3 Aimeriez-vous faire un échange de trois mois en France? Discutez-en avec votre partenaire.

	+	−
J'aimerais Je serais content/e de	parler couramment français découvrir la France / ____ aller à l'école en France rencontrer des Français/es passer trois mois à l'étranger quitter ma famille / ____ être indépendant/e ____	rester aussi longtemps en France quitter* ma famille / mon chien / ____ manquer des cours avoir le mal du pays parler français tout le temps ne pas comprendre les gens / ____ manger du fromage / ____
Je n'aimerais pas J'aurais peur de		

* **quitter qn/qc** jdn/etw. verlassen

Découvrir

Koop **4** a Mit folgenden Satzanfängen werden Gefühle und Wertungen ausgedrückt. Übersetze sie.

J'ai trouvé bizarre que ____.   C'est dommage que ____.
J'avais peur que ____.   Je suis content/e que ____.

b Finde heraus, wie die Sätze aus a in Morganes Bericht (▶ p. 44) weitergehen. Welche Verbform steht jeweils im Nebensatz?

S'entraîner

5   *TV Jeunes* a interviewé quelques jeunes Allemands qui font un échange en France. Raconte ce qu'ils disent.
(▶ Repères, p. 54/1, ▶ Pense-bête, p. 232)
Exemple: 1. Elle trouve nul que l'école finisse très tard.

> L'école finit très tard. Je trouve ça nul!

> Les élèves ont des carnets de correspondance. Je trouve ça bizarre.

> Et si les profs ne me comprennent pas? J'ai peur …

> Ma famille d'accueil est sympa. Je suis content!

> Il n'y a pas d'atelier foot dans le lycée de mon corres. C'est dommage.

 6   Imaginez le/la corres de vos rêves et le/la corres de vos pires cauchemars* et décrivez-les
à votre partenaire. Utilisez le subjonctif.   (▶ Repères, p. 54/1, ▶ Pense-bête, p. 232)    ▶ p. 117

> Ce serait cool / ____ que ____.
> J'ai envie / Je voudrais que ____.
> Je trouverais super / ____ que ____.
> Il faudrait que ____.

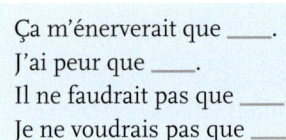

> Ça m'énerverait que ____.
> J'ai peur que ____.
> Il ne faudrait pas que ____.
> Je ne voudrais pas que ____.

* **les pires cauchemars** *m. pl.* die schlimmsten Albträume

Écouter et comprendre

CD 1
26

7 a   Dans une émission à la radio, des jeunes parlent de
leur échange. Fais un tableau et note d'abord comment ils ont
trouvé l'échange en général (☺ ☺ ☹).

prénom	en général
Colin	
Nino	
Sophie	

    b   Écoute encore une fois et note ce qui leur a plu / ce qui ne leur a
pas plu.   (▶ Méthodes, p. 123/12)

Vocabulaire et expression

 8   Morgane prépare le séjour de sa corres Anna à Brest. Rends le texte plus vivant: complète-le
par les adverbes français qui conviennent. Parfois, il y a plusieurs possibilités.    ▶ p. 117

1. Il faut *(unbedingt)* qu'Anna se sente chez elle quand elle viendra. Il faut que j'explique à papa et maman
qu'Anna ne parle pas *(fließend)* le français et qu'il faudra parler moins vite.
2. À l'école, ça va être moins cool qu'à Rüsselsheim … En France, on apprend *(anders)* et j'ai *(wirklich)* peur
que ce soit ennuyeux pour Anna. En plus, on a *(sehr viel)* de devoirs …
3. *(selbstverständlich)*, on va faire un tas d'activités. Qu'est-ce qui plairait à Anna? Ah oui! Ce serait *(total)*
cool si on pouvait aller au théâtre. Et *(ausgerechnet)*, mamie m'a *(netterweise)* offert deux places pour
aller voir «Le bal des voleurs» d'Anouilh, ça tombe bien!
4. Et puis, on ne peut pas faire de séjour à Brest sans voir l'océan! Alors, *(zwangsläufig)*, on fera un tour en
bateau et je lui montrerai Océanopolis, elle va *(sicherlich)* trouver ça génial!
5. Je suis contente qu'elle arrive bientôt et qu'elle reste trois mois, et pas *(nur)* une semaine!

Médiation

9 Le journal de ton école présente des objets typiques du monde entier. Écris un texte sur le Carambar, en allemand.   (▶ Méthodes, p. 133/33)

Nos objets cultes

Ah … le Carambar! Ce bonbon que tous les enfants français connaissent et adorent! On l'appelle Carambar parce qu'il s'agit d'une «barre» de «caramel» dure et longue de 8 centimètres. Quand a-t-on inventé le Carambar? Eh bien justement, on ne l'a pas inventé! Il est né en 1954 quand une machine à fabriquer les bonbons n'a pas marché correctement et a fait des bonbons beaucoup trop longs. Depuis, ce bonbon fait plaisir aux enfants: on le mange à la récré, au goûter, à la maison et on peut

5   acheter des Carambars presque partout! Mais si vous avez la chance d'en manger un, faites attention: il est très, très dur! C'est pourquoi il vaut mieux le garder un peu dans la main avant de le manger. Mais où est passé le papier d'emballage du Carambar? Ne me dites pas que vous l'avez mis à la poubelle! Il ne faut pas, surtout pas! En effet, quand on sort le Carambar de son papier d'emballage, surprise: il y a des blagues sur le papier! Ce sont les célèbres «blagues Carambar». Un exemple?

Dans la rue, un homme demande à une vieille dame:

10 – *Vous n'auriez pas vu un policier?*
   – *Non.*
   – *Alors donnez-moi votre sac à main!*

Allez, encore une:
   – *Maman, maman, l'armoire est tombée!*

15 – *Mon dieu, il faut prévenir ton père!*
   – *Il le sait déjà, il est dessous.*

Vous n'êtes pas morts de rire? Bon, c'est vrai que les blagues ne sont pas toujours très intelligentes, mais on les adore justement pour ça! L'expression «blague Carambar» est même

20 passée dans le langage de tous les jours pour dire «blague nulle».

Le 21 mars 2013, dans une campagne de publicité qu'ils appellent «C'est du sérieux», les producteurs de Carambar expliquent qu'ils vont arrêter les blagues et proposer des questions de grammaire à la place. Tous les journaux en parlent et crient que c'est une catastrophe et que les blagues Carambar manqueraient trop aux Français! Eh bien justement, quatre jours plus tard, les Français apprennent que «la fin des blagues» était une blague, «la plus grande blague de l'année»!

25 Ah, sacré Carambar!

une barre de Carambar

Écrire

10 Va sur le site de l'OFAJ dans la rubrique «Participer», puis «Petites annonces». Choisis une annonce d'un/e élève français/e qui cherche un/e corres et réponds-y par mail.   (▶ Dictionnaire)

Apprendre à apprendre

11 Wie du deinen Wortschatz individuell erweiterst

a Wenn dir französische Wörter und Ausdrücke begegnen, die du noch nicht kennst, dann entscheide selbstständig, ob sie für dich wichtig und nützlich sind, und nimm sie in deinen Lernwortschatz auf.
Lies die Ratschläge im Methodenteil (S. 123/10) und wende sie in **b** an.

b Lies deine E-Mail aus Aufgabe **10**. Entscheide, welche der neuen Wörter und Ausdrücke für dich nützlich sind, und nimm sie in deinen Lernwortschatz auf.

CD 1
27–31

Le coin des anecdotes

Écrivez-nous!

Ayoub   **le 11 décembre**

J'ai participé à un échange quand j'étais en quatrième.
J'étais à Hambourg. Un jour, on m'a servi une sorte de
soupe avec des pois, des pommes de terre et des

5   morceaux de saucisse. J'en ai pris très peu parce que je
voulais aussi goûter le plat principal. Eh bien, vous
savez quoi? Cette spécialité allemande, qu'on appelle
«Eintopf», c'était le plat unique! J'ai eu faim tout
l'après-midi, mais je n'ai pas osé le dire. LOL

▶ Commentaire

10   *Fan-de-moi*   **le 12 décembre**

Moi, un jour où il faisait chaud, j'ai eu envie d'une glace. J'ai demandé à ma corres Selma:
«Gibt es Glas?» J'étais étonnée qu'elle m'apporte un verre. Mais au bout d'un moment, j'ai
compris le malentendu: «Glas» ne veut pas dire «glace» mais «verre», bien sûr! Selma et
moi, on a bien ri! Eh oui, il faut faire attention aux faux amis. ;-)   ▶ Commentaire

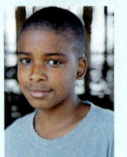

15   *Karim*   **le 12 décembre**

Le premier jour où je suis allé au lycée, mon corres a
sorti une boîte en plastique du placard qui ressemblait à
une boîte à cache. Alors, je lui ai demandé: «C'est quoi,
ça? Ça sert à quoi?» Matti était étonné que je ne

20   connaisse pas cet objet, mais il m'a expliqué. En fait, il
s'agit d'une «Brotdose» (mot à mot «boîte à pain») qu'on
remplit avec des tartines de fromage ou de charcuterie,
des fruits et même des boissons pour les emporter à
l'école ou en pique-nique. Il paraît qu'il existe aussi des

25   boîtes à banane, à pomme et même à kiwi. Il fallait y penser!   ▶ Commentaire

Nolwenn   **le 14 décembre**

Moi, un jour, je suis allée toute seule en ville parce que je voulais acheter des cadeaux pour
ma famille et mon copain. J'avais rendez-vous avec ma corres et son amie devant la gare
principale de Stuttgart à cinq heures et demie. J'ai rejoint les filles avec exactement une

30   heure de retard! Je me trompe toujours! Eh oui, les Allemands disent «halb sechs» pour
«cinq heures et demie», et moi, quand j'entends «halb sechs», j'ai six heures et demie en
tête. :-/   ▶ Commentaire

Le Chti   **le 15 décembre**

Mon corres Gustav n'arrêtait pas de se plaindre. Un matin, au petit-déjeuner, il s'est plaint

35   de son «oreiller en forme de grosse saucisse» qui le dérangeait pour dormir. J'ai trouvé la
comparaison amusante, et j'ai tout de suite compris. «Tu veux dire un ‹traversin›?» Alors,
ma mère lui a donné un oreiller à la place.   ▶ Commentaire

Lire et comprendre

1 a Lis les anecdotes. Dans quelle(s) situation(s) s'agit-il d'un problème de langue et dans quelle(s) situation(s) d'habitudes différentes? Quelquefois plusieurs réponses sont possibles.

problème de langue   *habitudes différentes*

Ayoub

Fan-de-moi

b Résume chaque anecdote au présent en une ou deux phrases.    ▶ p. 117
Exemple: Ayoub ne mange pas beaucoup de «Eintopf» parce qu'il ____.

Parler

2 Tu vas bientôt faire un échange en France. Quel(s) cadeau(x) est-ce que tu pourrais apporter à ta famille d'accueil? Discutez.

> du pain noir / de la moutarde / un «Stollen» / ____
> le DVD / le dernier album de ____
> un livre sur ____
> un tee-shirt avec ____ / le maillot* de l'équipe ____
>
> ____
>
>   * **le maillot** das Trikot

> parce que/qu' | c'est une spécialité allemande / de notre région
> ils ne connaissent peut-être pas ça en France
> c'est hyper bon/original/drôle/pratique/____
>
> ____

> Ah oui, génial!
> Super, mais il faudra leur expliquer ce que c'est.
> Bonne idée, mais comment tu vas le/la/les transporter?
> Non, ça ne sert à rien / c'est nul ____!

S'entraîner

3 Travaillez à trois. A demande quelque chose à B, qui le dit à C, qui demande à A si c'est vrai. Puis, échangez les rôles. Utilisez les expressions *demander à qn de* + **infinitif** et *dire à qn de* + **infinitif**.

Exemple:
A (à B): Dessine un hamster.
B (à C): Il/Elle m'a demandé de dessiner un hamster.
C (à A): Tu lui as demandé de dessiner un hamster?!

dessiner un hamster   *disparaître*   *dépenser* mille euros

s'énerver   *applaudir*   *s'envoler*   *compter* jusqu'à cent

ressembler à une chaise   *dormir* pendant douze heures

écrire les yeux fermés   ____

Vocabulaire et expression

4 a   Quelle définition correspond à quelle photo? Traduis les légendes des photos en allemand.

1   **2**

> C'est un verre dans lequel il y a de l'eau.

> C'est un verre qui sert à boire de l'eau.

un verre à eau   un verre d'eau

b   Trouve les mots composés qu'on peut former à partir de ces mots et explique-les.

une cuillère une boîte une assiette un cornet	à de	café biscuits fromage glace soupe

Dans une recette, tu lis: "Ajoutez deux cuillères à café de sucre." Qu'est-ce que tu fais? Tu mets du café, du sucre ou les deux?

5 a   Attention aux faux-amis! À quels mots allemands ces mots ressemblent-ils? Cherche les mots français dans un dictionnaire (▶ Méthodes, p. 120/5.1) et explique le malentendu possible.

Exemple:

1.   une glace → Ça ressemble au mot allemand «Glas», mais ça veut dire «Eis».

1. la glace

2. le régal

3. la canne

4. l'infusion *f.*

5. le baiser

6. la démonstration

7. le tricot

8. la dose

b   Traduis mot à mot les expressions suivantes. Puis cherche dans un dictionnaire quelles expressions allemandes leur correspondent.   (▶ Méthodes, p. 120/5.1)

Exemple:

«Ne pas être dans son assiette», ça veut dire mot à mot «nicht in seinem Teller sein» et ça correspond à l'expression allemande «sich nicht wohl fühlen».

ne pas être dans son assiette	ne pas être sorti/e de l'auberge
casser les pieds à qn	mettre les pieds dans le plat
poser un lapin à qn	appeler un chat un chat
chercher midi à quatorze heures	faire la tête
raconter des salades	tomber dans les pommes

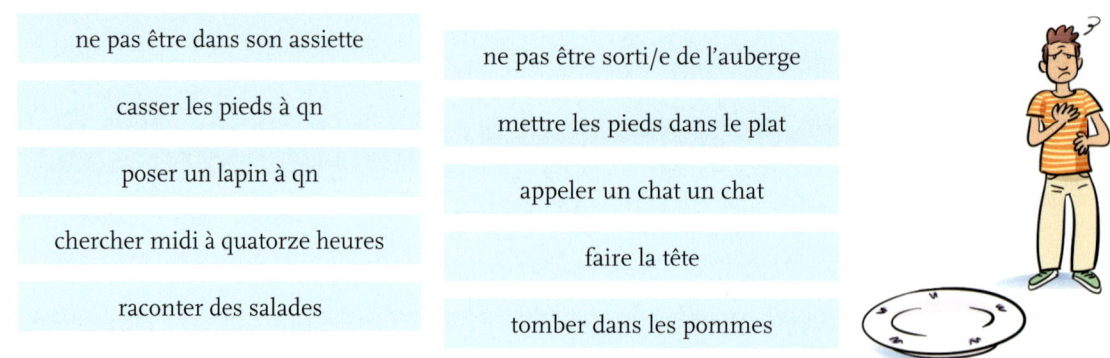

Regarder et comprendre

DVD
CD1
32–37

6 **a** Regarde les scènes d'un échange entre jeunes Français et jeunes Allemands. Résume ce qui se passe à l'aide des mots suivants.

le coiffeur

le clavier

le sèche-cheveux

la prise

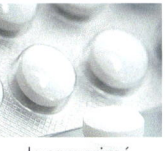
le comprimé

le digicode

Koop

b Qu'est-ce que les jeunes disent pour parler des problèmes qu'ils rencontrent? Regardez encore une fois et notez les expressions dans un tableau.

S. O. S. échange – les expressions qui sauvent!

J'ai compris quelque chose	*Je remarque que quelque chose ne va pas*	*Je ne sais pas comment on utilise quelque chose*	*Je veux parler d'un malentendu*	*Je ne sais pas comment on dit quelque chose en français*

Ah bon!

c Trouvez d'autres expressions avec lesquelles vous pouvez parler d'un problème et le résoudre. Complétez votre liste *S. O. S. échange*. (▶ Textes, p. 44, p. 48, ▶ Liste alphabétique, p. 188)

Apprendre à apprendre

7 **Wie du beim Sprachmitteln mit kulturellen Besonderheiten umgehst**

a Wenn du beim Sprachmitteln daran denkst, auch kulturelle Besonderheiten zu erläutern, kannst du verhindern, dass dich dein Gegenüber nicht versteht oder missversteht.
Lies die Ratschläge im Methodenteil (S. 133/33.2) und wende sie in **b** an.

b Tu es chez ton/ta corres en France. Ton oncle t'a envoyé cette anecdote par mail. Raconte-la à ton/ta corres.

> Als ich das erste Mal in Frankreich war, wäre ich gleich am ersten Morgen fast überfahren worden …
> Ich war mit meinem Austauschpartner Michel auf dem Weg zur Schule und wir wollten die Straße
> überqueren. Da war ein Zebrastreifen, also wollte ich einfach, ohne groß nach links und rechts zu
> sehen, über die Straße gehen. Da hat Michel „Attention!" gerufen und mich am Arm gepackt, gerade
> 5 noch rechtzeitig, wie sich herausstellte, denn das Auto hielt nicht an! Ich war total fertig und habe
> mich auch ein bisschen geschämt, dass ich nicht mal im Straßenverkehr alleine klar komme … Dann
> hat mir Michel erklärt, dass die Autofahrer in Frankreich nur ganz selten am Zebrastreifen anhalten
> und den Fußgängern den Vortritt lassen, und dass man immer aufpassen muss. Nach diesem Erlebnis
> wurde ich ein wenig übervorsichtig, was mir Michels Spott einbrachte, wenn ich mal wieder brav an
> 10 der Ampel wartete, dass es grün wird – während alle anderen ganz selbstverständlich bei Rot über die
> Straße gingen. Nach einer Weile habe ich mich aber irgendwie an die geheimen Regeln des franzö-
> sischen Straßenverkehrs gewöhnt und als ich wieder frisch zurück in Deutschland war, hatte ich
> Schwierigkeiten, hier wieder zurechtzukommen.

Choisis une des deux tâches.

A   **Chez nous, c'est comme ça!**

Les élèves du collège Victor Hugo de Nantes et leurs correspondants (▶ Texte, p. 42) ont fait une liste
d'objets, d'habitudes et d'évènements sur lesquels ils aimeraient en savoir plus. Aide-les: présente un objet,
une habitude quotidienne ou un évènement typiquement allemand/e, qui n'existe pas ou qui existe
différemment en France. Écris un texte à la «Karambolage».

1. Lis la liste et choisis un objet, un évènement ou une
   habitude quotidienne. Tu peux aussi faire une recherche
   sur le site de l'émission «Karambolage» ou choisir
   quelque chose qui est typique de ta région, ta ville, ton
   village et qui existe peut-être uniquement chez vous.
2. Décris l'objet et explique à quoi il sert. / Décris la fête ou
   l'habitude et explique pourquoi vous faites comme ça.
   - S'il te manque des mots, cherche-les dans un
     dictionnaire.   (▶ Méthodes, p. 121/5.2)
   - S'il te manque des informations, fais une recherche
     sur Internet.
   - Si par exemple chez toi, vous fêtez une fête autrement
     qu'elle se fête en général en Allemagne, parles-en
     aussi dans ton texte.
   - Dis aussi comment tu trouves l'objet, l'évènement ou
     l'habitude que tu expliques.
3. Si tu connais quelque chose en France qui ressemble à
   ton objet ou à la tradition que tu veux décrire, dis à quoi
   cela correspond en France ou utilise des comparaisons.
4. Écris ton texte. Tu peux aussi faire un film à la «Karambolage».

– Silvester: das Bleigießen,
  „Dinner for One“,
  die Silvesterknaller, …
– Karneval: die Weiberfastnacht,
  die Umzüge, …
– das Oktoberfest
– Ostern: Ostereier bemalen,
  das Osterfeuer, …
– die Bundesjugendspiele
– die Walpurgisnacht, der Maibaum,
  der Tanz in den Mai
– das Schützenfest
– der Abistreich
– die deutschen Schulnoten
– der Getränkekasten
– das Kirschkernkissen
– das Poesiealbum
– die Currywurst
– der Waldmeister-Geschmack
– …

Tu cherches des expressions utiles?   ▶ *Repères (Qu'est-ce qu'on dit*, p. 54), *textes* (p. 42, p. 44, p. 48),
exercices (p. 43/2+3, p. 46/5, p. 51/7)

Le réveillon de la Saint-Sylvestre

Moi, j'aime cette fête parce qu'on fête jusqu'à tard dans la
nuit – ou tôt le matin!

La soirée se déroule comme ça: vers 20h, mes parents et moi,
on va chez ma tante et mes cousins et cousines parce qu'on
5   s'amuse bien avec eux, mais je sais que beaucoup de gens
fêtent le réveillon aussi entre amis.

On prend l'apéritif bien sûr, avec du champagne et, pour les
enfants, du jus de fruits. Puis, ma tante présente son dîner
spécial (et très cher!): on mange du foie gras[1] (j'aime bien),
10 des huîtres[2] (beurk – je déteste ça!) ou du poisson (ça va),
des gâteaux et d'autres desserts (miam!). Et après, les adultes
boivent du champagne (encore!). Le repas dure très longtemps: à minuit, on n'a même pas encore mangé le fromage!
Je trouve drôle que les adultes veuillent bavarder tout le

temps, mais parfois, on danse et on fait des jeux. Notre jeu
préféré, c'est «Loup-garou»! C'est cool.   15

Mais il faut faire attention à ne pas oublier l'heure parce qu'à
minuit, on se souhaite une bonne année, on s'embrasse sous
le gui[3], on va dans la rue pour souhaiter la bonne année aux
gens. Après on rentre, et la fête continue avec le fromage, le   20
dessert … À la fin, on n'a plus faim du tout!

Je sais qu'il y a une grande fête sur
les Champs-Élysées ou sous la tour
Eiffel. C'est sûrement beau aussi,
mais je préfère être avec ma famille.   25

1   **le foie gras** die Gänsestopfleber
2   **l'huître** *f.* die Auster
3   **le gui** der Mistelzweig

Adrien, 15 ans,
Paris

B Mon anecdote

Présentez un malentendu amusant entre Français et Allemands dans un jeu de rôle. (▶ Méthodes, p. 125/17)

1. Quel problème ou quel malentendu voulez-vous montrer? Vous pouvez vous inspirer des textes et des exercices de l'unité, mais vous pouvez choisir aussi quelque chose de drôle ou d'intéressant qui vous est arrivé pendant un échange ou qu'on vous a raconté.
   Notez vos idées, puis mettez-vous d'accord sur le thème de votre scène. Il pourrait s'agir d'une histoire autour:
   - d'un objet ou d'une habitude inconnue (comme les mouillettes, le «Abendbrot», la «Schultüte», le traversin …).
   - d'un faux ami comme «la glace» – «das Glas».
   - d'un malentendu comme celui de Henrik dans le film «Französisch für Anfänger».
2. Répartissez les rôles.
3. Écrivez votre scène. N'oubliez pas de trouver une solution au malentendu que vous avez choisi.
4. Entraînez-vous à la jouer.
5. Jouez la scène. (Vous pouvez aussi la filmer.)

Vous cherchez des idées? Le tableau des faux amis peut vous aider.
Vous cherchez des expressions utiles?   ▶ *Repères* (*Qu'est-ce qu'on dit*, p. 54), *textes* (p. 42, p. 48), *exercices* (p. 43/2+3, p. 50/5 a, p. 51/6)

FAUX AMIS			
traduction allemande	mot français	mot allemand	traduction française
das Schlagzeug	la batterie	die Batterie	la pile
der Zirkel	le compas	der Kompass	la boussole
die Sporthalle	le gymnase	das Gymnasium	le lycée
der Schläger	la raquette	die Rakete	la fusée
tapfer	brave	brav	sage
der Kofferraum	le coffre	der Koffer	la valise
der Streuzucker	le sucre en poudre	der Puderzucker	le sucre glace

Qu'est-ce qu'on dit?

Du beschreibst einen Gegenstand

C'est (un grand cornet) en (carton) qui (se ferme avec un ruban).

C'est une sorte de (soupe) avec (des pois et des pommes de terre).

Il s'agit d'(une «Brotdose»), mot à mot («boîte à pain»), qu'on (remplit avec des tartines).

C'est (un grand oreiller) en forme de (grosse saucisse).

Du beschreibst eine Gewohnheit

Ça se mange en général comme ça.

Les (Allemands) utilisent (une petite cuillère) à la place des (mouillettes).

On met (du beurre).

On (la) découpe en morceaux.

On (les) trempe (dans son œuf).

En Allemagne, le premier jour d'école, les parents offrent une «Schultüte» à leur enfant.

On la remplit par exemple avec (des choses utiles).

Il y avait toujours (de l'eau gazeuse à table).

(Les Français) disent toujours («Allô?») quand ils (répondent au téléphone).

(En France), on (mange) très souvent (du fromage à la fin du repas).

(Les Allemands) ont l'habitude de (passer leurs vacances à l'étranger).

Du vergleichst und bewertest etwas

(La 10e classe) correspond à (la seconde).

Je pense que (les élèves) sont plus (libres) que chez nous.

Ils travaillent différemment, de manière plus autonome.

Ce qui m'a beaucoup plu, c'est qu'il n'y a pas de carnets de correspondance comme en France.

J'ai trouvé la comparaison amusante.

Je trouve bizarre qu'(ils appellent ça «Armenbrot»).

Du drückst deine Gefühle aus

J'avais peur que (ça se passe mal).

C'est dommage que (ce soit fini).

Je suis content/e qu'(Anna vienne chez moi).

Je n'ai pas osé (le dire).

(L'eau plate) m'a énormément manqué.

Du erzählst von einem Erlebnis

J'ai demandé (à Anna) de (m'expliquer) le mot.

On m'a dit de (ne pas m'inquiéter).

Mais au bout d'un moment, (j'ai compris le malentendu).

Du räumst ein Missverständnis aus

(«Glas») ne veut pas dire («glace»), mais («verre»).

Les Allemands disent («halb sechs») pour («cinq heures et demie»).

Grammaire

GH 16   **1**

Du drückst Gefühle aus oder bewertest etwas:

Je suis content qu'il vienne.

Dazu brauchst du:

→ **weitere Auslöser des** *subjonctif (déclencheurs du subjonctif)*

J'ai peur que ça se passe mal.
C'est dommage que ce soit fini.
Je suis contente qu'Anna vienne chez moi.

GEFÜHL

Je trouve bizarre qu'ils appellent ça «Armenbrot».

BEWERTUNG

Das kennst du schon:

Je veux / Je voudrais que _____.

WUNSCH/WILLE

Il faut / Il faudrait que _____.

NOTWENDIGKEIT

Übt und wiederholt gemeinsam:

a Wiederholt die Bildung der *subjonctif*-Formen der Verben.   (▶ Pense-bête, p. 232, ▶ Verbes, p. 138)

b Sammelt Adjektive, mit denen man Gefühle und Bewertungen ausdrücken kann, und formuliert damit weitere Auslöser des *subjonctif*.   (▶ Exercice, p. 46/6)

c Reagiert auf folgende Aussagen und benutzt dabei eure Liste aus b:

> **1** Environ 200 000 jeunes Français et Allemands font un échange chaque année.

> **2** Les Français découpent le fromage autrement que les Allemands.

> **3** Les élèves français ont des vacances d'été plus longues que les élèves allemands.

> **4** Les notes de musique s'appellent do-ré-mi-fa-sol-la-si-do en français.

> **5** En France, les enfants vont à l'école maternelle vers 3 ans.

> **6** Les radios françaises doivent passer 40 % de musique francophone.

Du gibst wieder, worum jemand bittet oder wozu jemand auffordert:

Dazu brauchst du:

GH 18   2

On m'a demandé **de** vous **raconter** mon expérience.

→   *dire de / demander de + infinitif*

«Ne t'inquiète pas.»   → On m'a dit **de** ne pas **m'inquiéter**.

«Anna, est-ce que tu peux m'expliquer ce mot?»   → J'ai demandé à Anna **de** m'**expliquer** ce mot.

«Raconte-leur ton expérience.»   → On m'a demandé **de** vous **raconter** mon expérience.

Übt und wiederholt gemeinsam:

Lest die englische Entsprechung der Beispielsätze (▶ p. 145/2) und vergleicht mit dem Französischen.

Du beschreibst, auf welche Art und Weise etwas passiert oder gemacht wird:

Dazu brauchst du:

GH 17   3

Ils travaillent **différemment**.

→   **Adverbien** *(les adverbes)*

Adjektiv	Adverb	
différ**ent**/e	→ différ**emment**	**!** énorm**ément**
viol**ent**/e	→ viol**emment**	forc**ément**
intellig**ent**/e	→ intellig**emment**	carr**ément**
		gent**iment**
indépend**ant**/e	→ indépend**amment**	absol**ument**

! intéress**ant**/e | → ~~intéress**amment**~~
→ **de manière** intéressante

✔ Ein Adjektiv und das davon abgeleitete Adverb können unterschiedliche Bedeutungen haben.

✔ Nicht von jedem Adjektiv kann man ein Adverb ableiten. Die Art und Weise kannst du auch mit *de manière + adjectif* ausdrücken.

Übt und wiederholt gemeinsam:

a Betrachtet die Adjektive und die dazugehörigen Adverbien. Wie werden diese Adverbien gebildet?

b Lernt die Ausnahmen auswendig.

Neue Verben:

GH 19   4

(se) plaindre, rejoindre

→   *Verbes,* p. 138–143

▶ Solutions, p. 145

1 a Décris les deux villes à ton/ta partenaire sans les nommer. Il/Elle trouve de quelles villes tu parles. Vous pouvez vous aider de la carte à la fin du livre. (B ▶ p. 110)

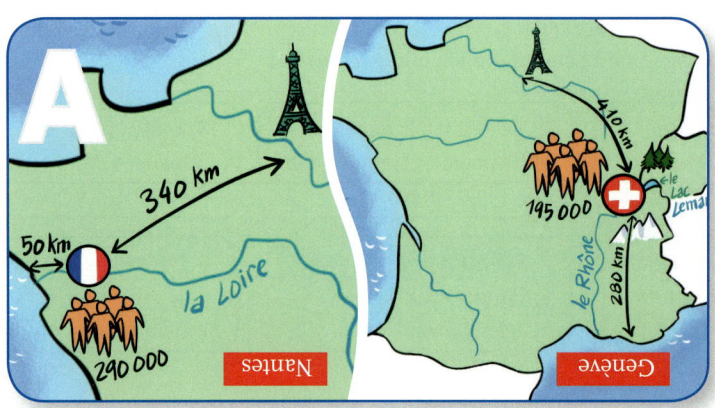

> compter ____ habitants
> être à ____ kilomètres de ____
> se trouver en ____
> à ____
> près de ____
> au bord de ____
> entre ____ et ____
> être situé dans une région de montagnes / de lacs / de forêts
> ____

b Continuez avec des villes, des régions ou des pays de votre choix.

2 a Présente ces personnalités à l'aide des informations données. Utilise *de*/*d'*, *du*, *des*, *en*, *au* ou *aux*.
Exemple: 1. Samuel Eto'o est un joueur de foot. Il vient d'Afrique. Il est né au Cameroun. ...

1. Samuel Eto'o, joueur de foot
   – *venir* ? Afrique
   – *être* né ? Cameroun
   – *avoir* joué ? Espagne, puis dans d'autres clubs ? Europe.

2. Leïla Bekhti, actrice
   – ses parents *venir* ? Algérie
   – *être* née ? France
   – *jouer* ? France et ? Maroc

3. Tony Parker, joueur de basket
   – *être* né ? Belgique
   – son père *venir* ? États-Unis
   – sa mère *venir* ? Pays-Bas
   – *être* célèbre ? États-Unis et ? France

4. Stromae, chanteur
   – son père *venir* ? Rwanda
   – sa mère *venir* ? Belgique
   – *être* né et *habiter* ? Belgique

5. Omar Sy, acteur
   – *être* né ? France
   – son père *venir* ? Sénégal
   – sa mère *venir* ? Mauritanie
   – *vivre* ? États-Unis

6. Eugenie Bouchard, joueuse de tennis
   – *venir* ? Canada
   – *avoir* gagné des matchs importants ? Japon et ? Allemagne
   – son entraîneur *venir* ? États-Unis

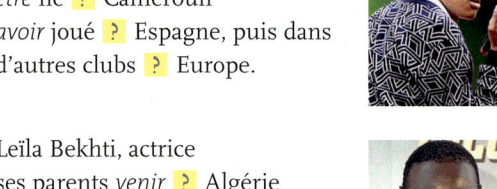

féminin		masculin	
l'Afrique	l'Espagne	le Cameroun	le Maroc
l'Algérie	l'Europe	le Canada	les Pays-Bas
l'Allemagne	la France	les États-Unis	le Rwanda
la Belgique	la Mauritanie	le Japon	le Sénégal

Ländernamen, die auf -*e* enden, sind in der Regel feminin. Auch die Namen der Kontinente enden auf -*e* und sind feminin. Ländernamen, die nicht auf -*e* enden, sind meistens maskulin.

b À toi. Choisis une personnalité et présente-la comme en a.

3 Avec des amis, vous êtes dans un magasin de produits africains à Paris. Tes amis ne parlent pas français. Fais l'interprète. Utilise le discours indirect au présent.

1 Wie viel kostet das?

2 Aus welchem Land kommt diese Schachtel?

Mon copain / Ma copine veut savoir / demande/dit …

5 Was kann man damit machen?

3 Haben Sie dieses T-Shirt auch in Blau?

4 Das schmeckt sehr gut! Was ist das?

6 Die Musik gefällt mir sehr gut, ich möchte die CD kaufen!

4 a Les élèves d'une classe de troisième veulent organiser une journée de la francophonie dans leur collège. Ils discutent et font des propositions. Mets les verbes entre parenthèses au conditionnel. (▶ Pense-bête, p. 232)
1. Cette année, nous *(pouvoir)* choisir l'Afrique comme thème.
2. Ah oui, ce *(être)* super. Bocar et Djenabou *(pouvoir)* nous donner des tuyaux.
3. Moi, je *(faire)* un stand avec des spécialités africaines que je *(vendre)* aux visiteurs.
4. Toi, Marie, tu *(emprunter)* de la musique africaine au CDI.
5. Vous, Idriss et Ashraf, vous *(montrer)* un film et des photos de votre dernier voyage au Maroc.
6. Tous nos parents *(venir)* et ils *(apprendre)* des choses sur ce continent.

b À toi. Imagine que ta classe veut organiser une journée portes ouvertes au collège. Qui pourrait s'occuper de quoi? Fais au moins cinq propositions et utilise le conditionnel comme en a. (▶ Pense-bête, p. 232)

5 Présente l'Algérie à différentes époques de son histoire. Utilise l'imparfait, le passé composé et le présent. (▶ Pense-bête, p. 232)

1. Autrefois, l'Algérie *(compter)* peu d'habitants.	1. En 1830, les Français *(occuper)* la capitale.	1. Aujourd'hui, on *(parler)* arabe, berbère et français en Algérie.
2. Beaucoup d'habitants *(vivre)* près de la côte.	2. Après, ils *(coloniser)* tout le pays.	2. Le pays *(compter)* environ 40 millions d'habitants, contre 9 millions en 1950.
3. La pêche *(être)* une activité importante.	3. Les Algériens *(se battre)* contre les Français.	3. Quelques tribus nomades *(exister)* toujours.
4. En montagne, il y *(avoir)* des tribus nomades.	4. Entre 1954 et 1962, la Guerre d'Algérie *(avoir)* lieu.	4. Pour beaucoup d'Algériens, la France *(rester)* un pays d'accueil.
5. Les gens ne *(parler)* pas français.	5. Pendant cette guerre, plus de 500 000 hommes *(perdre)* la vie.	5. Beaucoup de personnalités françaises *(venir)* d'Algérie.
6. La majorité des gens *(se déplacer)* à pied.	6. En 1962, le pays *(devenir)* indépendant.	6. Plusieurs films *(raconter)* l'histoire de la relation franco-algérienne.

PF Tâches – au choix
Am Ende dieser Unité kannst du

A ein frankophones Land Afrikas
vorstellen.

B Musik aus Afrika vorstellen.

Coin lecture – au choix

- ein Auszug aus einem Jugendbuch (S. 60–61)
  ⬤
- ein Auszug aus einem Comic (S. 62–63) ▢

Compétences communicatives
Du lernst

- geographische und geschichtliche Angaben zu einem Land zu machen. (▶ V1)
- über Vergangenes zu berichten. (▶ V2)
- biographische Angaben zu Personen zu machen. (▶ V2)
- wiederzugeben, was jemand gesagt hat. (▶ V3)

Dazu brauchst du z. B.

- Bruchzahlen und weitere Mengenangaben.
- das *plus-que-parfait*.
- die indirekte Rede in der Vergangenheit.
- Außerdem lernst du die Verben *accueillir* und *jeter*.

Compétences interculturelles

- Du erhältst einen Überblick über das frankophone Afrika.
- Du lernst Persönlichkeiten des frankophonen Afrikas kennen.
- Du lernst den Senegal näher kennen.

Apprendre à apprendre
Du lernst

- wie du ein Resümee anfertigst.

CD 1
38–39

Une journée inoubliable

Dimanche 7 mars

Il y avait une foule[1] énorme tout à l'heure au stade Amadou Barry. Tout le monde se bousculait[2] pour assister à la rencontre historique entre nos deux grands lutteurs, Bombardier et Tyson. Un policier
5 a dû tirer deux coups de fusil en l'air pour effrayer[3] les fraudeurs[4] qui voulaient entrer sans billet. La place devant le stade s'est vidée en un clin d'œil[5]!

C'est une bonne chose parce que ça nous a permis d'aller nous asseoir plus vite dans les gradins[6].
10 Mon père était très fier d'avoir ses fils autour de lui. C'est la première fois qu'il nous emmenait tous ensemble pour nous féliciter[7] de la fin de notre ramadan. Le stade était plein à craquer[8]. Un peu plus bas, j'ai reconnu des jeunes de mon quartier, des
15 fous de lutte qui passent leur journée à faire de la musculation[9] pour devenir champion un jour. Pendant tout l'après-midi ils lançaient leur cri de ralliement[10]: «Jaap mba dé*.»

* **Jaap mba dé** «réussir ou mourir»

1 **la foule** beaucoup de gens ensemble   2 **se bousculer** sich drängen
3 **tirer deux coups de fusil en l'air pour effrayer qn** zweimal mit dem Gewehr in die Luft schießen, um jdn einzuschüchtern
4 **le fraudeur** une personne qui essaie d'entrer sans payer   5 **se vider en un clin d'œil** sich im Handumdrehen leeren
6 **le gradin** die Sitzreihe   7 **féliciter qn** jdm gratulieren   8 **être plein à craquer** brechend voll sein
9 **faire de la musculation** Krafttraining machen   10 **le cri de ralliement** der Schlachtruf

1   Avant de lire le texte, raconte: est-ce que tu as déjà assisté ou participé à un évènement où il y avait beaucoup de monde (un concert, une fête, un match, …)? Comment est-ce que c'était? Raconte.

l'évènement *m.*   l'endroit *m.*   les gens *m. pl.*   l'ambiance *f.*   le début   le déroulement   la fin

J'ai adoré l'ambiance. Il y a d'abord de très
20 longs préparatifs où les lutteurs dansent au son
des djembés[11], et se jettent des sorts[12] avec
l'aide de leur marabout[13]. On leur renverse[14] du
lait caillé[15] sur la tête pour leur porter chance.
Ils ont même des gris-gris[16] dans leur pagne[17].
25 Puis vient le combat. Il ne dure que quelques
minutes. Mais tout le public reste très concen-
tré. C'est Bombardier, mon favori, qui a fini par
gagner en mettant à terre[18] les épaules[19] de Tyson. Je n'oublierai jamais cette journée. Il faut
30 que je raconte ça à Sylvain.

La séance de lutte

Plus populaire que le football, la lutte traditionnelle, avec ou sans frappe, allie[20] sport et
mysticisme[21].
Footing sur la plage de Dakar, musculation en
salle, entraînement de boxe, de karaté, de
judo, de lutte gréco-romaine, depuis les années 1980 la **préparation des lutteurs** s'est
professionnalisée[22].
Autrefois, on luttait pour porter l'**honneur** de
son quartier dans des combats de rue, la nuit.
Aujourd'hui, les séances ont lieu dans des
arènes.

Extrait de: Aujourd'hui au Sénégal: Bocar, Dakar,
Hervieu-Wane/Fronty/Silloray, Éditions Gallimard Jeunesse
2005, p. 40–41

11 le djembé *afrikanische Trommel*   **12 se jeter des sorts** sich (böse) Zaubersprüche zurufen, sich (gegenseitig) verwünschen
13 le marabout *hier:* der Hellseher, das Medium   **14 renverser qc** etw. kippen   **15 le lait caillé** die Dickmilch
16 le gris-gris *ici:* le porte-bonheur   **17 le pagne** der Lendenschurz   **18 mettre à terre** zu Boden bringen
19 l'épaule *f.* die Schulter   **20 allier qc et qc** etw. mit etw. verbinden   **21 le mysticisme** *hier:* die spirituellen Rituale
22 se professionnaliser devenir plus professionnel

2   Le jeune Bocar va voir un spectacle à Dakar, au Sénégal. Lis le texte. Compare ton expérience à ce que Bocar
raconte. Qu'est-ce qui est pareil? Qu'est-ce qui est différent? Qu'est-ce qui t'étonne?

3   Explique ce qu'est la lutte sénégalaise. Si tu as besoin de plus d'informations, fais des recherches.

CD 1
40

[...]

baptiser qc/qn donner un nom à qc/qn   **le galérien** *Ausdruck aus der Elfenbeinküste* un jeune homme qui a beaucoup de temps / qui ne travaille pas

Extrait de: Aya de Yopougon, Abouet/Oubrerie, Éditions Gallimard Jeunesse 2005, p. 3–5

gaspiller qc etw. verschwenden   **le génito** *Ausdruck aus der Elfenbeinküste* un jeune homme riche   **De quoi je me mêle?** Was geht dich das an?   **la bouche** der Mund   **On dirait cul de vache** *fam. hier:* Du siehst wie der Hintern einer Kuh aus.

1   Lis la bédé. Expose ce que tu apprends sur Adjoua.

2   Raconte la scène entre Adjoua, son frère et Bintou.   ▶ p. 118

3   Décris Adjoua ou son frère. Tu peux aussi utiliser la fiche de travail sur webcode (APLUS-4-63).

> Pense à l'accord des adjectifs.

beau	branché	curieux	content	ennuyeux	étonné	fier
fort	furieux	intelligent	intéressant	joli	libre	moche
nul	pénible	prêt	sérieux	sympa	timide	touchant	____

4   Le soir, la mère demande à son fils où est Adjoua. Qu'est-ce qu'il répond? Imaginez le dialogue.

Visages de l'Afrique

CD 1
41–45

un village traditionnel

la pêche

le souk à Marrakech

Le Maroc

32,5 millions d'habitants
Langues: l'arabe et le berbère (langues officielles), le français et l'espagnol
Ressources: l'agriculture (les olives, les oranges, les tomates), l'élevage de moutons, les phosphates, l'argent, le tourisme (8 millions de touristes par an)

Le Sénégal

13,7 millions d'habitants
Langues: le français (langue officielle), les langues nationales comme le wolof ou le peul
Ressources: l'agriculture (les arachides, le coton, le riz, les mangues), la pêche, le tourisme

le coton

le cacao

La Côte d'Ivoire

21,5 millions d'habitants
Langues: le français (langue officielle), les langues nationales comme le baoulé, le dioula ou le malinké
Ressources: l'agriculture (le cacao, le café, le caoutchouc, l'huile de palme, les bananes, les ananas), le bois, la pêche

Abidjan

les bananes

L'AFRIQUE AUJOURD'HUI

Rabat
Alger
Tunis
Tunisie
Tripoli
Maroc
El Ayoun
Sahara occidental
Algérie
Libye
Le Caire
Égypte
Mauritanie
Nouakchott
Mali
Niger
Tchad
Khartoum
Érythrée
Asmara
Sénégal
Dakar
Banjul
Gambie
Guinée-Bissau
Bissau
Bamako
Burkina Faso
Ouagadougou
Niamey
Nigeria
N'Djamena
Soudan
Djibouti
Djibouti
Guinée
Conakry
Bénin
Abuja
Addis Abeba
Sierra Leone
Freetown
Monrovia
Yamoussoukro
Accra
Porto-Novo
Cameroun
République centrafricaine
Soudan du Sud
Djouba
Éthiopie
Somalie
Liberia
Côte d'Ivoire
Ghana
Togo
Lomé
Malabo
Yaoundé
Bangui
République démocratique du Congo
Ouganda
Kampala
Kenya
Nairobi
Mogadiscio
Équateur
Guinée équatoriale
Libreville
Gabon
Brazzaville
Congo
Kinshasa
Rwanda
Kigali
Bujumbura
Burundi
Tanzanie
Dodoma
Seychelles
Luanda
Angola
Zambie
Lusaka
Malawi
Lilongwe
Comores
Mayotte
Namibie
Windhoek
Botswana
Gaborone
Zimbabwe
Harare
Mozambique
Pretoria
Maputo
Mbabane
Lesotho
Maseru
Swaziland
Afrique du Sud
Le Cap
Antananarivo
Madagascar
Réunion
Mauri

Le pourcentage de la population africaine francophone
plus de 50 % de francophones
entre 25 et 50 % de francophones
entre 5 et 25 % de francophones

les oranges

des moutons dans l'Atlas

L'AFRIQUE EN 1937

Tunisie
Maroc
Ifni
Rio de Oro
Algérie
Libye
Égypte
Afrique-Occidentale française
Afrique-Équatoriale française
Soudan anglo-égyptien
Somalie française
Somalie britannique
Gambie
Guinée portugaise
Sierra Leone
Liberia
Gold-coast
Togo occidental
Togo oriental
Nigeria
Cameroun britannique
Cameroun français
Guinée espagnole
Afrique-Orientale italienne
Ouganda
Colonie du Kenya
Équateur
Ruanda-Urundi
Congo belge
Territoire du Tanganyika
Zanzibar
Cabinda
Angola
Rhodésie
Nyassaland
Sud-Ouest Africain
Protectorat du Bechuanaland
Mozambique
Madagascar
Swaziland
Basutoland
Union sud-africaine

Territoire
- français
- britannique
- portugais
- espagnol
- italien
- belge

Territoire sous tutelle
- française
- britannique
- belge

Alger

les dattes

L'Algérie
38,5 millions d'habitants
Langues: l'arabe (langue officielle), le berbère (langue nationale), le français
Ressources: l'agriculture (les dattes, les olives), l'élevage de moutons, le gaz naturel, le pétrole

le désert du Sahara

INFOS
◈ L'Afrique est le continent le plus peuplé après l'Asie. Elle compte plus d'un milliard d'habitants.

◈ La majorité des Africains parlent plusieurs langues.

◈ Le français est la langue de l'enseignement dans la plupart des pays de l'Afrique francophone.

◈ Environ la moitié des francophones dans le monde vivent en Afrique. En 2050, l'Afrique comptera plus de 90 % des jeunes francophones de 15 à 29 ans dans le monde.

◈ L'Algérie est la dernière colonie française qui devient indépendante, en 1962.

◈ Sur les 7,2 millions d'immigrés qui vivent en France, près d'un tiers viennent du Maghreb et environ 13 % d'Afrique subsaharienne.

◈ Beaucoup de jeunes Français d'origine africaine partent pour s'installer dans le pays de leurs parents ou grands-parents, à Dakar et Abidjan mais aussi à Alger ou Casablanca.

Lire et comprendre

Coop

1 a Regardez les photos et lisez les informations (p. 64–65). Puis dites ce que vous saviez déjà et ce qui est nouveau pour vous.

b Comparez les deux cartes d'Afrique (p. 64–65). Expliquez pourquoi on parle français dans beaucoup de pays d'Afrique.

Je savais qu'il y a du cacao en Côte d'Ivoire. Mais je ne savais pas qu'on y parle plusieurs langues.

Écouter et comprendre

CD1
46–47

2 a Écoute l'émission de radio. D'où viennent Akissi et Issam?

b Quels indices t'ont aidé/e à trouver le pays d'origine d'Akissi et d'Issam?
Note-les dans ton cahier.

CD1
48

c Écoutez les extraits de musique. Lesquels vous plaisent?
Donnez votre avis. Vous trouverez la liste des extraits
sur webcode (APLUS-4-66).

Akissi   Issam

Recherche

3 a Regardez cette statistique et dites ce qu'on y apprend. (▶ Méthodes, p. 126/20)

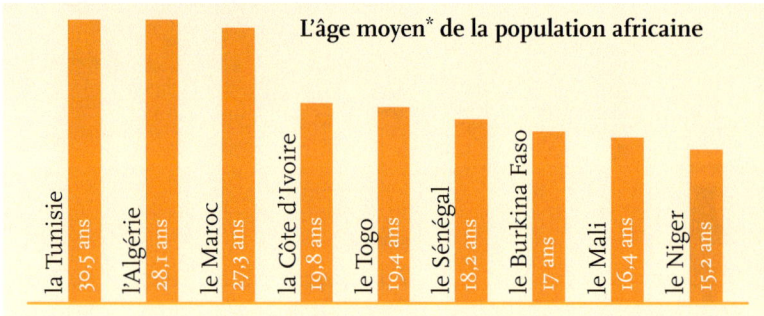

L'âge moyen* de la population africaine

la Tunisie 30,5 ans · l'Algérie 28,1 ans · le Maroc 27,3 ans · la Côte d'Ivoire 19,8 ans · le Togo 19,4 ans · le Sénégal 18,2 ans · le Burkina Faso 17 ans · le Mali 16,4 ans · le Niger 15,2 ans

Info
La moitié des Africains sur tout
le continent ont 17 ans ou moins.
Deux tiers des Africains subsahariens ont moins de 25 ans.

* **moyen/ne** durchschnittlich

b Chacun choisit un pays d'Afrique et trouve sur Internet combien de langues on y parle.
Mettez vos résultats en commun et discutez.

c Comparez ce que vous avez appris sur l'Afrique francophone avec l'Allemagne ou votre land*.
Faites des recherches. (▶ Texte p. 64–65, ▶ Exercice 3 a) * **le land** das Bundesland

On parle plus/moins/autant de langues en/au ____ qu'en/au ____.
En général, les gens sont plus jeunes en/au ____ qu'en/au ____.
L'âge moyen en/au ____ est ____ ans contre ____ ans en/au ____.
Il y a plus/moins/autant d'habitants en/au ____ qu'en/au ____, mais c'est beaucoup plus grand/petit.
Les ressources sont les mêmes / sont très différentes en/au ____ et en/au ____.

Écrire

4 Choisis un pays d'Afrique francophone et décris-le comme Akissi et Issam dans le quiz *Devinez d'où je viens*
(▶ Exercice 2 a). Prépare ton texte par écrit, puis lis-le. Les autres retrouvent le pays dont tu parles. Tu peux utiliser
les expressions suivantes.

être francophone
parler français/arabe/dioula/berbère/____
habiter au bord de la mer
se trouver sur la côte Atlantique / à ____ km de
   la capitale

être la capitale de ce pays / une ville de plus de ____
   habitants
avoir environ ____ millions d'habitants
être le premier producteur mondial de ____
avoir une histoire compliquée

Médiation

5 Tu as lu cet article sur les Jeux de la Francophonie. Explique ce que c'est à un/e ami/e français/e qui ne connaît pas ces jeux.   (▶ Méthodes, p. 133/33)

Auf die Plätze, fertig, los!

Jeder kennt die Olympischen Spiele. Alle vier Jahre treten dabei Sportler und Sportlerinnen aus aller Welt in den unterschiedlichen Disziplinen gegeneinander an. Wer läuft am schnellsten? Wer springt
5 am höchsten? Die Besten gewinnen schließlich die Medaillen.

Aber hast du auch schon einmal von den „Spielen der Frankophonie" gehört?

Diese Spiele finden
10 ebenfalls alle vier Jahre statt, auch hier geht es um sportliche Wettkämpfe und auch hier kommen
15 die Teilnehmer jedes Mal in einer anderen Region der Welt zusammen.

JEUX DE LA FRANCOPHONIE

JEUNESSE, ARTS ET SPORTS

Aber – dieses Land ist immer eines, in dem Franzö-
20 sisch gesprochen wird, denn die Spiele der Frankophonie richten sich nur an die etwa 60 Mitgliedsstaaten der „Internationalen Organisation der Frankophonie".

nen! Die Organisatoren dieser Spiele wollen näm-lich die kulturelle Vielfalt der frankophonen Länder zeigen und fördern. Du kannst hier also die Werke von Fotografen, Malern und Bildhauern betrach-
30 ten. Du kannst Sängern und Geschichtenerzählern zuhören. Und du kannst die Darbietung von Jongleuren und Hip-Hoppern bewundern. Bei diesen kulturellen Wettbewerben entscheidet eine Jury darüber, wer die Gold-, Silber- und die Bronze-Me-
35 daille gewinnt.

Aber es gibt natürlich auch die sportlichen Wettkämpfe, zum Beispiel in Leichtathletik (übrigens mit und ohne Körperbehinderung), Basketball, Judo, Radsport und in Gambischem Wrestling (das
40 ist ein traditioneller afrikanischer Ringkampf). Bei der Siegerehrung kann man oft Sportler sehen, die später auch an Weltmeisterschaften oder den Olympischen Spielen teilnehmen.

Noch etwas ist anders als bei Olympia: Es nehmen
25 nicht nur junge Sportler und Sportlerinnen an den Spielen teil, sondern auch Künstler und Künstlerin-

Die Rechnung geht auf!
250 Mio. Besucher und Fernsehzuschauer
+ 2500 aktive Teilnehmer
+ 60 Nationalitäten
+ 10 Tage Programm
+ 1 Sprache
= das größte frankophone Fest weltweit!

1989	1993	1997	2001	2005	2009	2013	2017
Marokko	Frankreich (Paris)	Madagaskar	Kanada	Niger	Libanon	Frankreich (Nizza)	Elfenbein-küste

Portraits d'artistes

CD1
49–51

1 Tiken Jah Fakoly:
le chanteur amoureux de l'Afrique

Le chanteur de reggae Tiken Jah Fakoly est né en 1968 à Odienné, en Côte d'Ivoire, sous le nom de Doumbia Moussa Fakoly. Depuis

5 2003, il vit au Mali, à Bamako, où il s'est exilé parce qu'il avait critiqué le pouvoir ivoirien. Depuis toujours, ses deux passions sont la musique et la danse.

Ses chansons engagées parlent de la corruption

10 en Afrique et des problèmes qui touchent ce continent. Tiken Jah Fakoly chante en français parce qu'il veut qu'une majorité de gens com-

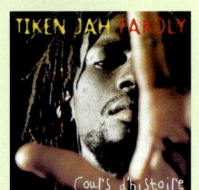

15 prennent le message de ses chansons. Il s'engage aussi pour les enfants d'Afrique et lutte contre la pauvreté. Avec l'organisation «Action contre la faim», il a voyagé au Burkina Faso pour 20 aider les plus pauvres. Et, dans ses chansons, il leur donne une voix. Il a créé sa propre organisation «Un concert, une école». L'argent des concerts qu'il donne sert à construire des écoles en Afrique. Le 25 chanteur aime discuter avec les jeunes. Il va dans les écoles pour leur expliquer qu'ils sont l'Afrique de demain et pour les encourager à rester dans leur pays. Il pense que seuls les Africains peuvent et doivent changer les choses sur leur continent. En- 30 fin, le chanteur se bat pour donner une image positive de l'Afrique.

2 Fatym Layachi:
l'actrice engagée

Fatym Layachi est une actrice marocaine. Elle est née en 1983 à Casablanca. Après le bac, elle a fait ses études à

5 Paris et a appris le métier d'actrice au Cours Florent.
Pour beaucoup de jeunes Marocains, elle est un symbole de la femme moderne et libre depuis qu'elle a joué dans «Marock» (Laïla Marrakchi,

10 2006), un film sur la jeunesse dorée marocaine qui vit selon les modèles occidentaux mais qui reste attachée à son pays et ses traditions.

En 2009, elle est revenue

15 s'installer au Maroc. Dans «Machi Lkhatri», une série marocaine sur le thème du multiculturalisme, elle s'est imposée comme l'une des

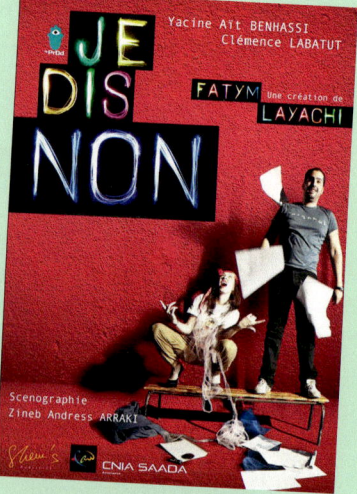

meilleures actrices 20 de son pays et elle est devenue une star au Maghreb. En 2012, elle a mis en scène une pièce de théâtre, «Je dis 25 non», sur le refus de tout accepter.

Pour Fatym Layachi, il ne faut jamais accepter quelque chose «parce que c'est comme ça», mais il 30 faut se poser des questions et essayer de comprendre. Avant la création de cette pièce, l'actrice s'était déjà engagée pour la liberté de penser. Pour elle, la censure empêche l'art de se développer.

3 **Marguerite Abouet:**
la mère d'«Aya»

Marguerite Abouet est née en
1971 en Côte d'Ivoire, à Yopougon, un quartier popu-
laire d'Abidjan. Elle vit en
France, près de Paris. Elle
avait douze ans quand ses
parents ont décidé de l'envoyer avec son frère chez
un oncle à Paris. Après le lycée, elle n'a pas fait de
longues études comme le voulaient ses parents. Elle
a fait du baby-sitting et a travaillé comme serveuse
avant de commencer à écrire des romans. Un jour,
elle a voulu écrire une histoire pour donner une
image plus réaliste de son pays et elle a commencé
à raconter l'Afrique de son enfance en bédé. C'est
son mari, Clément Oubrerie, qui a fait les dessins.
«Aya de Yopougon» a vu le jour en 2005. Marguerite Abouet y montre avec beaucoup d'humour une
Afrique où il fait bon vivre. En 2013 «Aya de Yopougon» est sorti au cinéma. En 2006, la bédé avait
reçu le prix du premier album au festival international de la bande dessinée d'Angoulême. Marguerite
Abouet a fondé une organisation «Des livres pour
tous» qui crée des bibliothèques de quartier en
Afrique pour permettre
à tous les enfants de lire.

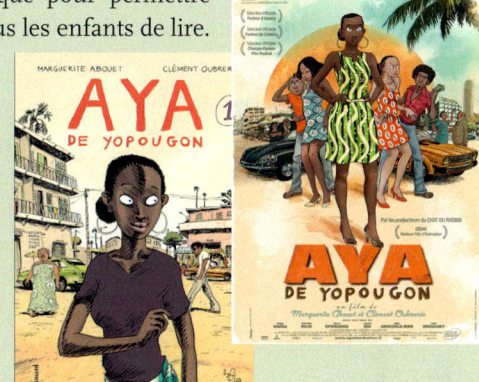

Lire et comprendre

1 a Lis les trois portraits. Relève tout ce que ces personnes ont en commun.   ▶ p. 118

b Des gens donnent leur avis. Qui parle de Tiken Jah Fakoly, qui de Fatym Layachi et qui de Marguerite Abouet?
Justifie ta réponse à l'aide du texte.

1. «C'est quelqu'un qui a fait des études en Europe mais qui est revenu vivre et travailler dans son pays.
Pour moi, c'est un modèle!»

2. «Son message pour la jeunesse africaine: Il faut vous engager chez vous, en Afrique!»

3. «Lire est une clé pour réussir dans la vie et cette personne s'est beaucoup engagée pour la lecture en
Afrique.»

4. «C'est une personne courageuse qui prend des risques et qui dénonce la corruption.»

5. «J'aime voir comment des gens de cultures différentes vivent ensemble. C'est pour ça que j'adore la
série dans laquelle cette star joue.»

6. «Cette personne veut que les artistes puissent dire tout ce qu'ils pensent et elle lutte pour ça. Je l'admire.»

7. «C'est quelqu'un qui donne son argent pour aider les pauvres et qui se bat pour la culture dans
différents pays d'Afrique. Je voudrais l'aider.»

Koop c Travaillez en groupe. Retrouvez sur une carte d'Afrique les noms géographiques nommés dans les textes
(p. 68–69), trouvez des informations supplémentaires sur ces lieux dans le *Petit dictionnaire de civilisation*
(p. 134–137) et sur Internet. Puis informez vos partenaires.

Parler

2 Il y a une semaine africaine près de chez toi. Tu peux voir le film «Marock» avec Fatym Layachi, le film «Aya de
Yopougon» de Marguerite Abouet, ou aller à un concert de Tiken Jah Fakoly. Qu'est-ce que tu choisis? Justifie
ta réponse.

Découvrir

3 a Lies den Satz. Welche der beiden Handlungen liegt zeitlich weiter zurück?
«Tiken Jah Fakoly **s'est exilé** au Mali parce qu'il **avait critiqué** le pouvoir ivoirien.»

b Beschreibe die Bildung des *plus-que-parfait*.
1. Il avait dormi.
2. Elle était partie.
3. Ils s'étaient éclatés.

c Qu'est-ce qui s'est passé pendant que Fatym Layachi était en France? Complète par les verbes au plus-que-parfait.
1. Quand Fatym est rentrée au Maroc après cinq ans en France, son pays ? . (*changer*)
2. Dans son ancien quartier, on ? une école. (*construire*)
3. Le tourisme ? . (*se développer*)
4. Trois nouveaux hôtels ? sur la côte. (*ouvrir*)
5. Mais les familles pauvres ? pauvres. (*rester*)
6. Et les familles riches ? encore plus riches. (*devenir*)

S'entraîner

4 Une mauvaise journée pour Akissi. Racontez-la ensemble. Utilisez le passé composé et le plus-que parfait.
(▶ Repères, p. 78/1)   (B ▶ p. 111)
Exemple: 1. Quand Akissi s'est levée le matin, son frère avait déjà bu tout le café.

A: Akissi / se lever le matin
B: ?

B: ?
A: ses amies / partir

A: Akissi / arriver au cinéma
B: ?

B: ?
A: elle / dépenser tout son argent

A: Akissi / retourner au magasin
B: ?

B: ?
A: ses parents et son frère / manger

Vocabulaire et expression

5 a Trouve dans les textes (p. 68–69) des mots et expressions qui servent à écrire la biographie d'une personne.
(▶ Méthodes, p. 122/9)

b Choisis une de ces personnalités, fais des recherches et écris sa biographie pour le journal de ton école. Tu peux aussi choisir une autre personnalité ou imaginer ta propre biographie.

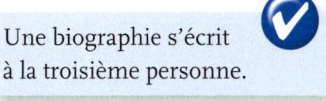

Une biographie s'écrit à la troisième personne.

Didier Drogba

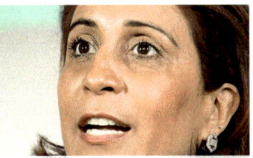
Nawal El Moutawakel

Thomas Sankara

Kofi Annan

Activité

CD 1
52

6 a Écoute la chanson puis réponds. Qu'est-ce que Fakoly nous demande de faire?

b Maintenant, lis les paroles de la chanson. Tu peux utiliser un dictionnaire. Complète le tableau dans ton cahier à l'aide du texte.

Pour Fakoly, l'Afrique, ce n'est pas seulement …

…

Pour Fakoly, l'Afrique, c'est aussi …

Viens voir de Tiken Jah Fakoly

Viens voir, viens voir
Viens voir, viens voir
Toi qui parles sans savoir

Bamako, Abidjan ou Dakar
5 Sierra Leone, Namibie, Kenya
Viens voir

Mon Afrique n'est pas ce qu'on te fait croire[1]
Pourquoi toujours les mêmes visages?
Pourquoi toujours les mêmes commentaires?
10 Pourquoi toujours les mêmes reportages?
À les écouter
Mon Afrique ne serait que[2] sécheresse et famine
Quand on les écoute
Mon Afrique ne serait que combats
15 Et champs de mines
Viens voir

Viens voir, viens voir
Viens voir, viens voir
Toi qui parles sans savoir

20 Mon Afrique n'est pas ce qu'on te fait croire
Pas un mot sur l'Histoire de ce continent
Sur les civilisations et les richesses d'antan[3]
Aucun mot sur le sens des valeurs
Des gens qui t'accueillent la main sur le cœur
25 Viens voir

Viens voir, viens voir
Viens voir, viens voir
Toi qui parles sans savoir

Mon Afrique n'est pas ce qu'on te fait croire
30 Africa n'est pas ce qu'on te fait croire
Viens dans nos familles
Viens dans nos villages
Tu sauras ce qu'est l'hospitalité
La chaleur, le sourire, la générosité
35 Viens voir ceux qui n'ont rien
Regarde comme ils savent donner
Tu repartiras riche
Et tu ne pourras pas oublier
Viens voir

40 *Viens voir, viens voir*
Viens voir, viens voir
Toi qui parles sans savoir

1 **faire croire qc à qn** jdn etw. glauben machen
2 **ne serait que** wäre nur
3 **d'antan** aus vergangenen Zeiten

c Explique le passage l. 35–37 à l'aide de ton tableau de b.

d Comment trouves-tu cette chanson? Te donne-t-elle envie d'aller en Afrique? Change-t-elle ton image de l'Afrique? Justifie ta réponse.

CD2
1–2
«Bonne arrivée au Sénégal!»

Le voyage de Boubacar

Salut les copains!

Je veux vous donner mes impressions de voyage avant de rentrer à Paris parce que j'ai trop de choses à raconter! Moi qui n'étais pas revenu au Sénégal depuis huit ans, j'ai découvert mon pays! Bon, je commence par
5 le début.

Mon grand frère, Yerim, et moi, on habite chez ma tante Kaba, à la Médina, un vieux quartier, un des plus peuplés de Dakar. Kaba vit dans une maison avec mes cinq cousins et cousines.

Quand on est arrivés là-bas, Yerim et moi, tout le monde nous a dit: «Bonne arrivée au Sénégal!» C'est une phrase de bienvenue. C'est comme ça qu'on accueille les gens ici. Les deux premiers jours, on a passé notre
10 temps à recevoir la famille et à faire la fête. On nous avait préparé des spécialités sénégalaises comme le tiep-bou-diene (du poisson avec du riz rouge à la sauce tomate) ou le poulet yassa (du poulet au citron vert). Ma famille est wolof, alors, elle parle wolof. Avec mon frère, on le comprend bien, mais on le parle mal. Pourtant ma famille nous a dit
15 qu'on avait fait des progrès en peu de temps!

Après ces deux jours de fête, mon cousin Élimane et moi, on s'est baladés dans le centre de Dakar: on est allés au Plateau, un quartier branché où se trouvent les principales entreprises du Sénégal.

Mes cousins, en train de jouer au foot

On est passés par la place de l'Indépendance avec ses tours modernes et on est allés au marché Sandaga. C'est
20 très grand et on y trouve de tout: de la vaisselle, des tissus, des fruits et des légumes, de la viande, etc. J'ai voulu acheter un boubou. Alors, mon cousin m'a expliqué qu'il fallait toujours marchander parce qu'il n'y a pas de prix fixes. (Il ne faut pas être pressé pour faire ses courses! 😉) J'ai payé le
25 boubou 12 000 francs CFA (environ 18 euros). Élimane a trouvé que je m'étais mal débrouillé et que je pouvais mieux faire. Alors, j'ai marchandé quelques bananes à un bon prix parce que je ne voulais pas passer pour un touriste étranger!

Le lendemain, on est allés à la plage parce qu'il faisait très
30 chaud (35° ou même plus, mais en avril, c'est normal). Les plages de Dakar ne sont pas super et les gens y jettent leurs déchets au lieu de les jeter dans des poubelles! 🙁 Yerim et moi, on voulait aller à Saly où il y a des plages de rêve. Mais ma cousine Souadou nous a dit que c'était trop loin pour une journée et qu'on irait une autre fois. Le soir, on est allés voir un match de foot au stade
Léopold-Sédar-Senghor avec mon oncle Mattar. C'étaient les
35 Lions du Sénégal contre les Éléphants de Côte d'Ivoire. Mattar nous a promis que si les Lions gagnaient, il nous inviterait à un concert des Daara J, un groupe de rap sénégalais. Il nous a dit ça parce qu'il était sûr que les Éléphants gagneraient. Eh bien, ce sont les Lions qui ont gagné! 🙂 Avec mon oncle, on a vu aussi
40 un tournoi de lutte sénégalaise. C'est un sport traditionnel dont je suis devenu fan. Ici, c'est encore plus populaire que le foot!

Un autre jour, on est allés sur l'île de Gorée, près de Dakar. Cet endroit est un symbole de la traite des Noirs en Afrique pendant trois siècles! On a visité la maison des esclaves avec sa célèbre «porte du voyage sans retour». C'est de là que

45   *les bateaux avec les esclaves partaient pour l'Amérique. J'ai appris avec horreur que les Africains aussi avaient participé à la traite des Noirs et qu'ils avaient échangé des hommes, des femmes et des enfants contre des tissus ou des armes.*

Après, on a fait encore plein de choses intéressantes. On est allés au Lac rose dont l'eau est vraiment rose! On a voyagé en Casamance, la région la plus verte du pays! On a aussi visité le parc

50   *national de Niokolo Koba où on peut voir les animaux du Sénégal, mais je vous raconterai ça en détail à mon retour parce que mes cousins m'attendent pour aller danser!*

Voilà! Après-demain, on rentre à Paris, mais je suis content de vous revoir. Je compte sur vous pour m'accueillir avec ces mots: «Bonne arrivée en France!» 😃

Lire et comprendre

1   **a**   Lis le blog et indique ce qu'on apprend sur Boubacar et sa famille.

    b   Raconte ce que Boubacar a fait pendant ses vacances.

    c   Retrouve sur la carte du Sénégal (au début du livre) les endroits où Boubacar est allé.

    d   Fais des recherches et explique pourquoi le stade de Dakar s'appelle «Léopold-Sédar-Senghor».

Parler

2   Au marché Sandaga, Boubacar cherche des souvenirs pour ses amis.
Il marchande. Faites des dialogues.

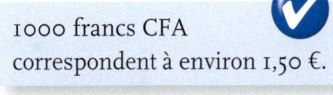
1000 francs CFA correspondent à environ 1,50 €.

les bracelets *m. pl.*   les babouches *f. pl.*   les boucles d'oreilles *f. pl.*   les lanternes *f. pl.*   les épices *f. pl.*   les poupées *f. pl.*

Pour le rôle de Boubacar, tu peux utiliser:
Combien est-ce que vous voulez pour ____?
C'est (très/trop) cher!
J'ai vu ____ pour ____ francs CFA là-bas.
Là, vous exagérez!
Mais regardez, là, c'est / ce n'est pas ____.
Je ne vous crois pas!
D'accord, je vous donne ____ francs CFA.

Pour le rôle du marchand, tu peux utiliser:
Je vous le/la/les vends pour ____ francs CFA.
Mais regardez cette qualité! C'est ____.
Vous ne trouverez pas ça moins cher.
Bon, faites-moi une proposition.
Quoi? Mais il faut bien que je vive, moi aussi!
Vous voulez ma mort?!
C'est mon dernier prix!

| traditionnel | ancien | nouveau | original | difficile à faire | idéal pour ____ | magnifique |
| beau | en coton | en bois | en argent | en verre | en or | en papier | ____ |

Découvrir

3 a Lies die Beispielsätze und bestimme die Verbformen in der direkten und in der indirekten Rede in der Vergangenheit. (▶ Pense-bête, p. 232)

discours direct	discours indirect au passé
présent	*imparfait*

1. Souadou a expliqué: «C'**est** trop loin.» → Souadou a expliqué que c'**était** trop loin.
2. Souadou nous a promis: «On **ira** une autre fois.» → Souadou nous a promis qu'on **irait** une autre fois.
3. Kaba nous a dit: «Vous **avez fait** des progrès!» → Kaba nous a dit qu'on **avait fait** des progrès.

Koop **b** Vergleicht die indirekte Rede in der Vergangenheit im Englischen mit der im Französischen.

S'entraîner

4 Souadou a consulté un marabout. Le soir, elle raconte à sa sœur ce que le marabout lui a dit. Fais des phrases. Utilise le discours indirect au passé. (▶ Repères, p. 79/2, ▶ Pense-bête, p. 232)  ▶ p. 118

1 La vie n'a pas toujours été facile pour vous.

Il a dit que la vie n'avait pas toujours été facile pour moi.

2. Vous avez eu beaucoup de problèmes les derniers mois.
3. Vous êtes malheureuse et vous cherchez le bonheur.
4. Bientôt, les choses changeront.
5. Vous réussirez.
6. Vous rencontrerez un jeune homme.
7. Je le vois! Il est très beau!
8. Est-ce que vous voulez écouter la suite?
9. Ça fait encore 1000 francs CFA …!

Il a dit/expliqué/raconté/promis que ____.
Il a demandé/voulu savoir si ____.

Denke auch daran, Pronomen oder Begleiter anzupassen, wenn nötig.

5 Boubacar a envoyé un mail à son ami Jérémy. Prends le rôle de Jérémy et raconte ce que Boubacar a écrit. Utilise le discours indirect au passé. (▶ Repères, p. 79/2, ▶ Pense-bête, p. 232).

Exemple: Boubacar a demandé s'il faisait beau à Paris.

> Salut Jérémy!
> Est-ce qu'il fait beau à Paris? À Dakar, le temps est génial.
> On a fait beaucoup de choses. Un jour, nous sommes allés à Cayar, le village de ma grand-mère. Je ne connais pas trop ma grand-mère, je la vois très
> 5 rarement. Dans sa maison, il n'y a pas d'eau. Il faut aller la chercher au puits du village. Je te montrerai plus de photos à mon retour!
> Ma grand-mère nous a préparé un très bon repas traditionnel. Nous avons mangé des pastels (des petits gâteaux avec du poisson).
> Quand j'ai dit «au revoir» à ma grand-mère, j'ai presque pleuré. Je ne sais pas si je la reverrai un jour.
> 10 Au Sénégal, les gens vivent moins longtemps qu'en France …
> À bientôt, Boubacar

6 Lisez les devinettes. Votre partenaire trouve la réponse dans l'unité 3. A commence. B continue.   (B ▶ p. 111)

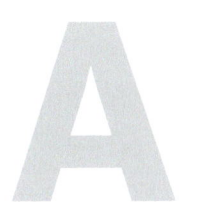

1. C'est le continent dont on parle dans cette unité.
3. C'est une organisation dont Tiken Jah Fakoly s'occupe.
5. C'est une bédé dont Marguerite Abouet est l'auteure.
7. C'est le pays dont Boubacar parle dans son blog.
9. Ce sont les plages dont Boubacar et Yerim rêvent.
11. C'est une maison sur l'île de Gorée dont une porte est célèbre.

Apprendre à apprendre

7 Wie du ein Resümee anfertigst

a Indem du ein Resümee eines Textes anfertigst, zeigst du, ob du einen Text verstanden hast und seine wesentlichen Inhalte wiedergeben kannst. Lies den Abschnitt im Methodenteil (S. 132/32) und wende die Hinweise in **b** an.

b Lis le texte ▶ webcode (APLUS-4-75) et fais-en un résumé.

Médiation

CD 2
3

8 Un nouveau restaurant africain a ouvert près de chez toi. Tu y vas avec une copine qui ne parle pas français. Le serveur parle mieux français qu'allemand. Écoute et fais la médiation entre ta copine et le serveur.

Regarder et comprendre

DVD **9** a Regarde les séquences du film *Ouaga Saga*, qui se passe au Burkina Faso. Décris ce qu'on voit dans la rue.

b Dis ce que le jeune Pelé fait chez Sidibé.

c Explique ce qui se passe au magasin de musique.

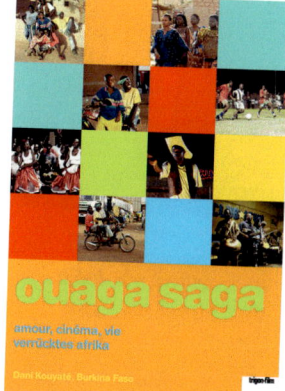

Écrire

10 Tu as déjà appris beaucoup de choses sur l'Afrique francophone.
Imagine que tu vas y passer tes vacances. Qu'est-ce que tu voudrais voir? Où est-ce que tu voudrais aller? Pourquoi? Écris un mail à ton/ta corres français/e.

pays? région? ville?	nature? cuisine? musique?
monument? parc national?	Histoire? sport?

Choisis une des deux tâches.

A   **L'Afrique francophone**

PF

Pour la journée internationale de la francophonie, vous préparez une exposition sur l'Afrique francophone. Choisis un pays qui t'intéresse spécialement, fais des recherches et prépare une affiche.

Vous pouvez aussi combiner les présentations des deux tâches A et B: organisez une journée portes ouvertes dans votre école, avec des stands.

Ton affiche doit être composée de deux parties:
1. Des informations générales sur le pays que tu as choisi:
   - la population
   - la capitale
   - les grandes dates de l'histoire
   - les langues qu'on y parle
   - les ressources
2. La présentation d'une personnalité et/ou d'un thème qui a un rapport avec ce pays:
   - un acteur/une actrice, un homme/une femme politique, un sportif/une sportive, …
   - la cuisine, un évènement, un sport, une tradition, …

Puis, à l'aide de ton affiche, essaie de donner envie à tes camarades de classe de mieux connaître ce pays/de voyager dans ce pays.

Tu cherches des expressions utiles?   ▸ *Repères* (*Qu'est-ce qu'on dit*, p. 78), *textes* (p. 64–65, p. 68–69, p. 72–73), *exercices* (p. 66/3+4, p. 70/5)

Tu cherches des idées? Les photos sur cette page peuvent t'aider.

le caftan

les cornes de gazelle

les moyens de transport

le beurre de karité

les Lions du Sénégal

le jeu de l'awalé

B   **La musique en Afrique**

Vous faites une exposition sur la musique africaine. Choisis un sujet qui t'intéresse, fais des recherches et prépare une présentation.   (▶ Méthodes, p. 127/21)

Vous pouvez aussi combiner les présentations des deux tâches A et B: organisez une journée portes ouvertes dans votre école, avec des stands.

Dans ta présentation, tu peux parler:
- d'une chanson,
- du chanteur et de sa biographie,
- d'un groupe et de ses activités,
- d'un style de musique ou des rythmes typiques,
- des instruments traditionnels,
- d'un festival de musique, ...

Trouve des extraits de chansons que tu peux passer comme exemples.
Trouve aussi des photos que tu peux montrer.

Tu cherches des expressions utiles?   ▶ *Repères* (*Qu'est-ce qu'on dit*, p. 78), *textes* (p. 68–69), *exercices* (p. 70/5)
Tu cherches des idées?   ▶ *exercices* (p. 66/2 c),   ▶ photos sur cette page

la kora

le Festival international du raï

Douzi

le balafon

Rokia Traoré

la tradition des griots

Magic System

Qu'est-ce qu'on dit?

Du sprichst über ein Land / einen Kontinent

Bevölkerung

(L'Afrique) compte plus d'(un milliard) d'habitants.

C'est le continent le plus peuplé après l'Asie.

La moitié (de la population a 17 ans ou moins).

Deux tiers (des Africains subsahariens ont moins de 25 ans).

Sur les (7,2 / «sept virgule deux» millions d'immigrés en France), environ 30 pour cent (viennent du Maghreb).

Environ cinquante pour cent des (francophones vivent en Afrique).

C'est comme ça qu'on accueille les gens ici.

Sprachen

La majorité (des Africains) parlent plusieurs langues.

(Le français) est la langue de l'enseignement dans la plupart des pays (d'Afrique).

Dans ce pays, (l'arabe) est la langue officielle.

Les langues nationales sont (le baoulé, le dioula et le malinké).

Geographie

(Oran) se trouve à (430) kilomètres de (la capitale).

(La Côte d'Ivoire) est le premier producteur mondial de (cacao).

Le climat est agréable.

(La capitale) est dans le (sud/nord) du pays.

C'est un des quartiers les plus peuplés de (Dakar).

Du stellst eine Person und ihr Werk vor

Il est né en (1968) sous le nom de (Doumbia Moussa Fakoly).

Après le lycée / le bac, elle a fait ses études à (Paris).

Elle n'a pas fait de (longues études).

Il/Elle a appris le métier d'(acteur/actrice).

Depuis (2003), il vit (au Mali / en France).

Depuis toujours, ses passions sont (la musique et la danse).

Ses chansons engagées parlent de (la corruption).

Il veut qu'une majorité de gens comprennent (son message).

Elle s'engage pour (les enfants d'Afrique).

Il a créé/fondé sa propre organisation.

Elle se bat pour (donner une image positive de l'Afrique).

Il lutte contre (la pauvreté).

Son argent sert à (construire des écoles en Afrique).

Elle est un symbole de (la femme moderne et libre).

Il est devenu une star (au Maghreb / en Europe).

Il/Elle a travaillé comme (serveur/serveuse) avant de commencer à (écrire des romans).

Elle est revenue s'installer (au Maroc / en Tunisie).

Elle s'est imposée comme (l'une des meilleures actrices) de son pays.

(En 2012), il a mis en scène (une pièce de théâtre).

Pour elle/lui, il ne faut jamais accepter quelque chose «parce que c'est comme ça».

Grammaire

Du berichtest über Ereignisse in der Vergangenheit: Dazu brauchst du:

GH 21 **1**   En 2013, «Aya» est sorti au cinéma. Avant, la bédé **avait reçu** le prix du premier album.   →   **das** *plus-que-parfait*

Il **s'est exilé** (en 2003) parce qu'**il avait critiqué** le pouvoir ivoirien (en 2002).

Fakoly **avait critiqué** le pouvoir ivoirien.	Il **s'est exilé**.	Il **habite** à Bamako.
Vorvergangenheit	Vergangenheit	Gegenwart

Das *plus-que-parfait* mit *avoir*

parler

j'	avais	parlé
tu	avais	parlé
il/elle/on	avait	parlé
nous	avions	parlé
vous	aviez	parlé
ils/elles	avaient	parlé

Das *plus-que-parfait* mit *être*

aller

j'	étais	all**é**/all**ée**
tu	étais	all**é**/all**ée**
il	était	all**é**
elle	était	all**ée**
on	était	all**é**(s)/all**ée**(s)
nous	étions	all**és**/all**ées**
vous	étiez	all**é**(s)/all**ée**(s)
ils	étaient	all**és**
elles	étaient	all**ées**

À vous:

a **Bildet das** *plus-que parfait* **und korrigiert euch gegenseitig:** *(je) regarder, (tu) prendre, (il) s'engager, (elle) sortir, (on) arriver, (nous) voir, (vous) lire, (ils) venir, (elles) s'intéresser.*

b **Complétez les phrases et utilisez le plus-que parfait.**

    1. *Quand nous sommes arrivés au cinéma, (film / déjà commencer).*

    2. *Dimanche, Marlène était fatiguée parce qu' (elle / danser toute la nuit).*

    3. *Quand je suis arrivé chez mes cousins, (ils / déjà sortir).*

Du gibst wieder, was jemand gesagt hat:

Dazu brauchst du:

GH 22 **2**

Mattar: «**Je vous inviterai** à un concert.»
Mattar a dit **qu'il nous inviterait** à un concert.

→ **die indirekte Rede in der Vergangenheit**
(le discours indirect au passé)

Boubacar a dit:
«Il **faut** toujours marchander.»
«Nous **avons fait** des progrès.»
«J'**irai** une autre fois à Saly.»

Boubacar a dit …
… qu'il **fallait** toujours marchander.
… qu'ils **avaient fait** des progrès.
… qu'il **irait** une autre fois à Saly.

Boubacar a dit:
«Il **faisait** chaud.»
«Mes tantes **avaient préparé** des spécialités.»
«Je **voudrais** aller au Lac rose.»

Boubacar a dit …
… qu'il **faisait** chaud.
… que ses tantes **avaient préparé** des spécialités.
… qu'il **voudrait** aller au Lac rose.

À vous:

a **Comparez le discours direct au discours indirect dans les phrases ci-dessus et complétez votre tableau de l'exercice, p. 74/3 a.**

b **Qu'est-ce que Yerim a dit? Utilisez le discours indirect au passé.**

    1. *«Boubacar s'est mal débrouillé.»* **2.** *«À Dakar, les plages ne sont pas super.»*

    3. *«Boubacar et Élimane voulaient aller au marché.»* **4.** *«Élimane viendra à Paris.»*

    5. *«Élimane pourrait monter sur la tour Eiffel.»*

Neue Verben:

GH 24 **3**

accueillir, jeter

→ *Verbes*, p. 138–143

Hier kannst du überprüfen, was du in den Unités 1–3 gelernt hast. Unter www.cornelsen.de/webcodes APLUS-4-80 kannst du diese Aufgaben als Arbeitsblatt herunterladen. Die Hörtexte findest du dort als Audiodateien.

Compréhension écrite

DELF 1 **Tu as trouvé cette recette dans un livre. Lis la recette et trouve les bonnes réponses.**

1. D'où vient la tarte Tatin?

2. Quelle est l'histoire d'une des sœurs Tatin et de sa tarte Tatin?
   a Elle voulait essayer une nouvelle recette de tarte aux pommes pour son restaurant.
   b Elle voulait faire une tarte aux pommes normale, mais elle a fait une erreur.
   c Elle a trouvé une vieille recette de ses parents pour faire une tarte aux pommes.

3. Combien de temps est-ce qu'il faut mettre le gâteau au four?
   a exactement une heure et demie
   b 25 minutes au maximum
   c 30 minutes puis encore 25 minutes

4. Pour faire une tarte Tatin, qu'est-ce qu'il faut d'abord mettre au four?

   a    b    c

5. Quand la tarte est finie, il vaut mieux la manger …
   a tout de suite.
   b une heure après.
   c froide.

Tarte Tatin

La tarte Tatin est une spécialité que tout le monde connaît et adore dans la région entre Orléans et Bourges. Son histoire a commencé à la fin du 19e siècle dans un village près d'Orléans,
5 dans l'hôtel-restaurant des sœurs Tatin (ou plutôt dans l'hôtel de leurs parents). Un jour, une des sœurs voulait préparer un gâteau aux pommes. Mais elle rêvait un peu. Elle a mis les pommes avec du sucre dans le four mais elle a
10 oublié la pâte. Quand elle a sorti le moule du four, elle a vu ce qui était arrivé. Elle a rajouté la pâte et a remis le gâteau au four.

Quand elle a sorti le gâteau, sans trop réfléchir, elle a vite retourné le gâteau et l'a servi aux
15 clients qui ont adoré ce nouveau dessert. Le sucre était devenu du caramel. Très vite, cette «tarte Tatin» est devenue célèbre dans toute la région! Les clients venaient de loin pour la goûter! Aujourd'hui, c'est un classique des
20 restaurants dans toute la France.

Temps de préparation:	1 h 30
Difficulté:	facile
Recette pour:	6 personnes
Ingrédients:	
170 g de	farine
70 g de	beurre
20 g de	sucre
1 pincée de	sel
1	œuf
1,6 kg de	pommes
80 g de	beurre fondu
130 g de	sucre

Préparation

1. Pour faire la pâte: mélanger le beurre avec la farine, le sucre et le sel. Ajouter l'œuf et un peu d'eau. Mettre au frigo pendant une heure.
2. Pendant ce temps: découper les pommes, mettre le beurre fondu, le sucre et les pommes dans un moule. Mettre le moule dans le four à 200° C pendant 30 minutes.
3. Après 30 minutes, sortir le moule avec les pommes du four. Étaler la pâte, poser la pâte sur les pommes et remettre le gâteau au four pendant 25 minutes.
4. Sortir le moule du four, poser une assiette sur le moule et retourner le gâteau.

La tarte Tatin est meilleure quand elle est encore chaude.

Bon appétit!

DELF **2** Lis les annonces. Quelle personne répondra à quelle annonce? Attention: il y a une annonce en trop.

A Jeune Française, 16 ans, élève de 3e, donne cours d'anglais, d'allemand et de français par correspondance (e-mail, Facebook, msn, Skype) à des élèves de la 6e à la 4e; 5 € de l'heure.
Florine: **floritorture2000@rouge.fr**

B esfa/ Échanges Scolaires Franco-Allemands pour jeunes Français(es) et jeunes Allemand(e)s
76, Cours Charlemagne, 75016 Paris
Où? Mer du Nord (mai) et Ardèche (juin)
Niveau: 4 ans (ou plus) d'apprentissage de la langue étrangère
Pour toutes informations, s'adresser à: **esfa1@bleu.fr**

C aev – Apprendre en vacances
38, Place Européenne, 75002 Paris
Pâques: Méditerranée 23/03–07/04
Été: Provence 08/08–22/08
Qui participe? Jeunes Anglais(es) et Allemand(e)s
Quel niveau de langue? Minimum 2 ans d'apprentissage du français
Cela vous intéresse? Alors informez-vous sur: www.aev.fr *ou demandez plus d'informations:*
aev1@internet.com.

D Jeune Allemande (15 ans) cherche jeune Française pour s'entraider.
Tu pourrais corriger mes exercices et mes textes. Et moi, je peux t'aider en allemand. On pourrait correspondre par e-mail. *J'attends ta réponse:*
maja.schneider11@wepp.de

E Salut, je m'appelle Yann, j'ai 16 ans et je viens de France. Je voudrais correspondre en anglais avec quelqu'un de mon âge pour préparer mon année aux États-Unis. Donc, des correspondant(e)s américain(e)s ou anglais(es) sont les bienvenu(e)s.
À bientôt peut-être!
Yann222@bleu.fr

F *Quoi?* Année au pair
Où? Paris et région parisienne
Quand? D'août à juillet
Qui? Entre 16 et 21 ans, niveau brevet, avec ou sans expérience de baby-sitting
Comment contacter?
Tél: **01.42.22.50.34**, AFJE

1. Nadja, 13 ans, Allemande, veut avoir des meilleures notes et cherche une fille française pour l'aider en français.
2. Muriel, 15 ans, qui habite à Paris, cherche quelqu'un pour contrôler ses devoirs en allemand.
3. Jana, 17 ans, qui a terminé l'école voudrait passer une année en France.
4. Tom, 16 ans, élève de 2de à Londres (Angleterre) cherche quelqu'un pour échanger des e-mails, mais il n'est pas très bon en français.
5. Nico, 15 ans, Allemand, apprend le français depuis trois ans et cherche des cours pendant deux semaines pour préparer un examen.

Compréhension orale

CD2 **3** Tu vas entendre un enregistrement. Pour cet exercice, tu vas avoir:
4
– *30 secondes pour lire les questions,*
DELF – *une première écoute, puis 30 secondes de pause pour commencer à répondre aux questions,*
– *une deuxième écoute, puis 30 secondes de pause pour compléter tes réponses.*

Il y a un nouveau message sur ta messagerie. Écoute et trouve la bonne réponse.

1. Qui a appelé?
   a Marie   **b** Karine   **c** Sandra
2. Qui ne va pas venir ce soir? C'est ? .
3. Où est-ce que tu vas retrouver tes copines?

4. Quand est-ce que tu vas les retrouver?
   a À 19h   **b** À 19h20   **c** À 19h30
5. À quelle heure est-ce que le film commence?
6. Au cinéma, il y a un film d' ? et un film d' ? .

CD2
5

DELF

4 Tu vas entendre un enregistrement. Pour cet exercice, tu vas avoir:
   – *30 secondes pour lire les questions,*
   – *une première écoute, puis 30 secondes de pause pour commencer à répondre aux questions,*
   – *une deuxième écoute, puis 30 secondes de pause pour compléter tes réponses.*

Ta classe fait un échange avec un collège à Paris. Au collège, tu entends le message suivant. Écoute et trouve la bonne réponse.

1. Pourquoi est-ce que la piscine ferme?

   a    b    c

2. Où se retrouvent les élèves français?
3. Où doivent aller les élèves allemands?
4. Quand est-ce que les cours finissent aujourd'hui pour les Allemands?

   a `11:00`   b `14:00`   c `16:30`

Production écrite

DELF

5 Sur ton portable, il y a un message de ta copine française Sandra. Elle t'invite à son anniversaire. Tu ne peux pas venir à sa fête et tu lui envoies ton cadeau avec une lettre. Dans ta lettre,
   – tu la remercies,
   – tu dis pourquoi tu ne peux pas venir et tu t'excuses,
   – tu proposes un autre rendez-vous (quand? où? que faire ensemble?),
   – tu dis quel cadeau tu as choisi pour elle et pourquoi.

> Salut toi! Enfin mes 16 ans! Je t'invite à ma fête d'anniversaire. Quand? Samedi 13 mai. Où? Chez moi. Tu as le temps de venir? Réponds-moi vite, s'il te plaît!
> Bisous, Sandra

> Salut Sandra!
> …

DELF
PF

6 Tu es chez ton/ta corres en France. Il/Elle n'est pas là quand un copain de l'école téléphone pour t'inviter au cinéma. Le film commence dans 20 minutes. Avant de sortir, tu écris un message à ton/ta corres pour le/la mettre au courant. Dans le message, tu écris:
   – à quelle heure tu es sorti/sortie,
   – où tu vas,
   – ce que tu fais,
   – avec qui tu es,
   – à quelle heure tu vas rentrer.

Production orale

DELF

7   Entretien dirigé: A se présente. B écoute, pose des questions et prend des notes. Puis vous échangez les rôles. Vous parlez de:
– votre nom/prénom et votre âge,
– votre maison/appartement,
– votre famille / vos amis,
– vos hobbys.

DELF

8 a   Monologue suivi. B va à la page 112. A: Tu dois parler pendant deux minutes sur l'un de ces sujets. Tu as deux minutes pour te préparer. B t'écoute et peut te poser des questions pour t'aider.   (B ▶ p. 112)

La télévision

Le collège

DELF

b   B choisit un sujet. Il/Elle doit en parler pendant deux minutes. Tu peux lui poser des questions pour l'aider.

Manger en famille
- Toi et ta famille, quand est-ce que vous mangez ensemble?
- Quels sont tes plats et boissons préférés?
- Qui est-ce qui fait la cuisine chez vous?

Les technologies modernes (le portable, l'ordinateur)
- Pourquoi est-ce que l'ordinateur / le portable est important pour toi?
- Quand et pourquoi est-ce que tu les utilises?
- Combien de temps est-ce que tu passes sur ton portable/ordinateur?

Médiation

9   Un ami français doit préparer un exposé sur une personnalité franco-allemande et il a choisi Emmanuel Peterfalvi alias «Alfons», un Français qui vit en Allemagne. Il a trouvé une interview en allemand et ne la comprend pas bien. Il voudrait que tu lui expliques:
– ce qu'Emmanuel voulait devenir quand il était jeune,
– ce qu'il a fait avant de devenir «Alfons»,
– de quelles différences entre Allemands et Français il parle dans l'interview.

Lis l'interview, p. 112–113. Puis écris un mail à ton ami et réponds à ses questions.

CD2
6

10   Avec tes parents et la famille de ton correspondant, tu fais une randonnée à vélo en France. La mère de ton correspondant parle avec la réceptionniste d'un hôtel pour réserver des chambres. Tu les écoutes pendant que les autres vous attendent dehors avec les vélos. Quand vous sortez, tes parents ont plein de questions. Écoute d'abord la conversation et prends des notes. Puis, réponds à leurs questions:
Sie wollen wissen,
1. ob ihr alle unterkommt und in welchem Zimmer du schlafen wirst,
2. wie teuer die Übernachtung für euch alle sein wird,
3. ob im Preis auch das Frühstück inbegriffen ist,
4. wo man etwas Typisches essen gehen kann,
5. ob das Hotel abends geschlossen ist oder ob die Rezeption die ganze Nacht über besetzt ist.

MODULE A   facultatif

Hier lernst du, in einer Diskussion zu einem Film Stellung zu nehmen.

Au cinéclub

Lycée Louis Lumière –

Cinéclub

Mercredi 10 mars:

**«Entre les murs»
de Laurent Cantet (2008)**

Synopsis

François Marin est un jeune professeur de français dans un collège difficile du 20ᵉ arrondissement de Paris. Il a des élèves parfois agressifs et insolents, mais il discute beaucoup 5 avec eux et il fait tout pour les motiver et les aider, même s'il doit prendre des risques.

Critique du film

«Entre les murs» est un film du réalisateur Laurent Cantet. Il est sorti en 2008 et a reçu 10 la Palme d'or au Festival de Cannes. C'est une adaptation d'un roman de François Bégaudeau, un ancien professeur de français. Bégaudeau a écrit le scénario avec Robin Campillo et Laurent Cantet et il a aussi joué 15 son propre rôle dans le film. D'ailleurs, tous les acteurs du film sont des amateurs parce que le réalisateur voulait tourner avec des visages inconnus pour rendre l'histoire plus authentique. 20

Un peu comme dans un documentaire, «Entre les murs» décrit le quotidien d'un professeur et de ses élèves de quatrième, des jeunes de toutes les origines, qui sont très différents par leur culture, leur caractère, leurs idées et leurs goûts. Tout le film se passe à l'intérieur de ce collège et dans cette classe en particulier. 25

Laurent Cantet a su rendre son film vivant: il est à la fois dur et plein d'humour, il captive le spectateur. La caméra montre les personnages en gros plan. Elle filme leurs émotions. Elle suit le professeur, puis un élève et un autre … Au premier plan, on voit des élèves qui participent au cours, à l'arrière-plan, on en voit qui pensent à autre chose. On a l'impression d'être dans la classe. À voir absolument!

Vos commentaires

Caméra-man:

Le film ne m'a pas plu: il est trop long et il n'y a pas d'histoire. Et puis, ce prof est nul! Je ne comprends pas son comportement. Il joue avec les mots et il veut toujours discuter de tout. Il croit bien faire, mais à la fin, il ne maîtrise plus la situation. Si Souleymane devient violent, c'est à cause de lui. Il aurait dû empêcher Esmeralda et Louise de dire n'importe quoi au sujet du conseil de classe.

30

35

Jeanne-de-Cannes:

Moi, je ne me suis pas ennuyée et je n'ai pas été déçue non plus. Les dialogues sont bons et les acteurs jouent aussi bien que des acteurs professionnels, ils sont vraiment touchants. J'ai beaucoup aimé la scène où il y a un malentendu entre Khoumba et le prof. Elle pense qu'il a quelque chose contre elle. Dans une lettre, elle lui reproche de ne pas la respecter, mais il ne réagit pas. À la place de Khoumba, je n'aurais pas écrit à mon prof. Je serais allée le voir et je lui aurais parlé.

40

Ciné-Phil:

C'est un film qui donne à réfléchir. La scène où Esmeralda et Louise rient pendant le conseil de classe est exagérée, mais c'est un moment-clé de l'histoire. C'est leur faute si la situation dégénère à la fin. Au lieu de rigoler, elles auraient dû prendre leur tâche de déléguées de classe plus au sérieux.

45

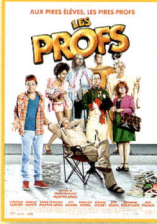

Mercredi 17 mars:

«Les Profs» de Pierre-François Martin-Laval (2013)

Dans un style complètement différent, la comédie «Les Profs», qui s'inspire de la B. D. du même nom, nous invite dans un lycée très spécial …

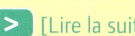 [Lire la suite]

Mercredi 24 mars:

«Sur le chemin de l'école» de Pascal Plisson (2012)

Ce documentaire montre l'aventure quotidienne de quatre enfants qui veulent … aller à l'école!

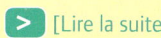 [Lire la suite]

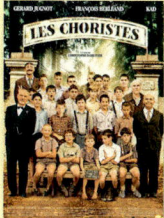

Mercredi 31 mars:

«Les Choristes» de Christophe Barratier (2004)

Un voyage dans le temps qui nous emmène en 1949, dans un internat de garçons où la vie est très dure. Un nouveau surveillant, ancien prof de musique, arrive et change tout.

 [Lire la suite]

1 a Lis la synopsis et la critique du film *Entre les murs*. Indique ce que tu apprends sur
François Bégaudeau et Laurent Cantet et leur rôle dans la création du film. //○ ▶ p. 119

Koop b Lisez les commentaires sur le film et notez dans une grille ce que Caméra-man, Jeanne-de-Cannes et Ciné-Phil
ont aimé ou n'ont pas aimé.

	a aimé	n'a pas aimé
Caméra-man	——	——
——		

DVD **2** a Regarde la scène et explique la dispute entre Khoumba et son prof, M. Marin.

b Relisez le commentaire de Jeanne-de-Cannes (p. 85). Partagez-vous son avis? Discutez et justifiez votre
opinion.   (▶ Méthodes, p. 125/18)

3 Choisissez une des activités suivantes (a, b ou c):

a Jouez la scène entre M. Marin et Khoumba et trouvez une autre fin. Si vous voulez lire les dialogues, vous les
trouverez sur webcode (APLUS-4-86).

b Vous voulez comprendre les raisons du comportement de M. Marin et de Khoumba. Deux élèves
prennent leur rôle et prennent place sur «la chaise
chaude» devant la classe. Les autres posent des
questions et les deux élèves imaginent les réponses
de M. Marin et de Khoumba et répondent aux
questions.

> Khoumba, pourquoi est-ce
> que tu n'as pas voulu lire?

> M. Marin, pourquoi est-ce que
> vous avez choisi Khoumba?

c Khoumba envoie un mail à une copine et lui raconte ses problèmes avec son professeur. Écris son mail.

⬤⬤⬤

Salut Rachel,

ça va? Moi, ça ne va pas trop. Aujourd'hui, au collège, on s'est disputés avec le prof de français, M. Marin.
Je te raconte tout: …

DVD **4 a** Regardez les deux scènes. Puis, regardez les portraits, lisez les énoncés suivants et retrouvez qui a dit quoi.

 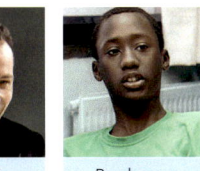  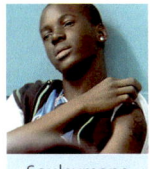  

| M. Marin | Boubacar | Carl | Souleymane | Esmeralda | Khoumba | Louise |

1 Je me tire[1] d'ici.

2 Il paraît que, hier, au conseil de classe, vous m'avez cassé[2].

3 C'est pas une question de force, c'est une question de discipline.

4 Aïe!

5 Tu ne me parles pas comme ça.

6 Eh, Souleymane, arrête, arrête.

7 Ça n'a rien à voir avec de la vengeance[3].

8 Eh, Souleymane, hier, il t'a trop insulté[4]!

9 Il a dit que t'étais «limité[5]». J'ai même souligné, tellement ça m'a choquée.

10 Je suis désolé, mais rire comme ça en plein conseil de classe, c'est ce que j'appelle une attitude de pétasse[6].

11 Calme-toi, là, calme-toi.

12 Eh, Monsieur, on ne parle pas comme ça aux filles.

1 **se tirer** *fam.* abhauen
2 **casser qn** *fam. hier:* jdn fertigmachen
3 **la vengeance** die Rache
4 **insulter qn** jdn beleidigen
5 **limité/e** beschränkt
6 **la pétasse** *Schimpfwort hier:* die Tussi

b Regarde les scènes encore une fois et résume-les au présent. Ces mots et expressions peuvent t'aider.

se calmer	*parler* des points forts et	*être* réuni(e)s[4]	les résultats du conseil
blesser qn	des difficultés	*être* scolairement limité/e[5]	de classe
tutoyer qn[1]	*rire* tout le temps	*être* humilié/e[6]	le comportement
défendre qn	*quitter* la salle[3]	*être* furieux/-euse	la discussion
apprendre qc	*revenir* dans la salle		l'ambiance *f.*
informer qn	*prendre* la défense de qn		
choquer qn[2]	*prendre* ses affaires		
se disputer			

1 **tutoyer qn** jdn duzen   2 **choquer qn** jdn schockieren   3 **quitter la salle** den Raum verlassen
4 **être réuni(e)s** versammelt sein   5 **être scolairement limité/e** in schulischer Hinsicht an seine Grenzen stoßen
6 **être humilié/e** gedemütigt sein

 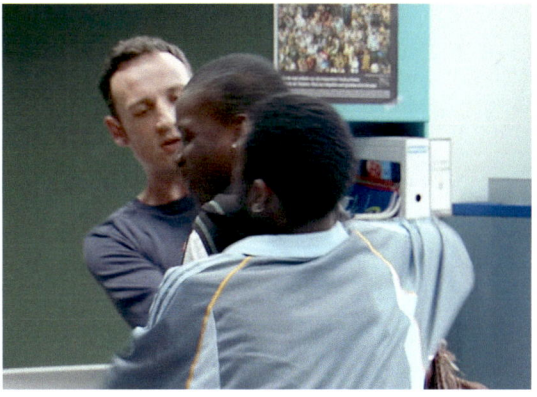

5 a Qu'est-ce que tu aurais fait à leur place? Utilise le conditionnel passé.   (▶ p. 88/6)

Exemple: 1. Les élèves n'ont pas fait leurs devoirs.
→ À la place des élèves, j'aurais fait mes devoirs / je n'aurais pas fait mes devoirs non plus.

1. Les élèves n'ont pas fait leurs devoirs.
2. Khoumba n'a pas lu le texte en cours.
3. M. Marin s'est énervé après la discussion avec Khoumba.
4. Esmeralda a mangé des biscuits pendant le conseil de classe.
5. Esmeralda et Louise n'ont pas pris au sérieux leur tâche de déléguées.
6. M. Marin a discuté de tout avec ses élèves.
7. Souleymane a tutoyé* son professeur.
8. M. Marin a provoqué Souleymane.
9. Souleymane est parti sans s'occuper de Khoumba.

* **tutoyer qn** jdn duzen

b À toi. Réfléchis à ton propre comportement: qu'est-ce que tu as fait / n'as pas fait ces derniers jours? Note au moins trois phrases sur une feuille. Puis échangez vos feuilles. Ton/Ta partenaire fait un commentaire et utilise le conditionnel passé.   (▶ p. 88/6)

Hier, mon frère s'est moqué de moi. J'étais furieuse et je suis partie sans lui parler.

À ta place, je ____.

GH 25 **6** Das *conditionnel passé*: Bildung und Gebrauch

	parler			**aller**	
j'	aurais	parlé	je	serais	allé/allée
tu	aurais	parlé	tu	serais	allé/allée
			il	serait	allé
il/elle/on	aurait	parlé	elle	serait	allée
			on	serait	allé(s)/allée(s)
nous	aurions	parlé	nous	serions	allés/allées
vous	auriez	parlé	vous	seriez	allé(s)/allée(s)
ils/elles	auraient	parlé	ils	seraient	allés
			elles	seraient	allées

À ta place, je ne **serais** pas **parti**/e mais j'**aurais parlé** à mon frère.
Au lieu de rire, vous **auriez dû** aider ce pauvre enfant.

7 Tâche

Koop

a Quel autre film du cinéclub du lycée Louis Lumière voudriez-vous regarder en classe? Trouvez et regardez sur Internet les bandes-annonces* des trois autres films proposés (▶ Texte, p. 85). Puis chaque élève note quel film il/elle voudrait regarder et pourquoi. Notez aussi des arguments contre les autres films.

b Formez des groupes avec les élèves qui sont pour le même film que vous. Échangez vos arguments pour vous préparer à la discussion. (▶ Méthodes, p. 125/18)

* **la bande-annonce** die Vorschau, der Trailer

c Discutez en classe et mettez-vous d'accord sur un film que vous allez regarder ensemble.

Un/e élève peut prendre le rôle de l'animateur/-trice de la discussion.

MODULE B   facultatif

Hier erarbeitest du an Stationen verschiedene Aspekte der deutsch-französischen Geschichte.

CD2 9

Regards sur l'Histoire franco-allemande

Atelier A: Introduction

Koop **1** Recopie la frise* dans ton cahier. Étudie les documents 1 à 11. À quelle date correspondent-ils?
Fais des recherches. Comparez vos résultats.   (▶ Civilisation, p. 134–137)   * **la frise** die Zeitleiste

1

la naissance de l'euro

7

la création d'Arte

2 Au siècle des Lumières, le roi de Prusse Frédéric II invite Voltaire chez lui au château de Sanssouci à Potsdam. Le philosophe français y habite pendant trois ans.

3 Les petits-fils de Charlemagne signent le traité de Verdun qui partage l'Empire en trois pays: la Francie occidentale et orientale et la Lotharingie.

4

les accords de Schengen

5 De Gaulle et Adenauer signent le traité de l'Élysée.

6 La Première Guerre mondiale a lieu. En France, on l'appelle la Grande Guerre.

8 À la fin de la guerre franco-prussienne, la France perd l'Alsace et la Lorraine. Les guerres suivantes sont programmées …

9 L'Édit de Nantes met fin aux guerres de religion entre les catholiques et les protestants qui ont eu lieu après la Réforme de Luther. En France, les protestants peuvent vivre en paix – jusqu'à la révocation de cet édit …

10

Paris pendant la Seconde Guerre mondiale

11 Napoléon et ses troupes envahissent une grande partie de l'Allemagne et de l'Europe.

| 843 | 1598 | 1750–53 | 1805–06 | 1870–71 | 1914–18 | 1940–44 | 1963 | 1991 | 1995 | 2002 |

Maintenant, faites les ateliers B, C et D (p. 90–93) dans l'ordre que vous voulez. Vous pouvez travailler seul/e ou en tandem. Notez vos résultats pour l'évaluation en classe. Enfin, faites la tâche (p. 93/1).

CD2
10–12

Atelier B: Le traité de l'Élysée

Le début d'une amitié

Longtemps, l'Allemagne a été l'ennemie de la France. Ces deux pays se sont battus l'un contre l'autre pendant plusieurs guerres, comme par exemple la guerre franco-prussienne de 1870/71, et surtout les deux guerres mondiales. En effet, la
5 Première Guerre mondiale a fait plus de 3,4 millions de morts en France et en Allemagne. Après la Seconde Guerre mondiale, on comptait plus de 6 millions de morts dans les deux pays.
En 1945, une réconciliation entre les deux pays semble alors impossible. Pourtant, en 1963, le président français de
10 l'époque, Charles de Gaulle, et le chancelier allemand, Konrad Adenauer, réussissent ce tour de force. Le 22 janvier 1963, les deux hommes signent le traité de l'Élysée qu'on appelle aussi «traité d'amitié franco-allemand». Dans ce traité, la France et l'Allemagne déclarent qu'elles coopèrent dans plu-
15 sieurs domaines comme la politique étrangère et la défense.

Mais son principal objectif est de rapprocher les citoyens français et allemands. Les deux gouvernements encouragent alors l'enseignement du français en Allemagne et l'enseignement de l'allemand en France. Grâce à la création de l'Office franco-allemand pour la Jeunesse en juillet 1963, les jeunes 20 Allemands partent faire des échanges en France. Et les Français, eux, partent faire la connaissance de jeunes Allemands en Allemagne. Des écoles franco-allemandes voient le jour, et les jumelages entre villes françaises et allemandes se développent. Depuis 1963, plus de 8 millions de jeunes des deux 25 côtés du Rhin ont participé à un échange.
Grâce à ces échanges, l'amitié des Allemands et des Français est devenue une réalité.

C'est qui, lui?
Nom: Adenauer
Prénom: Konrad
Nationalité: allemande
Né en: 1876
Mort en: 1967

Profession: Homme politique
Carrière politique:
1917–1933: Maire de Cologne
Juillet–Novembre 1944: En prison parce qu'il lutte contre le nazisme.
1949–1963: Chancelier de la République fédérale d'Allemagne

C'est qui, lui?
Nom: de Gaulle
Prénom: Charles
Nationalité: française
Né en: 1890
Mort en: 1970

Profession: Général et homme politique
Carrière politique:
18 juin 1940–1943 (à Londres): Organise la Résistance contre l'Allemagne nazie
1944–1946: Chef du gouvernement provisoire
1958–1969: Président de la République française

1 Qu'est-ce que tu apprends sur le traité de l'Élysée? Dans ta réponse, parle des aspects suivants:

la situation en 1945	la date du traité	les personnes qui agissent
le contenu et le but du traité	les conséquences du traité	

2 Retrouve dans l'article des compléments* pour ces verbes. Puis trouve d'autres compléments possibles.

* **le complément** die Ergänzung

se battre	compter	sembler	réussir	signer	coopérer	faire	voir

DVD **3 a** Regarde la séquence. Ta petite sœur ne comprend pas le français mais elle trouve la séquence amusante. Décris-lui en quelques phrases de quoi il s'agit.   (▶ Méthodes, p. 133/30)

b Regarde la séquence encore une fois. Puis note dans ton cahier les informations sur de Gaulle qui sont nouvelles pour toi.

Atelier C: Une lettre pour Karin

CD2
13–14

1 a Écoute l'interview une première fois et dis de quoi les personnes parlent.

b Lis les questions. Puis écoute l'interview encore une fois et note les bonnes réponses.

1. Cécile a fait son premier échange en …   a 1963.   b 1968.   c 1972.

2. Cécile est partie à …   a    b  Nürnberg   c Frankfurt

3. Qui n'était pas content que Cécile parte?   a ses parents   b son oncle   c son prof d'allemand

4. Pendant son séjour, Cécile se sentait …   a    b    c

5. Qui est Werner?   a le copain de Karin   b le cousin de Karin   c le frère de Karin

6. Plus tard, Cécile est partie à Bonn pour … a    b    c

7. Comment est-ce que Werner a su que Cécile était amoureuse de lui?   a *Karin Hamsen Bieberstr. 4 2000 Hamburg 13*   b *Werner Hamsen Bieberstr. 4 2000 Hamburg 13*   c *Cécile Fleury Nossestr. 11 5300 Bonn*

8. Peu après, …   a Cécile a épousé Werner.   b Werner a rencontré une autre femme.   c Cécile et Werner sont devenus parents.

2 Maintenant lis l'interview (▶ webcode APLUS-4-91) et surligne tous les mots et expressions pour parler d'émotions. Fais une liste avec des dessins et des traductions. Puis apprends-les.

français	dessin	allemand
avoir honte (de qc)		*sich (wegen etw.) schämen*

3 Choisis une des activités suivantes.

a Imagine et écris la lettre de Cécile à Karin dans laquelle elle parle de Werner.

b Imagine et écris une interview avec Werner sur sa rencontre avec Cécile.

CD2
15–16

Atelier D: Les huguenots

1 Pour préparer la lecture de cette lettre, relis les informations sur l'Édit de Nantes, p. 89. Consulte aussi le *Petit dictionnaire de civilisation*, p. 137. Explique l'importance de cet édit en allemand.

À Potsdam, ce jeudi 27 avril 1686

Chère Tante Anne-Joséphine,

Depuis votre départ pour la Nouvelle-France, il y a maintenant presque 20 ans, nous ne nous sommes plus donné de nouvelles.

5 Aujourd'hui, je vous écris parce que je dois malheureusement vous annoncer une triste nouvelle. Ah! Chère Tante, vous ne pouvez pas vous imaginer ce qui se passe en France! Vous devez savoir que depuis votre départ de La Rochelle, la vie pour nous, les huguenots, est une épreuve quotidienne, toujours plus triste et toujours plus difficile.

10 Avant votre départ pour la Nouvelle-France, les catholiques et les protestants pouvaient encore pratiquer leur religion comme ils le voulaient. L'Édit de Nantes de 1598 nous avait donné cette liberté. Vous vous en souvenez encore? Mais l'année dernière, cette liberté de religion disparut tout à coup. Au mois d'octobre 1685, le roi Louis XIV révoqua l'Édit de Nantes et il interdit aux huguenots de pratiquer leur

15 religion. Ce fut un choc pour nous tous.

Depuis cette révocation, les soldats du roi menacent les huguenots pour essayer de les convertir à la religion catholique. Ils battent les hommes, et même les femmes ou alors ils mettent le feu aux maisons de familles huguenotes. Il n'y a pas assez de mots pour raconter toute cette violence. Ma mère Jeanne et mes frères – que Dieu ait leur

20 âme! – furent victimes de ces horreurs. Ma mère voulut sauver mes deux jeunes frères dans l'incendie de notre maison. Malheureusement, elle n'y réussit pas et elle perdit la vie avec eux. Ce jour-là, mon père et moi, nous nous trouvions dans notre imprimerie. Cela nous sauva.

Le lendemain de ce drame, mon père décida de partir en exil pour un pays réformé,

25 même si la révocation de l'Édit de Nantes nous l'interdisait. La nuit, nous marchions le plus vite et le plus longtemps possible. Le jour, nous nous cachions, et nous dormions juste un peu. Trop souvent, nous ne pouvions pas manger, nous avions tout le temps faim et soif. Enfin, ce fut un voyage malheureusement trop dur et pénible pour mon pauvre vieux père. Hélas, il en est mort. Qu'il repose en paix!

30 Moi, j'eus plus de chance: je viens d'arriver à Potsdam. On raconte que les réfugiés huguenots reçoivent ici des aides financières pour s'installer avec leur famille. C'est vraiment incroyable! Cette solidarité me touche. C'est une chance pour mon avenir. Chère tante, vous êtes la seule personne de la famille qui me reste. Je ne sais pas si vous recevrez un jour ma lettre. C'est ici, à Potsdam, que je vais commencer une

35 nouvelle vie. J'espère que Dieu m'aidera.

Je vous embrasse.

Votre neveu, Albert Courtin

2 Lis la lettre. Qu'est-ce qui s'est passé en 1685, 87 ans après l'Édit de Nantes? Réponds et justifie ta réponse à l'aide du texte. Utilise:

les catholiques   les protestants   pratiquer une religion

avoir le droit   se convertir

3 Qu'est-ce que tu apprends sur Albert Courtin et sa famille? Prends des notes ou fais un schéma de lecture. (▶ Méthodes, p.128/26.1)

> Albert Courtin | la tante Anne-Joséphine | la mère Jeanne | le père | les deux jeunes frères
>
> la Nouvelle-France | La Rochelle | à l'imprimerie | pendant le voyage | Potsdam

4 Retrouve dans la lettre tous les mots et expressions pour parler de religion. Prépare un exercice de vocabulaire pour tes camarades. (▶ Liste des mots, p.172)

5 Retrouve les formes du passé simple dans la lettre d'Albert Courtin et note-les au passé composé et avec leur infinitif (▶ p.93/6).
Exemple: disparut → a disparu → disparaître

> Das *passé simple* ist eine Zeit der Vergangenheit, die nur in der Schriftsprache verwendet wird. Im Mündlichen verwendet man stattdessen das *passé composé*.

GH 26 **6** Das *passé simple*

> ❗ Die *passé simple*-Formen einiger Verben sind unregelmäßig.

					avoir	être	faire
sauver	-ai		-is	-us	j'eus	je fus	je fis
	-as		-is	-us	tu eus	tu fus	tu fis
	-a	réussir	-it	disparaître -ut	il/elle eut	il/elle fut	il/elle fit
	-âmes	perdre	-îmes	vouloir -ûmes	nous eûmes	nous fûmes	nous fîmes
	-âtes		-îtes	-ûtes	vous eûtes	vous fûtes	vous fîtes
	-èrent		-irent	-urent	ils/elles eurent	ils/elles furent	ils/elles firent

7 Fais des recherches sur les huguenots et leur vie:
1. Où est-ce que les huguenots se sont réfugiés?
2. Ils avaient des connaissances dans beaucoup de domaines. Qu'est-ce qu'ils ont emmené en exil? Donnez des exemples.
3. Est-ce qu'il y a des traces d'origine huguenote dans votre région/ville? Lesquelles? Montrez des exemples et racontez-en l'histoire.

Koop **1** Tâche

Faites un dossier sur l'Histoire franco-allemande. Chacun/e choisit une date ou une personne importante pour l'Histoire franco-allemande et la présente sur une affiche. Vous pouvez aussi créer une grande frise en classe avec vos affiches. (▶ Texte, p.89)

100 % pub!

Le Monde des jeunes

CD2
17

La publicité est partout. Tu ne veux pas qu'elle te manipule? Pour cela, il faut savoir comment elle fonctionne. Alors voici quelques tuyaux pour mieux la décoder.

1 En haut, le gros titre sert à attirer l'attention du consommateur sur la marque Volvic. Ce titre suggère que la bouteille d'eau minérale ne pollue pas l'environnement parce qu'elle est d'origine végétale.
Mais quand on lit les sous-titres en bas, on apprend seulement qu'il existe une bouteille plus petite de 50 cl. Ces bouteilles sont 20 % d'origine végétale. Mais quels en sont les autres composants? La publicité ne le dit pas.

2 Ce symbole qui montre une bouteille et une feuille d'arbre ressemble à un écolabel. Mais attention! La marque Volvic se sert d'un label qui n'est ni officiel ni réel. Avec ce faux écolabel, Volvic veut convaincre le consommateur que sa bouteille d'eau minérale est un produit écologique: il faut l'acheter parce qu'il respecte la nature. On appelle cette pratique l'écoblanchiment.

3 Dans une publicité, les couleurs jouent un grand rôle. Sur cette image, ce sont le vert et le bleu qui ont une place importante. Le paysage est en vert, et les éléments de la bouteille aussi. La couleur verte évoque la nature. Le ciel bleu derrière la bouteille évoque le bien-être et l'harmonie dans une ambiance tranquille. Avec cette publicité, la marque Volvic veut associer son produit à la nature et à la protection de l'environnement.

4 Sous le faux écolabel, on retrouve les mêmes informations qu'en bas. La publicité utilise la répétition pour convaincre le consommateur. Mais encore une fois, Volvic ne donne ni détails ni informations sur les autres composants (80 %!) de la bouteille.

Volvic lance la 1ère bouteille d'origine Végétale*

BOUTEILLE VÉGÉTALE
20% D'ORIGINE VÉGÉTALE
100% RECYCLABLE

NOUVEAU 1ère bouteille d'origine Végétale'

Volvic

1,5L

20% d'origine végétale, 100% recyclable
Existe aussi en format 50cl

Volvic a été la 1ère marque nationale à commercialiser des bouteilles 20% d'origine végétale en France avec Volvic 50cl.

5 Au premier plan, on voit une grande bouteille d'eau minérale dans un pré. À l'arrière-plan, il y a des montagnes vertes et des volcans. Ce paysage est en Auvergne, la région où se trouve la source de Volvic. De cette façon, la publicité suggère que la bouteille fait partie de la nature. Mais sur l'eau de Volvic, la publicité ne nous apprend rien.

CD 2
18

L'écoblanchiment

L'écoblanchiment est une pratique dans la publicité qui a commencé au début des années 2000. On présente des produits avec des éléments qui suggèrent un engagement pour l'écologie et pour l'environnement. L'argument

5   écologique sert à vendre plus de produits.

Il existe plusieurs façons de lutter contre l'écoblanchiment. Les slogans ironiques comme «Manger bio, c'est pour les idiots.» ou «Tout pour nous, maintenant! Rien pour nos enfants!», ont rendu l'association «0-Vert-Dose»

10 célèbre. Il y a d'autres associations qui agissent de la même façon. Les unes veulent dénoncer la publicité, les autres veulent

15 sensibiliser le public et provoquer les entreprises qui ne font rien contre la pollution. Toutes ces associations s'engagent

20 pour l'écologie et le développement durable. Leur idéal est une société équitable qui respecte les hommes et l'environnement.

Les écolabels officiels certifient – entre autre – que tous les composants du produit sont biodégradables et qu'après un mois, il reste seulement 39 % du produit dans l'eau.

1   Décrivez une publicité qui vous a plu à votre partenaire et dites pourquoi.

2   Regarde l'affiche (p. 94) pendant dix secondes, puis ferme ton livre. De quoi est-ce que tu te souviens? Décris l'affiche en une phrase.

3   Lis l'article (p. 94), puis nomme les éléments de la publicité qui évoquent la nature et/ou la protection de l'environnement.

4   Discutez et donnez votre avis sur les points suivants.   (▶ Méthodes, p. 125/18)
   1. Pourquoi est-il marqué «origine Végétale» avec un grand V dans la publicité? Formulez des hypothèses à l'aide du texte.
   2. D'après vous, pourquoi est-ce que la publicité donne des informations sur la bouteille mais pas sur l'eau?
   3. À votre avis, pourquoi est-ce que Volvic a créé son propre label?

5 a Qu'est-ce qui va ensemble? Retrouve les combinaisons possibles. Parfois, il y a plusieurs possibilités. Échangez vos résultats.

donner polluer sensibiliser manipuler décoder se servir associer convaincre attirer lutter protéger pratiquer respecter faire	l'environnement *m.* l'attention *f.* de qn partie de qc d'un label le public les consommateurs *m. pl.* l'écoblanchiment *m.* contre qc la publicité le produit à qc la nature des détails *m. pl.*

b Explique à un consommateur naïf comment fonctionne la publicité en général. Utilise des expressions de a. Tu peux t'inspirer des vignettes ci-dessous.

Exemple: La publicité veut attirer l'attention des consommateurs. Elle _____.

Extrait de: Grrreeny, Vert un jour, vert toujours, Midam, Mad Fabrik 2012, p. 17

6 Les consommateurs sont tous différents. Décris le comportement* de Paul. Utilise *ne ... ni ... ni ...* (▶ p. 97/7)

Exemple: 1. Pierre achète des produits bios et des marques écologiques.
        → Paul **n'**achète **ni** produits bios **ni** marques écologiques.

1. Pierre achète des produits bios et des marques écologiques.
   Paul _____.
2. Pierre utilise des sacs en papier et des produits recyclables.
   Paul _____.
3. Pierre s'intéresse à la nature et à la protection de l'environnement.
   Paul _____.
4. Pierre déteste la publicité et les grandes marques.
   Paul _____.
5. Pierre a créé une association et un blog.
   Paul _____.
6. Pierre trouve normal et important de s'engager.
   Paul _____.

* **le comportement** das Verhalten

GH 27 **7** Die Verneinung mit *ne … ni … ni …*

> 1. La marque Odela se sert d'un label qui   est   officiel et réel.
>   La marque Odissi se sert d'un label qui **n'est** **ni** officiel **ni** réel.
>
> 2. La marque Odela   donne   des détails et des informations sur son produit.
>   La marque Odissi **ne** donne **ni**   détails **ni**   informations sur son produit.
>
> 3. Il   a   une voiture et un vélo.
>   Il **n'a** **ni**   voiture **ni**   vélo.
>
> 4. J'   aime   les gâteaux et les biscuits.
>   Je **n'aime** **ni** les gâteaux **ni** les biscuits.
>
> 5. Je   vais   à la piscine et au club de sport.
>   Je **ne** vais **ni** à la piscine **ni** au club de sport.

8 Lisez le texte sur l'écoblanchiment (p. 95) et inventez des slogans à la *O-Vert-Dose*.

DVD
Loop

9 a Regardez et écoutez le clip du groupe Tryo. Qu'est-ce que vous comprenez?

b Regardez le clip et lisez les paroles sur webcode (APLUS-4-97). Expliquez qui est «on» et résumez le message de la chanson. Puis, donnez votre avis sur le clip.

- Ce qui me frappe, c'est ___.
- Je me retrouve dans ___.
- Moi non plus, je ___.
- Moi aussi, je ___.
- Ce que j'aime, c'est ___.

- Les images montrent bien que ___.
- Ce clip est exagéré ___.
- Je trouve bizarre que ___.
- Ce n'est pas normal que + *subjonctif* ___.
- Je n'ai pas tout compris, mais ___.

10 Tâche

Analyse une publicité. Tu peux:
1. travailler sur la publicité ci-dessous (tu la trouveras en grand format sur webcode APLUS-4-97),
2. choisir une publicité qui pratique l'écoblanchiment dans les médias allemands ou français,
3. créer une publicité toi-même.
Écris des commentaires comme dans l'article *100 % pub!* (p. 94). Puis, présente ton article en classe.
Tu cherches des expressions utiles?   ▶ Méthodes (p. 125/18), ▶ exercices (p. 96/5)

Coq-Rémy

Vachement, vachement bio

le romarin

le fromage

la forêt

la vache

l'herbe *f.* /
les fleurs *f. pl.*

BIO

Le fromage bio
Coq-Rémy est bon
pour la santé et bon
pour la nature.

*Consommer BIO,
c'est aussi simple
que ça!*

Hier erfährst du, wo die Franzosen am liebsten ihre Ferien verbringen und lernst verschiedene Regionen kennen, in denen du die Ferien verbringen kannst.

CD2
19–22

Régions à la carte

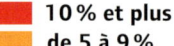
Le Monde des jeunes

C'est bientôt l'été, et pour toi, comme pour les trois quarts des Français, c'est la saison des grandes vacances. Mais avec tes parents, vous ne savez pas encore où aller? Les informations suivantes peuvent t'aider.

Les régions de vacances d'été préférées des Français

- 10 % et plus
- de 5 à 9 %
- moins de 5 %

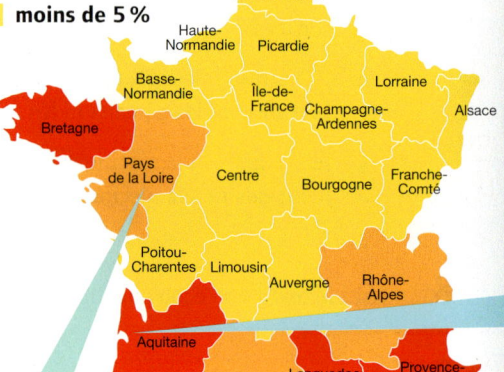

Source: Sud Ouest, 7 juillet 2013

La majorité des Français passent leurs vacances en France. En général, seulement 4 % des Français passent leurs vacances dans un pays étranger.

Les Français préfèrent passer leurs vacances d'été …

au bord de la mer	36,1 %
à la campagne	30,6 %
en ville	21,7 %
à la montagne	11,6 %

Source: dgcis – Études et statistiques/chiffres clés du tourisme, 2013

HISTOIRE ET NATURE:
LA LOIRE ET SES CHÂTEAUX

Tu peux découvrir l'histoire de la Renaissance française de différentes façons. Pourquoi pas à vélo? Entre Orléans et Angers, environ 300 kilomètres de «véloroute» te permettent de découvrir de nombreux châteaux et des
5 paysages fantastiques autour de la Loire.

Les bons plans
▶ Le château de Chambord
Il se trouve au bord de l'eau, au milieu d'un parc-forêt immense, presque aussi
10 grand que la ville de Paris!

Il est le plus grand et le plus prestigieux des châteaux de la Renaissance française. Viens visiter les 440 pièces de ce magnifique
15 château et ne rate surtout pas son célèbre escalier dont Léonard de Vinci a peut-être dessiné les plans.
▶ Le château de Chenonceau
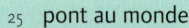
C'est le château
20 qu'on visite le plus après le château de Versailles. C'est le seul château-
25 pont au monde!

1 a Lis les informations sur les Français et leurs vacances et dis ce que tu apprends.   (▶ Méthodes, p.126/20)

b Lis les informations sur les différentes régions touristiques. Dis quelle région t'intéresse le plus et explique pourquoi.

CD2
23

2 a Où est-ce que les cinq jeunes passent leurs vacances? Écoute et réponds. Retrouve les endroits sur une carte de France.

//○ **b** Qu'est-ce que les jeunes disent sur ces endroits? Écoute encore une fois, prends des notes et raconte.

//○ ▶ p.119

MER ET NATURE:
LE BASSIN D'ARCACHON

Situé à 50 kilomètres de Bordeaux, le bassin d'Arcachon est un lac d'eau salée qui s'ouvre sur l'océan Atlantique. Avec ses 80 kilomètres de côte, c'est l'endroit idéal pour se baigner sans danger, faire du bateau, aller à la pêche,
5 jouer au volley sur la plage ou tout simplement pour bronzer.

Les bons plans
► **La dune du Pilat**
C'est la plus haute
10 dune de sable fin d'Europe. Elle a entre 100 et 115 mètres de hauteur

selon les années. En haut de la dune, la vue est
15 unique. D'un côté, on voit l'océan et les plages, et de l'autre, la forêt. On te conseille la balade sur la dune au coucher du soleil. Les couleurs sont magnifiques et l'ambiance est magique!

► **L'Île aux oiseaux**
20 Cette île magnifique avec ses oiseaux et ses parcs à huîtres est une réserve naturelle. On peut y
25 observer un tas d'oiseaux différents. Alors, n'oublie surtout pas tes jumelles!

MONTAGNE ET AVENTURE:
LES ALPES FRANÇAISES

Les Alpes françaises sont une région de montagnes qui se trouvent dans le sud-est de la France, entre la vallée du Rhône et la Méditerranée. En hiver, on peut bien sûr y faire du ski. En été, cette région propose un tas
5 d'activités sportives.

Les bons plans
► **Les gorges du Verdon**
Le Verdon est une rivière qui traverse les
10 Alpes sur environ 30 kilomètres, entre Castellane et le lac Sainte-Croix. On

appelle ce passage les gorges du Verdon. C'est un
15 endroit idéal pour partir à l'aventure et faire de l'escalade, du canoë-kayak ou du rafting.

► **Le parc national du Mercantour**
Avec ses 1700 kilomètres de sentiers, le Mercantour est le paradis du randonneur. En plus des
20 randonnées à pied, il existe des circuits en VTT ou à cheval.

3 Tâche

Imaginez que vous allez faire un voyage de classe en France. Choisissez une région qui vous intéresse et faites des recherches. Puis présentez cette région à vos camarades. Expliquez aussi ce que vous pourriez y faire («les bons plans»). Essayez de convaincre les autres.

Tu cherches des idées?   ► Carte de France, à la fin du livre

CD2
24–25

Vive la diversité!

Le Monde des jeunes

Après avoir gagné un concours de slam contre le racisme dans son collège, Djenabou a répondu à nos questions.

Le Monde des jeunes (MDJ): Bonjour, Djenabou! Tu viens de gagner le concours de slam. Bravo! Qu'est-ce qui t'a donné l'idée de composer un slam contre le racisme?

5 **Djenabou:** Eh bien … En ce moment, on entend souvent des propos racistes contre les immigrés dans notre quartier. Il y a des gens qui ne sont pas tolérants. Pour mes amis et moi, rejeter les immigrés à cause de leur apparence ou de leur accent étranger,

10 c'est trop nul. Alors nous avons composé un slam contre le racisme et nous avons participé au concours. Ça a super bien marché, c'est trop cool.

MDJ: Et toi, Djenabou, tu as aussi été victime des préjugés racistes?

15 **Djenabou:** On me demande souvent d'où je viens. Et pourtant, je suis née en France et j'y ai grandi. C'est là que j'ai ma famille et mes amis. Je suis de nationalité française.

MDJ: Et quel est le pays d'origine de tes parents?

20 **Djenabou:** Mon père vient d'un petit village du Burkina Faso. Il y vivait avec ses parents et ses frères et sœurs. Mais là-bas, les conditions de vie étaient dures. À l'âge de 18 ans, il a quitté son village pour fuir la misère. Mon père est arrivé en France au

25 début des années 1980.

MDJ: Et pourquoi ton père a-t-il choisi de partir en France?

Djenabou: Pour mon père, la France représentait la liberté, la tolérance et l'espoir d'une vie meilleure.

30 Un de ses cousins avait déjà réussi à s'y installer. Alors mon père était très motivé. Après être arrivé en France, il a retrouvé des compatriotes qui l'ont aidé à s'installer. Et c'est parmi eux qu'il a rencontré ma mère.

35 **MDJ:** Depuis quand est-ce que ta mère vit en France?

Djenabou: Depuis l'âge de 10 ou 12 ans, je crois. Après être partis du Burkina Faso, ses parents et elle se sont installés en France. Ma mère est devenue

40 infirmière.

MDJ: Tes parents voudraient revenir un jour au Burkina Faso?

Djenabou: Je ne sais pas trop. Bien sûr, leurs familles et leur pays d'origine leur manquent beaucoup. Pour eux, parler le dioula … 45

MDJ: Le dioula? C'est la langue qu'ils parlaient au Burkina Faso?

Djenabou: Oui, c'est ça! Mes parents le parlent aussi à la maison avec mes frères et moi. Nous sommes donc tous bilingues. Pour mes parents, la 50 langue reste un lien vivant avec le Burkina Faso. Mais là-bas, la vie est dure, les gens souffrent. Chaque mois, mon père envoie de l'argent à ses parents. Ici, en France, tout est quand même plus simple. 55

MDJ: Tu es optimiste pour l'avenir?

Djenabou: Oui, j'ai confiance en l'avenir, et c'est même ce que mes copains et moi disons dans notre slam …

MDJ: Alors pour finir notre interview, tu pourrais 60 nous dire ton slam?

Djenabou: Bon, voilà …

Tu es d'ici, né ici, ou dans un autre pays,
Tu parles arabe ou baoulé, mais surtout tu parles français
Aux gens qui te demandent toujours «tu viens d'où?», 65
 j'ai envie de dire
Que la question importante, c'est pas ça, c'est de savoir
 où on va.
Elle est une belle aventure, la vie entre plusieurs cultures,
C'est pas une vie entre deux chaises, française, 70
 sénégalaise …
Tu n'as pas besoin de choisir. Ensemble, on peut réussir
À vivre tous égaux et s'aimer, vive la diversité!

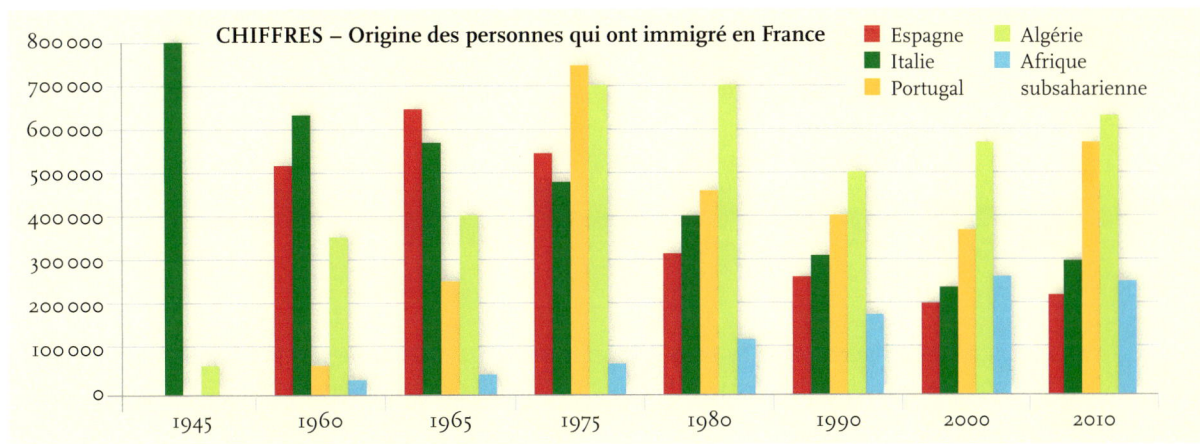

CHIFFRES – Origine des personnes qui ont immigré en France

Espagne · Italie · Portugal · Algérie · Afrique subsaharienne

Source: INSEE, France, 2010

1 a Lis le début de l'interview et dis pourquoi le journaliste interviewe Djenabou.

b Lis l'interview et note ce qu'on apprend sur Djenabou et sa famille.

c Explique le message du slam de Djenabou.

2 Regardez la statistique et expliquez ce qu'on apprend sur l'immigration en France.
(▶ Méthodes, p. 126/20)

> Qui?   Combien?
>
> Quand?

CD2 26 **3** Écoute la chanson et explique son message. Tu trouveras les paroles sur webcode (APLUS-4-101).

4 Reconstitue la biographie de Mariam, la mère de Djenabou et écris-la. Utilise *après avoir / après être* +
participe passé. Puis compare ce que tu as écrit avec les résultats de ton/ta partenaire. (▶ p. 101/5)
Exemple: 1. Après avoir quitté son village, Mariam est arrivée en France avec ses parents.
　　　　　　　Après être arrivée en France, elle ____.

> *épouser* Salif   *réussir* son bac   *rencontrer* Salif, le père de Djenabou
>
> *devenir* infirmière   *aller* à l'école pendant sept ans   *quitter* son village   *fonder* une famille
>
> *arriver* en France avec ses parents

5 Der Infinitivsatz mit *après avoir / après être* + Partizip Perfekt

> **Après avoir gagné** un concours de slam, Djenabou a répondu à une interview.
> **Après être rentrée** chez elle, elle a écouté des slams de Grand Corps Malade.

> ✔ Haupt- und Infinitivsatz müssen das gleiche Subjekt haben.

6 Choisissez des mots de l'interview et expliquez-les selon les règles de jeu du taboo.

7 Tâche

Le Monde des jeunes organise une campagne sur le thème: «Vive la diversité». Participez-y. Vous pouvez écrire
un slam, un rap, un poème ou une biographie …

Hier lernst du die Welt des französischsprachigen Comics kennen und gestaltest selbst einen Comic.

Zoom sur la B. D.!

Le Monde des jeunes

CD 2
27–28

TEST «Quelle **B. D.** pour toi?»

Les vacances arrivent enfin! Tu veux emporter des B. D., mais tu ne sais pas lesquelles? Fais donc ce test pour découvrir quel genre de B. D. te correspond le mieux.

1 Tu as encore de la place dans ta valise. Tu y mets …
- ★ un guide touristique.
- ● une lampe de poche et un GPS.
- ❖ un objet très spécial – on va rigoler …!
- ◀ les contes et légendes de la région où tu vas.

2 Sur la route des vacances, tu écoutes …
- ❖ les sketches d'Omar et Fred.
- ◀ le livre audio des «Héros de l'Olympe».
- ★ de la musique classique, bien sûr.
- ● la bande originale du film «La Guerre des étoiles».

3 Ça y est! Tu es arrivé/e! Tu …
- ◀ cherches un endroit tranquille pour pouvoir lire en paix.
- ❖ es fatigué/e, et tu vas tout de suite te coucher.
- ★ vas à l'office du tourisme pour chercher des informations sur la région.
- ● fais une balade pour découvrir les environs.

4 Pour toi, l'endroit idéal pour passer tes vacances, c'est …
- ◀ une maison au bord de la mer.
- ★ un château du 16e siècle.
- ● un bateau pour partir à l'autre bout du monde.
- ❖ un camping avec tous tes copains.

5 Sur une île déserte, …
- ★ tu trouverais enfin le temps de lire ta nouvelle encyclopédie.
- ◀ tu commencerais à écrire un roman.
- ❖ tu dirais: «Super, enfin seul/e!»
- ● tu irais chercher du bois pour construire une cabane.

6 Tu vas au ciné. C'est pour voir …
- ❖ une comédie.
- ◀ un film d'animation.
- ★ un documentaire.
- ● un film d'action ou d'aventure.

7 Tes copains seront heureux de te retrouver après les vacances parce que …
- ❖ tu es le roi / la reine des blagues.
- ★ tu sais toujours tout.
- ● tu n'as jamais peur de rien.
- ◀ tes dessins sont des œuvres d'art.

1 **a** Fais le test et lis tes résultats. Est-ce que tu te reconnais dans ce que le test dit sur toi? Est-ce que les bédés qu'on te propose t'intéressent? Justifie ta réponse.

Résultats

Tu as une majorité de ⭐ → Histoire

La culture et l'histoire t'intéressent. Tu pourrais lire par exemple:
«Putain de guerre!» de Jacques Tardi qui parle de la «Grande Guerre»
de 1914–1918 et qui montre que les horreurs de la guerre sont les
5 mêmes pour tous les soldats – anglais, français ou allemands … Dur,
mais passionnant!
Plus loin de nous, «Le Code noir» de Jacques Martin t'amène à l'époque
de Louis XIV. Le jeune Loïs Lorsey va être le témoin du terrible trafic
d'esclaves entre les Français et les Anglais au 17e siècle.

© Casterman   © Casterman

Tu as une majorité de 🟡 → Aventure

10 Tu aimerais voyager pour découvrir des endroits inconnus. Ta passion,
ce sont les histoires extraordinaires et les héros qui veulent sauver le
monde. Tu es accro de fantasy? Alors tu pourrais lire «Les Légendaires»
de Patrick Sobral. Les «Légendaires» sont cinq jeunes qui vivent dans le
15 monde d'Alysia. Ils doivent se battre contre le sorcier Darkhell qui veut
conquérir Alysia. Vont-ils réussir?
Ou tu préfèrerais partir en Afrique? Alors tu pourrais lire «Jungle urbaine»
de l'auteur congolais Thembo Kash. L'histoire se passe au Congo. Bwana,
un petit mécanicien, rencontre Lola, qui est la fille d'un riche homme d'af-
20 faires, et tombe amoureux d'elle. Mais des hommes inconnus les menacent
et vont tout faire pour empêcher cette histoire d'amour …

Tu as une majorité de ♣ → Humour

Tu adores passer du temps avec tes copains et leur raconter des histoires drôles. Alors, tu pourrais lire «Pico Bogue – La Vie et moi» de
25 Dominique Roques et Alexis Dormal. Tu vas découvrir la vie quotidienne
de Pico Bogue et de sa petite sœur Ana Ana. Dans toutes les situations,
Pico Bogue a toujours le dernier mot, ce qui est vraiment dur pour ses
parents, ses grands-parents et ses professeurs …
«Tamara – Faites comme chez vous!» de Darasse et Zidrou est aussi
30 une B. D. drôle qui pourrait te plaire. Tamara est une adolescente qui
rêve d'avoir un copain. Mais elle a des kilos en trop et ses camarades de
classe ne sont pas toujours sympa avec elle. Heureusement, sa demi-
sœur de huit ans a toujours un tas de bonnes idées et va l'aider à trouver le grand amour.

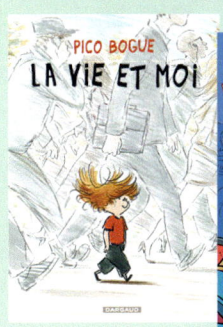
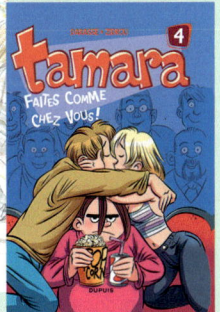

35 Tu as une majorité de 🔺 → Roman graphique

Tu aimes la lecture et les belles choses! Pour toi, dans une B. D., les
textes sont aussi importants que les illustrations. Tu pourrais lire «La
Ballade de la mer salée» de Hugo Pratt. C'est le premier «roman» en
bande dessinée qui est devenu un classique de la «littérature dessinée».
40 Sur un bateau dans les mers du Sud, Corto Maltese, un personnage
élégant et romantique, retrouve son ami, le pirate Raspoutine. À bord,
ils ont deux prisonniers qu'ils doivent amener chez «le Moine», leur
chef mystérieux qui ne montre jamais son visage …
Tu pourrais mettre aussi dans ta valise «La Marche du crabe» d'Arthur
45 de Pins. Tu apprendras ce qui se passe quand les crabes font la révolution: un jour, les crabes en ont assez de toujours marcher sur la même
ligne et ils trouvent un moyen pour changer de direction. Mais cela ne
plaît pas à tout le monde …

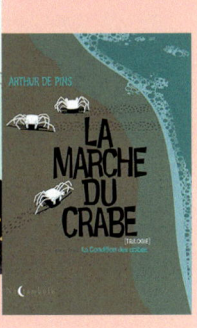

b Forme un groupe avec des camarades qui ont eu d'autres résultats que toi. Informez-vous sur les bédés que le
magazine vous conseille. Puis, chacun choisit la bédé qu'il aurait le plus envie de lire et justifie son choix.

CD 2
29

Le festival d'Angoulême

Qui sont les rois de la B. D. en Europe? Les Belges? Les Français? Une chose est sûre: C'est en France, et plus exactement à
5 Angoulême, qu'a lieu le plus grand festival de la bande dessinée francophone.

Le Festival international de la bande dessinée d'Angoulême
10 qu'on appelle tout simplement

«festival d'Angoulême» existe depuis 1974. Tous les ans, les fans de B. D. du monde entier se retrouvent à la fin du mois de janvier dans cette ville française. Ils viennent bien sûr rencontrer des auteurs de B. D., discuter avec eux et leur demander des dédicaces. Mais il y a
15 un tas d'autres activités. Ces activités, que les organisateurs ont créées pour le festival, correspondent chaque année à un thème précis. «La science-fiction», «l'autobiographie» ou «les différents regards sur le monde» sont les thèmes que les organisateurs ont choisis ces dernières années.

20 Une des activités préférées des visiteurs sont les «concerts de dessins». Pendant ces concerts, des auteurs de B. D. dessinent une histoire en
25 direct et des musiciens les accompagnent sur leurs instruments.

Les visiteurs peuvent aussi aller à des expositions, lire des
30 B. D. dans des coins-lecture, assister à des ateliers de B. D. pendant lesquels ils apprennent le travail de scénariste et de dessinateur: inventer une histoire, dessiner des personnages de B. D. et écrire ce que ces personnages disent ou pensent dans des bulles.

Au programme du festival, il y a aussi des spectacles de «cosplay»
35 (jeu de costumes). Dans ces spectacles, les acteurs, des fans, sont déguisés exactement comme les personnages de B. D. célèbres et ils jouent le rôle de ces personnages sur scène. Le public adore!

Le festival dure quatre jours. Le dernier jour, le jury du festival remet les «fauves d'Angoulême», c'est-à-dire les prix d'Angoulême qui ré-
40 compensent des albums et des auteurs de B. D. Grâce à ce festival, beaucoup d'auteurs inconnus sont devenus célèbres, comme par exemple Marguerite Abouet. Le festival d'Angoulême l'a accueillie et récompensée en 2006 et aujourd'hui, elle est une star de la bande dessinée.

Source: Ministère de la Culture et de la Communication, 2012

Zoom sur la B. D. !

INFO: La B.D. en chiffres

Production de B. D. dans le monde

D'après: Ministère de la Culture et de la Communication, 2012

Les lecteurs de B. D. en France

Le savais-tu?
Les Français lisent en moyenne trois B. D. par an.

% | Ont lu au moins une bande dessinée au cours des 12 derniers mois

Sur 100 hommes ou femmes de chaque tranche d'âge

— Hommes
— Femmes

(Graphique: pourcentages de 0 à 100 sur l'axe vertical; tranches d'âge 11–14, 15–17, 18–24, 25–29, 30–39, 40–49, 50–59, 60 et plus en ans sur l'axe horizontal)

10 000 en 1974
200 000 en 2013

Nombre de visiteurs du festival d'Angoulême

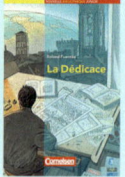

Pour aller plus loin
Vous avez envie d'en savoir plus? Alors lisez aussi «La Dédicace» de Roland Fuentès, qui raconte l'histoire d'un jeune qui va au festival d'Angoulême pour la première fois.

2 a Lis la rubrique «Info», puis résume les informations principales des trois documents.   (▶ Méthodes, p. 126/20)

b Lis l'article et note les aspects du festival d'Angoulême que le journaliste présente.    ▶ p. 119

Koop c Qui fait quoi au festival d'Angoulême? Faites un tableau et répondez.

le public   *le jury*   *les organisateurs*   *les auteurs*   *les musiciens*

3 Et vous, qu'est-ce que vous voudriez faire ou voir au festival d'Angoulême? Regardez le programme et mettez-vous d'accord.   (▶ Méthodes, p. 125/18)

Jeudi – 10-19 h – *Vaisseau Moebius*
EXPOSITION: **Tardi et la Grande Guerre**

Jeudi – 10 h 30 (durée 2 h 00) – *Pavillon Jeunes Talents®*
ATELIER: **Créer un héros: apprentissage des bases de dessin et de scénario**

Jeudi – 14 h (durée 1 h) – *Théâtre*
SPECTACLE: **Concerts de dessins®**

Jeudi – 14 h (durée 1 h 30) – *Conservatoire – Salle Brassens*
CONFÉRENCE: **Le Moyen-Âge en bande dessinée**

Jeudi – 16 h (durée 1 h 30) – *Pavillon Jeunes Talents®*
RENCONTRE: **Dédicaces avec Patrick Sobral, auteur des Légendaires**

Jeudi – 17 h (durée 1 h 30) – *Conservatoire – Salle Brassens*
CONFÉRENCE: **Les maîtres du manga**

GH 31 **4 a** Vergleiche in beiden Satzpaaren das Partizip Perfekt und die Stellung des direkten Objekts.
Le festival d'Angoulême a accueilli Marguerite Abouet en 2006.
C'est Marguerite Abouet. Le festival d'Angoulême l'a accueillie en 2006.

Il m'a offert des bédés géniales.
Les bédés qu'il m'a offertes sont géniales.

b Formuliere die dazugehörige Regel.
Auch im *passé composé* mit *avoir* kann das Partizip Perfekt angeglichen werden, und zwar an ? , wenn dieses ? dem Verb steht.

c Des fans de bédé attendent leur dédicace. Retrouve qui dit quoi.

1 Il m'a regardée!

2 Ah bon, nous, il nous a engagés pour le cosplay!

3 L'année dernière, il nous a dessinées avec nos costumes!

4 Son dernier album m'a vraiment impressionné!

Simon

Lou et Ida   Paul et Yann

Sarah

CD 2 **d** Écoute. De quoi est-ce qu'ils parlent?
30

1 le texto – la lettre – les dédicaces

2 le roman – les mangas – la bande dessinée

3 les dessins – les bulles – l'atelier dessin

4 la photo – le programme – les billets

Koop **5** Allez sur le site Internet du festival d'Angoulême. Travaillez en groupe. Chacun fait une des trois recherches suivantes (a, b ou c). Puis, informez vos partenaires sur les résultats de vos recherches.

a Tu es fan de bédé et tu veux aller au festival d'Angoulême. Réponds aux questions suivantes:
– Où se trouve la ville d'Angoulême? Comment peut-on y aller? Où peut-on dormir?
– Quand le prochain festival d'Angoulême a-t-il lieu? Combien les billets d'entrée coûtent-ils?

b Trouve des informations sur les différents prix du festival.

c Choisis une bédé qui a déjà gagné le prix du meilleur album à Angoulême et présente-la.

Zoom sur la B. D.!

Comment fonctionne une B. D.

Commençons d'abord par la case.

Normalement, une grande case sert pour un plan large qui représente un grand décor.

Et une petite case pour un gros plan.

Mais l'inverse peut se faire, non ?

Ici, on a l'impression que ce que je dis est très important.

Oui, ça donne un autre effet. Il faut l'utiliser selon ce qu'on veut raconter.

Et les bords de case, on en parle ?

Là, tout est possible...

Généralement, on choisit un système et l'on s'y tient durant toute l'histoire.

Mais on peut faire des ruptures sans bords de case.

Ou des effets pour donner une impression de rêve, de flash-back, de malaise...

C'est vrai !! Il y a une vraie richesse avec les bords de case.

[...]

6 a Lis les deux planches*, puis expose de quoi il s'agit.

* **la planche** die Comicseite

b Relisez la bédé, puis interrogez-vous en français. A commence.   (B ▶ p. 113)

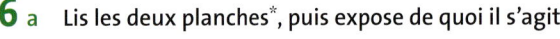

Fordere B auf Französisch auf, dir Folgendes im Comic zu zeigen:

1. eine Nahansicht.
3. einen Bildrand, der zeigt, dass jemand wütend ist.
5. ein Einzelbild ohne Rand.

7. eine Schriftgestaltung für jemanden, der mit Akzent spricht.
9. eine Schriftgestaltung für jemanden, der schreit.

A

Extrait de: Bande dessinée – Apprendre et comprendre, Lewis Trondheim / Sergio García, Éditions Delcourt 2006, p. 4–8

7   **À toi! Choisis une des deux activités suivantes.**

a   **Dessine:**

– un plan pour montrer un personnage qui est complètement seul.

– un bord de case pour quelqu'un qui est malade.

– un lettrage pour quelqu'un qui a peur.

– un lettrage pour quelqu'un qui est amoureux et qui demande: «On rentre ... ensemble?»

b   **Trouve dans une bédé que tu connais les éléments suivants et explique leur effet à ton/ta partenaire.**

– un bord de case original   – un lettrage original   – un plan original

CD 2
32

Les onomatopées!

8 Explique les onomatopées.

Exemple: «Snif», ça veut dire que quelqu'un pleure.

pleurer	*tomber* dans l'eau	*(se) casser*	*fermer* une porte	*s'énerver*
faire du bruit avec son moteur	*être* surpris/e	*avoir* mal	*boire* qc	
pleuvoir	*râler*	*rire*	*trouver* qc dégoûtant	*frapper* qn	*dormir*

P|F **9 a** Trouve les onomatopées allemandes qui correspondent et fais un dictionnaire des onomatopées.

b Va sur le site de l'émission *Karambolage* (qui passe sur Arte) et cherche d'autres exemples d'onomatopées françaises et allemandes, puis complète ton dictionnaire de **a**.

P|F **10** Tâche

Transforme une histoire de ton choix en bande dessinée. Tu peux choisir une scène de roman ou de film, une histoire qui t'est arrivée, une blague, une chanson etc.

Avant de commencer, réfléchis aux points suivants (▶ p. 106–107):
- Quels moments est-ce que tu veux représenter?
- Dans chaque moment, qu'est-ce que tu veux représenter par le dessin et qu'est-ce que tu veux écrire (récitatif, dialogue etc.)?

Puis, fais une esquisse et choisis à chaque fois en fonction de ce que tu veux exprimer:
- la taille de la case
- le plan
- le bord de case
- le lettrage
- les onomatopées.

Enfin, dessine ta bédé.

Tu cherches des expressions utiles?   ▶ *Texte* (p. 108), ▶ *exercices* (p. 108/9)
Tu cherches des idées? Voici une histoire sur laquelle tu peux travailler:

Un garçon drague[1] une fille dans le métro. Elle hésite mais il fait un truc qui lui plaît, alors elle lui donne son numéro puis sort du métro. Le garçon est super content. Il ne peut pas attendre et appelle la fille tout de suite, mais il entend une sonnerie sous le siège[2]. Il regarde et voit que la fille a oublié son sac …

1 **draguer qn** jdn anmachen
2 **le siège** der Sitz

Tu peux aussi faire une bédé-collage.

Unité 2

page 34

2 Lis les deux portraits, puis présente tes deux personnalités à ton/ta partenaire, en allemand. Précise en quoi ces personnes sont franco-allemandes.

Irié Révoltés, musiciens

Nous avons fondé notre groupe à Heidelberg en 2000. Maintenant, nous sommes neuf, six musiciens et trois chanteurs: les deux frères franco-allemands Mal Élevé et Carlito et le rappeur allemand Silence. Pourquoi ce nom «Irié Révoltés»? «Irié» vient du créole jamaïcain et veut dire quelque chose comme «positif», «joyeux» et «libre» et «révoltés» veut dire «qui se battent». Dans notre musique, on retrouve des styles différents: le reggae, le ska, le hip hop … Dans nos chansons, on parle de ce qu'il faut changer dans le monde. On joue souvent pendant des manifestations et des concerts de bienfaisance et on s'engage pour des projets comme «Kein Platz für Rassismus» ou «Rollis für Afrika». En ce moment, nous vivons tous en Allemagne, mais nous essayons de réfléchir aux problèmes dans toutes les régions du monde.

Daniel Cohn-Bendit, homme politique

Je suis né en 1945 en France, à Montauban. (Mes parents étaient des juifs allemands et habitaient en France depuis 1933 à cause de la politique antisémite des nazis.) À 16 ans, mon frère et moi, avons dû nous décider entre la nationalité allemande et française. Mon frère a choisi d'être Français, moi d'être Allemand. Puis, en 1958, nous sommes retournés en Allemagne. En 1965, j'ai commencé des études à Paris. Puis, pendant les grandes manifestations des étudiants en 1968, je suis devenu célèbre parce que j'aimais bien la provocation. On m'a même donné un surnom: Dany le Rouge. Je suis retourné en Allemagne pour finir mes études, mais j'ai continué à faire de la politique et en 1978, j'ai été un des premiers Verts d'Allemagne. De 1994 à 2013, j'ai été député des Verts au Parlement européen et j'ai changé de surnom. Maintenant, c'est Dany le Vert.

Unité 3

page 56

1 a Décris les deux villes à ton/ta partenaire sans les nommer. Il/Elle trouve de quelles villes tu parles. Vous pouvez vous aider de la carte à la fin du livre.

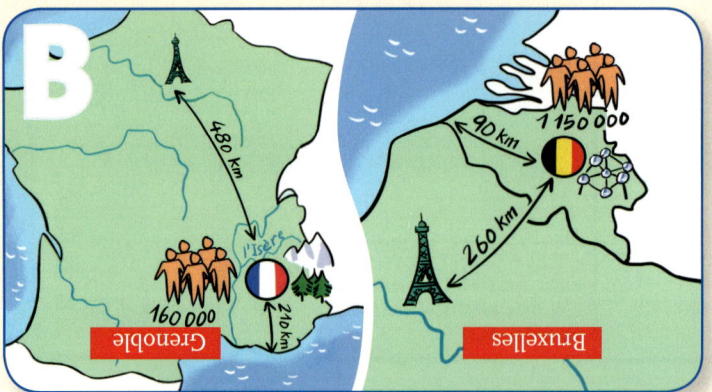

compter ____ habitants
être à ____ kilomètres de ____
se trouver en ____
à ____
près de ____
au bord de ____
entre ____ et ____
être situé dans une région de montagnes / de lacs / de forêts
____

page 70

4 Une mauvaise journée pour Akissi. Racontez-la ensemble. Utilisez le passé composé et le plus-que parfait. (▶ Repères, p. 78/1)

Exemple: 1. Quand Akissi s'est levée le matin, son frère avait déjà bu tout le café.

1

A: ?
B: son frère / boire tout le café

2

B: Akissi / arriver chez Nadia et Manou
A: ?

3

A: ?
B: le film / commencer

4

B: Akissi / vouloir acheter la robe de ses rêves
A: ?

5

A: ?
B: le marchand / vendre la robe à quelqu'un d'autre

6

B: Akissi / rentrer à la maison
A: ?

page 75

6 Lisez les devinettes. Votre partenaire trouve la réponse dans l'unité 3. A commence. B continue.

2. C'est le pays dont la capitale est Bamako.
4. C'est une série marocaine dont Fatym Layachi est la star.
6. C'est un festival international dont on parle dans le volet 2.
8. C'est un lac au Sénégal dont l'eau est rose.
10. C'est un quartier de Dakar dont Boubacar parle dans son blog.
12. C'est le sport traditionnel dont Boubacar est devenu fan.

Bilan des compétences

page 83

8 a A choisit un sujet. Il/Elle doit parler pendant deux minutes. Tu peux lui poser des questions pour l'aider.

la télévision
- Combien de temps est-ce que tu passes devant la télé?
- Quand est-ce que tu regardes la télé et avec qui?
- Quelle émission est-ce que tu adores/détestes et pourquoi?

le collège
- Qu'est-ce que tu aimes dans ton école (ta classe, tes profs)? Pourquoi?
- Qu'est-ce que tu aimerais changer dans ton école (devoirs, emploi du temps, cantine ...)? Pourquoi?
- Quelles matières est-ce que tu préfères? Pourquoi?

b Monologue suivi: Tu dois parler pendant deux minutes sur l'un de ces sujets. Tu as deux minutes pour te préparer. A t'écoute et peut te poser des questions pour t'aider.

Manger en famille

Les technologies modernes (le portable, l'ordinateur)

9

„Ich fühle mich als Beruf: Franzose in Deutschland"

Emmanuel Peterfalvi alias Alfons im Gespräch

Alfons, der unsichere Franzose mit dem Puschelmikrofon, wurde mit seiner Sendung "Puschel-TV" bekannt. Er versucht mit Straßenumfragen die Deutschen zu verstehen und beschäftigt sich dabei immer wieder mit dem Vergleich zwischen seinem
5 Geburtsland und seiner Wahlheimat Deutschland.

Nur echt mit Puschel: Alfons

Marina Schweizer: Heute mein Thema: der Komiker Alfons. Hallo.

Alfons: Hallo.

Schweizer: Wären Sie lieber hauptberuflich Franzose oder
10 Komiker?

Alfons: Also eigentlich gar nicht Komiker. Ich fühle mich als Beruf: Franzose in Deutschland. Das ist schon ein Fulltime-Job, also, das reicht mir schon. [...]

Schweizer: Das Gespräch mit der Figur Alfons ist jetzt schon
15 beendet, dafür spreche ich jetzt mit dem Mann, der dahinter steht: Emmanuel Peterfalvi. Ist Alfons denn das deutsche Klischee eines Franzosen, wie es von Ihnen tatsächlich wahrgenommen wird?

Alfons: Ich werde Sie ein bisschen enttäuschen, weil jetzt
20 werden Sie wahrscheinlich keinen Unterschied merken, ob Sie mit Alfons oder Emmanuel sprechen. Non, nicht wirklich. Der Klischeefranzose, der ist sehr elegant, der spricht schnell und der ist sehr höflich etcetera. Und als Alfons bin ich so, wie ich bin. Das heißt: Nicht wirklich der Frauenheld und
25 nicht wirklich der Geschickteste, aber so bin ich im Leben, insofern muss ich da nichts ändern und das ist auch praktisch.

Schweizer: Bei Ihnen geht es ja viel um den Vergleich Deutsche und Franzosen. Und Sie sind ja jetzt nun seit über 20 Jahren hier in Deutschland. Inwiefern verkörpern Sie denn diese 3 deutsch-französische Freundschaft?

Alfons: Insofern, dass ich tatsächlich seit 20 Jahren in Deutschland lebe - freiwillig. Das ist schon mal eine Leistung für einen Franzosen. Und, dass ich eigentlich nichts anderes 3 mache, als dass ich mir einfach das Leben in Deutschland von den Deutschen angucke und sehr viel Spaß daran habe, mir das anzugucken. Und dann Euch zu sagen, was ich da gesehen habe. Viel mehr mache ich nicht, aber viel mehr muss eine Freundschaft auch nicht machen.

Schweizer: Also Sie sind im Prinzip mit den Deutschen schon 4 befreundet, Sie begegnen denen nicht mit einem sehr kritischen Blick ...

Alfons: Ich bin viel mehr als befreundet, ich bin mittlerweile eingedeutscht. Ich mache Dinge, wo meine französischen Freunde sagen: „Hey, hast du sie noch alle?"

Schweizer: Zum Beispiel?

Alfons: Zum Beispiel: Ich erscheine pünktlich. Und wenn es eine Feier gibt und der Kumpel sagt: Um 20 Uhr treffen wir uns, bin ich der einzige, der um 20 Uhr da ist. Um 20 Uhr 45 kommt der Gastgeber an und dann der Rest eine Stunde später. Und die verstehen nicht, warum. Aber das vergesse ich: Stimmt, ich bin in Frankreich. Da muss man immer zwei Stunden plus zählen.

Schweizer: In Ihrem Bühnenprogramm geht es ja auch genau um solche Beispiele, das ist ja auch ein Beispiel daraus. Es geht auch um Ihre Kindheit und um Ihre Kindheitsfreunde. Sie beschreiben, wie Sie ein Puschelmikrofon zu Weihnachten bekommen haben oder zum Geburtstag. Was war denn damals los? Wie kam diese Initialzündung?

Alfons: Die Geschichte mit dem Puschelmikrofon, die stimmt auch. Ich habe mit sechs ein Mikrofon mit einem Kassettenrekorder, es war noch kein großes Puschelmikrofon, aber ein Mikrofon, dann als Geschenk bekommen und gleich habe ich damit angefangen, Leute, Geräusche, Geschichten aufzunehmen. Da war ich schon sechs. Und dann habe ich Vorträge in der Schule und alles mit diesem Kassettenrekorder gemacht. Das war schon ein Großteil der Motivation sozusagen.

Schweizer: Sind Sie dann darüber auch tatsächlich zu dem Beruf gekommen?

Alfons: Ja, also der Beruf kam ein bisschen zufällig. Ich wollte immer im Radio arbeiten und dann im Fernsehen. Meine Mutter hat das nie gewollt, weil sie gesagt hat: Du musst erstmal studieren. Also habe ich Langweiliges studiert und auch Diplom tatsächlich gemacht. Nur, weil meine Mutter sagte: Du, also, es ist wichtig, ein Diplom zu haben, bevor du Clown wirst, so ungefähr.

Schweizer: Also: Kind, lern' erstmal was Richtiges!

Alfons: Genau. Aber dann habe ich das gemacht, aber immer parallel dazu habe ich tatsächlich mit zwei Freunden ein Piratenradio gegründet zum Beispiel oder für das ernsthafte Studium musste man oft ein Praktikum machen und das habe ich immer entweder in Radiostationen gemacht oder in Fernsehstationen. Ich bin auch nach Amerika für ein Praktikum gegangen und habe da in Amerika in einer TV-Station gearbeitet. Also, das habe ich nie losgelassen. Aber das nahm sehr viele Umwege.

Schweizer: Heißt das, Sie wollten am Anfang eher Journalist werden?

Alfons: Ich glaube, wenn Sie mich damals gefragt hätten, hätte ich gesagt: „Ja, Journalist oder Moderator." Und dann hat sich das irgendwie gewandelt. [...]

Schweizer: Verstehen Sie denn die Deutschen mittlerweile?

Alfons: Ja, einige Dinge schon. Aber zum Glück bin ich immer noch auf der Suche nach Dingen, die mich immer wieder überraschen und die mir Spaß machen. Insofern: So lange das dauert, bleibe ich.

Schweizer: Was hat Sie denn zuletzt noch am meisten an den Deutschen überrascht?

Alfons: Also eigentlich tagtäglich. Ich glaube, das, was ich jetzt gezeigt habe mit den Nacktwanderern ist schon so ein Beispiel, wo ich sagen würde: Ok, so etwas gibt es eigentlich nur in Deutschland. Vielleicht stimmt das auch nicht, aber so in der Art, wie es gemacht wird. Aber auch dieser Skandal, den ich erzählt habe über Marseille und über die Polizisten in Marseille, die alles geklaut haben und Drogen und Bargeld von den Drogendealern genommen haben und einfach die Drogen dann wieder verkauft haben. Wenn ich das den Deutschen erzähle, die glauben es mir nicht. In Frankreich weiß jeder, dass es stimmt, und ich kann es so viel erzählen, wie ich will: Der Deutsche kann das einfach nicht fassen, dass ein Polizist auch klauen kann. Aber das stimmt.

Schweizer: Sie haben vorhin schon anklingen lassen: Sie sind selber schon so eingedeutscht. Was sind die Dinge, die Ihnen begegnen, wenn Sie nach Frankreich kommen, wo Sie es an sich selbst merken?

Alfons: Also, es gibt Dinge, da schäme ich mich. Also ich habe mich erwischt: Letzte Woche war ich in Paris. Ich habe mich erwischt, eine Straße nicht zu überqueren, weil die Fußgängerampel rot war. Also, das war ein Reflex. Und alle gucken mich an, als ob ich eine Krankheit hätte und das könnte sogar ansteckend sein. Da hatte ich komplett vergessen, dass die Gefahr die Autos sind und nicht die rote Ampel. Also, so kann es einen ganz, ganz schnell überrennen.

Source: Deutschlandradio 2013

Module F

page 106

6 b Relisez la bédé, puis interrogez-vous en français. A commence. B continue.

Fordere A auf Französisch auf, dir Folgendes im Comic zu zeigen:

2. eine Panorama-Ansicht.

4. einen klassischen Bildrand.

6. einen Bildrand, mit dem man zeigen kann, dass eine Figur sich an etwas erinnert.

8. eine Schriftgestaltung, die zeigt, welche Wörter wichtig sind.

10. eine Schriftgestaltung, die nicht zu der Figur passt, die spricht.

B

Unité 1

page 22

5 Comment ce serait sans ____? Imagine. Utilise le conditionnel présent. (▶ Repères, p. 33/2)

		aller devoir écrire être faire parler pouvoir prendre voyager	
les gens on je la vie ____	(ne pas)		____

sans télé   sans Internet   sans ami/e
sans casque   sans chocolat   sans vélo
sans vêtements de marque   sans livres
sans ____

Sans télé, on s'ennuierait un peu mais les gens liraient peut-être plus souvent.

page 25

4 a Qu'est-ce que tu ferais dans ces situations? Pose des questions à ton/ta partenaire et réponds à ses questions. (▶ Repères, p. 33/3)
Qu'est-ce que tu ferais ...
  1. ... si tu pouvais partir en vacances avec tes copains – sans tes parents?
  2. ... si tu étais le/la principal/e de ton collège?
  3. ... si tu étais très riche?
  4. ... si tu avais 18 ans?

s'engager (pour ____)
vivre un tas d'expériences
rêver d'avoir une vie normale
aller en colonie de vacances
passer trois semaines au bord de la mer
faire des randonnées / du camping
monter ma propre entreprise
partir sur une île déserte
changer les emplois du temps
prendre des décisions importantes
proposer une cantine sympa

b Qu'est-ce que tu ferais si ...? Imagine et réponds par écrit. Utilise l'imparfait et le conditionnel présent.
(▶ Repères, p. 33/3)
  1. *vivre* seul/e sur une île déserte
  2. *parler* sept langues
  3. *rencontrer* un acteur célèbre dans la rue
  4. *avoir* des pouvoirs surnaturels
  5. ne pas *devoir* aller à l'école
  6. ____

Si je vivais seul/e sur une île déserte, je mangerais seulement du poisson, je parlerais aux animaux et je dormirais sur la plage.

  1. *manger* du poisson – *parler* aux animaux – *dormir* sur la plage
  2. *travailler* dans une entreprise internationale – *discuter* avec un tas de gens dans tous les pays – en *apprendre* encore deux autres
  3. lui *dire* bonjour – l'*inviter* à une fête – lui *donner* mon avis sur ses films
  4. *changer* le monde – *aider* les pauvres – *passer* mon temps à faire ce que je veux
  5. *surfer* toute la journée sur Internet – *faire* plus de sport/musique – *apprendre* ce qui me plaît – *écrire* un livre/une bédé

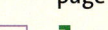 **8** *Le Monde des jeunes* fait une enquête sur l'avenir des jeunes et sur le thème:
«À 25 ans, je serais heureux/heureuse si ...»
Réponds-y. Écris un petit texte.

> *À 25 ans, je serais heureuse si j'étais directrice d'un zoo. Je m'occuperais des animaux, je ____*

faire des études	*vivre* dans une grande ville / à la campagne	*avoir* des enfants
gagner beaucoup d'argent	*être* journaliste/____	*pouvoir* faire des grands voyages
avoir une voiture / une maison / ____	*parler* six langues *être* célèbre	*travailler* comme ____ à ____

Unité 2

page 38

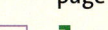 **1 b** À ton avis, quel est le genre du film et quelle est l'histoire? Formule des hypothèses.

C'est une comédie C'est une tragi-comédie C'est une tragédie C'est un documentaire	qui raconte	une histoire de vacances. une histoire d'amour entre ____. l'histoire d'une bande de copains qui ____. une histoire qui se passe en France / en Allemagne. une histoire franco-allemande.

On dirait que ____.
Peut-être que ____.

page 41

2 a Maintenant, lis la bédé en entier. Décris la rencontre entre Mathieu et Nils. Comment se comportent-ils? Que font-ils et pourquoi? Justifie à l'aide de la bédé.

> *arriver* devant le collège allemand *appeler* les élèves *s'approcher* *être* timide *rire*
> *vouloir* se dire bonjour ne pas *savoir* quoi faire *vouloir* donner la main *vouloir* faire la bise
> ne pas *faire* la même chose *être* surpris/e ne pas *savoir* quoi dire *apprendre* à se connaître
> *s'amuser* ensemble

page 43

3 b Choisis un mot et explique-le. Ton/Ta partenaire devine ce que c'est.

un stylo	une porte	«merci»	une glace
le foot	les vêtements	le pain	la lecture

	acheter	avec une clé.
	manger	quand quelqu'un te donne quelque chose.
	dire	très froid.
	jouer	avec les pieds.
Ça se/s'	*ouvrir*	à la boulangerie.
	mettre	dans l'armoire.
	apprendre	pour écrire.
	utiliser	à l'école.
	___	___.

page 45

1 a Lis le texte, puis complète le schéma avec les informations du texte. Utilise aussi:

sa motivation	les élèves	les problèmes de langues
les parents d'Anna	la nourriture	les activités

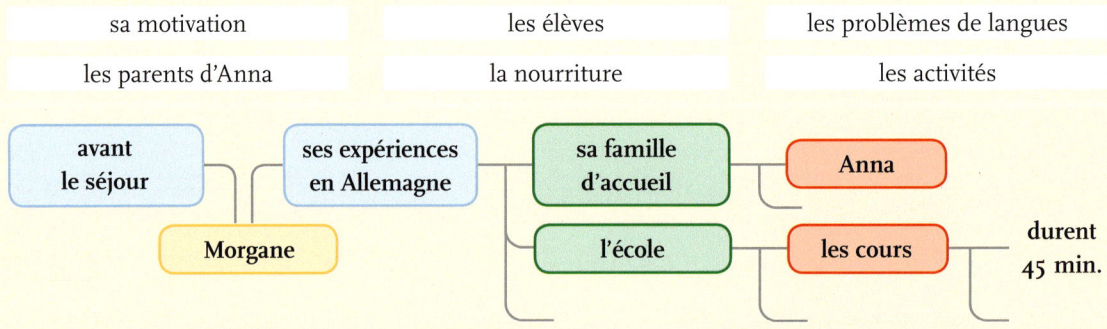

c Que penses-tu de ce que Morgane dit de l'Allemagne à propos des thèmes suivants? Commente.

les repas *m. pl.*	la durée des cours	l'ambiance à l'école *f.*

Je (ne) suis (pas) d'accord avec ce que Morgane dit de ___.
Chez nous, ___.
Je (ne) trouve (pas) que ___.

page 46

6 //O

Imaginez le corres de vos rêves et le corres de vos pires cauchemars* et décrivez-les à votre partenaire. Utilisez le subjonctif.   (▶ Repères, p. 54/1, ▶ Pense-bête, p. 232)

> Ce serait cool / ____ que ____.
> J'ai envie / Je voudrais que ____.
> Je trouverais super/____ que ____.
> Il faudrait que ____.

> Ça m'énerverait que ____.
> J'ai peur que ____.
> Il ne faudrait pas que ____.
> Je ne voudrais pas que ____.

* **les pires cauchemars** *m. pl.*
die schlimmsten Albträume

(ne pas)
> *m'apprendre* un tas de nouveaux mots
> me *présenter* ses copains
> me *montrer* la ville
> *être* beau/belle/____
> *être* fan de ____
> *s'intéresser* à ____
> *aimer* ____
> *faire* du / de la / ____, comme moi
> *se moquer* de mon français
> *comprendre* bien l'allemand / l'anglais
> *passer* tout son temps à ____
> me *laisser* seul/e

8 //O

Morgane prépare le séjour de sa corres Anna à Brest. Rends le texte plus vivant en le complétant par les adverbes français qui conviennent. Parfois, il y a plusieurs possibilités.

1. Il faut *(unbedingt)* qu'Anna se sente chez elle quand elle viendra. Il faut que j'explique à papa et maman qu'Anna ne parle pas *(fließend)* le français et qu'il faudra parler moins vite.
2. À l'école, ça va être moins cool qu'à Rüsselsheim ... En France, on apprend *(anders)* et j'ai *(wirklich)* peur que ce soit ennuyeux pour Anna. En plus, on a *(sehr viel)* de devoirs ...
3. *(selbstverständlich)*, on va faire un tas d'activités. Qu'est-ce qui plairait à Anna? Ah oui! Ce serait *(total)* cool si on pouvait aller au théâtre. Et *(ausgerechnet)*, mamie m'a *(netterweise)* offert deux places pour aller voir «Le bal des voleurs» d'Anouilh, ça tombe bien!
4. Et puis, on ne peut pas faire de séjour à Brest sans voir l'océan! Alors, *(zwangsläufig)*, on fera un tour en bateau et je lui montrerai Océanopolis, elle va *(sicherlich)* trouver ça génial!
5. Je suis contente qu'elle arrive bientôt et qu'elle reste trois mois, et pas *(nur)* une semaine!

absolument
autrement
carrément
couramment
différemment
énormément
évidemment
forcément
gentiment
justement
seulement
sûrement
vraiment

page 49

1 b //O

Vrai ou faux? Relis les anecdotes et réponds. Corrige les phrases fausses.

1. Ayoub ne mange pas beaucoup de soupe parce qu'il n'a pas faim.
2. Selma apporte un verre à Fan-de-moi, comme Fan-de-moi le voulait.
3. Matti est étonné parce que Karim ne connaît pas les «Brotdosen».
4. Nolwenn arrive en retard à son rendez-vous parce qu'elle a raté le bus.
5. Gustav a mal dormi parce qu'il n'a pas l'habitude de dormir avec un traversin.

Unité 3

page 63

 2 Raconte la scène entre Adjoua, son frère et Bintou.

> *appeler* qn   *proposer* qc   *écouter*   *s'éclater*   *accepter* qc   (ne pas) *parler* librement
> (ne pas) *dire* la vérité   *sortir*   *surveiller* qn   *avoir* des doutes   *se disputer*   *dénoncer* qn

page 69

 1 **a** Lis les trois portraits (▶ p. 68–69). Relève tout ce que ces personnes ont en commun. Fais un tableau dans ton cahier pour structurer les informations du texte.

	Tiken Jah Fakoly	*Fatym Layachi*	*Marguerite Abouet*
métier			
projets			
pays			

page 74

 4 Souadou a consulté un marabout. Le soir, elle raconte à sa sœur ce que le marabout lui a dit. Complète ce qu'elle raconte par les bonnes formes des verbes.   (▶ Repères, p. 79/2, ▶ Pense-bête, p. 232)

1 La vie n'a pas toujours été facile pour vous.

Il a dit que la vie n'avait pas toujours été facile pour moi.

2. Vous **avez eu** beaucoup de problèmes les derniers mois.

– Il a dit que j' (avais / avais eu / aurais) beaucoup de problèmes ces derniers mois.

3. Vous **êtes** malheureuse et vous **cherchez** le bonheur.

– Il a dit que je/j' (étais / avais été / serais) malheureuse et que je/j' (cherchais / avais cherché / chercherais) le bonheur.

4. Bientôt, les choses **changeront**.

– Il a dit que bientôt, les choses (changeaient / avaient changé / changeraient).

5. Vous **réussirez**.

– Il a dit que je/j' (réussissais / avais réussi / réussirais).

6. Vous **rencontrerez** un jeune homme.

– Il a dit que je/j' (rencontrais / avais rencontré / rencontrerais) un jeune homme.

7. Je le **vois**! Il **est** très beau!

– Il a dit qu'il le/l' (voyait / avait vu / verrait) et qu'il (était / avait été / serait) très beau.

8. Est-ce que vous **voulez** écouter la suite?

– Il a demandé si je/j' (voulais / avais voulu / voudrais) écouter la suite.

9. Ça **fait** encore 1000 francs CFA ...!

– Il a dit que ça (faisait / avait fait / ferait) encore 1000 francs CFA!

Module A

page 86

1 a Lis la synopsis et la critique du film *Entre les murs*. Indique ce que tu apprends sur François Bégaudeau et Laurent Cantet et leur rôle dans la création du film. Fais un tableau dans ton cahier.

François Bégaudeau	*Laurent Cantet*

être le réalisateur du film   *jouer* le rôle de François Marin   *tourner* avec des visages inconnus

être un ancien professeur de français   *écrire* le scénario avec Robin Campillo

jouer son propre rôle dans le film   *rendre* l'histoire plus authentique   *être* l'auteur d'un roman

Module D

page 98

CD 2
23

2 b Qu'est-ce que les jeunes disent sur ces endroits? Écoute encore une fois, prends des notes et raconte.

Endroit?	**Région?**	**Activités?**
Saint-Malo	sur le Bassin d'Arcachon	se baigner / aller à la plage
Paris	dans les Alpes	faire des randonnées à pied / à cheval / à vélo
Gavarnie	dans les Pyrénées	faire de la voile / du camping / de l'accrobranche
Andernos	en Bretagne	faire des photos
Marseille		observer les animaux
		voir l'arrivée du Tour de France

Module F

page 104

2 b Lis l'article et retrouve les aspects du festival d'Angoulême que le journaliste présente. Il y a quatre aspects en trop.

l'importance du festival *f.*   l'histoire du festival *f.*   les «concerts de dessins» *m. pl.*   les activités *f. pl.*

les problèmes des organisateurs *m. pl.*   les ateliers *m. pl.*   l'âge du public *m.*   les prix *m. pl.*

la bédé et le cinéma   les expositions *f. pl.*   les spectacles de «cosplay» *m. pl.*   le salaire du jury

Outils pour apprendre | Lernhilfen

1 Nachschlagehilfen im Buch

Nutze die Übersichten in deinem Französischbuch, wenn du eine Aufgabe bearbeitest oder dich auf eine Klassenarbeit vorbereitest. Im Inhaltsverzeichnis (S. 4–7) steht, was du wo findest.

2 Verbkartei

Führe deine Verbkartei weiter oder lege dir eine an: Auf der Karteikarte trägst du alle Verbformen ein, die du schon kennst. Ergänze deine Verbkarten immer dann, wenn du eine neue Zeitform (z. B. das *plus-que-parfait*) oder einen neuen Modus (z. B. das *conditionnel*) kennen lernst.

3 Lernplakate

So erstellst du ein Lernplakat für die Klasse:
1. Sammle die Lerninhalte, die du auf deinem Lernplakat darstellen willst.
2. Fertige eine Skizze des Plakats an. Du kannst Zeichen (z. B.: → oder !), Symbole (z. B. 😊 oder ⚠), Kästchen, Farben und Unterstreichungen zur Verdeutlichung verwenden.
3. Überprüfe deine Skizze auf Fehler. Außerdem kannst du sie von deinem/deiner Lehrer/in korrigieren lassen.
4. Übertrage die Skizze gut lesbar auf ein Blatt Papier, das in der Klasse als Lern- und Merkhilfe aufgehängt werden kann.

4 Dein Französisch-Ordner

In deinem Französisch-Ordner sammelst und ordnest du, was du in Französisch gelernt hast und aufbewahren willst. Lege in deinem Französisch-Ordner verschiedene Abteilungen an, z. B. Wortschatz, Informationen über Frankreich, Grammatik, Methoden, Portfolio, Tests und Klassenarbeiten. Erstelle für jede Abteilung ein Inhaltsverzeichnis und trage darin die Inhalte fortlaufend und nummeriert ein.

TIPP Auch deine Verbkartei, den *Pense-bête* (▶ p. 232) und den Fehlerfahnder (▶ p. 132/31.2) kannst du in deinem Französisch-Ordner abheften.

5 Wörter im Wörterbuch nachschlagen

Du suchst ein Wort und findest es nicht in den Wortlisten deines Französischbuches?
Schlage es in einem Wörterbuch nach.

1. Das französisch-deutsche Wörterbuch

CD 2
33

Schlage das französische Wort unter seiner Grundform nach, d. h. Verben im Infinitiv, Nomen im Singular und Adjektive in der maskulinen Singularform. Hat das Wort verschiedene Bedeutungen, musst du die passende heraussuchen. Neben der Übersetzung findest du auch Hinweise zur Aussprache des Wortes und zu seinem Gebrauch.

TIPP In Online-Wörterbüchern kannst du dir die Wörter anhören und bei der Suche anstatt des Infinitivs auch konjugierte Verbformen eingeben (z. B. *ils soigneraient*).

> ### Übung
> **a** Hör dir das Lied *Être écolo, c'est très rigolo* an und lies dabei den Text mit (beides findest du unter Webcode: **APLUS-4-120**). Markiere dabei alle dir unbekannten Wörter und schlage sie dann im Wörterbuch nach.
> **b** Erstelle ein Vokabelnetz zum Thema *écologie* und hefte es in deinem Französisch-Ordner ab.

So ist ein Wörterbucheintrag aufgebaut:

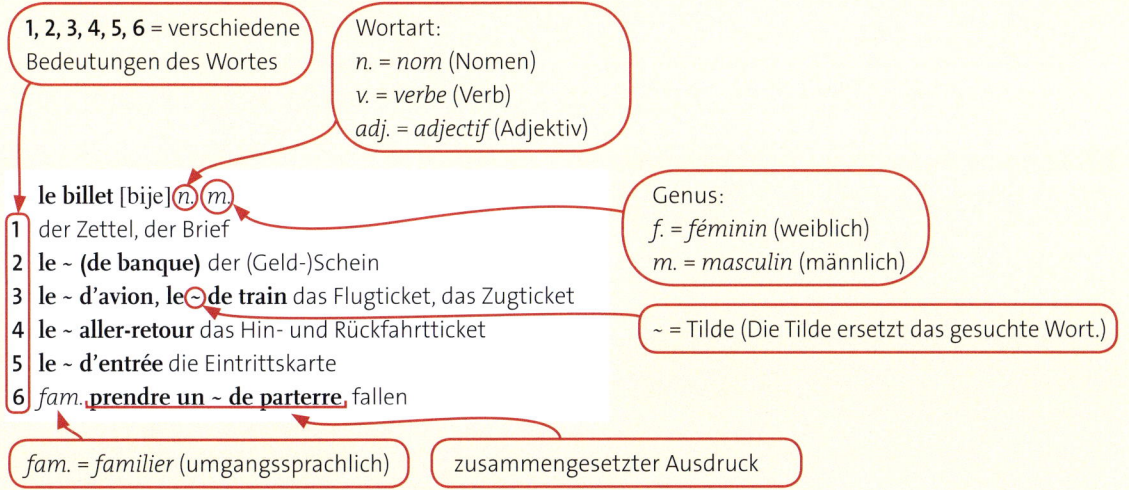

1, 2, 3, 4, 5, 6 = verschiedene Bedeutungen des Wortes

Wortart:
n. = nom (Nomen)
v. = verbe (Verb)
adj. = adjectif (Adjektiv)

le billet [bije] *n. m.*
1 der Zettel, der Brief
2 **le ~ (de banque)** der (Geld-)Schein
3 **le ~ d'avion, le ~ de train** das Flugticket, das Zugticket
4 **le ~ aller-retour** das Hin- und Rückfahrtticket
5 **le ~ d'entrée** die Eintrittskarte
6 *fam.* **prendre un ~ de parterre,** fallen

Genus:
f. = féminin (weiblich)
m. = masculin (männlich)

~ = Tilde (Die Tilde ersetzt das gesuchte Wort.)

fam. = familier (umgangssprachlich)

zusammengesetzter Ausdruck

2. Das deutsch-französische Wörterbuch

Wenn du ein französisches Wort suchst, schlägst du das deutsche Wort im deutsch-französischen Teil des Wörterbuches nach. Lies den gesamten Eintrag und wähle diejenige französische Übersetzung aus, die zu dem Zusammenhang passt, in dem du das Wort verwenden willst.

TIPP Wenn du dir nicht sicher bist, dann schlage die angegebenen Übersetzungen im französisch-deutschen Teil des Wörterbuches nach und prüfe, ob die angegebenen Bedeutungen zu dem passen, was du ausdrücken willst.

Übung

Für ein Bewerbungsschreiben benötigst du folgende Adjektive: offen – flexibel – fleißig – schnell – geschickt – freundlich – pünktlich – zuverlässig
Schlage sie im Wörterbuch nach und finde jeweils eine französische Übersetzung, die du deiner Ansicht nach in einer Bewerbung verwenden kannst.

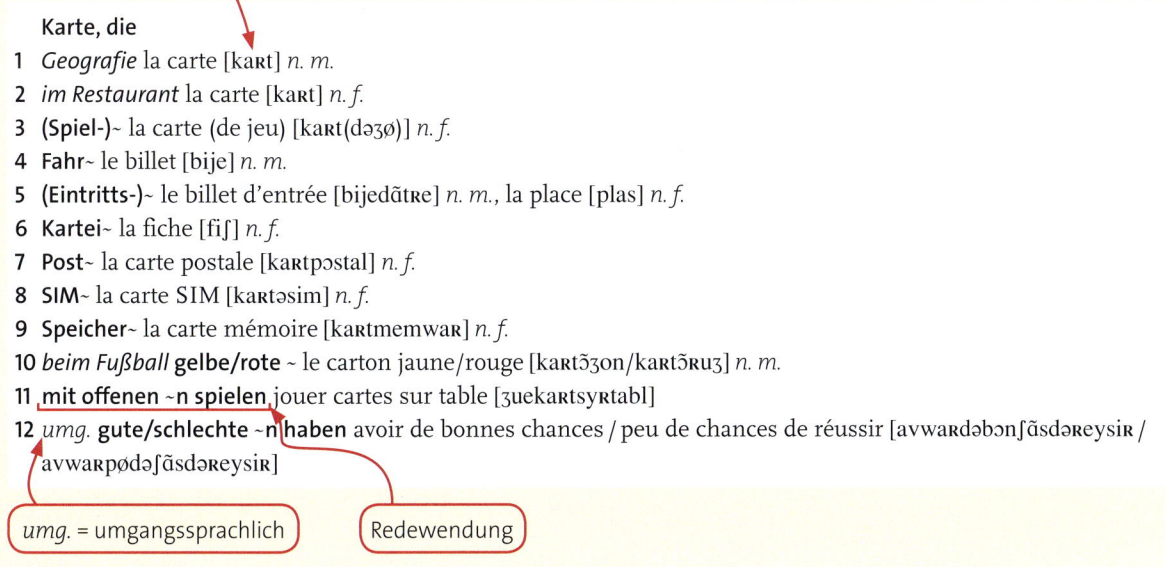

Aussprache in Lautschrift ▶ p. 146

Karte, die
1 *Geografie* la carte [kaʀt] *n. m.*
2 *im Restaurant* la carte [kaʀt] *n. f.*
3 **(Spiel-)~** la carte (de jeu) [kaʀt(dəʒø)] *n. f.*
4 **Fahr~** le billet [bije] *n. m.*
5 **(Eintritts-)~** le billet d'entrée [bijedɑ̃tʀe] *n. m.*, la place [plas] *n. f.*
6 **Kartei~** la fiche [fiʃ] *n. f.*
7 **Post~** la carte postale [kaʀtpɔstal] *n. f.*
8 **SIM~** la carte SIM [kaʀtəsim] *n. f.*
9 **Speicher~** la carte mémoire [kaʀtmemwaʀ] *n. f.*
10 *beim Fußball* **gelbe/rote ~** le carton jaune/rouge [kaʀtɔ̃ʒon/kaʀtɔ̃ʀuʒ] *n. m.*
11 **mit offenen ~n spielen** jouer cartes sur table [ʒuekaʀtsyʀtabl]
12 *umg.* **gute/schlechte ~n haben** avoir de bonnes chances / peu de chances de réussir [avwaʀdəbɔnʃɑ̃sdəʀeysiʀ / ˈavwaʀpødəʃɑ̃sdəʀeysiʀ]

umg. = umgangssprachlich

Redewendung

TIPP Verwende zur Übersetzung von Texten keine Übersetzungsprogramme (z. B. Google Übersetzer)! Sie wählen willkürlich unter den möglichen Bedeutungen von Wörtern aus. Dadurch wird die Übersetzung fehlerhaft und oft auch völlig unverständlich.

Apprendre le vocabulaire | Wortschatz lernen – einprägen – wiederholen

6 Mit der Wortliste lernen

Unter www.cornelsen.de/webcodes APLUS-4-147 findest du zu jeder *Unité* die passende Wortliste zum Ausdrucken, Lernen und Üben.

TIPP Schreibe Wörter, die du dir schlecht merken kannst, auf Klebezettel und bringe diese gut sichtbar in deinem Zimmer an.

7 Mit digitalen Medien lernen

Vokabeln kannst du auch mit Hilfe von Vokabellernprogrammen auf deinem Computer oder deinem Handy lernen. Der Vorteil dieser Medien: Du kannst die Wörter anhören und nachsprechen.

8 Wortschatz systematisieren

Beim Vokabellernen ersparst du dir Aufwand, wenn du über gewisse Regelmäßigkeiten Bescheid weißt. Z. B. kannst du einigen Nomen an ihrer Endung ansehen, ob sie männlich oder weiblich sind. Merke dir folgende Endungen:

Typisch weibliche Endungen sind:

-tion	(la récréation)
-ine	(la cantine)
-ette	(la recette)
-ie	(la librairie)
-ure	(la voiture)
-trice	(la médiatrice)
-ade	(la balade)
-elle	(la poubelle)
-ance	(la chance)
-ité	(la vérité)

Typisch männliche Endungen sind:

-ent	(le vêtement)
-eau	(le bateau)
-teur	(le chanteur)
-age	(le village)

Übung

1 Finde weitere Nomen, die du schon kennst und die in diese Listen passen.
2 Finde auch Ausnahmen, die du kennst.

9 Wortschatz sammeln

Du kannst die Texte deines Lehrbuches als Fundgrube für den systematischen Aufbau deines Wortschatzes nutzen. Sammle Wörter und Ausdrücke aus den Lehrbuchtexten und ordne sie in Gruppen wie z. B.:

– nach Themen (mit Hilfe eines Vokabelnetzes),
– nach Situationen und Redeabsichten,
– nach Wortfamilien oder
– nach weiteren Gemeinsamkeiten.

Erweitere deine Listen nach und nach mit neuem Wortschatz und nutze sie, wenn du Texte schreibst.

TIPP Sammle die Listen in der Wortschatz-Abteilung deines Französisch-Ordners. (▶ p. 120/4)

Ausdrücke mit *avoir*:

	de la chance
	faim
	l'air + *adjectif*
avoir	le droit de + *infinitif*
	mal (à qc)
	envie de + *infinitif*
	qc en tête

Wortfamilie:

le livre
la lecture
le lecteur / la lectrice
la librairie
lire

Gefühle ausdrücken / etwas bewerten:

être triste/content(e)/____ que ____ + *subjonctif*
avoir peur/envie que ____ + *subjonctif*
c'est dommage que ____ + *subjonctif*
trouver génial/bizarre/____ que ____ + *subjonctif*

10 Den Wortschatz individuell erweitern

Je weiter du im Französischlernen voranschreitest, desto selbstständiger solltest du dein Lernen gestalten. Entscheide selbst, welche Wörter und Ausdrücke für dich wichtig und nützlich sind, und nimm diesen Wortschatz in dein Vokabellernsystem auf (Lernkartei, Redemittellisten usw.).

TIPP Gehe jeden Text, den du mithilfe eines Wörterbuches geschrieben hast, nach dem Schreiben durch und notiere diejenigen Wörter und Ausdrücke, über die du in Zukunft (z. B. bei Gesprächen mit französischen Muttersprachlern oder beim Schreiben) verfügen möchtest.

Écouter et comprendre | Hörverstehen

In diesem Buch begegnen dir drei Arten von Höraufgaben: Je nach Aufgabenstellung musst du entweder grob verstehen, worum es in einem Text geht, nur ganz bestimmte Informationen heraushören oder ganz genau verstehen, was gesagt wird. Für alle Aufgabenarten gilt:
– Du musst nicht jedes Wort verstehen. Wenn dir also unbekannte Wörter begegnen, hör einfach weiter zu!
– Bevor du einen Hörtext hörst, lies die Aufgabenstellung genau: Um welche Art von Hörtext handelt es sich (Telefongespräch, Durchsage, Radiosendung, …)? Zu welchem Thema? Welche Wörter könnten vorkommen? Stelle dich auf die dort beschriebene Situation ein.

11 Gespräche von Muttersprachlern verstehen

CD2 34

Die französische Umgangssprache unterscheidet sich stark von der Schriftsprache. Wenn du also Gespräche zwischen Muttersprachlern hörst, stell dich auf folgende Besonderheiten ein:

In der französischen Umgangssprache:
– spricht man kein Verneinungs-*ne*:
  elle ne dort pas → **elle dort** pas
  il n'a vu personne → **il a** vu personne

– „verschluckt" man Laute:
  tu as raison → **t'**as raison
  je suis → **chuis**

– kürzt man gerne ab:
  le cinéma → le **ciné**

– verwendet man andere Wörter:
  fatigué → **crevé**

– verdreht man Silben oder Buchstaben:
  bizarre → **zarbi**
  cher → **rech**

Übung

1 Höre die Gespräche an (CD 2, Track 34). Wer spricht umgangssprachlich? In welcher Situation?
2 Welche Phänomene der Umgangssprache erkennst du wieder? Mache dir Notizen und tausche dich mit deinem Partner aus.

12 Sich Notizen machen

Mach dir beim Hören Notizen, damit du nicht vergisst, was du gehört und verstanden hast.
Halte deine Notizen so knapp wie möglich:
– Notiere nur einzelne Wörter, keine ganzen Sätze.
– Lasse Artikel und Bindewörter weg, z. B. *métro + bus* (anstatt *le métro et le bus*).
– Kürze lange Wörter ab und verwende Abkürzungen, z. B.: *km (kilomètre), ND (Notre-Dame)* usw.
– Verwende Zeichen und Symbole statt Wörter, z. B. = → ♥ ! } ♪ ☼ ♀ ♂ > ✔ ⊖ ⊕

13 Verstehen, worum es geht (Globalverstehen)

Es gibt drei Grundfragen, die dir helfen, Hörtexte grob zu verstehen und zu erklären, worum es geht:

1. Qui parle? (Wer?)
2. Où sont les personnes? (Wo?)
3. De quoi est-ce que les personnes parlent? (Was/Worüber?)

TIPP Achte beim Hören auch auf Geräusche und den Tonfall der Sprecher. Sie können dir zusätzliche Informationen über Ort, Handlung und die Entwicklung der Situationen geben.

14 Einzelne Informationen heraushören (selektives Verstehen)

Wenn die Aufgabenstellung von dir verlangt, nur bestimmte Informationen zu verstehen, dann achte beim Hören nur auf die Informationen, die gefragt sind, und notiere sie. Alles andere kannst du ausblenden.

TIPP Wenn du mehrere Informationen aus einem Text heraushören sollst, lege dir vor dem Hören eine Tabelle an, in die du die gehörten Informationen eintragen kannst. Denk daran, dass die Informationen nicht zwingend in der Reihenfolge der Aufgabenstellung vorkommen.

15 Das Gehörte genau verstehen (Detailverstehen)

In einigen Situationen musst du kurze Texte oder Hinweise im Detail verstehen, um zu wissen, was genau passiert bzw. was du zu tun hast (z. B. wenn dir jemand am Telefon einen Weg beschreibt).

Wenn du beim Hören etwas nicht verstehst, lass an dieser Stelle eine Lücke. Beim nächsten Hördurchgang kannst du die Lücken in deinen Notizen schließen.

TIPP Wenn du mit jemandem in direktem Kontakt bist, ist das „Lückenschließen" einfacher: Frag deinen Gesprächspartner oder Umstehende gezielt nach dem, was du noch nicht verstanden hast.

Parler | Sprechen

16 Freies Sprechen trainieren

CD 2
35

1. Die Aussprache trainieren

Trainiere deine Aussprache, indem du Texte laut vorliest. Das kannst du zum Beispiel mit der CD im *Carnet d'activités* üben, auf der sich alle Lektionstexte deines Buches befinden. Binde die Wörter beim Nachsprechen aneinander: Sprich jeden Satz in einem Schwung, als wäre er ein einziges Wort!

TIPP Die Aussprache einzelner Wörter kannst du dir in Online-Wörterbuchern im Internet oder digitalen Vokabeltrainern anhören.

Übung

1 Hör zu (CD 2, Track 35) und sprich nach dem Signal dreimal nach.
2 Nimm selbst einen solchen *„dialogue à imiter"* auf. Lass deine Aufnahme von deinem/deiner Lehrer/in überprüfen und übt damit in der Klasse.

2. Nützliche Sätze und Redewendungen auswendig lernen

Wenn du Redewendungen oder Sätze auswendig lernst, kannst du sie beim freien Sprechen leichter verwenden. Dadurch sprichst du flüssiger und sicherer. Lerne vor allem die Sätze aus dem Abschnitt *Qu'est-ce qu'on dit?* in den *Repères*. Im Vokabeltaschenbuch findest du auch *Les mots pour le dire*: Wortschatz, der nach Situationen geordnet ist und den du dir anhören und auswendig lernen kannst.

17 Einen Dialog oder ein Rollenspiel vorspielen

So geht ihr vor:

1. Zuerst sammelt ihr Ideen zur vorgegebenen Situation und notiert sie in Stichpunkten.
2. Dann schreibt ihr das „Drehbuch" und verteilt die Rollen.
3. Danach arbeitet jeder für sich, um sich auf seine Rolle vorzubereiten und sie einzuüben:
   Stimmung, Gestik, Mimik, Requisiten usw.
4. Am Ende probt ihr gemeinsam euer Rollenspiel.

TIPP Werde spontaner und freier in deiner Rolle, anstatt sie auswendig zu lernen.
Dabei kann dir ein Sprechfächer helfen, auf dem du zur Gesprächssituation passende
Redemittel notierst. Weißt du beim Sprechen nicht weiter, klappst du den Fächer auf.
Du kannst auch auf einer der Fächerkarten Redemittel aufschreiben, die man braucht,
um ein Gespräch aufrechtzuerhalten oder eine Diskussion zu führen (▶ p.125/18).

Neu 18 Eine Diskussion führen

Zu einer guten Diskussion gehören gute Argumente und eine strukturierte Gesprächsführung.
Sammle vorab Argumente für den Standpunkt, den du vertreten willst/sollst, und formuliere sie aus.
In der Diskussion selbst kannst du folgende Redewendungen und Ausdrücke benutzen:

Du möchtest

– **deine Meinung sagen:**
Je pense / trouve / crois que ___.
Je sais / Je suis sûr/e que ___.
À mon avis, ___.
Je suis pour/contre ___.
Le vrai problème, / Le plus important, c'est ___.

– **Argumente anführen:**
Comme ___, ___.
___ parce que ___.
De plus, ___.
Donc, ___.
Pour finir, on peut dire que ___.

– **Rückfragen stellen / das Gespräch aufrecht erhalten:**
Pardon? / Qu'est-ce que tu as dit?
Je n'ai pas compris / Je ne vois pas ce que tu veux dire.
Tu peux répéter / expliquer encore une fois, s'il te plaît?
Alors, tu trouves que …? / Tu veux dire que ___?

– **etwas richtigstellen:**
Ce n'est pas ce que je voulais dire.
En fait, ___. / Je voulais dire que ___.

– **jemanden nach seiner Meinung fragen:**
Qu'est-ce que tu en penses?
Qu'est-ce que tu penses de ___?
Tu es d'accord avec ce que ___ a dit?

– **deine Zustimmung ausdrücken:**
Je suis d'accord avec toi/lui/___.
Tu as raison. / C'est ça.

– **deine Ablehnung ausdrücken:**
Je ne suis pas (du tout) d'accord (avec toi).
Ah, non. / Ce n'est pas vrai. / C'est faux.
N'importe quoi! / Tu exagères!
Si! / Si, justement!

– **etwas einwenden:**
Je n'en suis pas sûr/e. / Je ne sais pas.
Ça dépend (de ___).
D'un autre côté[1], ___.
Il ne faut pas oublier que ___.
Il ne suffit[2] pas de ___, il faut aussi ___.

– **die Diskussion kommentieren:**
Ce n'est pas une raison[3] / un argument.
On ne peut pas comparer[4] ___ et ___.
Ce n'est pas la question.

– **Zeit gewinnen:**
ben … / euh …
tu sais / vous savez …

– **ausreden:**
Je n'ai pas fini. / Attends.
Laisse-moi parler / terminer ma phrase.

1 **d'un autre côté** auf der anderen Seite 2 **il ne suffit pas** es reicht nicht 3 **la raison** der Grund 4 **comparer qc** etw. vergleichen

19 Ein Bild und seine Wirkung beschreiben

Wenn du ein Bild beschreibst (z. B. ein Foto oder ein Werbeplakat), dann beantworte dabei folgende Fragen und nutze dabei die folgenden Redemittel:

Décrire une image:

– **Was ist auf dem Bild zu sehen?**

C'est une photo / une affiche / une publicité[1] pour ____.

À gauche, / À droite, / Au centre,
Au premier plan[2], / À l'arrière-plan[3],
Ici, / Là, / En haut[4], / En bas[5],

on voit ____.
il y a ____.

Le slogan, c'est ____.

– **Wie wirkt das Bild auf mich?**

La photo / la publicité

suggère[6] que ____
associe[7] ____ à ____.
a quelque chose de ____.
(me) fait penser à ____.

La couleur ____

____

évoque[8] ____.
est un symbole de ____.

– **Welche Botschaft vermittelt das Bild?**

Le message, c'est ____.
À mon avis, ____.
Je trouve que / pense que ____.

1 **la publicité** die Werbung
2 **au premier plan** im Vordergrund
3 **à l'arrière-plan** im Hintergrund
4 **en haut** oben
5 **en bas** unten
6 **suggérer qc** jdm etw. weismachen, so tun als ob
7 **associer qc à qc** etw. mit etw. anderem verknüpfen
8 **évoquer qc** an etw. erinnern

20 Eine Statistik oder eine Infografik vorstellen

Wenn du den Inhalt einer Statistik oder einer Infografik wiedergeben sollst, dann gehe nach diesem Muster vor:

Présenter les informations d'une statistique:

– **Thema, Zeitraum, Quelle**

| Ce tableau | est une statistique de (2013) sur | (l'âge moyen dans les pays africains). |
| Ce diagramme | montre | (les habitudes de lecture des Français.) |

– **Information**

La moitié[1] / Plus de la moitié
La plupart[2] / La majorité[3]
(Presque/Environ) un tiers[4] / deux tiers
Un quart / Trois quarts
(Quarante) pour cent

des Français / ____
des jeunes
des plus de (15) ans[5]

trouvent / pensent / croient que ____.
possèdent[6] ____.
préfèrent ____.
sont pour / contre ____.
____.

Il y a une (grande) différence entre (2009) et (2010).

– **Zusammenfassung**

En conclusion[7], on peut dire que (l'Afrique est un continent très jeune).

1 **(plus de) la moitié** (mehr als) die Hälfte   2 **la plupart** die meisten   3 **la majorité** die Mehrheit   4 **un tiers** ein Drittel
5 **les plus de 15 ans** *m. pl.* die über 15-Jährigen   6 **posséder qc** etw. besitzen   7 **en conclusion** zusammenfassend

21 Einen Vortrag vorbereiten

So gehst du vor:

1. Informationen sammeln

– Was weißt du schon über das Thema, das du vorstellen wirst? Sammle alles auf einem Blatt.
  Notiere das, was du schon auf Französisch sagen kannst, gleich auf Französisch.
– Lies die Texte (Sachtexte, Diagramme usw.), die dir für deinen Vortrag zur Verfügung stehen oder die du
  recherchiert hast, und markiere die wichtigsten Inhalte (▶ p. 130/28.1).

2. Inhalte sinnvoll gliedern

Beantworte für dich folgende Fragen und finde anhand deiner
Antworten einen roten Faden für deinen Vortrag:

– Wie viel Zeit steht mir für den Vortrag zur Verfügung?
– Worüber will/soll ich informieren? Was ist interessant?
– Welche Unterthemen spreche ich an?
– In welcher Reihenfolge spreche ich über meine verschiedenen
  Unterthemen?

Schreibe eine Gliederung auf. Gehe dann noch einmal deine Texte
durch und ordne die dort markierten Informationen in deine
Gliederung ein. Fehlen noch Informationen? Recherchiere sie gezielt.

> *Gliederung:* **Les sports favoris des Français**
> *A. Le football: sport national*
>   *1. les clubs*
>   *2. l'équipe nationale («les Bleus»)*
> *B. Les sports régionaux*
>   *1. le rugby (sud-ouest)*
>   *a. les règles du jeu*
>   *b. les clubs*
>   *c. l'équipe de France («le Quinze de France»)*
>   *2. la pétanque (sud-ouest/sud-est)*
>   *…*

3. Den Vortrag ausarbeiten und einüben

Formuliere jetzt den Text deines Vortrags:

Verwende schon beim Schreiben die strukturierenden Ausdrücke, die du auch später beim Vortragen benutzen wirst
(siehe Kasten unten).

– Arbeite mit Beispielen und Vergleichen, dann kann dein Publikum mit deinen Informationen mehr anfangen.
– Überprüfe deinen fertigen Text mithilfe des Fehlerfahnders (▶ webcode **APLUS-4-132**).
– Schreibe dir dann die wichtigsten Stichwörter aus deinem Text auf einen Stichwortzettel.
  TIPP Dazu kannst du auch den „Kniff mit dem Knick" verwenden: Du schreibst den Text, den du vortragen
  möchtest, auf ein Blatt und unterstreichst darin die wichtigsten Stichwörter. Dann überträgst du diese Stichwör-
  ter in die Randspalte und klappst den ausführlichen Text weg. Die Randspalte dient dir beim Vortragen als
  Gedächtnisstütze, im „Notfall" greifst du auf den weggeklappten Text zurück.
– Erstelle ein Plakat, Overhead-Folien oder eine digitale Präsentation, um die Inhalte deines Vortrags zu veranschau-
  lichen. Du kannst auch zum Thema passende Gegenstände mitbringen.
– Übe deinen Vortrag nur mit deinem Stichwortzettel als Gedächtnisstütze. Prüfe dabei, ob du die für deinen Vortrag
  vorgegebene Zeit einhältst.

Structurer son exposé:

commencer	Je vais / J'aimerais vous parler de / présenter mon livre préféré / ___. Il s'agit de ___. / Le roman / ___ s'appelle ___. Voilà les mots inconnus que je vais utiliser dans ma présentation. J'ai choisi ce roman / ___ parce que ___.
annoncer la structure de l'exposé	D'abord, / Au début de ma présentation, je vais vous parler de / dire quelques mots sur ___. Après, / Ensuite, ___. Pour finir, ___.
structurer l'exposé	Je commence par ___. / Maintenant, je passe au point suivant: ___. Pour finir, ___.
finir	Merci de votre attention! / Est-ce que vous avez des questions?

22 Einen Vortrag halten

Wenn du deinen Vortrag hältst, beachte die folgenden Regeln:
– Schreibe unbekannte Wörter vorher an die Tafel und erkläre sie deinen Mitschülern.
– Sprich beim Vortragen langsam, möglichst frei und schau dein Publikum an.
– Stell dich beim Vortragen so hin, dass immer alle freie Sicht auf dein Plakat, deine Folien usw. haben.

23 Eine Rückmeldung geben

Bewertet eure Vorträge und Dialoge bzw. Rollenspiele gegenseitig. Legt die Kriterien vorher mit eurem Lehrer /
eurer Lehrerin fest und schreibt sie auf.
Ein Beispiel für einen Rückmeldungsbogen findet ihr unter Webcode (APLUS-4-128).
TIPP Fangt bei eurer Rückmeldung immer mit dem an, was gut war, und verbindet Kritik mit konkreten
Verbesserungsvorschlägen.

Lire et comprendre des textes | Texte lesen und verstehen

In diesem Buch triffst du auf drei Arten von Leseaufgaben: Je nach Aufgabenstellung musst du entweder grob
verstehen, worum es in einem Text geht, nur ganz bestimmte Informationen herauslesen oder ganz genau verstehen,
was im Text steht.

24 Verstehen, worum es geht (Globalverstehen)

– Schau dir den Text zuerst an: Um welche Textsorte handelt es sich (Magazinartikel, Blog, …)?
– Lies den Text dann einmal ganz durch, ohne dich von
  unbekannten Wörtern aufhalten zu lassen.
– Beantworte die drei Grundfragen (siehe Kasten) und
  notiere deine Antworten als Stichwörter (▶ p. 123/12).

> 1. De qui / De quoi parle le texte?
> 2. Où est-ce que cela se passe?
> 3. Qu'est-ce qui se passe?

25 Einzelne Informationen herauslesen (selektives Verstehen)

Lies die Aufgabenstellung genau. Welche Informationen sollst du finden? Überfliege den Text und „scanne" ihn dabei
nur nach diesen Informationen ab. Alles andere kannst du überlesen.
TIPP Notiere dir sofort, was du herausgefunden hast.

26 Einen Lesetext genau verstehen (Detailverstehen)

Du hast nach dem ersten Lesen eines Textes schon grob verstanden, worum es geht. Um den Text ganz zu „knacken",
näherst du dich ihm am besten in drei Schritten.

1. Einen Text in Sinnabschnitte gliedern
Um einen Text genau zu verstehen, kannst du dir seine Gliederung bewusst machen.
– Teile den Text in Sinnabschnitte ein. Ein solcher Sinnabschnitt kann einen oder mehrere Absätze des Textes umfassen.
– Notiere zu jedem Sinnabschnitt ein oder mehrere Stichworte, die deutlich machen, worum es geht.

Neu Anstatt ein Stichwort aufzuschreiben, kannst du auch etwas zeichnen:
wichtige Gegenstände (z. B. einen Brief, der für eine
Beziehung entscheidend sein wird) oder Symbole für
das, worum es im Sinnabschnitt geht (z. B. eine Medaille,
um zu zeigen, dass jemand auf sich stolz sein kann).
Solche Zeichnungen machen dir klar, was du verstanden
hast, ohne dass du es sofort sprachlich ausdrücken
musst.

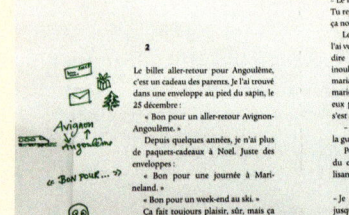
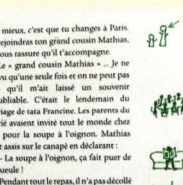

2. Mit „Verstehensinseln" arbeiten

– Lies jeden Abschnitt und markiere darin alles, was du verstehst. Das sind deine „Verstehensinseln".
– Schau dir diese „Verstehensinseln" genauer an. Welche Wörter und Informationen kannst du dir um sie herum erschließen? Nutze dazu auch Worterschließungstechniken (▶ p. 129/27).

3. Die „W"-Fragen beantworten (Qui? Où? Quand? Quoi? Comment? Pourquoi?)

Sammle und vervollständige deine Leseergebnisse mit Hilfe einer Tabelle.

– Trage zu jedem Sinnabschnitt die Informationen ein, die du verstanden hast.
– Wo sind noch Lücken? Lies den Text ein weiteres Mal und suche dabei gezielt nach den noch fehlenden Informationen. Notiere sie.

TIPP Gibt es noch immer Fragen, zu denen du im Text keine Antwort findest? Das ist möglich, denn nicht alle Texte liefern Antworten auf alle „W"-Fragen.

27 Unbekannte Wörter erschließen

1. Kenntnisse aus anderen Sprachen nutzen

Nutze dein Wissen aus anderen Sprachen, um französische Wörter zu erschließen.

Manchmal führen dich ähnliche Wörter allerdings auf eine falsche Fährte und legen eine ganz andere Bedeutung nahe, als das französische Wort tatsächlich hat. Z. B. bedeutet *le compas* nicht „der Kompass", wie man vermuten würde, sondern „der Zirkel". Diese Wortpaare werden *faux amis* („falsche Freunde") genannt. Prüfe mithilfe des Kontextes (siehe Punkt 3), ob die von dir vermutete Bedeutung stimmig ist. Wenn du Zweifel hast und du annimmst, dass das Wort entscheidend für dein Textverständnis ist, schlage es im Wörterbuch nach (▶ p. 120/5).

2. Wörter über Wortfamilien erschließen

Wie im Deutschen gibt es auch im Französischen sogenannte Wortfamilien. Wörter gehören dann zu derselben Wortfamilie, wenn sie einen gemeinsamen Wortstamm haben, z. B. *chanter – le chant – le chanteur / la chanteuse*. Diese Ähnlichkeit kannst du dir zunutze machen, um unbekannte Wörter zu erschließen.

TIPP Wortendungen (Nachsilben, Verbendungen, usw.) geben Hinweise auf die Wortart eines Wortes und erleichtern das Erschließen. Manchmal sind an den Wortstamm Vorsilben oder Nachsilben angehängt, die eine bestimmte Bedeutung haben. Hier zwei Beispiele:

> **Vorsilbe *re-*** (noch einmal, wieder, zurück)
>
> *demander → redemander* = noch einmal fragen
>
> **Nachsilbe *-eur/-euse*** (jd, der eine Tätigkeit ausübt)
>
> *jouer → le joueur* = der Spieler
> → *la joueuse* = die Spielerin

3. Wörter über den Kontext erschließen

Nutze das, was du verstehst, um unbekannte Wörter zu erschließen. So kann dir der Satz, in dem das unbekannte Wort vorkommt, Hinweise liefern, worum es sich handeln könnte. Ein Beispiel: *On a fait une balade en 4x4.* Der Satz legt nahe, dass es sich bei *le 4x4* um ein Verkehrsmittel handelt, da dem Wort die Präposition *en* vorangeht und dies auch zum Ausdruck *faire une balade* passt.

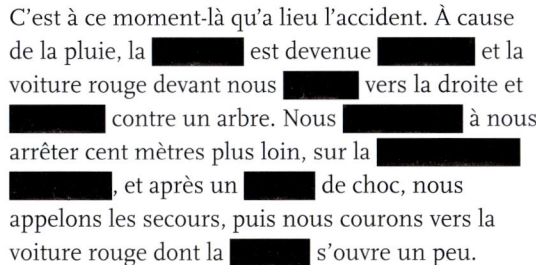

> ## Übung
>
> **1 a** Lies den Textauszug (siehe links) ein erstes Mal. Überlies dabei die geschwärzten Stellen. Fasse zusammen, worum es in dem Auszug geht.
> **b** Lies den Text noch einmal und versuche herauszufinden, was die geschwärzten Wörter bzw. Satzteile bedeuten.
> **2** Vergleicht jetzt eure Ergebnisse zu zweit und erläutert dabei, wie ihr vorgegangen seid.

28 Inhalte von Texten wiedergeben

1. Wichtige Informationen im Text markieren

Wenn du den Inhalt eines Textes zusammenfassen sollst, musst du dich dabei auf die wichtigen Informationen beschränken. Finde diese Informationen im Text und markiere sie. Um zu entscheiden, welche Informationen in einem Text wichtig, weniger wichtig oder eher unwichtig sind, musst du den Text zunächst genau lesen (▶ p. 128/26). Folgende Fragen leiten dich bei der Auswahl der zu markierenden Begriffe:

- Was sind die Hauptinformationen, die für deine Aufgabe von Bedeutung sind?
  Markiere sie mit einem Textmarker.
- Welche Informationen sind wichtig, aber weniger wichtig als die Hauptinformationen?
  Unterstreiche diese Nebeninformationen.
- Was sind Details (= Nebensachen), die die Haupt- und Nebeninformationen ausschmücken oder näher erläutern?
  Lass sie unmarkiert.

2. Informationen nach Stichpunkten ordnen

Informationen zu einem Thema oder einer Person sind einfacher zu präsentieren, wenn du sie nach Stichpunkten ordnest, z. B. indem du zu einer Person einen Steckbrief erstellst.

3. Die Informationen eines Textes wiedergeben

Wenn du die Informationen eines Textes möglichst vollständig wiedergeben sollst, kannst du einen Spickzettel erstellen. Lies den Text und notiere zu jeder Information, die du dir merken willst, Stichwörter oder zeichne ein Symbol, z. B. ♥ (= Liebe), ✚ (= Krankenhaus), ♫ (= Musik) oder 👁 (= traurig). Auf der Grundlage deines Spickzettels bist du in der Lage, den Inhalt des Textes wiederzugeben.

4. Ein Lesebild zu einem Lesetext erstellen

Ein Lesebild ist ein gestaltetes Plakat, das deinen ganz persönlichen Blick auf eine Erzählung widerspiegelt – ein bisschen wie deine ganz persönliche Titelseite. Es kann folgende Dinge enthalten:
- den Titel des Textes
- eine kurze Zusammenfassung der Geschichte
- einige Abschnitte oder Schlüsselwörter des Textes
- deine Meinung zum Text
- eine Zeichnung oder Collage, die einen wichtigen Ausschnitt oder eine zentrale Botschaft des Textes veranschaulicht.
Um dein Lesebild der Klasse zu präsentieren, beschreibst du es zuerst (▶ p. 126/19) und erklärst dann, warum du diese Darstellung gewählt hast.

Écrire | Schreiben

29 Vor dem Schreiben

Beim Schreiben von Texten gilt: Nicht einfach drauflosschreiben! Je besser du das Schreiben vorbereitest, desto besser werden dir deine Texte gelingen. So gehst du vor:
1. Lies die Aufgabenstellung genau und stell dir folgende Fragen:
   - Welche Art von Text wird von dir verlangt? Sollst du eine E-Mail, einen Blogeintrag oder die Fortsetzung einer Erzählung schreiben? Was ist typisch für diese Textsorte?
   - Worum soll es im Text gehen? Was gibt die Aufgabenstellung vor?
     TIPP Wenn du eine Geschichte weiterschreiben sollst, hilft dir neben der Aufgabenstellung auch der Anfang der Geschichte: Lies ihn gründlich und entwickle die Handlung weiter unter Beibehaltung des Erzählers, der Hauptfiguren und der Erzählzeit.
   - An wen richtet sich der Text? Das ist wichtig, weil du anders schreibst, je nachdem ob du dich an Gleichaltrige oder Erwachsene, Freunde oder Unbekannte wendest.

Einen Text als Modelltext nutzen

Nutze andere Texte als Modelltexte, um eigene Texte zu schreiben. Du sollst eine bestimmte Textsorte schreiben, z. B. einen Brief, eine Bewerbung oder die Analyse einer Werbung? Suche in deinem Lehrwerk nach diesen Textsorten und nutze die folgenden Fragen, um deinen Modelltext zu analysieren und deinen eigenen Text vorzubereiten:

– An wen richtet sich der Text? Welches Sprachregister (Standard-Französisch oder Umgangssprache) wird verwendet?
– Wie ist der Text aufgebaut? Was ist die Funktion der einzelnen Teile? Mach dir Notizen am Rand.
– Welche Aspekte werden darin angesprochen? Notiere sie am Rand (in einer anderen Farbe).
– Kommen im Text Wendungen vor, die du wiederverwenden kannst (Anreden, Grußformeln, Fachwörter, gute Formulierungen usw.)? Markiere sie.

2. Sammle Ideen zum Thema und zu den inhaltlichen Punkten, die die Aufgabenstellung verlangt.
   – Formuliere sie am besten gleich auf Französisch. Notiere sie in Stichpunkten.
   – Wenn du nach geeigneten Ausdrücken suchst, schau in den *Repères* in der Rubrik *Qu'est-ce qu'on dit?* und in deinem Französisch-Ordner nach.
3. Plane nun den Aufbau deines Textes: Womit fängst du an? Was kommt danach? Wie beendest du den Text? Ordne deine Stichpunkte in einer Mindmap oder einem Stichwortgeländer.

Übung

1 Lies das Filmporträt von „*Entre les murs*" (▶ p. 84, ▶ webcode **APLUS-4-131**). Welche der folgenden Randnotizen passen zu welchem Abschnitt? *exemples de scènes – synopsis – avis – jeu des acteurs – résumé du film – message du film – sans commentaires – critique – thèmes du film – idée – genre de film – mise en scène – bilan – court – long*

2 Schreibe ein Filmporträt zu einem Film deiner Wahl. Nutze dabei den Text aus **1** als Modelltext.

30 Während des Schreibens

1. Eigene Texte klar gliedern

Der Leser soll den Aufbau deines Textes (▶ p. 131/29.3) gut nachvollziehen können. Das erreichst du, indem du deinen Text in Absätze einteilst und zeitliche Angaben und Konjunktionen verwendest, die den Leser durch den Text führen.

d'abord / tout d'abord
puis / ensuite / après
c'est pourquoi / comme / parce que / si
enfin / pour finir

2. Den Ausdruck verbessern

Gestalte deinen Text so, dass er für den Leser abwechslungsreich ist.
– Verwende Adjektive: J'ai fait un stage dans une **petite** auberge de jeunesse **sympathique**.
– Verwende Adverbien: Il a cherché son porte-monnaie **calmement** et **heureusement**, il l'a retrouvé.
– Vermeide Wiederholungen:
  • Ersetze Nomen oder Namen, die sich wiederholen, durch die entsprechenden Pronomen (z. B. Objektpronomen, Relativpronomen, *y* oder *en*): Julia appelle sa corres Lucie et **lui** demande le chemin.
  • Verwende nicht immer die gleichen Wörter: Statt *dire* zu wiederholen, kannst du z. B. je nach Situation *demander, raconter, répondre* usw. verwenden.

3. Fehler vermeiden

Du weißt, welches Tempus oder welchen Modus du verwenden sollst, hast aber vergessen, wie die entsprechende Verbform gebildet wird? Verwende schon beim Schreiben den *Pense-bête* (▶ p. 232).

31 Nach dem Schreiben

Wenn du deinen Text fertig geschrieben hast, lies ihn gründlich durch und achte dabei auf folgende Punkte:

1. Der Inhalt
– Hast du dich an die Aufgabenstellung gehalten? Setze ein Häkchen hinter jede Vorgabe, die du erfüllt hast.
– Ist dein Text gut gegliedert? Hast du zeitliche Angaben und Konjunktionen verwendet?

2. Die Sprache
– Überprüfe deinen Ausdruck. Hast du das passende Register verwendet (Standard-Französisch oder Umgangssprache)? Hast du dich abwechslungsreich ausgedrückt und Wiederholungen vermieden?
– Suche und berichtige sprachliche Fehler mit dem Fehlerfahnder. Unter Webcode (**APLUS-4-132**) findest du den Fehlerfahnder als Arbeitsblatt zum Download.
   TIPP Lege dir deinen persönlichen Fehlerfahnder mit deinen „Lieblingsfehlern" an und benutze ihn zur Überprüfung deiner Texte.

> ### Übung
> Überarbeite dein Filmporträt (siehe Übung auf S. 131/29), indem du:
> – zeitliche Angaben und Konjunktionen einfügst,
> – Adjektive und Adverbien verwendest,
> – Wiederholungen herausnimmst,
> – deine Fehler anhand des Fehlerfahnders korrigierst.

 ## 32 Ein Resümee schreiben

Das Resümee *(le résumé)* ist die französische Form der knappen Zusammenfassung, die du bereits aus dem Deutsch-Unterricht als „Inhaltsangabe" und aus dem Englisch-Unterricht als „summary" kennst. Im Resümee geht es darum, so kurz wie möglich über die zentralen Informationen eines Textes zu berichten.
Um diese Informationen im Text auszumachen, kannst du auf unterschiedliche Weise vorgehen:

A Lege die dir bereits bekannte Tabelle mit den „W"-Fragen an (▶ p. 129/26.3) und fülle sie mit den Informationen des Textes. Die ausgefüllte Tabelle ist eine gute Grundlage für dein Resümee.

B Markiere die Haupt- und Nebeninformationen im Text (▶ p. 130/28.1) und berücksichtige nur diese Informationen beim Schreiben deines Resümees.

C Nimm ein Lineal und streiche in dem Text, den du resümieren sollst, alles durch, was unwichtig ist. Das, was übrig bleibt, sind die zentralen Informationen, die du für das anschließende Resümee verwendest.

Schreibe das Resümee so knapp wie möglich.
Nutze dabei die folgende Checkliste.

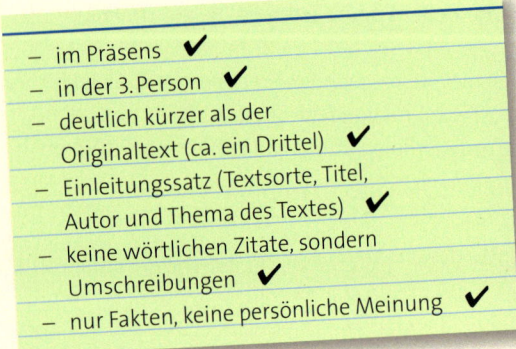
– im Präsens ✔
– in der 3. Person ✔
– deutlich kürzer als der Originaltext (ca. ein Drittel) ✔
– Einleitungssatz (Textsorte, Titel, Autor und Thema des Textes) ✔
– keine wörtlichen Zitate, sondern Umschreibungen ✔
– nur Fakten, keine persönliche Meinung ✔

> ### Übung
> Lies Boubacars Reisebericht (▶ p. 72–73) und schreibe dazu ein Resümee. Lade den Text herunter (▶ webcode **APLUS-4-132**) und wende die Markierungs- oder die Wegstreichmethode an.

TIPP Prüfe am Schluss, ob jemand, der den Text nicht gelesen hat, alle wichtigen Fakten aus deinem Resümee erfährt.

Faire une médiation | Sprachmittlung

33 Wichtige Informationen in die andere Sprache übertragen

1. Das Wesentliche mitteilen

Die Grundregeln beim Sprachmitteln von Gesprächen oder schriftlichen Texten lauten:

— Übersetze nicht Wort für Wort oder Satz für Satz.

— Teile nur das mit, was der andere unbedingt wissen muss.

Das ist im Gespräch oft leichter, weil du das Gesprochene nicht vor Augen hast und dadurch automatisch nur die wichtigsten Informationen übermittelst.

2. Kulturelle Unterschiede beachten

Sprachmitteln heißt auch zwischen zwei Kulturen vermitteln, denn für manche Dinge in Frankreich oder Deutschland gibt es keine wörtliche Entsprechung in der jeweils anderen Sprache oder sie existieren überhaupt nicht in der anderen Kultur. Manchmal verbirgt sich auch hinter ein- und demselben Ausdruck (z. B. *petit-déjeuner* und Frühstück) etwas Unterschiedliches (siehe Tabelle). Auf diese Dinge musst du beim Sprachmitteln Rücksicht nehmen und sie erklären, wenn sie für das Verstehen des Sachverhalts wesentlich sind.

Phänomen	Gibt es das in 🇩🇪?	Gibt es das in 🇫🇷?	Das gibt es in 🇩🇪 und 🇫🇷, aber anders.		Was tun?
			in 🇩🇪	in 🇫🇷	
petit-déjeuner	✔	✔	auch Herzhaftes	*bol, tartines de confiture, croissants*	übersetzen + Unterschiede erklären
CPE	——	✔	——	——	erklären
Schultüte	✔	——	——	——	erklären

34 Wörter umschreiben

Wenn du vom Deutschen ins Französische sprachmitteln sollst und dir ein wichtiges Wort fehlt, dann umschreibe, was du meinst. Dazu kannst du folgende Strategien nutzen:

— **Erläutere das Wort mit Hilfe eines Relativsatzes:**
  - ein Anlegesteg → *l'endroit où on monte dans un bateau*
  - unsichtbar → *quelque chose qu'on ne peut pas voir*
  - ein Verkäufer → *une personne qui vend des choses dans un magasin*
  - ein Bogen → *l'objet avec lequel on joue du violon*

— **Beschreibe seine Verwendung (mit *pour* + Infinitiv):**
  - eine Taschenlampe → *une lampe pour faire une balade, la nuit*

— **Erkläre das Wort mit einem Wort aus der gleichen Familie:**
  - eine Beschreibung → *C'est quand on décrit quelque chose.*

— **Vergleiche es mit etwas anderem, das du ausdrücken kannst:**
  - ein Hut → *C'est un peu comme une casquette, mais c'est plus grand.*

— **Erkläre über Beispiele:**
  - Komiker → *Ce sont des gens comme Omar et Fred et Jamel Debbouze.*

Petit dictionnaire de civilisation | Kleines landeskundliches Lexikon

Personen

Marguerite Abouet [maʁɡəʁitabue] (geb. 1971)
Schriftstellerin von der Elfenbeinküste. Ihre preisgekrönte Comic-Reihe *Aya de Yopougon* spielt Ende der 1970er-Jahre, erzählt Geschichten aus Abouets Jugend und vermittelt dabei mit viel Witz ein lebendiges Afrika, fern von westlichen Klischees. Heute lebt sie in Paris und hat bereits zwei weitere Comic-Reihen veröffentlicht, *Akissi* und *Bienvenue*. (→ U3/2)

Leïla Bekhti [lɛjlabɛkti] (geb. 1984)
Französische Schauspielerin. Angetrieben von ihren Freundinnen, bewirbt sie sich bei einem Casting und erhält 2005 ihre erste Rolle im Film *Sheitan* von Kim Chapiron. 2011 wird sie für ihre Rolle in *Tout ce qui brille* mit dem französischen Filmpreis César als beste Nachwuchsschauspielerin ausgezeichnet. (→ U1/1)

Laurent Cantet [lɔʁɑ̃kɑ̃tɛ] (geb. 1961)
Französischer Filmregisseur, Drehbuchautor und Kameramann. Für den Film *Ressources humaines* erhält er den César. Den größten Erfolg hat der Regisseur mit seinem Film *Entre les murs*, für den er beim Filmfestival von Cannes mit der Goldenen Palme ausgezeichnet wird. (→ Module A)

Daara J [daʁaʒi]

Senegalesische Hip-Hop-/Reggae-Gruppe. In ihren Texten fordert sie die Jugendlichen dazu auf, jeder Diskriminierung zum Trotz, die Hoffnung nicht zu verlieren. (→ U3/3)

les Éléphants de Côte d'Ivoire [lezelefɑ̃dəkotdivwaʁ]
Ivorische Fußballnationalmannschaft der Herren. 2006 qualifiziert sich die Mannschaft erstmalig für eine Weltmeisterschaft. Zudem haben die Spieler Didier Drogba und Yaya Touré mehrmals die Auszeichnung „Bester afrikanischer Spieler des Jahres" erhalten. (→ U3/3)

Fatym Layachi [fatimlajaʃi] (geb. 1983)
Marokkanische Schauspielerin. Sie wird mit nur 17 Jahren auf der Straße in Casablanca von dem Regisseur Hakim Noury entdeckt. Für ihn spielt sie ihre erste Kinorolle in *Une histoire d'amour* und schlüpft seitdem in viele Rollen marokkanischer Frauen. Sie ist Mitglied der Bewegung „Culture libre", die sich für die größtmögliche Freiheit der Kulturschaffenden einsetzt. (→ U3/2)

les Lions du Sénégal [leljɔ̃dysenegal]
Senegalesische Fußballnationalmannschaft der Herren. Bei der Weltmeisterschaft in Japan und Südkorea 2002 bezwang die senegalesische Nationalelf den Titelverteidiger und Turnierfavoriten Frankreich und sorgte damit für eine Sensation. (→ U3/3)

Léopold Sédar Senghor [leopoldsedaʁsɛŋgoʁ] (1906−2001)
Senegalesischer Dichter und Philosoph. Zählt zu den herausragendsten Persönlichkeiten Afrikas seiner Zeit. Nach der Unabhängigkeit Senegals wird er 1960 zum ersten Präsidenten des Landes gewählt. Dieses Amt erfüllt er bis 1980. Als erstes und bisher einziges schwarz-afrikanisches Mitglied wird er 1984 in die Académie Française gewählt, die höchste Auszeichnung, die es in Frankreich für einen Gelehrten gibt. (→ U3/3)

Louis XIV [lwikatɔʁz] (1638−1715) Ludwig XIV.
Von 1643 bis 1715 König von Frankreich. Der „Roi-Soleil" (Sonnenkönig) ist der Inbegriff eines absolutistischen Herrschers. Unter seiner Regentschaft wird die französische Verwaltung zentralisiert und das Territorium durch Eroberungskriege vergrößert. Er ist ein großer Förderer von Kunst und Kultur und lässt das Schloss und den Park von Versailles errichten, wo er ab 1682 mit dem Hofstaat residiert. (→ Module B)

Napoléon (Bonaparte) [napɔleɔ̃] (1769–1821)
Französischer General, Staatsmann und Kaiser. Seine militärischen Erfolge machen ihn nach der französischen Revolution von 1789 zum politischen Hoffnungsträger. 1799 übernimmt er die Macht, 1804 krönt er sich selbst zum Kaiser. Auf dem Höhepunkt seiner Macht umfasst das Kaiserreich das gesamte Gebiet zwischen Spanien und Polen. 1815 verliert er die bedeutende Schlacht von Waterloo gegen Großbritannien und Preußen. Er wird abgesetzt, aus Frankreich verbannt und stirbt im Exil. (→ Module B)

Brigitte Sauzay [bʁiʃitsozɛ] (1947–2003)
Französische Dolmetscherin. Brigitte Sauzay war für drei französische Präsidenten tätig, Georges Pompidou, Valérie Giscard d'Estaing und François Mitterand. Als Frankreichberaterin kommt sie 1998 nach Berlin ins Kanzleramt und arbeitet für Gerhard Schröder. Sie ist Mitbegründerin der Stiftung Genshagen und ruft Schüleraustauschprogramme ins Leben. (→ U2/2)

Sinsemilia [sinsemilia]
Französische Reggae-Band aus Grenoble. Mit ihren Songs vertritt die elfköpfige Gruppe offen ihre politischen Ansichten und kritisiert immer wieder die französische Regierung. (→ Module E)

Jacques Tardi [ʒaktaʁdi] (geb. 1946)
Französischer Comiczeichner und Illustrator. Zu seinen Hauptwerken zählt *C'était la guerre des tranchées*, ein Album von vielen, die er dem Thema Erster Weltkrieg widmet. Bekannt wurde er durch die Reihe *Les Aventures extraordinaires d'Adèle Blanc-Sec*. (→ Module F)

Voltaire [vɔltɛʁ] (1694–1778)
Französischer Philosoph und Schriftsteller. Wichtiger Vertreter der französischen Aufklärung, Verfasser von historischen und philosophischen Schriften, Gedichten, Dramen und Erzählungen, wie z.B. *Candide*. Aufgrund seiner scharfen Kritik an der absolutistischen Monarchie unter → *Louis XIV*. und der katholischen Kirche wird er verfolgt und zeitweise inhaftiert. Von 1750 bis 1753 lebt er am Hof Friedrichs des Großen *(Frédéric II)* in Potsdam. (→ Module B)

Geographisches

Abidjan [abidʒã]
Metropolregion, wirtschaftliches Zentrum und Regierungssitz der Elfenbeinküste mit ca. 4,3 Millionen Einwohnern. Abidjan liegt am Atlantischen Ozean und ist eine Lagunenstadt. Über den Hafen werden u.a. Kaffee, Kakao, Holz und Ananas in die ganze Welt verschifft. Die Stadt ist aufgeteilt in zehn einzelne Städte mit jeweils eigenem Bürgermeister. Die Unterschiede zwischen diesen Gemeinden sind sehr groß: Le Plateau ist die reichste und modernste Stadt, die bevölkerungsreichste und sozial schwächste Stadt ist Yopougon. (→ U3/1)

Alger [alʒe] Algier
Hauptstadt Algeriens sowie Namensgeberin des Landes. Algier ist mit ca. 2 Millionen Einwohnern sowohl die größte Stadt als auch Verwaltungszentrum des Landes. Berühmt ist Algier für seine Altstadt, die Kasbah. Sie wurde 1992 wegen der Einzigartigkeit ihrer Architektur zum UNESCO-Weltkulturerbe erklärt. (→ U3/1)

l'Atlas [latlas] *m.*
Hochgebirge, das sich über die Länder Marokko, Algerien und Tunesien erstreckt. Die Gebirgskette trennt den fruchtbaren Küstenstreifen Nordafrikas von der → Sahara. (→ U3/1)

l'Auvergne [lovɛʁɲ] *f.*

Region im Zentrum Frankreichs, bekannt für ihre Vulkanlandschaften mit insgesamt 80 Vulkanen und vielen Seen und Wäldern. Die letzten Vulkanausbrüche haben sich vor ca. 8 000 Jahren ereignet. Der berühmteste Vulkan ist der Puy-de-Dôme (1465 m Höhe). (→ Module C)

Bamako [bamako]
Hauptstadt Malis mit ca. 2 Millionen Einwohnern. Der Fluss Niger teilt die Stadt in zwei Teile. Mit einer Wachstumsrate von 4,8 % ist sie derzeit die am schnellsten wachsende Stadt in Afrika. Wegen seiner zentralen Lage in Westafrika ist Bamako ein wichtiger Verkehrsknotenpunkt. (→ U3/2)

Casablanca [kasablãka]
Wirtschaftliches Zentrum von Marokko mit ca. 3,5 Millionen Einwohnern. Etwa 80 % der marokkanischen Industrie sind hier angesiedelt und ca. 60 % des Seehandels des Landes werden über den städtischen Hafen abgewickelt. (→ U3/1)

la Casamance [lakazamãs]

Der 320 km lange Fluss Casamance gibt der Region im Südwesten Senegals ihren Namen. Die Region ist die fruchtbarste des Landes, nur dort gibt es subtropische Wälder und viele Gewässer. Sie lebt von der Landwirtschaft und vom Tourismus. Durch das Staatsgebiet von Gambia ist die Casamance vom übrigen Teil des Senegals getrennt. Die dort ansässige Volksgruppe, die Diola, strebt nach Autonomie. Der sogenannte Casamance-Konflikt ist bis heute ungelöst. (→ U3/3)

Dakar [dakaʀ]

Hauptstadt des Senegal mit ca. 2,5 Millionen Einwohnern. Dakar liegt an der Atlantikküste, ist die wichtigste Hafenstadt und das Wirtschaftszentrum des Landes. Das modernste Viertel, Dakar-Plateau, liegt an der Westspitze der Stadt und ist europäisch geprägt. Hier befindet sich auch der zentrale und wichtigste Markt des Landes, der *Marché Sandaga*. (→ U3/1)

l'île de Gorée [lildəgɔʀe] *f.*

Insel vor der senegalesischen Küste. Zu besichtigen ist dort die *Maison des esclaves*, ein ehemaliges Bürgerhaus aus dem 18. Jahrhundert. Es dient als Museum und dokumentiert die gesamte Geschichte des europäischen Sklavenhandels an der afrikanischen Küste vom 15. bis zum 19. Jahrhundert. Heute ist die Insel ein Ort der Erinnerung und wurde 1978 zum Weltkulturerbe der UNESCO ernannt. (→ U3/3)

le Lac rose [ləlakʀoz]

Senegalesischer Salzsee nordöstlich von → Dakar und Touristenmagnet. Seine weltweit einmalige Farbe, ein dunkles Pink, verdankt er den Cyanobakterien, die wegen des hohen Salzgehalts des Wassers rotes Eisenoxid ausscheiden. (→ U3/3)

le Maghreb [ləmagʀɛb]

Der Maghreb bezeichnet den westlichen Teil Nordafrikas. Die drei Staaten Algerien, Tunesien und Marokko bilden den *Petit Maghreb*. Der *Grand Maghreb* umfasst zusätzlich Libyen und Mauretanien. In den Maghreb-Staaten werden hauptsächlich Berbersprachen und Arabisch gesprochen, Französisch ist jedoch als Handels-, Bildungs- und Kultursprache von großer Bedeutung. Heute leben in der ländlichen Bevölkerung traditionelle muslimische Wertevorstellungen weiter, vor allem die gebildeten Schichten orientieren sich jedoch kulturell an Europa und Amerika und pflegen einen westlich geprägten Lebensstil. (→ U3/1)

le Mali [ləmali]

Westafrikanischer Staat mit ca. 14,5 Millionen Einwohnern. Das Land war von 1883 bis 1960 eine französische Kolonie. Die Hauptstadt ist → Bamako. Die Stadt Djenné ist bekannt für ihre Große Moschee, das berühmteste Lehmgebäude der Welt. Zwei Drittel des Landes sind Wüste. Die Amtssprache ist Französisch, die wichtigsten der insgesamt 35 Sprachen sind Bambara, Senufo, Songhai, Fulfulde, Maninka und Arabisch. Obwohl Mali über Bodenschätze wie Gold und Salz verfügt, gehört es zu den ärmsten Ländern der Welt. (→ U3/2)

Marrakech [maʀakɛʃ] Marrakesch

Provinzhauptstadt im Südwesten Marokkos mit knapp 1 Million Einwohnern. Sehenswert ist vor allem die Architektur der Stadt: Die Altstadt und die Gärten wurden 1985 zum UNESCO-Weltkulturerbe ernannt. Berühmt sind auch die *Souks*, die Geschäfts- und Handwerksviertel. (→ U3/1)

le Niokolo-Koba [lənjokolokoba]
9130 km² großer Nationalpark im Südosten Senegals. Seit 1981 gilt er als UNESCO-Welterbe. Neben saisonal überfluteten Grassavannen und Sümpfen gibt es auch trockene Wälder. Im Park leben mehr als 80 Säugetierarten und 1500 Pflanzenarten. Für einige Tierarten, wie den senegalesischen Elefanten und die Riesen-Elenantilope, bietet er

die letzte, wenn auch unsichere Heimat. Wegen der herrschenden Wilderei wurde der Park 2007 in die rote Liste gefährdeten Welterbes aufgenommen. (→ U3/3)

le Rhin [ləʀɛ̃] der Rhein
1200 km langer Fluss, der eine natürliche Grenze zwischen Deutschland und Frankreich bildet. Wenn man in Frankreich von „Outre-Rhin" (Über-den-Rhein) spricht, meint man damit Deutschland. (→ U2/1)

Saly [sali]

Touristischer Badeort südlich von → Dakar, der in ganz Westafrika berühmt ist. Der Ort zeichnet sich durch ein ruhiges, klares Meer und goldgelbe Sandstrände mit Kokospalmen aus. (→ U3/3)

le Sahara [ləsaaʀa] die Sahara

Größte Trockenwüste im Norden des afrikanischen Kontinents. Sie hat eine Ausdehnung von 9 Millionen km². Diese Wüste erstreckt sich über zehn Länder: Im Norden sind es Ägypten, Marokko, Algerien, Tunesien und Libyen, im Süden Mauretanien, Mali, Niger, Tschad und der Sudan. Der Nil ist der einzige Fluss, der die Sahara durchquert. Das Klima bestimmt der Nordost-Passatwind Harmattan. (→ U3/1)

Yamoussoukro [jamusukʀɔ]
Seit 1983 Hauptstadt der Elfenbeinküste mit ca. 250 000 Einwohnern. Die Stadt liegt 240 km nördlich von → Abidjan, im Zentrum des Landes in der Nähe des Kossousees, einer der größten Stauseen der Welt. Berühmtestes Bauwerk der Stadt ist die Basilika Notre-Dame-de-la-Paix, erbaut nach dem Vorbild des Petersdoms in Rom. (→ U3/1)

Sonstiges

l'Édit de Nantes [ledidənɑ̃t] *m.* das Edikt von Nantes
1598 unterzeichnet von *Henri IV* (Heinrich IV.) Das Edikt gewährt den französischen Protestanten (= Hugenotten) Religionsfreiheit und beendet damit die Religionskriege. 1685 widerruft → *Louis XIV* das Edikt. Über 200 000 Hugenotten fliehen in die Niederlande, die Schweiz und nach Deutschland. (→ Module B)

Karambolage [kaʀɑ̃mbɔlaʒ]
Sendung des deutsch-französischen Fernsehsenders ARTE, die sich seit 2004 spielerisch und humorvoll den kleinen und großen Unterschieden zwischen Deutschen und Franzosen widmet. Für die Idee, Gestaltung und Realisierung dieser Sendung erhielt die französische Filmemacherin Claire Doutriaux 2006 den Adolf-Grimme-Preis, die höchste Auszeichnung für Fernsehdokumentationen in Deutschland. (→ U2/1)

Médecins du monde [medsɛ̃dymɔ̃d]
1980 von Ärzten gegründetes internationales Hilfe-Netzwerk für Menschen in Krisen- oder Kriegsgebieten. Es zählt Mitglieder in 15 Ländern, u. a. „Ärzte der Welt e. V." in Deutschland. 2013 engagierten sich über 12 000 Mitglieder in 78 Ländern. (→ U1/1)

l'OFAJ [lofaʒ] (Office franco-allemand pour la jeunesse)
Das Deutsch-Französische Jugendwerk (DFJW) hat seinen Sitz in Berlin und Paris. Es fördert mit vielfältigen kulturellen, sozialen und politischen Angeboten den Austausch zwischen deutschen und französischen Jugendlichen, so z. B. mit den Schüleraustauschprogrammen „Brigitte Sauzay" und „Voltaire". Die Organisation wurde 1963 auf die Initiative von Charles de Gaulle und Konrad Adenauer hin gegründet. (→ U2/2, Module B)

La conjugaison des verbes | Die Konjugation der Verben

Symbole und Abkürzungen

(ê) So gekennzeichnete Verben bilden das *passé composé* mit *être*. Beachte, dass das Partizip dieser Verben veränderlich ist.

! Das Ausrufezeichen macht dich auf Besonderheiten aufmerksam.

Les verbes auxiliaires *avoir* et *être* | Die Hilfsverben *avoir* und *être*

infinitif		**avoir**		**être**
présent	j'	ai	je	suis
	tu	as	tu	es
	il/elle/on	a	il/elle/on	est
	nous	avons	nous	sommes
	vous	avez	vous	êtes
	ils/elles	ont	ils/elles	sont
imparfait	j'	avais	j'	étais
futur simple	j'	aurai	je	serai
conditionnel	j'	aurais	je	serais
subjonctif	que j'	aie	que je	sois
	que tu	aies	que tu	sois
	qu'il/elle/on	ait	qu'il/elle/on	soit
	que nous	ayons	que nous	soyons
	que vous	ayez	que vous	soyez
	qu'ils/elles	aient	qu'ils/elles	soient
impératif	Aie. Ayons. Ayez.		Sois. Soyons. Soyez.	
passé composé	j'ai	eu	j'ai	été

Les verbes réguliers en *-er* | Die regelmäßigen Verben auf *-er*

infinitif		**regarder**	
présent	je	regard	e
	tu	regard	es
	il/elle/on	regard	e
	nous	regard	ons
	vous	regard	ez
	ils/elles	regard	ent
imparfait	je	regardais	
futur simple	je	regarderai	
conditionnel	je	regarderais	
subjonctif	que je	regarde	
impératif	Regarde. Regardons. Regardez.		
passé composé	j'ai	regardé	

Die folgenden Verben auf *-er* haben eine Besonderheit in der Schreibung:

acheter: j'achète, nous achetons
ebenso: amener, harceler

appeler: j'appelle, nous appelons
ebenso: rappeler

commencer: nous commençons
ebenso: dénoncer, menacer, recommencer

essayer: j'essaie, nous essayons
ebenso: nettoyer, payer

jeter: je jette, nous jetons

manger: nous mangeons
ebenso: bouger, changer, corriger, déranger, échanger, encourager, engager, nager, ranger, télécharger, voyager

préférer: je préfère, nous préférons
ebenso: espérer, exagérer, récupérer, répéter

protéger: je protège, nous protégeons

Les verbes réguliers en -re | Die regelmäßigen Verben auf -re

infinitif		**attendre**	
présent	j'	attend	s
	tu	attend	s
	il/elle/on	attend	
	nous	attend	ons
	vous	attend	ez
	ils/elles	attend	ent

imparfait	j'	attend**ais**
futur simple	j'	attend**rai**
conditionnel	j'	attend**rais**
subjonctif	que j'	attend**e**
impératif	Attends. Attendons. Attendez.	
passé composé	j'ai	attend**u**

ebenso: (ê) *descendre, entendre, perdre, répondre, vendre*

Les verbes en -ir (sortir, réagir et offrir) | Die Verben auf -ir (Typen sortir, réagir und offrir)

infinitif	(ê) **sortir**			**réagir**			**offrir**	
présent	je	sor	s	je	réagi	s	j'	offr	e
	tu	sor	s	tu	réagi	s	tu	offr	es
	il/elle/on	sor	t	il/elle/on	réagi	t	il/elle/on	offr	e
	nous	sort	ons	nous	réagiss	ons	nous	offr	ons
	vous	sort	ez	vous	réagiss	ez	vous	offr	ez
	ils/elles	sort	ent	ils/elles	réagiss	ent	ils/elles	offr	ent

imparfait	je sort**ais**	je réagiss**ais**	j' offr**ais**
futur simple	je sorti**rai**	je réagi**rai**	j' offri**rai**
conditionnel	je sorti**rais**	je réagi**rais**	j' offri**rais**
subjonctif	que je sort**e**	que je réagiss**e**	que j' offr**e**
impératif	Sors. Sortons. Sortez.	Réagis. Réagissons. Réagissez.	Offre. Offrons. Offrez.
passé composé	je suis sorti/e	j'ai réagi	j'ai offert

ebenso: *dormir, mentir,* (ê) *partir, sentir, servir* | *agir, applaudir, choisir, finir, grandir, réfléchir, réussir* | *découvrir, ouvrir*

Tableau des verbes avec préposition et infinitif | Verben mit Präposition und Infinitivergänzungen

mit *à*		mit *de*	
*aider qn **à** faire qc*	*demander **à** parler à qn*	*arrêter **de** faire qc*	*interdire (à qn) **de** faire qc*
*apprendre **à** faire qc*	*réussir **à** faire qc*	*décider **de** faire qc*	*permettre (à qn) **de** faire qc*
*arriver **à** faire qc*	*servir **à** faire qc*	*demander (à qn) **de** faire qc*	*promettre (à qn) **de** faire qc*
*commencer **à** faire qc*		*dire (à qn) **de** faire qc*	*proposer (à qn) **de** faire qc*
		*empêcher qn/qc **de** faire qc*	*rêver **de** faire qc*

Les verbes irréguliers | **Die unregelmäßigen Verben**

infinitif		**accueillir**		**(ê) aller**		**battre**
présent	j'	accueille	je	vais	je	bats
	tu	accueilles	tu	vas	tu	bats
	il/elle/on	accueille	il/elle/on	va	il/elle/on	bat
	nous	accueillons	nous	allons	nous	battons
	vous	accueillez	vous	allez	vous	battez
	ils/elles	accueillent	ils/elles	vont	ils/elles	battent
imparfait	j'	accueillais	j'	allais	je	battais
futur simple	j'	accueillerai	j'	irai	je	battrai
conditionnel	j'	accueillerais	j'	irais	je	battrais
subjonctif	que j'	accueille	que j'	**aill**e	que je	batte
			! que nous	allions		
impératif	Accueille. Accueillons. Accueillez.		Va. Allons. Allez.		Bats. Battons. Battez.	
passé composé	j'ai	accueilli	je suis	allé/e	j'ai	battu

infinitif		**boire**		**connaître**		**construire**
présent	je	bois	je	connais	je	construis
	tu	bois	tu	connais	tu	construis
	il/elle/on	boit	il/elle/on	conna**î**t	il/elle/on	construit
	nous	buvons	nous	connaissons	nous	construisons
	vous	buvez	vous	connaissez	vous	construisez
	ils/elles	boivent	ils/elles	connaissent	ils/elles	construisent
imparfait	je	buvais	je	connaissais	je	construisais
futur simple	je	boirai	je	conna**î**trai	je	construirai
conditionnel	je	boirais	je	conna**î**trais	je	construirais
subjonctif	que je	boive	que je	connaisse	que je	construise
	! que nous	buvions				
impératif	Bois. Buvons. Buvez.		Connais. Connaissons. Connaissez.		Construis. Construisons. Construisez.	
passé composé	j'ai	bu	j'ai	connu	j'ai	construit
ebenso:			*disparaître, reconnaître*		*conduire, introduire*	

infinitif		**courir**		**croire**		**décevoir**
présent	je	cours	je	crois	je	déçois
	tu	cours	tu	crois	tu	déçois
	il/elle/on	court	il/elle/on	croit	il/elle/on	déçoit
	nous	courons	nous	cro**y**ons	nous	décevons
	vous	courez	vous	cro**y**ez	vous	décevez
	ils/elles	courent	ils/elles	croient	ils/elles	déçoivent
imparfait	je	courais	je	cro**y**ais	je	décevais
futur simple	je	cou**rr**ai	je	croirai	je	décevrai
conditionnel	je	cou**rr**ais	je	croirais	je	décevrais
subjonctif	que je	coure	que je	croie	que je	déçoive
			! que nous	cro**y**ions	! que nous	décevions
impératif	Cours. Courons. Courez.		Crois. Cro**y**ons. Cro**y**ez.		Déçois. Décevons. Décevez.	
passé composé	j'ai	couru	j'ai	cru	j'ai	déçu
ebenso:					*recevoir*	

infinitif		**devoir**		infinitif		**dire**		infinitif		**écrire**
présent	je	dois			je	dis			j'	écris
	tu	dois			tu	dis			tu	écris
	il/elle/on	doit			il/elle/on	dit			il/elle/on	écrit
	nous	devons			nous	disons			nous	écrivons
	vous	devez			vous	**dites**			vous	écrivez
	ils/elles	doivent			ils/elles	disent			ils/elles	écrivent
imparfait	je	devais			je	disais			j'	écrivais
futur simple	je	devrai			je	dirai			j'	écrirai
conditionnel	je	devrais			je	dirais			j'	écrirais
subjonctif	que je	doive			que je	dise			que j'	écrive
!	que nous	devions								
impératif					Dis. Disons. **Dites**.			Écris. Écrivons. Écrivez.		
passé composé	j'ai	dû			j'ai	dit			j'ai	écrit
ebenso:				*interdire* ! vous interdisez				*décrire*		

infinitif		**envoyer**		infinitif		**faire**		infinitif		**falloir**
présent	j'	envoie			je	fais				
	tu	envoies			tu	fais				
	il/elle/on	envoie			il/elle/on	fait			il	faut
	nous	envoyons			nous	faisons				
	vous	envoyez			vous	**faites**				
	ils/elles	envoient			ils/elles	font				
imparfait	j'	envoyais			je	faisais			il	fallait
futur simple	j'	env**err**ai			je	**fer**ai			il	faudra
conditionnel	j'	env**err**ais			je	**fer**ais			il	faudrait
subjonctif	que j'	envoie			que je	**fasse**			qu'il	faille
!	que nous	envoyions								
impératif	Envoie. Envoyons. Envoyez.				Fais. Faisons. **Faites**.					
passé composé	j'ai	envoyé			j'ai	fait			il a	fallu

infinitif		**lire**		infinitif		**mettre**		infinitif		**plaire**
présent	je	lis			je	mets			je	plais
	tu	lis			tu	mets			tu	plais
	il/elle/on	lit			il/elle/on	met			il/elle/on	pla**î**t
	nous	lisons			nous	mettons			nous	plaisons
	vous	lisez			vous	mettez			vous	plaisez
	ils/elles	lisent			ils/elles	mettent			ils/elles	plaisent
imparfait	je	lisais			je	mettais			je	plaisais
futur simple	je	lirai			je	mettrai			je	plairai
conditionnel	je	lirais			je	mettrais			je	plairais
subjonctif	que je	lise			que je	mette			que je	plaise
impératif	Lis. Lisons. Lisez.				Mets. Mettons. Mettez.					
passé composé	j'ai	lu			j'ai	mis			j'ai	plu
ebenso:				*permettre, promettre*						

infinitif	**pleuvoir**		**pouvoir**		**prendre**

présent			je peux		je prends
			tu peux		tu prends
	il pleut		il/elle/on peut		il/elle/on prend
			nous pouvons		nous prenons
			vous pouvez		vous prenez
			ils/elles peuvent		ils/elles prennent
imparfait	il pleuvait		je pouvais		je prenais
futur simple	il pleuvra		je **pourr**ai		je prendrai
conditionnel	il pleuvrait		je **pourr**ais		je prendrais
subjonctif	qu'il pleuve		que je **puiss**e		que je prenne
					❗ que nous prenions
impératif					Prends. Prenons. Prenez.
passé composé	il a plu		j'ai pu		j'ai pris
ebenso:					*apprendre, comprendre*

infinitif	**rejoindre**		**rire**		**savoir**

présent	je rejoins		je ris		je sais
	tu rejoins		tu ris		tu sais
	il/elle/on rejoint		il/elle/on rit		il/elle/on sait
	nous rejoignons		nous rions		nous savons
	vous rejoignez		vous riez		vous savez
	ils/elles rejoignent		ils/elles rient		ils/elles savent
imparfait	je rejoignais		je riais		je savais
futur simple	je rejoindrai		je rirai		je **saur**ai
conditionnel	je rejoindrais		je rirais		je **saur**ais
subjonctif	que je je rejoigne		que je rie		que je **sach**e
impératif	Rejoins. Rejoignons. Rejoignez.		Ris. Rions. Riez.		Sache. Sachons. Sachez.
passé composé	j'ai rejoint		j'ai ri		j'ai su
ebenso:	(ê) *se plaindre, plaindre*				

infinitif	**suivre**		(ê) **venir**		**vivre**

présent	je suis		je viens		je vis
	tu suis		tu viens		tu vis
	il/elle/on suit		il/elle/on vient		il/elle/on vit
	nous suivons		nous venons		nous vivons
	vous suivez		vous venez		vous vivez
	ils/elles suivent		ils/elles viennent		ils/elles vivent
imparfait	je suivais		je venais		je vivais
futur simple	je suivrai		je viendrai		je vivrai
conditionnel	je suivrais		je viendrais		je vivrais
subjonctif	que je suive		que je vienne		que je vive
			❗ que nous venions		
impératif	Suis. Suivons. Suivez.		Viens. Venons. Venez.		Vis. Vivons. Vivez.
passé composé	j'ai suivi		je suis venu/e		j'ai vécu
ebenso:			(ê) *devenir, prévenir, tenir*		

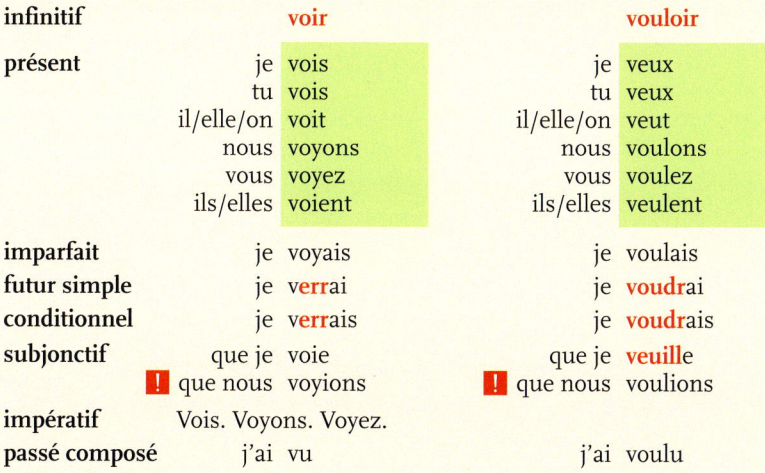

infinitif		**voir**			**vouloir**
présent	je	vois		je	veux
	tu	vois		tu	veux
	il/elle/on	voit		il/elle/on	veut
	nous	voyons		nous	voulons
	vous	voyez		vous	voulez
	ils/elles	voient		ils/elles	veulent
imparfait	je	voyais		je	voulais
futur simple	je	**verr**ai		je	**voudr**ai
conditionnel	je	**verr**ais		je	**voudr**ais
subjonctif	que je	voie		que je	**veuill**e
	! que nous	voyions		! que nous	voulions
impératif	Vois. Voyons. Voyez.				
passé composé	j'ai	vu		j'ai	voulu

Les verbes pronominaux | Die reflexiven Verben

infinitif		(ê) s'	**entraîner**			(ê) se	**souvenir**
présent	je	m'	entraîne		je	me	souviens
	tu	t'	entraînes		tu	te	souviens
	il/elle/on	s'	entraîne		il/elle/on	se	souvient
	nous	nous	entraînons		nous	nous	souvenons
	vous	vous	entraînez		vous	vous	souvenez
	ils/elles	s'	entraînent		ils/elles	se	souviennent
imparfait	je	m'	entraînais		je	me	souvenais
futur simple	je	m'	entraînerai		je	me	souviendrai
conditionnel	je	m'	entraînerais		je	me	souviendrais
subjonctif	que je	m'	entraîne		que je	me	souvienne
impératif	Entraîne-toi. Entraînons-nous. Entraînez-vous.				Souviens-toi. Souvenons-nous. Souvenez-vous.		
passé composé	je me suis	entraîné/e			je me suis	souvenu/e	

! Die reflexiven Verben bilden das *passé composé* mit dem Hilfsverb *être*. Das Partizip der reflexiven Verben ist veränderlich.

Achte auf die besondere Schreibung von:

(ê) **s'appeler:** je m'appelle, nous nous appelons

(ê) **se déplacer:** je me déplace, nous nous déplaçons

(ê) **s'ennuyer:** je m'ennuie, nous nous ennuyons

(ê) **s'inquiéter:** je m'inquiète, nous nous inquiétons

(ê) **se lever:** je me lève, nous nous levons (*ebenso:* (ê)*se promener*)

Unité 1

pages 32–33, Repères

1 a Niemand hindert dich daran, es auch so zu machen (wie er). Nichts ändert sich.
Er hindert niemanden daran, es auch so zu machen (wie er). Er ändert nichts.

Personne ne und *rien ne* sind das Subjekt des Satzes.
Ne personne und *ne rien* sind das Objekt des Satzes.

b 1. Personne ne l'a vu. 2. Personne ne vient aujourd'hui. 3. Personne ne m'aide. 4. Rien ne s'est passé.
5. Rien n'est intéressant. 6. Rien ne lui plaît.

2 a 1. Je voyagerais. 2. Ce serait super. 3. Qu'est-ce que tu ferais à ma place?
4. À ta place, je deviendrais reporter. 5. Je voudrais avoir un métier intéressant.

b Wünsche, Vermutungen (Annahmen, Möglichkeiten), Ratschläge (Vorschläge), höfliche Bitten, Bedingungen

3 Wenn du ein Praktikum machen würdest, würdest du viele Sachen lernen.
Wenn wir im Urlaub wären, würden wir jeden Tag an den Strand gehen.
Im *si*-Satz verwendet man *imparfait*, im Hauptsatz *conditionnel présent*.

Unité 2

page 41, Coin lecture

4 b Sondage réalisé par Cornelsen en 2014 auprès de 75 élèves français de seconde, première et terminale à
Nantes et à Saint-Malo (sondage complet ▶ webcode **APLUS-4-144**):

1. Qu'est-ce que tu associes à l'Allemagne?
72 % Berlin / le mur de Berlin; 69 % la bière; 35 % les saucisses / la «Currywurst»; 29 % les bretzels;
28 % le foot / l'équipe nationale; 25 % la Seconde Guerre mondiale / les nazis / Hitler; 16 % le chocolat Kinder;
16 % les bonbons Haribo; 12 % le froid; 12 % les voitures de luxe (Mercedes, BMW etc.); 9 % les châteaux;
8 % la charcuterie (au petit-déjeuner); 8 % les après-midis libres; 7 % une langue difficile (l'allemand);
7 % le drapeau allemand; 7 % la Bavière / Munich; 7 % Cologne / la cathédrale de Cologne; 5 % les marchés de
Noël; 5 % les correspondants / les échanges; 5 % plus que trois repas par jour; 5 % le handball

2. Comment les Allemands sont-ils?
47 % sympa / gentils; 29 % blonds; 28 % grands; 25 % accueillants; 16 % mangent beaucoup /
mangent tout le temps; 13 % ouverts; 13 % sportifs; 12 % comme nous / comme tout le monde; 11 % drôles;
8 % généreux; 8 % ont les yeux bleus; 7 % végétariens; 7 % chaleureux; 5 % ont l'air sévère; 5 % fêtards

Sondage réalisé par Cornelsen en 2014 auprès de 72 élèves allemands de 10e classe à Hanovre et Bonn
(sondage complet ▶ webcode **APLUS-4-144**):

1. Qu'est-ce que tu associes à la France?
50 % Paris; 50 % la cuisine française; 42 % la baguette; 35 % la tour Eiffel; 35 % la mer / la plage; 28 % le soleil;
26 % les croissants; 25 % des beaux paysages; 24 % les vacances; 23 % la mode; 18 % le vin; 18 % les pâtisseries
(macarons, pains au chocolat etc.); 18 % les spécialités bizarres: les cuisses de grenouille etc.; 17 % la côte d'Azur /
la Provence; 15 % une belle langue (le français); 15 % l'amour; 14 % le fromage; 14 % les crêpes;
12 % la Révolution française; 12 % la diversité des régions françaises; 11 % le savoir-vivre; 10 % la culture;
8 % l'art; 7 % Napoléon; 7 % le Louvre; 7 % le calme idyllique; 7 % les longs dîners qu'on prend tard;
6 % la musique; 6 % les monuments (châteaux, cathédrales etc.)

2. Comment les Français sont-ils?

44 % sympa / aimables; 31 % ouverts; 25 % fiers de leur pays, de leur langue et de leur culture; 23 % n'aiment pas parler d'autres langues / sont nuls en langues; 15 % paraissent arrogants; 15 % accueillants; 15 % élégants; 14 % décontractés; 14 % parlent vite et beaucoup / aiment parler; 11 % rient beaucoup / ont de l'humour; 11 % serviables; 10 % disciplinés / ambitieux; 10 % polis; 8 % bons cuisiniers; 8 % gourmands / mangent longtemps; 8 % généreux; 7 % créatifs / artistes; 7 % prétentieux; 7 % portent le béret; 7 % heureux de vivre; 7 % normaux / comme nous; 6 % petits; 6 % plus politiques que nous; 6 % plus à droite que nous; 6 % xénophobes; 6 % stressés (à Paris); 6 % on ne peut pas généraliser

pages 54–55, Repères

1 a Stamm der 3. Pers. Pl. Präsens + Endung (*-e, -es, -e, -ions, -iez, -ent*) = *subjonctif présent*

b Beispiellösung:

Je suis content(e) / triste / étonné(e) / fier/fière que ____.
C'est dommage / super / bizarre / incroyable / agréable que ____.
Je trouve passionnant / normal / intéressant / amusant / drôle que ____.

c Beispiellösung:

1. C'est super qu'environ 200.000 jeunes Français et Allemands fassent un échange chaque année.
2. Je trouve drôle que les Français découpent le fromage autrement que les Allemands.
3. C'est incroyable que les élèves français aient des vacances d'été plus longues que les élèves allemands.
4. Je trouve amusant que les notes de musique s'appellent do-ré-mi-fa-sol-la-si-do en français.
5. C'est bizarre qu'en France, les enfants aillent à l'école maternelle vers 3 ans.
6. Je suis étonné/e que les radios françaises doivent passer 40 % de musique francophone.

2 → They **told** me **not to worry.**
→ I **asked** Anna **to explain** this word to me.
→ They **asked** me **to tell** you about my experience.
Die französischen Infinitiv-Wendungen *dire à qn de + inf.* und *demander à qn de + inf.* entsprechen den englischen Infinitiv-Wendungen *to tell sb. to + inf.* und *to ask sb. to + inf.*

3 a Endet ein Adjektiv auf *-ent*, endet das davon abgeleitete Adverb auf *-emment*. Endet ein Adjektiv auf *-ant*, endet das davon abgeleitete Adverb auf *-amment*.

Unité 3

pages 78–79, Repères

1 a j'avais regardé – tu avais pris – il s'était engagé – elle était sortie – on était arrivé(e)s – nous avions vu – vous aviez lu – ils étaient venus – elles s'étaient intéressées

b 1. Quand nous sommes arrivés au cinéma, le film avait déjà commencé.
2. Dimanche, Marlène était fatiguée parce qu'elle avait dansé toute la nuit.
3. Quand je suis arrivé chez mes cousins, ils étaient déjà sortis.

2 a discours direct → discours indirect au passé:
imparfait → imparfait; plus-que-parfait → plus-que-parfait; conditionnel présent → conditionnel présent

b 1. Yerim a dit que Boubacar s'était mal débrouillé.
2. ... qu'à Dakar, les plages n'étaient pas super.
3. ... que Boubacar et Élimane voulaient aller au marché.
4. ... qu'Élimane viendrait à Paris.
5. ... qu'Élimane pourrait monter sur la tour Eiffel.

Hier findest du ein englisches Wort, das dem französischen Wort ähnlich ist.

→ Hinter diesem Pfeil findest du ein Wort, das zur gleichen Familie gehört und das du schon gelernt hast.

= Hier findest du ein Wort mit gleicher Bedeutung.   ≠   Hier findest du das Gegenteil des Wortes.

▶ ◀ Zwischen diesen beiden Pfeilen findest du den Lernwortschatz aus den Hörtexten.

(ê) So gekennzeichnete Verben bilden das *passé composé* mit *être*.

adj.	*adjectif* (Adjektiv)	*inv.*	*invariable* (unveränderlich)	*qn*	*quelqu'un* (jemand)
adv.	*adverbe* (Adverb)	*m.*	*masculin* (männlich)	*etw.*	etwas
f.	*féminin* (weiblich)	*pl.*	*pluriel* (Plural)	*jdm*	jemandem
fam.	*familier* (umgangssprachlich)	*qc*	*quelque chose* (etwas)	*jdn*	jemanden

Les signes dans la phrase | Die Zeichen im Satz

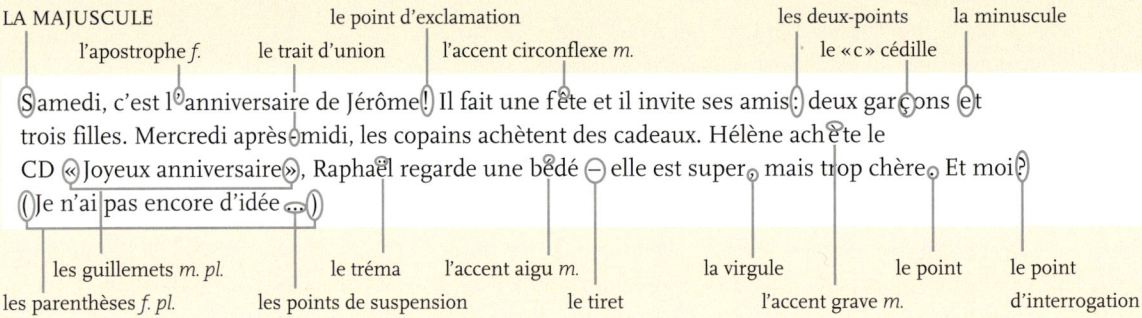

LA MAJUSCULE   le point d'exclamation   les deux-points   la minuscule

l'apostrophe *f.*   le trait d'union   l'accent circonflexe *m.*   le « c » cédille

Samedi, c'est l'anniversaire de Jérôme ! Il fait une fête et il invite ses amis : deux garçons et trois filles. Mercredi après-midi, les copains achètent des cadeaux. Hélène achète le CD « Joyeux anniversaire », Raphaël regarde une bédé – elle est super, mais trop chère. Et moi ? Je n'ai pas encore d'idée ...

les guillemets *m. pl.*   le tréma   l'accent aigu *m.*   la virgule   le point   le point

les parenthèses *f. pl.*   les points de suspension   le tiret   l'accent grave *m.*   d'interrogation

L'alphabet phonétique | Die Lautschrift

Les consonnes | Die Konsonanten

[b]	**b**leu, célè**b**re
[d]	**d**onner, per**d**re
[f]	**ph**oto, o**ff**rir
[g]	**g**rave, **g**uitare
[k]	**c**alme, **ch**orale, magi**qu**e
[l]	**l**ire, mi**ll**e, pu**ll**
[m]	**m**alade, ai**m**er, cal**m**e, ho**mm**e
[n]	**n**on, so**nn**erie
[ŋ]	pi**ng**-po**ng**
[ɲ]	ga**gn**er, monta**gn**e
[p]	**p**arfois, im**p**ortant
[ʀ]	**r**égion, ouv**r**ir
[s]	*scharfes „s" wie in* Ku**ss**: **ç**a, mer**c**i, **s**avoir, po**ss**ible
[z]	*summendes „s" (tritt nur zwischen zwei Vokalen, als Bindungs-s bzw. -x oder in der Schreibung „z" auf) wie in* ra**s**en: mai**s**on, le**s** enfants, six heures, **z**éro
[ʃ]	*„sch" wie in* Ta**sch**e: **ch**ampion, tou**ch**er
[ʒ]	*wie in* Gara**g**e: intelli**g**ent, petit-dé**j**euner
[t]	**t**ourner, a**tt**irer
[v]	**v**endre, pau**v**re, trou**v**er, élè**v**e

Les voyelles | Die Vokale

[a]	*kurzes „a" wie in* B**a**ll: **a**lbum, f**e**mme, fér**i**a
[ɑ]	*langes „a" wie in* B**ah**n: ne ... p**a**s, l**â**che
[ɛ]	*offenes „e" wie in* **E**nde: vr**ai**, c**e**tte, c'**e**st, sc**è**ne
[e]	*geschlossenes „e" wie in* S**ee**: **é**crire, cit**é**
[ə]	*stummes „e" wie in* Kab**e**l: m**e**, s**e**, ch**e**val
[i]	**i**dole, hés**i**ter, J'**y** vais!
[o]	*geschlossenes „o" wie in* Fl**oh**: **eau**, **au**tre, tr**o**p
[ɔ]	*offenes „o" wie in* d**o**ch: catastr**o**phe, p**o**rter
[ø]	*geschlossenes „ö" wie in* b**ö**se: malh**eu**reux, l**ieu**
[œ]	*offenes „ö" wie in* **ö**ffnen: act**eu**r, s**œu**r
[u]	*„u" wie in* M**u**t: **où**, h**u**mour, j**ou**er
[y]	*„ü" wie in* m**ü**de: **u**nité, r**éu**ssir, pl**u**tôt, t**u**

Les semi-voyelles | Die Gleitlaute

[ɥ]	c**ui**sine, dep**ui**s
[j]	**hi**er, surve**ill**er, fam**ill**e, A**ï**e!
[w]	**oi**seau, l**oi**, **ou**i

Les voyelles nasales | Die nasalierten Vokale

[ã]	**en**fin, p**an**talon, l**am**pe
[õ]	**con**fier, l**on**gtemps, pantal**on**
[ɛ̃]	**un**, des**sin**, m**oin**s ... que, f**aim**, tr**ain**

Unter www.cornelsen.de/webcodes
APLUS-4-147 findest du Arbeitsblätter
zum Üben der neuen Wörter.

Unité 1 | Lecture A

(ê) ne pas se poser de questions [nəpasəpozedəkɛstjɔ̃] nicht groß nachdenken Il ~[1], il prend le billet d'avion.

les petites annonces [lepətitzanɔ̃s] *f. pl.* die Kleinanzeigen À la sortie des supermarchés, il y a souvent des ~.

en général [ɑ̃ʒeneʀal] normalerweise, im Allgemeinen ~, elle n'est pas comme ça.

d'occasion [dɔkazjɔ̃] gebraucht Dans les petites annonces on trouve des vélos ~.

bon marché [bɔ̃maʀʃe] *adj. inv.* günstig, preiswert Les vélos d'occasion sont souvent ~.

parfait/parfaite [paʀfɛ/paʀfɛt] *adj.* perfekt C'était une journée ~[2].

le coup de fil [ləkudfil] *fam.* der Anruf Tous les soirs, elle me passe un ~.

la tête [latɛt] der Kopf, *hier:* das Gesicht J'ai souvent mal à la ~.

l'intello [lɛ̃tɛlo] *m./f.* der/die Streber/in Ils disent que je suis un ~.
→ intelligent

(ê) sortir avec qn [sɔʀtiʀavɛk] mit jdm zusammen sein *in einer Beziehung* ▶ *Verbes, p. 138* J'aimerais bien ~ Philippe, mais il a déjà une petite amie.

faire du baby-sitting [fɛʀdybabisitiŋ] babysitten Depuis un an, je ~[3] chez les voisins.

tellement (de) [tɛlmɑ̃] so (viel/e), dermaßen (viel/e) J'ai ~ de choses à te raconter, je ne sais pas par où commencer.

servir à qc [sɛʀviʀa] von Nutzen sein, zu etw. dienen *wird wie* sortir *konjugiert* ▶ *Verbes, p. 138* Ça ~[4] quoi, ce truc?

le ciel [ləsjɛl] der Himmel Il pleut et le ~ est gris.

les pâtes [lepɑt] *f. pl.* die Nudeln Les ~ à la sauce tomate, c'est très bon.

gagner de l'argent [gaɲedəlaʀʒɑ̃] Geld verdienen Avec un petit job, les jeunes peuvent ~.

l'impression [lɛ̃pʀesjɔ̃] *f.* der Eindruck J'ai l'~ qu'il ment.
→ impressionner

le centimètre [ləsɑ̃timɛtʀ] der Zentimeter

---

1 ne se pose pas de questions **2** parfaite **3** fais du baby-sitting **4** sert à

Unité 1 | Lecture B

cartonner [kaʀtɔne] *fam.* großen Erfolg haben «Breaking Bad» est une série américaine qui a ~[1].

le succès [ləsyksɛ] der Erfolg Malheureusement, je n'ai pas eu de ~.

le tome [lətɔm] der Band C'est ma B. D. préférée. J'ai tous les ~[2].

la file d'attente [lafildatãt]	die Warteschlange	Devant le musée, il y avait une longue ~.
le chômeur / la chômeuse [ləʃomœʀ/laʃomøz]	der/die Arbeitslose	L'entrée est moins chère pour les ~³.
carrément [kaʀemã] *fam.*	total, direkt	Je lui ai ~ dit ce que je pensais de lui.
flipper [flipe] *fam.*	Panik kriegen, ausflippen	Il a peur des chiens. S'il en voit, il ~⁴.

1 cartonné **2** tomes **3** chômeurs **4** flippe

Unité 1 | Volet 1

l'avenir [lavniʀ] *m.*	die Zukunft	– Tu as des projets d'~? – Non, pas vraiment.
le métier [ləmetje]	der Beruf	Mon ~ de rêve, c'est professeur.
le dessinateur / la dessinatrice [lədesinatœʀ/ladesinatʀis]	der/die Zeichner/in	~¹ est un métier créatif.
la passion [lapasjõ] 🇬🇧 passion	die Leidenschaft	Le foot, c'est ma ~!
être doué/douée pour qc [ɛtʀduepuʀ]	begabt sein für etw.	Madeleine ~² la photo.
doué/douée [due] *adj.*	begabt	Léo est bon en tout. Il est vraiment ~³.
le succès [ləsyksɛ] 🇬🇧 success	der Erfolg	Le nouveau roman de Fred Vargas est un grand ~.
le conseiller d'orientation [ləkõsɛjedɔʀjãtasjõ]	der Berufsberater	Si tu ne sais pas quel métier choisir, va chez un ~.
l'article [laʀtikl] *m.*	der Artikel, der Zeitungsartikel	J'ai lu un ~ intéressant sur les métiers.
Leïla Bekhti [lɛjlabɛkti]	*französische Schauspielerin* ▶ *Civilisation, p. 134*	
impressionner qn [ɛ̃pʀesjɔne]	jdn beeindrucken	Souleymane m'~⁴ vraiment. Il sait tout!
le courage [ləkuʀaʒ] 🇬🇧 courage → courageux/courageuse	der Mut	Il faut avoir du ~ pour vivre dans un autre pays.
⁽ᵉ⁾ **partir de rien** [paʀtiʀdəʀjɛ̃]	von nichts ausgehen	Pour ce projet, il faudra ~.
⁽ᵉ⁾ **se battre** [səbatʀ]	sich (durch)schlagen, kämpfen ▶ *Verbes, p. 138*	Parfois, il faut ~ pour arriver à quelque chose.
battre qn/qc [batʀ]	jdn schlagen, jdn besiegen ▶ *Verbes, p. 138*	Max est très fort à ce jeu. Il ~ tout le monde.

malgré [malgʀe]	trotz	~ le mauvais temps, Sophie va à la piscine.
modeste [modɛst] *m./f. adj.*	bescheiden	Manon est très douée pour la musique, mais elle n'en parle pas. Elle est trop ~.
ressembler à qn/qc [ʀəsɑ̃blea]	jdm/etw. ähneln	– Ton père ~[5] à François Cluzet. – Tu trouves?!
Médecins du monde [medsɛ̃dymɔ̃d]	Ärzte der Welt *internationale Hilfsorganisation* ▶ *Civilisation, p.134*	
le médecin [ləmedsɛ̃]	der Arzt, die Ärztin	Plus tard, je voudrais devenir ~ et aider les personnes malades.
soigner qn/qc [swaɲe]	jdn/etw. pflegen	Ludivine aime ~ les gens.
(ê) s'engager [sɑ̃gaʒe] → engager qn	sich engagieren	Laurent ~[6] pour la solidarité à l'école.
l'exclusion [lɛksklyzjɔ̃] *f.* 🇬🇧 exclusion	die Ausgrenzung	Il faut lutter contre ~.
quelqu'un de bien [kɛlkœ̃dəbjɛ̃]	ein guter Mensch, *wörtl.:* jemand gutes	J'ai rencontré ~.
admirer qn/qc [admiʀe] 🇬🇧 to admire	jdn/etw. bewundern	J'~[7] ma sœur. Elle est très intelligente.
utile [ytil] *m./f. adj.*	nützlich	Des connaissances de langues sont très ~[8] pour travailler à l'étranger.
empêcher qn/qc de + *inf.* [ɑ̃pɛʃedə]	etw. verhindern, jdn an etw. hindern	Mes parents m'~[9] de faire des études. Ils voudraient que je trouve vite un travail.
à ta place [ataplas]	an deiner Stelle	Moi, ~, je partirais faire des études aux États-Unis.

▶ Hörtext

en ligne [ɑ̃liɲ]	online	Laura achète ses tickets ~.
Ça ne me dit rien (du tout). [sanəmədiʀjɛ̃dytu]	Das ist (gar) nichts für mich.	L'équitation, ~.
le/la reporter [lə/laʀəpɔʀtɛʀ] *m./f.*	der/die Reporter/in	Ma mère est ~. Elle va partout dans le monde pour faire des recherches.
imaginer qc [imaʒine] 🇬🇧 to imagine	sich etw. vorstellen	Je ne pourrais pas ~ travailler dans un bureau. Je préfère travailler chez moi.
décider de qc [desidedə] 🇬🇧 to decide → décider qc	über etw. bestimmen	Chacun a le droit de ~ son avenir.

◀

---

1 Dessinateur 2 est douée pour 3 doué 4 impressionne 5 ressemble 6 s'engage 7 admire 8 utiles 9 empêchent

Unité 1 | Volet 2

la responsabilité [laʀɛspɔ̃sabilite]	die Verantwortung	Les parents ont la ~ de leurs enfants.
n'en savoir rien [nɑ̃savwaʀjɛ̃]	keine Ahnung haben (von etw.) ▶ *Verbes, p. 138*	– Qu'est-ce que tu voudrais faire plus tard? – Je ~[1].
emporter qc [ɑ̃pɔʀte] → porter qc	etw. mitnehmen	Quand il part en vacances, Maxime ~[2] toujours un tas de vêtements.
la montre [lamɔ̃tʀ]	die Armbanduhr	Regarde, j'ai acheté une ~. Comment tu la trouves?
rater qc [ʀate] ≠ réussir qc	etw. verpassen, durchfallen	Vera a ~[3] le bus.
l'examen [lɛgzamɛ̃] *m* 🇬🇧 exam	die Prüfung, *auch:* die ärztliche Untersuchung	Demain, j'ai un ~ très important.
propre [pʀɔpʀ] *m./f. adj.* 🇬🇧 proper	eigen	Sarah voudrait avoir sa ~ chambre.
l'entreprise [lɑ̃tʀəpʀiz] *f.*	das Unternehmen	Mon père travaille dans une grande ~.
repasser qc [ʀəpase]	etw. wiederholen *Prüfung*	Lucie a raté l'examen d'anglais, mais elle peut le ~ dans un mois.
poser sa candidature [pozesakɑ̃didatyʀ]	sich bewerben	Selma ne sait pas comment ~. Alors, elle va chez le conseiller d'orientation.
la candidature [lakɑ̃didatyʀ] → le/la candidat/e	die Bewerbung	Fatih a envoyé sa ~ à plusieurs entreprises.
l'étranger [letʀɑ̃ʒe] *m.* → étranger/étrangère	das Ausland	– Tu pourrais imaginer vivre à l'~? – Non, pas vraiment.
passionnant/passionnante [pasjɔnɑ̃/pasjɔnɑ̃t] *adj.* → la passion ≠ ennuyeux/ennuyeuse	faszinierend, fesselnd	Reporter doit être un métier ~[4]. On voyage beaucoup et on rencontre plein de gens.
enrichissant/enrichissante [ɑ̃ʀiʃisɑ̃/ɑ̃ʀiʃisɑ̃t] *adj.* → riche	bereichernd	Notre voyage au Portugal a été très ~[5].
permettre à qn de + *inf.* [pɛʀmɛtʀ]	jdm erlauben, etw. zu tun *wird wie* mettre *konjugiert* ▶ *Verbes, p. 138*	Mes parents ne me ~[6] pas de sortir tous les soirs.
l'horaire [lɔʀɛʀ] *m.* → l'heure *f.*	die Arbeitszeit, *auch:* der Fahrplan	– Quels seront mes ~[7] de travail? – Tous les jours de 9h à 17h30.
flexible [flɛksibl] *m./f. adj.* 🇬🇧 flexible	flexibel	Parfois, il faut être ~ pour trouver du travail.
gagner de l'argent [gaɲedəlaʀʒɑ̃]	Geld verdienen	Mara voudrait un métier où on ~[8].

l'ordre [lɔʁdʁ] *m.* 🇬🇧 order	der Befehl, *auch:* die Ordnung	L'entraîneur donne des ~9 aux joueurs.
prendre une décision [pʁɑ̃dʁyndesizjɔ̃]	eine Entscheidung treffen, einen Entschluss fassen	Où est-ce qu'on part en vacances, cet été? Il faut ~.
la décision [ladesizjɔ̃] 🇬🇧 decision → décider de + *inf.*	die Entscheidung, der Entschluss	Choisir un métier, c'est une ~ difficile.
le super-héros / la super-héroïne [ləsypeʁeʁo/lasypeʁeʁɔin] 🇬🇧 superhero	der/die Superheld/in	Spiderman est mon ~10 préféré.
sauver qn/qc [sove] 🇬🇧 to save	jdn/etw. retten	Élise veut devenir médecin pour ~ les gens malades dans les pays pauvres.
la qualité [lakalite] 🇬🇧 quality	die Qualität, der Vorzug	– Quelle est ta ~ principale? – Je suis courageuse.
être prêt/prête (à + *inf.*) [ɛtʁəpʁɛ/ɛtʁəpʁɛt]	bereit sein (etw. zu tun)	Samira veut devenir journaliste. Pour y arriver, elle ~11 à faire des efforts.
prêt/prête [pʁɛ/pʁɛt] *adj.*	bereit	À table, le déjeuner est ~12!
le domaine [lədomɛn] 🇬🇧 domain	das Gebiet, der Bereich	Damien veut travailler dans le ~ de la recherche.
optimiste [optimist] *m./f. adj.*	optimistisch	Tout est plus facile quand on reste ~!
le concepteur / la conceptrice de jeux vidéo [ləkɔ̃sɛptœʁ/lakɔ̃sɛptʁisdəʒøvideo]	Game Conceptioner *Entwickler für Videospiele*	~13, c'est le métier de rêve de Siri!
le traducteur / la traductrice [lətʁadyktœʁ/latʁadyktʁis]	der/die Übersetzer/in	Un ~14 doit être doué pour les langues.
le salaire fixe [ləsalɛʁfiks]	das Festgehalt	Je voudrais un travail avec un ~.
le salaire [ləsalɛʁ] 🇬🇧 salary	das Gehalt	Pour moi, le ~ est moins important. Je veux surtout un travail enrichissant.
fixe [fiks] *m./f. adj.*	fest, unveränderlich	Le rendez-vous est ~, je ne peux plus le changer.
l'économie [lekɔnɔmi] *f.* 🇬🇧 economy	die Wirtschaft, die BWL (= Betriebswirtschaftslehre)	Pauline ne s'intéresse pas à l'~. Elle voudrait faire des études de géographie.
curieux/curieuse [kyʁjø/kyʁjøz] *adj.* 🇬🇧 curious	neugierig, merkwürdig	Nadine veut toujours tout savoir. Elle est très ~15.
l'expérience [lɛkspeʁjɑ̃s] *f.* 🇬🇧 experience	die Erfahrung	Mon voyage en Chine a été une ~ formidable!

1 n'en sais rien **2** emporte **3** raté **4** passionnant **5** enrichissant **6** permettent **7** horaires **8** gagne de l'argent **9** ordres **10** super-héros **11** est prête **12** prêt **13** Conceptrice de jeux vidéo **14** traducteur **15** curieuse

Unité 1 | Volet 3

le stage [ləstaʒ]	das Praktikum	Maurice voudrait faire un ~ dans un grand journal.
voici [vwasi] = voilà	das ist/sind, hier ist/sind	– ~ les horaires des clubs de sport. – Merci, c'est gentil.
le tuyau / ⚠ **les tuyaux** [lətɥijo/letɥijo]	der Tipp	Avant de poser ta candidature, demande des ~[1] à ton conseiller d'orientation.
la lettre de motivation [laletʀdəmɔtivasjõ]	das Bewerbungsschreiben	Mélanie écrit une ~ pour trouver un stage.
l'employeur / **l'employeuse** [lãplwajœʀ/lãplwajøz] m./f. 🇬🇧 employer	der/die Arbeitgeber/in	Heureusement, mon nouvel ~[2] est sympa.
la demande [ladəmãd] → demander qc (à qn)	die Anfrage, die Bitte	Nora prépare sa ~ de stage pour un travail à la FNAC.
être intéressé/intéressée par qn/qc [ɛtʀɛ̃teʀesepaʀ] → intéressant/e, s'intéresser	interessiert sein an jdm/etw.	Loïc ~[3] un stage dans un supermarché.
de plus [dəplys] adv.	außerdem	Élise est douée pour les maths. ~, elle parle l'anglais et l'allemand.
décorer qc [dekɔʀe] 🇬🇧 to decorate	etw. dekorieren, etw. (aus-) schmücken	Philippe adore ~ la maison pour Noël.
servir qn/qc [sɛʀviʀ] 🇬🇧 to serve	jdn bedienen, etw. servieren wird wie sortir konjugiert ▶ Verbes, p. 138	Si tu veux travailler dans un restaurant, tu dois aimer ~ les gens.
en rajouter [ãʀaʒute]	dick auftragen	Quand Stéphanie raconte des histoires, elle ~[4] toujours.
particulièrement [paʀtikyljɛʀmã] adv. = surtout, spécialement	besonders	Je m'intéresse beaucoup à la musique, ~ à la musique moderne.
le service [ləsɛʀvis] 🇬🇧 service → servir qn/qc	der Service, die Bedienung	Ma sœur travaille dans un grand restaurant. Elle s'occupe du ~ en salle.
les connaissances [lekɔnɛsãs] f. pl. → connaître (qn/qc)	die Kenntnisse, das Wissen	– Est-ce que vous avez des ~ de langues? – Oui, je parle l'anglais et l'allemand.
le serveur / **la serveuse** [ləsɛʀvœʀ/lasɛʀvøz] → servir qn/qc, le service	der/die Kellner/in	Germain voudrait travailler comme ~[5].
motivé/motivée [mɔtive] adj. 🇬🇧 motivated	motiviert	Sophie est vraiment ~[6] pour ce stage.

Dans l'attente de votre réponse, je vous prie de recevoir, Madame, Monsieur, mes salutations respectueuses.	Mit freundlichen Grüßen *Französische Grußformel, die am Ende eines offiziellen Briefes verwendet wird.*	
signer qc [siɲe] 🇬🇧 to sign	etw. unterschreiben	N'oublie pas de ~ ta lettre de motivation!
la pièce jointe [lapjɛsʒwɛ̃t]	der Anhang	– Tu pourrais m'envoyer les photos en ~? – Oui, bien sûr.
le CV (= curriculum vitae) [ləseve]	der Lebenslauf	Pour une candidature, il te faut un ~ et une lettre de motivation.
le document [lədɔkymɑ̃] 🇬🇧 document	das Dokument, die Unterlagen	Je vais t'envoyer le ~ par mail.
la photo d'identité [lafotodidɑ̃tite]	das Passfoto	Une jolie ~ est très importante pour une candidature.
sourire [suʀiʀ]	lächeln *wird wie* rire *konjugiert* ▶ *Verbes, p. 138*	~[8] pour la photo, s'il vous plaît!
ça fait + *adj.* [safɛ]	das wirkt + *Adjektiv*	Je vais décorer la table. ~ plus joli.
la formation [lafɔʀmasjɔ̃]	die Ausbildung	Paula voudrait faire une ~ pour devenir animatrice dans un club de vacances.
le niveau [lənivo]	das Niveau	Louise a des connaissances d'anglais ~ A2.
l'échange [leʃɑ̃ʒ] *m.* 🇬🇧 exchange → échanger qc contre qc	der Austausch, der Tausch	Maman, papa, notre classe va faire un ~ avec un collège de Berlin!
quinze jours [kɛ̃zʒuʀ]	vierzehn Tage, zwei Wochen	J'ai ~ de vacances en mai.
professionnel/professionnelle [pʀɔfɛsjɔnɛl] *adj.* 🇬🇧 professional	beruflich, Berufs-	– Quels sont tes projets ~[7]? – Je veux devenir médecin.
l'informatique [lɛ̃fɔʀmatik] *f.*	die Informatik	Pour faire des études d'~, tu dois t'intéresser aux maths.
la réponse [laʀepɔ̃s] → répondre (à qn/qc) ≠ la question	die Antwort	– Je n'ai toujours pas de ~ à ma demande de stage. – Il faut rester optimiste!
recevoir qn/qc [ʀəsəvwaʀ] 🇬🇧 to receive	jdn empfangen, etw. erhalten *wird wie* décevoir *konjugiert* ▶ *Verbes, p. 138*	– Est-ce que vous avez ~[9] ma candidature? – Attendez, je vais regarder.

▶ Hörtext

à l'appareil [alapaʀɛj]	am Apparat	Bonjour, Monsieur, Morgane Laurier ~.

Ne quittez pas. [nəkitepa]	Bleiben Sie dran.	– Je voudrais parler à M. Lessac, s'il vous plaît. – ~.
Je vous (le/la) passe. [ʒəvulə/lapas]	Ich stelle Sie (zu ihm/ihr) durch.	– Je voudrais parler à Mme Leblanc. – Un moment, s'il vous plaît, ~.[10].
le patron / la patronne [ləpatʀɔ̃/lapatʀɔn]	der/die Chef/in	Je vous présente la nouvelle ~[11] de l'entreprise, Mme Jessaitou.
c'est bien ça? [sebjɛ̃sa]	nicht wahr? *Rückfrage*	– Vous travaillez depuis trois ans, ~? – Oui, c'est ça.
l'apprenti *m.* / **l'apprentie** *f.* [lapʀɑ̃ti] *m./f.* → apprendre qc	der/die Auszubildende/r, der Lehrling	Victor est ~[12] dans une boulangerie.
autonome [otonɔm] *m./f. adj.*	selbstständig	Maurice n'a pas souvent besoin d'aide. Il est assez ~.
la réception [laʀesɛpsjɔ̃] 🇬🇧 reception → recevoir qn/qc	die Rezeption, der Empfang	Perrine n'aime pas trop le service en salle. Elle préfère travailler à la ~.
discuter (de qc) [diskyte] 🇬🇧 to discuss	reden, über etw. diskutieren	Les jeunes ~[13] de leurs projets d'avenir.
demander à parler à qn [dəmɑ̃deapaʀlea]	nach jdm fragen	Quand vous passez au bureau, ~[14] au patron.

1 tuyaux   2 employeur   3 est intéressé par   4 en rajoute   5 serveur   6 motivée   7 professionnels   8 Souriez   9 reçu
10 je vous la passe   11 patronne   12 apprenti   13 discutent   14 demandez à parler

Unité 2 | Lecture A

J'en ai jusque-là! [ʒɑ̃nɛʒyskəla]	Mir steht's bis hier!	Il y a tout le temps des problèmes. ~!
le vin [ləvɛ̃] 🇬🇧 wine	der Wein	La France est célèbre pour ses fromages et son ~.
n'est-ce pas [nɛspa]	nicht (wahr), oder (etwa nicht)	C'est joli, ~?

Unité 2 | Lecture B

la pomme de terre [lapɔmdətɛʀ]	die Kartoffel	Pour faire des frites, il faut des ~[1].
serrer la main à qn [seʀelamɛ̃a]	jdm die Hand geben	Il m'a dit «bonjour» et il m'a ~[2].
(ê) **se faire la bise** [səfɛʀlabiz]	sich mit Küsschen begrüßen/ verabschieden	À l'arrivée, tout le monde ~[3].

se faire la bise

se serrer la main

la saucisse [lasosis] 🇬🇧 sausage	die Wurst	Au marché de Noël, on mange toujours une ~ avec de la moutarde.
(ê) **se marrer** [səmaʀe]	Spaß haben	J'adore mes copains. Avec eux, je ~[4] bien.

1 pommes de terre   2 serré la main   3 s'est fait la bise   4 me marre

Unité 2 | Volet 1

le côté [ləkote]	die Seite	Mon collège est de l'autre ~ de la rue. C'est tout près.
le Rhin [ləʀɛ̃]	der Rhein ▶ *Civilisation, p. 134*	Le ~ est un fleuve entre l'Allemagne et la France.
la différence [ladifeʀɑ̃s] 🇬🇧 difference	der Unterschied	Il y a une grande ~ d'âge entre mon frère et moi.
le vasistas [levazistɑs]	das (kleine) Klappfenster	
Karambolage [kaʀɑ̃bɔlaʒ]	Karambolage *Fernsehsendung des deutsch-französischen Kanals Arte* ▶ *Civilisation, p. 134*	
faire pareil (que) [fɛʀpaʀɛj]	etw. genauso machen (wie)	Mon frère a fait un stage au Canada. Moi, je veux ~.
l'habitude [labityd] *f.*	die Gewohnheit	Mes grand-parents ne changent plus leurs ~[1].
quotidien/quotidienne [kɔtidjɛ̃/kɔtidjɛn] *adj.*	täglich	Ma lecture ~[2], c'est le journal.
les mouillettes [lemujɛt] *f. pl.*	*Brotstreifen zum Tunken*	
l'œuf à la coque [lœfalakɔk] *m.*	das (weich) gekochte Ei	Je ne sais pas faire la cuisine. Même pas un ~.
en général [ɑ̃ʒeneʀal] 🇬🇧 generally	normalerweise, im Allgemeinen	– J'adore ce jeu! – Oui, parce qu'~ c'est toi qui gagnes.
mettre qc [mɛtʀ]	*hier:* etw. streichen ▶ *Verbes, p. 138*	Je ~[3] de la moutarde et du ketchup sur mon sandwich.
la tranche [latʀɑ̃ʃ]	die Scheibe	– Vous voulez le pain en ~[4]? – Oui, s'il vous plaît.
découper qc [dekupe]	etw. schneiden, ausschneiden	Il a ~[5] un article du journal.

le morceau / ❗ **les morceaux** [ləmɔʀso]	das Stück	Tu veux un ou deux ~6 de sucre?
fin/fine [fɛ̃/fin] *adj.*	fein, dünn	Ma petite sœur a les cheveux très ~7.
tremper [tʀɑ̃pe]	tunken	On peut ~ son croissant dans le café au lait.
drôlement [dʀolmɑ̃] *adv.*	ziemlich, ganz schön	Brrr! Ce matin, il fait ~ froid!
cuit/cuite [kɥi/kɥit] *adj.*	gekocht	Berk! Les légumes ne sont pas assez ~8.
en mettre partout [ɑ̃mɛtʀpaʀtu]	alles voll kleckern	Fais attention avec la sauce! Tu ~9!
dommage [dɔmaʒ]	schade	Tu ne peux pas venir avec nous ce soir? C'est ~!
la petite cuillère [lapətitkɥijɛʀ]	der Teelöffel	Une ~ sur la table, ça promet un dessert.
en plastique [ɑ̃plastik]	aus Plastik	Il y a des bouteilles en verre et des bouteilles ~.
le plastique [ləplastik] 🇬🇧 plastic	das Plastik, der Kunststoff	Il y a beaucoup de restes de ~ dans la mer.
le métal [ləmetal] 🇬🇧 metal → métallique	das Metall	Le fer, c'est un ~.
à la place de [alaplasdə]	anstelle von, statt	Pour faire du sport, je prends l'escalier ~ l'ascenseur.
le cornet [ləkɔʀnɛ]	die spitze Tüte, *auch:* die Eiswaffel	
le carton [ləkaʀtɔ̃]	der Karton	Regarde ma nouvelle chaise! Elle est en ~.
le papier [ləpapje] 🇬🇧 paper	das Papier, das Dokument	Prenez une feuille de ~ et écrivez votre nom.
le ruban [ləʀybɑ̃]	das Band	Autour du cadeau, il y avait un ~ rouge.
fièrement [fjɛʀmɑ̃] *adv.* → fier/fière	stolz	Il m'a dit ~ qu'il avait réussi.
faire qc soi-même [fɛʀswamɛm]	etw. selbst machen	On peut demander de l'aide ou le ~.
remplir qc [ʀɑ̃pliʀ]	etw. füllen, etw. ausfüllen *wird wie* réagir *konjugiert* ▶ *Verbes, p. 138*	Tous les papiers doivent être ~10 et signés.
Chut! [ʃyt]	Pst!	~! Ne faites pas de bruit.
le contenu [ləkɔ̃tny] 🇬🇧 content	der Inhalt	La boîte n'a pas de ~.
introduire qn/qc [ɛ̃tʀɔdɥiʀ] 🇬🇧 introduce	jdn/etw. einführen, einleiten *wird wie* construire *konjugiert* ▶ *Verbes, p. 138*	Pour ouvrir la porte, il faut ~ la carte.

---

1 habitudes   2 quotidienne   3 mets   4 tranches   5 découpé   6 morceaux   7 fins   8 cuits   9 en mets partout   10 remplis

Unité 2 | Volet 2

le lycée [ləlise]	das Gymnasium, die gymnasiale Oberstufe	Après le ~, on peut aller à l'université.
Brigitte Sauzay [bʀiʒitsozɛ]	▶ *Civilisation, p. 134*	
(ê) **revenir** [ʀəvniʀ]	zurückkommen	Mon fils est parti travailler au Japon. Il ~¹ en France pour Noël.
évidemment [evidamã] *adv.*	natürlich, selbstverständlich	Il s'est marié, alors ~, je suis allé au Japon moi aussi.
le site (web) [ləsit] 🇬🇧 website	die Webseite	Charlotte est photographe. Elle publie ses photos sur son ~.
l'OFAJ (Office franco-allemand pour la Jeunesse) [lɔfaʒ] *m.*	das DFJW (Deutsch-französisches Jugendwerk) ▶ *Civilisation, p. 134*	L'~ m'a aidé à trouver un stage en Allemagne.
correspondre à qn/qc [kɔʀɛspɔ̃dʀa]	etw./jdm entsprechen	Le métier d'ingénieur ~² à mes rêves.
la seconde [lasəgɔ̃d]	*wörtl.:* die zweite *erstes Jahr der Oberstufe*	Je m'appelle Jérôme, j'ai 15 ans et je suis en ~.
la famille d'accueil [lafamijdakœj]	die Gastfamilie	Pendant mon séjour, ma ~ s'est bien occupée de moi.
absolument [apsɔlymã] *adv.* 🇬🇧 absolutely	ganz, unbedingt	Le concert est le 13 septembre. Je veux ~ y aller!
gentiment [ʒãtimã] *adv.* → gentil	freundlich, netterweise	Il lui a parlé ~, alors elle a arrêté de crier.
mot à mot [motamo]	wortwörtlich	Ne traduisez pas ~.
même si [mɛmsi]	auch wenn, selbst wenn	J'aimerais partir un an à l'étranger ~ mes parents ne sont pas d'accord.
éclater de rire [eklatedəʀiʀ]	in Lachen ausbrechen	Il m'a montré son nouveau look. J'ai ~³.
couramment [kuʀamã] *adv.*	fließend	– Tu parles italien? – Oui un peu, mais pas ~.
énormément [enɔʀmemã] *adv.*	sehr viel, gewaltig	Un film qui cartonne, c'est un film qui a ~ de succès.
le progrès [ləpʀɔgʀɛ]	der Fortschritt	Il a fait des ~. Ses résultats sont meilleurs qu'avant.
le séjour [ləseʒuʀ]	der Aufenthalt	Pendant son ~ en France, Max a appris le français.
différemment [difeʀamã] *adv.*	anders	Moi, je ne ferais pas comme ça. Je ferais ~.
de manière ... [dəmanjɛʀ]	auf ... Art und Weise	Mon père a réagi ~ calme.
être assis/assise [ɛtʀasi/asiz]	sitzen	Tous les gens qui ~⁴ se sont levés.

faire le tour (de qc) [fɛʀlətuʀ]	um etw. herumgehen, einen Rundgang machen	Tous les soirs, on fait une balade. Souvent, on ~5 du village.
pas grand-chose [pɑgʀɑ̃ʃoz]	nicht viel, nichts Besonderes	– Qu'est-ce que tu fais ce soir? – ~, je reste à la maison.
le carnet de correspondance [ləkaʀnɛdəkɔʀɛspɔ̃dɑ̃s]	*Mitteilungsheft zur Kommunikation zwischen Eltern und Schulverwaltung*	
carrément [kaʀemɑ̃] *adv. fam.*	total, direkt	– Tu as oublié son anniversaire? – Oui, ~.
(ê) **s'entendre (bien)** [sɑ̃tɑ̃dʀ]	sich (gut) verstehen	En général, les chats ne ~ pas ~6 avec les chiens.
pourtant [puʀtɑ̃]	trotzdem	J'aimais bien le judo. ~, j'ai arrêté.
(ê) **passer** [pase] 🇬🇧 to pass	*hier:* vorbeigehen, vergehen *zeitlich*	Oh non, les vacances ~7 trop vite!
le mal du pays [ləmaldypei]	das Heimweh	Quand ils sont loin de chez eux, ils ont souvent le ~.
par contre [paʀkɔ̃tʀ]	jedoch, allerdings	J'adore passer du temps avec mes amis. ~, j'ai besoin d'être seul parfois.
avoir mal (à) [avwaʀmal]	Schmerzen haben (an/am)	J'ai trop réfléchi au problème. Maintenant, j'~8 à la tête.
le ventre [ləvɑ̃tʀ]	der Bauch	Hier soir, j'ai trop mangé. Après, j'ai eu mal au ~.
l'eau gazeuse [logazøz] *f.*	das Mineralwasser mit Kohlensäure	Pour une «Apfelschorle» il faut du jus de pomme et de l'~.
l'eau plate [loplat] *f.*	das stille (Mineral-)Wasser	Je n'aime pas l'eau gazeuse, je préfère l'~.
manquer [mɑ̃ke]	fehlen	Il me ~9 encore vingt euros pour m'acheter le vélo de mes rêves.
(ê) **se débrouiller** [sədebʀuje]	zurechtkommen	Je n'ai pas besoin d'aide. Je ~10 seule.
forcément [fɔʀsemɑ̃] *adv.*	zwangsläufig	Elle a parlé trop fort. Alors ~, il a tout entendu!
indépendant/indépendante [ɛ̃depɑ̃dɑ̃/ɛ̃depɑ̃dɑ̃t] *adj.* 🇬🇧 independent	unabhängig	Il n'a besoin de personne. Il est ~11.

---

1 revient   2 correspond   3 éclaté de rire   4 étaient assis   5 fait le tour   6 s'entendent ... bien   7 ont passé
8 ai mal   9 manque   10 me débrouillerai   11 indépendant

Unité 2 | Volet 3

l'anecdote [lanɛkdɔt] *f.*	die Anekdote	
une sorte de [ynsɔʀtdə] 🇬🇧 some sort of	eine Art (von)	La motoneige c'est ~ traîneau.
la pomme de terre [lapɔmdətɛʀ]	die Kartoffel	Les «Klöße» sont une spécialité allemande qu'on fait avec des ~[1].
la saucisse [lasosis] 🇬🇧 sausage	die Wurst	Un «hot-dog», c'est un petit pain avec une ~ chaude.
goûter qc [gute]	etw. probieren, etw. kosten	– Tu as ~[2] la sauce? – Oui, il manque un peu de sucre.
unique [ynik] *adj. inv.*	einzig, einzigartig	La pyramide du Louvre est ~ au monde.
le verre [lɔvɛʀ]	das Glas	J'ai soif! Je voudrais un grand ~ d'eau, s'il vous plaît.
au bout de qc [obudə]	am Ende von etw.	Les toilettes se trouvent ~[3] couloir.
le malentendu [ləmalɑ̃tɑ̃dy]	das Missverständnis	On s'est disputé pour rien. C'était un ~.
les faux amis [lefozami] *m. pl.*	*wörtl.:* falsche Freunde *Wörter aus unterschiedlichen Sprachen, die sich sehr ähnlich sind, aber nicht dieselbe Bedeutung haben*	«La batterie» en francais, ce n'est pas «die Batterie» en allemand. Ce sont des ~[4].
servir à qc [sɛʀviʀa]	von Nutzen sein, zu etw. dienen *wird wie* sortir *konjugiert* ▶ *Verbes, p. 138*	C'est vieux. Ça ne ~[5] plus à grand chose.
il paraît que [ilpaʀɛkə]	angeblich	On n'a pas anglais aujourd'hui! ~ M. Williams est malade.
le kiwi [ləkiwi]	die Kiwi	Le kiwi, c'est un fruit qui a beaucoup de vitamine C.
Il fallait y penser! [ilfalɛipɑ̃se]	Darauf muss man erst mal kommen!	
rejoindre qn [ʀəʒwɛ̃dʀ]	jdn treffen, jdn einholen ▶ *Verbes, p. 138*	Je ne suis pas encore prêt. Je vous ~[6] dans dix minutes.
exactement [ɛgzaktəmɑ̃] *adv.* 🇬🇧 exactly	genau	On t'attend ~ dix minutes. Pas plus!
(ê) se tromper [sətʀɔ̃pe]	sich täuschen, sich irren	Si je ne ~[7] pas, ils reviendront mardi.
avoir qc en tête [avwaʀɑ̃tɛt]	sich etw. vorstellen, an etw. denken, *wörtlich:* etw. im Kopf haben	Ce n'est pas ce que j'~[8].
la tête [latɛt]	der Kopf, *auch:* das Gesicht	Avant de me dire bonjour, elle m'a regardé de la ~ aux pieds.

(ê) **se plaindre de qc** [səplɛ̃dʀ]	sich beklagen über etw. *wird wie rejoindre konjugiert* ▶ *Verbes, p. 138*	Les élèves ~[9] avoir trop de devoirs.
l'oreiller [lɔʀeje] *m.*	das Kopfkissen	C'est agréable de dormir avec un ~ sous la tête.
en forme de [ɑ̃fɔʀmdə]	in Form von	Pour les enfants, il existe des sacs ~[10] ours.
gros/grosse [gʀo/gʀos] *adj.* ≠ fin/fine	groß, dick	Le gâteau était très bon, alors Luc en a repris un ~[11] morceau.
la comparaison [lakɔ̃paʀɛzɔ̃] 🇬🇧 comparaison	der Vergleich	Mes parents font souvent la ~ entre mon frère et moi. Ça m'énerve!
amusant/amusante [amyzɑ̃/amyzɑ̃t] *adj.* 🇬🇧 amusing	lustig, unterhaltsam	Il y a plein de sites ~[12] sur Internet.
le traversin [lətʀavɛʀsɛ̃]	*langes Kopfkissen in Form einer Rolle*	Tu dors avec un ~ ou avec un oreiller?

1 pommes de terre **2** goûté **3** au bout du **4** faux amis **5** sert **6** rejoins **7** me trompe **8** avais en tête
9 se plaignent d' **10** en forme d' **11** gros **12** amusants

Unité 3 | Lecture A

énorme [enɔʀm] *m./f. adj.*	riesig	Les surfers rêvent de vagues ~[1].
(ê) **se bousculer** [səbuskyle]	sich drängeln	Arrêtez de vous ~, il y a de la place pour tout le monde!
assister à qc [asistea]	bei etw. dabei sein, an etw. teilnehmen	J'ai ~[2] un concert de Zaz. C'était trop bien!
tirer [tiʀe]	ziehen, schießen	– Je n'arrive pas à ouvrir la porte. – ~[3] plus fort!
le clin d'œil [ləklɛ̃dœj]	der Augenblick, das Zwinkern	De l'autre bout de la table, mon grand-père m'a fait un ~.
en un clin d'œil [ɑ̃nɛ̃klɛ̃dœj]	im Handumdrehen	Ça s'est passé ~!
(ê) **s'asseoir** [saswaʀ]	sich hinsetzen	J'ai trouvé encore une seule chaise vide pour m'~.

je m'assois, tu t'assois, il/elle/on s'assoit, nous nous asseyons, vous vous asseyez, ils/elles s'assoient

emmener qn/qc [ɑ̃mne]	jdn/etw. mitnehmen	Je pars en vacances et cette fois, j'~[4] mon chien.
plein/pleine [plɛ̃/plɛn] *adj.*	voll	La salle est ~[5]. Il n'y a plus de place!
plus bas [plybɑ] *adv.*	weiter unten	– Tu as mal où? Là? – Non, un peu ~.

le fou / la folle [ləfu/lafɔl]	der/die Verrückte, der Fan	Je suis un vrai ~[6] de baskets. J'en ai toute une collection.
faire de la musculation [fɛʁdəlamyskylasjɔ̃]	Kraftraining machen	Marc et Leïla veulent devenir plus forts. Alors, ils ~[7].
le son [ləsɔ̃] 🇬🇧 sound → sonner, la sonnerie	der Ton, der Klang	Chaque instrument a son propre ~.
renverser qn/qc [ʁɑ̃vɛʁse]	kippen, jdn/etw. umstoßen	Mon frère s'est vite levé de table et il a ~[8] la bouteille.
la tête [latɛt]	der Kopf	Elle a posé sa ~ sur l'oreiller.
porter chance [pɔʁteʃɑ̃s]	Glück bringen	J'ai gagné! C'est toi qui m'as ~[9].
le combat [ləkɔ̃ba] 🇬🇧 combat	der Kampf	Dans un tournoi de boxe, il y a des pauses entre les ~[10].
le public [ləpyblik]	das Publikum	Le ~ applaudit le clown.
concentré/concentrée [kɔ̃sɑ̃tʁe] *adj.*	konzentriert	Marion pense à plusieurs choses en même temps. Elle n'est pas ~[11].
la terre [latɛʁ]	der Boden, die Erde *auch*: die Welt	Il y a des oiseaux dans le ciel et sur la ~.
l'épaule [lepol] *f.*	die Schulter	Atlas porte la terre sur ses ~[12].
populaire [popylɛʁ] *m./f. adj.* 🇬🇧 popular	beliebt, populär	Le rugby est très ~ en France.
le footing [ləfutiŋ]	das Joggen, das Laufen	J'adore le ~. Tous les dimanches, je cours six kilomètres.

---

1 énormes 2 assisté à 3 Tire 4 emmène 5 pleine 6 fou 7 font de la musculation 8 renversé 9 porté chance
10 combats 11 concentrée 12 épaules

Unité 3 | Lecture B

gaspiller qc [gaspije]	etw. verschwenden	Je prends une douche rapide. Je ne veux pas ~ l'eau.
grâce à [gʁɑsa]	dank	J'ai passé mon diplôme ~ mes amis, qui m'ont aidé.
De quoi je me mêle? [dəkwaʒməmɛl]	Was geht dich das an?	– Tu n'as pas le droit de faire ça! – ~!
Tais-toi! [tɛtwa]	Sei still!, Schweig!	~! Je ne veux plus t'entendre!
la bouche [labuʃ]	der Mund	Je n'entends rien. Pourtant, des mots sortent de sa ~.

Unité 3 | Volet 1

le continent [ləkɔ̃tinã]	der Kontinent	Le navigateur Christophe Colomb a découvert un nouveau ~.
africain/africaine [afʀikɛ̃/afʀikɛn] *adj.*	afrikanisch	Tiken Jah Fakoly est un chanteur ~[1].
le Sénégal [ləsenegal]	der Senegal	La capitale du ~, c'est Dakar.
national/nationale/nationaux *m. pl.* [nasjɔnal/nasjɔno] *adj.*	national, National-	En France, le 14 juillet est le jour de la fête ~[2].
le wolof [ləwɔlɔf]	Wolof *Sprache, die vor allem im Norden und Westen des Senegal gesprochen wird*	Mes parents viennent du Sénégal et ils parlent le ~.
le peul [ləpøl]	Fulfulde *westafrikanische Sprache, die auch im Senegal gesprochen wird*	Au Sénégal, le ~ et le wolof sont des langues nationales.
les ressources [leʀəsuʀs] *f. pl.*	die Ressourcen, *hier:* Bodenschätze	Les pays gagnent de l'argent grâce à leurs ~.
l'agriculture [lagʀikyltyʀ] *f.*	die Landwirtschaft	Grâce à l'~, nous avons de la nourriture.
l'arachide [laʀaʃid] *f.*	die Erdnuss	La cuisine africaine a beaucoup de recettes à la sauce aux ~[3].
le coton [ləkɔtɔ̃] 🇬🇧 cotton	die Baumwolle, die Watte	Tu ne m'as pas entendu? Tu as du ~ dans les oreilles!
la mangue [lamãg]	die Mango	La ~ est un fruit vert et rouge. Découpée, elle est jaune.
le Maroc [ləmaʀɔk]	Marokko	Le ~ était une colonie française jusqu'en 1956.
l'arabe [laʀab] *m.*	Arabisch	En Tunisie, on parle ~ et le français.
le berbère [ləbɛʀbɛʀ]	die Berbersprache, Berberisch	Il y a des gens en Tunisie qui parlent ~.
l'espagnol [lɛspaɲɔl] *m.*	Spanisch	L'arabe a apporté un grand nombre de mots à l'~.
l'olive [lɔliv] *f.*	die Olive	J'aime les ~[4] vertes, mais je préfère les noires.
l'élevage [lelvaʒ] *m.*	die Zucht, die Aufzucht	L'~ de lapins demande des connaissances spéciales.
le mouton [ləmutɔ̃]	das Schaf	Il y a toujours un chien qui garde les ~[5].
le phosphate [ləfɔsfat]	das Phosphat	
l'argent [laʀʒã] *m.*	das Silber	Dans un vrai trésor, il y a de l'or et de l'~.
la Côte d'Ivoire [lakotdivwaʀ]	die Elfenbeinküste	

le baoulé [ləbaule]	Baule *Sprache, die im Zentrum der Elfenbeinküste gesprochen wird*	– Tu parles le ~? – Non, mais je le comprends un peu.
le dioula [lədiula]	Dioula *Sprache, die im Norden der Elfenbeinküste gesprochen wird*	Dans le nord du pays, beaucoup de gens parlent le ~.
le malinké [ləmalɛ̃ke]	Malinke *westafrikanische Sprache, die auch im Nordwesten der Elfenbeinküste gesprochen wird*	Dans le nord de la Côte d'Ivoire, on parle le dioula et le ~.
le cacao [ləkakao]	der Kakao	Pour faire du chocolat il faut du ~.
le café [ləkafe]	der Kaffee	Tu préfères le ~ noir ou le ~ au lait?
le caoutchouc [ləkautʃu]	der Kautschuk	Les chaussures en ~, c'est pratique quand il pleut.
l'huile [lɥil] *f.*	das Öl	Avec des olives, on peut faire de l'~.
l'huile de palme [lɥildəpalm] *f.*	das Palmöl	L'~ est moins chère que l'huile d'olive.
le bois [ləbwa]	das Holz	Mon lit, mon armoire et ma table sont en ~.
l'Algérie [alʒeʀi] *f.*	Algerien	L'~ se trouve au Maghreb.
la datte [ladat]	die Dattel	La ~ est très riche en sucres.
le gaz [ləgaz]	das Gas	
le gaz naturel [ləgaznatyʀɛl]	das Erdgas	
le pétrole [ləpetʀɔl]	das Erdöl	Le gaz naturel et le ~ sont des ressources souterraines.
le désert [lədezɛʀ]	die Wüste ▶ *Civilisation, p. 134*	Pour traverser le ~ il faut avoir assez d'eau.
peuplé/peuplée [pœple] *adj.*	bevölkert	Les régions les moins ~[6] du monde, sont les régions froides.
l'Asie [lazi] *f.*	Asien	L'~ est le continent le plus peuplé.
le milliard [ləmiljaʀ]	die Milliarde	Mille millions sont un ~.
la majorité [lamaʒɔʀite]	die Mehrheit	La ~ du Parlement européen est de cet avis.
l'enseignement [lɑ̃sɛɲmɑ̃] *m.*	der Unterricht, das Schulwesen	Les professeurs travaillent dans l'~.
la plupart (de) [laplypaʀ]	die meisten (von)	La ~ des gens aiment les vacances.
la moitié [lamwatje]	die Hälfte	
l'immigré / l'immigrée [limigʀe]	der Einwanderer / die Einwanderin	Les ~[7] commencent une nouvelle vie dans un pays inconnu.
le tiers [lətjɛʀ]	das Drittel	Mais arrête de parler! J'ai déjà raté un ~ du film!

la moitié – 1/2
un tiers – 1/3
deux tiers – 2/3

un quart – 1/4
trois quarts – 3/4
un cinquième – 1/5

un sixième – 1/6
un huitième – 1/8
un dixième – 1/10

▶ *Méthodes, p. 126/20*

le Maghreb [ləmagʀɛb]	der Maghreb ▶ *Civilisation, p. 134*	Le ~ se trouve en Afrique du nord.
subsaharien/subsaharienne [sybsaaʀjɛ̃/sybsaaʀjɛn]	subsaharisch, südlich der Sahara	J'ai visité le nord du continent, mais je ne connais pas l'Afrique ~[8].
l'origine [lɔʀiʒin] *f.* 🇬🇧 origin	die Herkunft, der Ursprung	Charles Darwin a fait des recherches sur l'~ des hommes.
Dakar [dakaʀ]	Dakar *Hauptstadt des Senegal* ▶ *Civilisation, p. 134*	
Abidjan [abidʒɑ̃]	Abidjan *Regierungssitz und ehemalige Hauptstadt der Elfenbeinküste* ▶ *Civilisation, p. 134*	
Alger [alʒe]	Algier *Hauptstadt Algeriens* ▶ *Civilisation, p. 134*	
Casablanca [kasablɑ̃ka]	Casablanca *größte Stadt Marokkos* ▶ *Civilisation, p. 134*	
le Mali [ləmali]	Mali *westafrikanischer Staat* ▶ *Civilisation, p. 134*	Le ~ se trouve au sud de l'Algérie.
le Burkina Faso [ləbyʀkinafaso]	Burkina Faso	Le ~ est un pays au sud du Mali.

---

1 africain   **2** nationale   **3** arachides   **4** olives   **5** moutons   **6** peuplées   **7** immigrés   **8** subsaharienne

Unité 3 | Volet 2

le portrait [ləpɔʀtʀɛ]	das Porträt	J'ai photographié toute ma famille pour avoir leurs ~[1].
Odienné [odjene]	Odienné *Stadt im Nordwesten der Elfenbeinküste*	
le nom [lənɔ̃]	der Name, der Nachname	Je ne sais pas comment il s'appelle. Je ne connais pas son ~.
Bamako [bamako]	Bamako *Hauptstadt von Mali* ▶ *Civilisation, p. 134*	
(ê) **s'exiler** [sɛgzile]	ins Exil gehen	Si on ne peut pas rester dans son pays, on doit ~.
critiquer (qn/qc) [kʀitike]	(jdn/etw.) kritisieren	En classe, on peut ~ les autres, mais d'une façon sympathique.
ivoirien/ivoirienne [ivwaʀjɛ̃/ivwaʀjɛn] *adj.*	aus der Elfenbeinküste, ivorisch	Odienné est une ville ~[2].

engagé/engagée [ãgaʒe] *adj.*	engagiert	Madame Lenoir s'occupe de tout. C'est une principale très ~[3].
la corruption [lakɔʀypsjɔ̃]	die Korruption, die Bestechung	La police italienne lutte contre la ~.
toucher qn/qc [tuʃe]	*hier:* jdn/etw. (be)treffen, jdn/etw. befallen	Le mauvais temps ~[4] tout le nord du pays.
la pauvreté [lapovʀəte] 🇬🇧 poverty → pauvre	die Armut	La famille s'est installée en France. Elle était partie à cause de la ~.
l'organisation [lɔʀganizasjɔ̃] *f.* 🇬🇧 organisation	die Organisation	«Médecins du monde» est une ~ internationale.
l'action [laksjɔ̃] *f.* 🇬🇧 action	die Aktion, die Tat	Chaque jour, une bonne ~.
la faim [lafɛ̃]	der Hunger	– Tu veux manger quelque chose? – Oui, j'ai une petite ~.
donner une voix à qn [dɔneynvwaa]	jdm eine Stimme geben	Dans ses livres, l'auteur ~[5] aux immigrés.
créer qc [kʀee]	etw. erschaffen *hier:* etw. gründen	Mon grand-père a ~[6] une entreprise dans le domaine de l'informatique.
l'image [limaʒ] *f.*	das Bild	Ma petite sœur ne sait pas encore lire, mais elle adore regarder les ~[7].
positif/positive [pozitif/pozitiv] *adj.* 🇬🇧 positiv	positiv	Je suis super contente, parce que j'ai eu une réponse ~[8]!
Fatym Layachi [fatimlajaʃi]	*marokkanische Schauspielerin* ▶ *Civilisation, p. 134*	
marocain/marocaine [maʀɔkɛ̃/maʀɔkɛn] *adj.*	marokkanisch	Au Maroc, j'ai appris des choses sur l'histoire ~[9].
le bac [ləbak] *fam* / **le baccalauréat** [ləbakalɔʀea]	das Abi, das Abitur	Je vais passer mon ~ à dix-huit ans.
le Cours Florent [ləkuʀflɔʀɑ̃]	*private Schauspielschule in Paris*	
le Marocain / la Marocaine [ləmaʀɔkɛ̃/lamaʀɔkɛn]	der Marokkaner / die Marokkanerin	Deux tiers des ~[10] habitent dans les grandes villes.
le symbole [ləsɛ̃bɔl] 🇬🇧 symbol	das Symbol, das Zeichen	Le drapeau bleu, blanc, rouge est un ~ de la France.
depuis que [dəpɥikə]	seit, seitdem	~ je fais du sport, je vais mieux.
la jeunesse [laʒœnɛs] → jeune ≠ vieux	die Jugend	L'OFAJ s'occupe de la ~ franco-allemande.
doré/dorée [dɔʀe] *adj.*	vergoldet *hier:* reich	En octobre, les arbres ont des feuilles ~[11].

selon [səlɔ̃] — nach, laut — ~ mes frères et sœurs, je ferais un bon policier.

le modèle [ləmɔdɛl] — das Vorbild, das Modell — Le peintre a travaillé avec un ~.

occidental/occidentale/occidentaux *m. pl.* [ɔksidɑ̃tal/ɔksidɑ̃to] *adj.* — westlich — La majorité des pays européens sont des pays ~[12].

attaché/attachée (à qc/qn) [ataʃe] — verbunden, festgemacht (an etw.) — Devant la gare, il y a beaucoup de vélos ~[13].

le multiculturalisme [ləmyltikyltyʀalism] — die Multikulturalität — Les gens de mon quartier viennent de différents pays. C'est sympa, mais le ~ n'est pas toujours facile.

(ê) s'imposer [sɛ̃poze] — sich behaupten — Yaya Toure a pu ~ comme l'un des meilleurs joueurs de foot du monde.

mettre en scène [mɛtʀɑ̃sɛn] — inszenieren — J'aime bien sa façon de ~ les pièces de théâtre.

le refus [ləʀəfy] — die Weigerung, die Ablehnung — Mes parents ont dit non. J'étais furieux à cause de leur ~.

(ê) (se) poser des questions [pozedekɛstjɔ̃] — (sich) Fragen stellen — Vous avez le droit de ~.

la création [lakʀeasjɔ̃] → créatif — die Schöpfung, das Kreieren *auch:* das Werk — – Regarde ma ~! – Quelle bonne idée, elle est vraiment réussie.

la censure [lasɑ̃syʀ] — die Zensur *nicht Schulnote* — La ~ empêche les gens de dire et d'écrire ce qu'ils pensent.

l'art [laʀ] *m.* 🇬🇧 art — die Kunst — Ma tante s'intéresse à l'~. Elle adore aller dans les musées.

(ê) se développer [sədevlɔpe] 🇬🇧 to develop — sich entwickeln — L'agriculture biologique est en train de ~.

Marguerite Abouet [maʀgəʀitabue] — *ivorische Schriftstellerin* ▶ *Civilisation, p. 134*

Yopougon [jopugɔ̃] — *Stadtviertel in Abidjan*

le quartier populaire [ləkaʀtjepopulɛʀ] — *einfaches, ärmeres Stadtviertel* — J'habite dans un ~, mais j'aime bien à cause du multiculturalisme.

faire du baby-sitting [fɛʀdybabisitiŋ] — babysitten — Tu as déjà ~[14] pour gagner de l'argent?

commencer à + *inf.* — mit etwas beginnen — Elle ~[15] à chanter.

l'enfance [lɑ̃fɑ̃s] *f.* → l'enfant — die Kindheit — À dix-huit ans, l'~ est finie.

le mari [ləmaʀi] → le mariage — der Ehemann, der Mann — Je vous présente mon ~, Damien.

Clément Oubrerie [klemãubʀəʀi] | *französischer Illustrator, Comic- und Trickfilmzeichner*

il fait bon vivre [ilfɛbɔ̃vivʀ] | es lebt sich gut | À la campagne, ~.

(ê) **sortir** [sɔʀtiʀ] | *hier:* anlaufen *Film* ▶ *Verbes, p. 138* | Le film n'est pas encore ~16.

la bibliothèque [labiblijɔtɛk] | die Bibliothek, die Bücherei | – Où est-ce que tu as trouvé ce livre?
– À la ~.

1 portraits   2 ivorienne   3 engagée   4 touche   5 donne une voix   6 créé   7 images   8 positive   9 marocaine   10 Marocains   11 dorées   12 occidentaux   13 attachés   14 fais du baby-sitting   15 commence   16 sorti

Unité 3 | Volet 3

l'impression [lɛ̃pʀesjɔ̃] *f.*
→ impressionner qn | der Eindruck | Il avait l'~ de vivre un rêve.

la Médina [lamedina] | die Medina *Name der Altstadt in arabischen und (nord-)afrikanischen Städten*

accueillir qn [akœjiʀ] | jdn empfangen, aufnehmen
▶ *Verbes, p. 138* | La famille a ~1 le correspondant les bras ouverts.

sénégalais/sénégalaise [senegalɛ/senegalɛz] *adj.* | senegalesisch | Dakar est une grande ville ~2.

le tiep-bou-diene [lətjɛpbudjɛn] | *traditionelles senegalesisches Gericht aus Fisch und Reis*

le poulet [ləpulɛ] | das Hähnchen | On peut manger le ~ froid ou chaud.

le poulet yassa [ləpulɛjasa] | *Hähnchen mit Zitrone nach senegalesischer Art*

le citron vert [ləsitʀɔ̃vɛʀ] | die Limone | Le ~ est un peu plus petit que le citron.

(ê) **se balader** [səbalade] *fam.*
→ la balade | spazieren gehen, herumlaufen | Cet après-midi, j'ai envie de me ~ en ville.

le Plateau [ləplato] | *modernes Stadtviertel im Süden von Dakar*

le marché Sandaga [ləmaʀʃesãdaga] | *großer Markt in Dakar*

l'indépendance [lɛ̃depãdãs] *f.* | die Unabhängigkeit | Quand on grandit, on gagne de l'~.

la vaisselle [lavɛsɛl] | das Geschirr | Toute la ~ est rangée dans la cuisine.

le tissu [lətisy]	der Stoff	– Le ~ de ton tee-shirt, c'est quoi? – C'est du coton.
la viande [lavjɑ̃d]	das Fleisch	J'adore les animaux, alors je ne mange plus de ~.
le boubou [ləbubu]	der Boubou *traditionelle Bekleidung in West- und Nordafrika*	
marchander [maʁʃɑ̃de] → le marché	handeln, verhandeln	Les choses sont moins chères quand on ose ~.
le prix ❗ **les prix** [ləpʁi]	der Preis	Le bonheur n'a pas de ~.
être pressé/pressée [ɛtʁpʁese]	es eilig haben	Mais dépêchez-vous, je suis vraiment ~[3]!
le franc CFA [ləfʁɑ̃seɛfa]	der CFA-Franc (Franc de la Communauté Financière d'Afrique) *Währung, die hauptsächlich in frankophonen Ländern West- und Zentralafrikas genutzt wird*	
(ê) passer pour qn/qc [pasepuʁ]	für jdn/etw. gehalten werden	Je n'ai rien dit pour ne pas ~ un idiot.
jeter qc [ʒəte]	etw. (weg)werfen ▶ *Verbes, p. 138*	C'était dégueulasse, j'ai tout ~[4] à la poubelle.
les déchets [ledeʃɛ] *m. pl.*	der Abfall	Il y a différentes poubelles pour les ~.
au lieu de [oljødə]	statt, anstelle	Il va faire froid. Prends un anorak ~[5] un pullover.
Saly [sali]	Saly *touristischer Badeort südlich von Dakar* ▶ *Civilisation, p. 134*	
Léopold Sédar Senghor [leopoldsedaʁsɛ̃goʁ]	*senegalischer Dichter und Politiker* ▶ *Civilisation, p. 134*	
le lion [ləljɔ̃] 🇬🇧 lion	der Löwe	Les ~[6] n'ont pas peur parce que ce sont eux les plus forts.
les Lions du Sénégal [leljɔ̃dysenegal]	*Spitzname der senegalesischen Fußball-nationalmannschaft der Herren*	
l'éléphant [lelefɑ̃] *m.* 🇬🇧 elephant	der Elefant	L'~[7] est le symbole de la Côte d'Ivoire.
les Éléphants de Côte d'Ivoire [lezelefɑ̃dəkotdivwaʁ] *m. pl.*	*Spitzname der ivorischen Fußball-nationalmannschaft der Herren*	
Daara J [daʁaʒi]	*senegalesische Hip-Hop-/Reggae-Gruppe* ▶ *Civilisation, p. 134*	
la lutte [lalyt] → lutter	der Kampf, das Ringen	J'ai vu une ~ entre de vrais champions.
la lutte sénégalaise [lalytsenegalɛz]	*westafrikanischer Kampfsport, ähnlich dem Wrestling oder Ringkampf*	La ~ est un sport populaire dans plusieurs pays africains.

traditionnel/traditionnelle [tʀadisjɔnɛl] *adj.* → la tradition	traditionell	Le tiep-bon-diene est un plat ~[8] sénégalais.
dont [dɔ̃]	*hier:* von dem, dessen *auch:* deren *Relativpronomen*	C'est un mot ~ je ne connais pas la traduction.
l'île de Gorée [lildəgɔʀe] *f.*	Gorée *Insel vor der senegalesischen Küste* ▶ *Civilisation, p. 134*	L'~ est un endroit avec une triste histoire.
la traite des Noirs [latʀɛtdenwaʀ]	der Sklavenhandel	
l'esclave [lɛsklav] *m./f.*	der Sklave / die Sklavin	Beaucoup d'~[9] sont morts pendant le voyage vers l'Amérique.
la Maison des esclaves [lamɛzɔ̃dezɛsklav]	*wörtl.:* das Sklavenhaus ▶ *Civilisation, p. 134*	Aujourd'hui, la ~ est un musée.
l'Amérique [lameʀik] *f.*	Amerika *(Kontinent)*	Je voudrais visiter trois continents: l'Afrique, l'Asie et l'~.
l'arme [laʀm] *f.*	die Waffe	Sans ~[10], pas de guerre.
plein de [plɛ̃də] *adv.* = beaucoup de	viele *+ Nomen*	Je ne m'ennuie pas, j'ai ~ choses à faire.
le Lac rose [ləlakʀoz]	*senegalesischer Salzsee* ▶ *Civilisation, p. 134*	
la Casamance [lakazamɑ̃s]	*Fluss und Region im Südwesten Senegals* ▶ *Civilisation, p. 134*	
le parc national du Niokolo Koba [ləpaʀknasjɔnaldynjokolokoba]	*Nationalpark im Südosten Senegals* ▶ *Civilisation, p. 134*	Au ~, on protège les animaux.
en détail [ɑ̃detaj] 🇬🇧 in detail	ausführlich, im Einzelnen	Explique-moi ~, s'il te plaît.
après-demain [apʀɛdəmɛ̃] *adv.*	übermorgen	Aujourd'hui, c'est dimanche. ~, c'est mardi.

1 accueilli   **2** sénégalaise   **3** pressé   **4** jeté   **5** au lieu d'   **6** lions   **7** éléphants   **8** traditonnel   **9** esclaves   **10** armes

▬ Module A

Die Module sind fakultativ und können unabhängig voneinander behandelt werden.
Sie schließen an den Wortschatz von *Unité 3* an.

Laurent Cantet [lɔʀɑ̃kɑ̃tɛ]	*französischer Filmregisseur* ▶ *Civilisation, p. 134*	
la synopsis [lasinɔpsis]	die Kurzbeschreibung	Pour savoir de quoi le film parle, il faut lire la ~.
agressif/agressive [agʀesif/agʀesiv] *adj.*	aggressiv, grell	Nous avons deux chiens, qui ne sont jamais ~[1], ils sont toujours gentils.

insolent/insolente [ɛ̃sɔlɑ̃/ɛ̃sɔlɑ̃t] *adj.*	unverschämt, frech	On peut critiquer les autres sans pour cela être ~².
motiver qn [mɔtive]	jdn motivieren	Notre prof de sport nous ~³ toujours, même si on n'en peut plus.
prendre des risques [pʀɑ̃dʀdeʀisk]	Risiken eingehen	J'adore aller très vite à vélo, mais je ne ~⁴.
la critique [lakʀitik] → critiquer qn	die Kritik	C'est un commentaire. Ne le prends pas comme une ~.
le réalisateur / la réalisatrice [ləʀealizatœʀ/laʀealizatʀis]	der/die Regisseur/in	Luc Besson est un ~⁵ français très connu.
la Palme d'or [lapalmdɔʀ]	die Goldene Palme *französischer Filmpreis, wird beim Filmfest in Cannes verliehen*	
le Festival de Cannes [ləfɛstivaldəkan]	Internationale Filmfestspiele von Cannes	
l'adaptation [ladaptasjɔ̃] *f.*	die Adaption, die Bearbeitung *hier:* die Verfilmung	J'ai vu «Les profs» au cinéma. C'est une ~ de la bédé.
François Bégaudeau [fʀɑ̃swabegodo]	*französischer Autor*	
ancien/ancienne [ɑ̃sjɛ̃/ɑ̃sjɛn] *adj.*	alt, ehemalig	Mon oncle habite dans une ~⁶ usine. Il a beaucoup de place.
le scénario [ləsenaʀjo]	das Drehbuch	J'aimerais travailler dans le domaine du cinéma. Écrire des ~⁷ par exemple.
Robin Campillo [ʀɔbɛ̃kɑ̃pijo]	*französischer Filmregisseur und Cutter*	
d'ailleurs [dajœʀ]	übrigens	Je n'ai pas réussi à ouvrir la boîte. Papa non plus ~.
l'amateur / l'amatrice [lamatœʀ/lamatʀis] *m./f.*	der Laie	Ma mère n'a jamais appris à faire du théâtre, c'est une ~⁸.
rendre qc authentique [ʀɑ̃dʀotɑ̃tik]	etw. authentisch wirken lassen / machen	Les vêtements et la musique de l'époque ont ~ le film ~⁹.
le quotidien [ləkɔtidjɛ̃] → quotidien/ne	der Alltag	Ma famille, mes amis, l'école, les devoirs, c'est mon ~.
le goût [ləgu] → goûter qc	der Geschmack, die Vorliebe	Ma copine et moi, on aime les mêmes choses, nous avons les mêmes ~¹⁰.
à l'intérieur [alɛ̃teʀjœʀ] ≠ à l'extérieur	innerhalb, drinnen *hier:* in den Räumen	– Où sont Véronique et Josué? – Ils sont ~, dans la cuisine, je crois.
en particulier [ɑ̃paʀtikylje] → particulièrement	insbesondere, vor allem	J'aime bien la mer, la mer Méditerranée ~.
vivant/vivante [vivɑ̃/vivɑ̃t] *adj.*	lebendig	Dans ma ville, il y a plein de choses à faire, c'est une ville ~¹¹.

à la fois [alafwa]	gleichzeitig	Le livre est ~ drôle et touchant.
captiver qn/qc [kaptive]	jdn fesseln	J'ai vu un film qui m'a ~[12].
le spectateur / la spectatrice [ləspɛktatœʀ/laspɛktatʀis]	der/die Zuschauer/in	Les ~[13] étaient très intéressés par la présentation.
le gros plan [ləgʀoplã]	die Nahaufnahme	Dans la plupart des scènes, on voit le visage de l'acteur principal en ~.
l'émotion [lemosjõ] *f.*	die Gefühlsregung, die Aufregung	Mon père montre ses ~[14].
le premier plan [ləpʀəmjeplã]	der Vordergrund	Au ~, on voit les superhéros. On ne voit pas ce qu'il y a derrière eux.
l'arrière-plan [laʀjɛʀplã] *m.*	der Hintergrund	Au premier plan, il y a un homme en motoneige. À ~ on voit un paysage d'hiver.
le comportement [ləkõpɔʀtəmã]	das Verhalten	Mon voisin ne dit jamais bonjour. Son ~ est bizarre.
maîtriser qc [metʀize]	etw. beherrschen	Mon ami Karol vient d'arriver en France. Il ne ~[15] pas encore la langue.
la situation [lasitɥasjõ]	die Situation	Hier, j'ai dû aller au tableau. C'était une ~ pénible!
le conseil de classe [ləkõsɛjdəklas]	die Klassenkonferenz	Le ~ sert à prendre des décisions sur l'avenir des élèves.
le dialogue [lədialɔg]	der Dialog	Je comprends les films en anglais, mais si les ~[16] sont trop compliqués, je ne suis plus.
reprocher qc à qn [ʀəpʀoʃe]	jdm etw. vorwerfen	Ma grand-mère m'a ~[17] de ne pas l'appeler assez souvent.
le moment-clé [ləmɔmãkle]	der Schlüsselmoment	D'après toi, c'est quand, le ~ du film?
dégénérer [deʒeneʀe]	ausarten, sich verschlechtern	Non, je ne veux plus de fête chez nous. À chaque fois, ça ~[18]!
le délégué de classe / la déléguée de classe [lədelegedəklas/ladelegedəklas]	der/die Schülervertreter/in	Nos ~[19] parlent pour nous avec les profs et les surveillants.
complètement [kõplɛtmã] *adv.*	ganz, vollständig	J'ai ~ oublié son anniversaire!
la comédie [lakɔmedi]	die Komödie	Si la pièce de théâtre est drôle, c'est une ~.
qui s'inspire/nt de [kisɛ̃spiʀdə]	nach der Vorlage von	Il y a beaucoup de films ~[20] une œuvre littéraire.
emmener qn/qc [ãmne]	jdn/etw. mitnehmen ▶ *Verbes, p. 138*	J'~[21] toujours mon portable.

1 agressifs 2 insolent 3 motive 4 prends pas de risques 5 réalisateur 6 ancienne 7 scénarios 8 amatrice
9 rendu, authentique 10 goûts 11 vivante 12 captivé 13 spectateurs 14 émotions 15 maîtrise 16 dialogues
17 reproché 18 dégénère 19 délégués de classe 20 qui s'inspirent d' 21 emmène

Module B

Die Module sind fakultativ und können unabhängig voneinander behandelt werden.
Sie schließen an den Wortschatz von *Unité 3* an.

p. 89	**le regard** [ləʀəgaʀ] → regarder	der Blick	Ma mère m'a jeté un ~ noir.
	le siècle des Lumières [ləsjɛkldelymjɛʀ] *f. pl.*	die Aufklärung *(1715–1789)*	Voltaire a vécu et a écrit pendant le ~.
	la Prusse [lapʀys]	Preußen	
	Frédéric II [fʀedeʀikdø]	Friedrich II. *König von Preußen, genannt Friedrich der Große (1712–1786)*	
	Voltaire [vɔltɛʀ]	*französischer Philosoph (1694–1778)* ▶ *Civilisation, p. 134*	
	le/la philosophe [lə/lafilɔzɔf] *m./f.*	der/die Philosoph/in	Les ~[1] posent beaucoup de questions, mais donnent peu de réponses.
	le petit-fils / la petite-fille [ləpətifis/lapətitfij]	der/die Enkel/in	Le fils de ma fille, c'est mon ~[2].
	Charlemagne [ʃaʀləmaɲ]	Karl der Große *König des Fränkischen Reichs (747–814)*	
	le traité de Verdun [lətʀetedəvɛʀdɛ̃]	der Vertrag von Verdun (843)	
	le traité [lətʀete]	der Vertrag	Ce pays refuse de signer le ~.
	partager qc [paʀtaʒe]	etw. teilen, etw. aufteilen	Je dois toujours ~ avec mon frère, ça m'énerve!
	l'Empire [lɑ̃piʀ] *m.*	das Kaiserreich	À l'époque de Charlemagne, l'Europe était un ~.
	la Francie occidentale [lafʀɑ̃siɔksidɑ̃tal]	das Westfrankenreich	
	la Francie orientale [lafʀɑ̃siɔʀjɑ̃tal]	das Ostfrankenreich	
	la Lotharingie [lalɔtaʀɛ̃ʒi]	Lotharingien	
	les accords de Schengen [lezakɔʀdəʃɛŋgɛn]	die Schengener Abkommen (1995)	
	Charles De Gaulle [ʃaʀldəgol]	*französischer Politiker und Staatspräsident (1890–1970)*	
	le traité de l'Élysée [lətʀetedəlelize]	der Élysée-Vertrag (1963)	
	la Première Guerre mondiale [lapʀəmjɛʀgɛʀmɔ̃djal]	der Erste Weltkrieg	La ~ a eu lieu de 1914 à 1918.
	la guerre franco-prussienne [lagɛʀfʀɑ̃kopʀysjɛn]	der französisch-preußische Krieg	

la Lorraine [lalɔʀɛn]	Lothringen *Region im Nordosten Frankreichs*	
programmé/programmée [pʀɔgʀame] *adj.*	vorprogrammiert	Avec tout ce qui s'est passé avant, la fin était ~³.
l'Édit de Nantes [ledidənɑ̃t] *m.*	das Edikt von Nantes (1598) ▶ *Civilisation, p. 134*	
mettre fin à qc [mɛtʀfɛ̃a]	etw. beenden	Au bout de dix minutes, le prof a ~⁴ la discussion.
la religion [laʀəliʒjɔ̃]	die Religion	Il s'occupe beaucoup de sa voiture. Il en fait toute une ~.
le/la catholique [lə/lakatɔlik] *m./f.*	der/die Katholik/in	Beaucoup de ~⁵ vivent en Bretagne.
le protestant / la protestante [ləpʀɔtɛstɑ̃/lapʀɔtɛstɑ̃t]	der/die Protestant/in	En 1685, beaucoup de ~⁶ ont quitté la France.
la Réforme [laʀefɔʀm]	die Reformation	
la paix [lapɛ] 🇬🇧 peace	der Frieden	Les traités de ~ mettent fin à la guerre.
la révocation [laʀevɔkasjɔ̃]	die Widerrufung	
la Seconde Guerre mondiale [lasəgɔ̃dgɛʀmɔ̃djal]	der Zweite Weltkrieg	La ~ était la dernière guerre entre les Allemands et les Français.
Napoléon [napɔleɔ̃]	Napoleon *französischer General und Kaiser (1769–1821)*	
la troupe [latʀup]	die Truppe	
envahir [ɑ̃vaiʀ]	einfallen in	Au 19ᵉ siècle les lapins ~⁷ l'Australie.
la partie [lapaʀti]	der Teil	La première ~ de la fête était calme.
p. 90 **l'ennemi** *m.* / **l'ennemie** *f.* [lenmi]	der Feind / die Feindin	Quand on fait une guerre, on lutte contre l'~⁸.
la réconciliation [laʀekɔ̃siljasjɔ̃]	die Versöhnung	Mon père et mon oncle ne se parlaient plus. Maintenant, il y a eu une ~.
sembler [sɑ̃ble] 🇬🇧 to seem	scheinen	Le prix me ~⁹ exagéré.
impossible [ɛ̃pɔsibl] *m./f. adj.* ≠ possible	unmöglich	Je n'arrive pas à le croire. Ça me semble ~!
le président / la présidente [ləpʀezidɑ̃/lapʀezidɑ̃t]	der/die Präsident/in	John F. Kennedy était ~¹⁰ des États-Unis.
le chancelier / la chancelière [ləʃɑ̃səlje/laʃɑ̃səljɛʀ] 🇬🇧 chancellor	der/die Kanzler/in	Angela Merkel est la première ~¹¹ en Allemagne.

le tour de force [lətuʁdəfɔʁs]	der Kraftakt	Mon bac était un ~, pour moi – et pour ma famille!
déclarer qc [deklaʁe] 🇬🇧 to declare	etw. verkünden, erklären	Il lui a ~[12] son amour dans un texto.
coopérer [kɔɔpeʁe] 🇬🇧 to cooperate	kooperieren, zusammenarbeiten	
la politique [lapɔlitik] 🇬🇧 politics	die Politik	Je m'intéresse à la ~. J'espère changer les choses.
l'objectif [lɔbʒɛktif] *m.* 🇬🇧 objective	das Ziel	Mon ~ est de faire le tour du monde en vélo.
rapprocher qn/qc [ʁapʁɔʃe]	*hier:* einander näher bringen	L'échange a ~[13] les deux écoles.
le citoyen / la citoyenne [ləsitwajɛ̃/lasitwajɛn] 🇬🇧 citizen	der/die Bürger/in	
le gouvernement [ləguvɛʁnəmɑ̃]	die Regierung	Le ~ prend des décisions pour tout le pays.
grâce à [gʁɑsa]	dank	La Prusse s'est développée ~ aux huguenots.
faire la connaissance de qn/qc [fɛʁlakɔnɛsɑ̃sdə]	jdn/etw. kennenlernen	Je n'ai jamais ~[14] mon grand-père.
le jumelage [ləʒymlaʒ]	die (Städte-)Partnerschaft	On a créé des ~[15] pour rapprocher les deux pays.
la réalité [laʁealite] 🇬🇧 reality	die Realität	Un rêve n'est pas la ~.
le prénom [ləpʁenɔ̃]	der Vorname	Tu t'appelles comment? Je n'ai pas compris ton ~.
la profession [lapʁɔfesjɔ̃] 🇬🇧 profession	Beruf	Je n'ai pas choisi ma ~. J'ai trouvé mon métier par hasard.
l'homme politique / la femme politique [lɔmpɔlitik/lafampɔlitik]	der/die Politiker/in	Barack Obama est un ~[16] très connu.
la carrière [lakaʁjɛʁ]	die Karriere, die Laufbahn	Dans le foot, on arrête sa ~ quand on est encore jeune.
le maire [ləmɛʁ] *m./f.*	der/die Bürgermeister/in	Dans une ville, le ~ doit s'occuper de tout.
le nazisme [lənazism]	der Nationalsozialismus	
la République fédérale d'Allemagne (RFA) [laʁepyblikfedeʁaldalmaɲ]	Bundesrepublik Deutschland	
le général [ləʒeneʁal]	der General	De Gaulle était d'abord ~ et ensuite, il a fait une carrière politique.

Londres [lɔ̃dʀ] London

la Résistance [laʀezistɑ̃s] die Résistance *französische Wider-standsbewegung während der deutschen Besatzung (1940–1944)*

l'Allemagne nazie [lalmaɲnazi] *f.* Nazideutschland

provisoire [pʀovizwaʀ] *m./f. adj.* vorläufig, provisorisch Nous avons trouvé une solution ~.

▶ Hörtext

p. 91 **confondre qn/qc** [kɔ̃fɔ̃dʀ] jdn/etw. verwechseln Oh, pardon, je t'ai ~[17] avec quelqu'un d'autre!

avoir honte (de qc) [avwaʀɔ̃t] sich schämen (für etw.) Je lui ai envoyé un texto qui n'était pas pour lui. J'en ~[18]!

l'erreur [leʀœʀ] *f.* der Irrtum, der Fehler C'est parfait. Il n'y a pas d'~.
🇬🇧 error

p. 92 **le huguenot / la huguenote** [ləygno/laygnɔt] der Hugenotte / die Hugenottin Les ~[19] étaient des protestants français.

annoncer qc [anɔ̃se] etw. ankündigen, etw. mitteilen Je peux vous ~ des bonnes nouvelles!
🇬🇧 to announce

La Rochelle [laʀɔʃɛl] *Hafenstadt im Südwesten Frankreichs*

l'épreuve [lepʀœv] *f.* die Prüfung Pendant toutes les ~[20], elle a gardé espoir.

pratiquer qc [pʀatike] etw. praktizieren, ausüben Mon grand-père a ~[21] son métier avec beaucoup de plaisir.

révoquer qc [ʀevɔke] etw. widerrufen Le témoin a ~[22] tout ce qu'il avait dit.

le choc [ləʃɔk] der Schock Elle était encore sous le ~ de l'accident.

le soldat [ləsɔlda] der Soldat Parmi les morts de la guerre, il y avait beaucoup de jeunes ~[23].

convertir qn à qc [kɔ̃vɛʀtiʀ] jdn zu etw. bekehren *wird wie* réagir Sa femme l'a ~[24] à sa religion.
🇬🇧 to convert *konjugiert* ▶ *Verbes, p. 138*

huguenot/huguenote [ygno/ygnɔt] *adj.* hugenottisch Les connaissances ~[25] étaient bienvenues en Allemagne.

Que Dieu ait leur âme! [kədjøɛlœʀɑm] Gott sei ihrer Seele gnädig!

l'horreur [lɔʀœʀ] *f.* der Schrecken, das Grauen Au journal de 20 heures, on voit plein d'~[26].

l'incendie [lɛ̃sɑ̃di] *m.* der Brand Les Dupont ont tout perdu dans l'~ de leur maison.

l'imprimerie [lɛ̃pʀimʀi] *f.* die Druckerei Pour les journaux, les ~[27] travaillent la nuit.

le drame [lədʀam]	das Drama	Nous avons raté l'avion, et alors? Pas besoin d'en faire un ~.
l'exil [lɛgzil] *m*	das Exil	Il est parti en ~ parce qu'il avait critiqué le gouvernement.
réformé/réformée [ʀefɔʀme] *adj.*	reformiert, *hier:* protestantisch	La Prusse était un pays ~[28].
(ê) **se cacher** [səkaʃe] → la cache	sich verstecken	Je vais te trouver! Même si tu te ~[29] bien!
hélas [elas]	leider *bedauernder Ausruf*	
le réfugié / la réfugiée [ləʀefyʒje/laʀefyʒje] 🇬🇧 refugee	der Flüchtling	Souvent, les ~[30] passent par beaucoup d'épreuves.
financier/financière [finɑ̃sje/finɑ̃sjɛʀ] *adj.*	finanziell	Il lui manque de l'argent. Il a des problèmes ~[31].
la lettre [lalɛtʀ] 🇬🇧 letter	der Brief	Aujourd'hui on écrit plutôt des mails que des ~[32].
le dieu [lədjø]	der Gott	Mon ~! Qu'est-ce que tu as encore fait?
le neveu / la nièce [lənəvø/lanjɛs] 🇬🇧 nephew/niece	der Neffe, die Nichte	Mon frère a une fille. C'est ma ~[33].

1 philosophes 2 petit-fils 3 programmée 4 mis fin à 5 catholiques 6 protestants 7 envahissent 8 ennemi 9 semble 10 président 11 chancelière 12 déclaré 13 rapproché 14 fait la connaissance de 15 jumelages 16 homme politique 17 confondu 18 aihonte 19 huguenots 20 épreuves 21 pratiqué 22 révoqué 23 soldats 24 converti 25 huguenotes 26 horreurs 27 imprimeries 28 réformé 29 caches 30 réfugiés 31 financiers 32 lettres 33 nièce

Module C

Die Module sind fakultativ und können unabhängig voneinander behandelt werden.
Sie schließen an den Wortschatz von *Unité 3* an.

la publicité [lapyblisite] / **la pub** [lapyb] *fam.* 🇬🇧 publicity → le public	die Werbung, die Anzeige, der Werbespot	La séduction joue un rôle important dans le monde de la ~.
manipuler qc/qn [manipyle]	etw./jdn manipulieren	Le concours a été ~[1], les résultats sont faux.
fonctionner [fɔ̃ksjɔne] = marcher	funktionieren, arbeiten	C'est catastrophique! Mon portable ne ~[2] plus!
décoder qc [dekɔde]	etw. dekodieren, etw. entschlüsseln *hier:* durchschauen	Ce message reste un secret. Je n'arrive pas à le ~.
en haut [ɑ̃o]	oben, nach oben	Je ne suis pas descendu, je suis resté ~.

l'attention [latãsjɔ̃] f.	die Aufmerksamkeit	J'ai une chose importante à vous dire, je demande votre ~, s'il vous plaît.
le consommateur / la consommatrice [ləkɔ̃sɔmatœʀ/lakɔ̃sɔmatʀis]	der/die Verbraucher/in, der/die Konsument/in	La publicité a plein d'idées pour donner envie aux ~[3].
suggérer qc [sygʒeʀe]	etw. andeuten	Les roses rouges ~[4] l'amour.
polluer [pɔlɥe]	verschmutzen	L'avion ~[5] l'air. C'est pourquoi je voyage en train.
l'environnement [lãviʀɔnmã] m.	die Umwelt	L'~ est en danger. Nous devons faire plus d'efforts pour moins le polluer.
végétal/végétale/végétaux m. pl. [veʒetal/veʒeto] adj.	pflanzlich	L'huile d'olive est une huile ~[6].
le sous-titre [ləsutitʀ]	der Untertitel	Le film est en anglais, mais il y a des ~[7] allemands.
en bas [ãbɑ] ≠ en haute	unten, nach unten	– Tu viens? Je t'attends ~. – Ok, je descends tout de suite.
le composant [ləkɔ̃pozã]	der Bestandteil, die Komponente	«H» et «O» sont les deux ~[8] de l'eau.
se servir de qn/qc [səsɛʀviʀdə]	jdn/etw. benutzen wird wie sortir konjugiert ▶ Verbes, p.138	Je me ~[9] d'une petite cuillère pour manger mon dessert.
le label [ləlabɛl]	das Label, die Marke	– Tu fais attention aux ~[10] quand tu achètes quelque chose? – Oui, bien sûr.
réel/réelle [ʀeɛl] adj.	echt, real	Hier, j'ai vu un film qui m'a fait peur. Heureusement que ce n'était pas ~[11].
faux/fausse [fo/fos] adj.	falsch	La solution de cet exercice n'est pas bonne, elle est ~[12].
convaincre qn [kɔ̃vɛ̃kʀ]	jdn überzeugen	Ce n'était pas facile de ~ mes parents. Mais à la fin, ils étaient d'accord.

je convaincs, tu convaincs, il/elle/on convainc, nous convainquons, vous convainquez, ils/elles convainquent

écologique [ekɔlɔʒik] m./f. adj.	umweltfreundlich, ökologisch	Le marché des produits ~[13] se développe. Les gens pensent à l'environnement.
la pratique [lapʀatik]	die Praktik, die Praxis	La manipulation est une ~ que je déteste.
l'écoblanchiment [lekɔblɑ̃ʃimã] m.	das Greenwashing	L'~ sert à vendre plus de produits.
l'élément [lelemã] m.	das Element	Pour une candidature il faut deux ~[14]: un CV et une lettre de motivation.
le ciel [ləsjɛl]	der Himmel	Aujourd'hui il pleut. Et le ~ est gris.

évoquer qc [evɔke]	an etw. erinnern	Ces photos ~[15] de bons souvenirs.
le bien-être [ləbjɛ̃nɛtʀ]	das Wohlbefinden	Dormir est important pour mon ~.
l'harmonie [laʀmɔni] *f.*	die Harmonie, der Einklang	Chez nous, ce n'est pas toujours l'~! On se dispute aussi.
associer qn/qc à qc [asɔsje]	jdn/etw. mit etw. verbinden	J'~[16] les vacances d'été à la mer et la plage.
la protection [lapʀɔtɛksjɔ̃]	der Schutz	Il n'y a pas de ~ contre le hasard.
l'écolabel [lekɔlabɛl] *m.*	das Ökolabel	Les ~[17] montrent quels produits polluent moins l'environnement.
la répétition [laʀepetisjɔ̃]	die Wiederholung	Encore une fois et encore une fois… toutes ces ~[18] m'ennuient.
le détail [lədetaj]	das Detail, die Einzelheit	Alors, qu'est-ce qui s'est passé? Je veux tous les ~[19]!
le premier plan [ləpʀəmjeplɑ̃]	der Vordergrund	Sur l'affiche, il y a les musiciens au ~.
le pré [ləpʀe]	die Wiese	On a fait un pique-nique dans le ~.
l'arrière-plan [laʀjɛʀplɑ̃] *m.*	der Hintergrund	– C'est qui sur la photo? – C'est ma famille. À l'~ on voit notre jardin.
le volcan [ləvɔlkɑ̃]	der Vulkan	Presque tous les ~[20] européens ne sont plus actifs.
l'Auvergne [lovɛʀɲ] *f.*	die Auvergne *Region in Zentralfrankreich* ▶ *Civilisation, p. 134*	
la source [lasuʀs]	die Quelle, der Ursprung	Internet est une ~ d'informations.
faire partie de qc [fɛʀpaʀtidə]	zu etw. gehören, Teil sein von etw.	Samuel ~[21] mon équipe.
l'engagement [lɑ̃gaʒmɑ̃] *m.*	das Engagement, die Verpflichtung	Mon ~ pour ma famille fait partie de mon quotidien.
l'écologie [lekɔlɔʒi] *f.* → écologique	die Ökologie	J'aimerais faire des études d'~. L'environnement, c'est ma passion.
le slogan [ləslɔgɑ̃]	der Slogan	Un ~, c'est fait pour s'en souvenir.
ironique [iʀɔnik] *m./f. adj.*	ironisch	L'auteur a beaucoup d'humour, et son style est très ~.
l'association [lasɔsjasjɔ̃] *f.*	die Organisation, der Verein	Je m'engage dans une ~ qui aide les animaux.
dénoncer qn/qc [denɔ̃se]	jdn/etw. anprangern, jdn/etw. denunzieren	Un journal peut, par exemple, ~ les pratiques d'une entreprise.
sensibiliser qn [sɑ̃sibilize]	jdn sensiblisieren	J'ai été ~[22] aux problèmes des immigrés par ma propre histoire.
provoquer qn/qc [pʀɔvɔke]	jdn/etw. herausfordern, provozieren	L'un ~[23] et l'autre réagit.

la pollution [lapɔlysjɔ̃] → polluer	die Umweltverschmutzung	Je fais un effort contre la ~: je n'utilise plus de sacs en plastique.
le développement durable [lədevələpmɑ̃dyʀabl]	die Nachhaltigkeit	Pour protéger la nature, nous avons besoin d'un ~.
la société [lasɔsjete]	die Gesellschaft	Nous ne vivons pas seuls, nous vivons en ~.
équitable [ekitabl] m./f. adj.	gerecht	Mes parents ont pris une décision ~.

1 manipulé 2 fonctionne 3 consommateurs 4 suggèrent 5 pollue 6 végétale 7 sous-titres 8 composants
9 sers de 10 labels 11 réel 12 fausse 13 écologiques 14 éléments 15 évoquent 16 associe
17 écolabels 18 répétitions 19 détails 20 volcans 21 fait partie de 22 sensibilisé/e 23 provoque

Module D

Die Module sind fakultativ und können unabhängig voneinander behandelt werden.
Sie schließen an den Wortschatz von *Unité 3* an.

à la carte [alakaʀt]	nach Wunsch *wörtlich:* nach der Karte	– Est-ce que tu prends le menu? – Non, je mange ~.
suivant/suivante [sɥivɑ̃/sɥivɑ̃t] adj.	folgender/folgende/folgendes	J'ai passé mon bac en 2013. L'année ~[1] je suis partie aux États-Unis.
la Renaissance française [laʀənɛsɑ̃sfʀɑ̃sɛz]	die französische Renaissance *Kunst und Architektur im 15. und 16. Jahrhundert*	
Orléans [ɔʀleɑ̃]	*französische Stadt, 130 km südlich von Paris*	
Angers [ɑ̃ʒe]	*französische Stadt, 300 km südwestlich von Paris*	
le bon plan [ləbɔ̃plɑ̃]	der Geheimtipp	Je passe une semaine à Casablanca. J'ai eu des ~[2] d'un ami marocain.
prestigieux/prestigieuse [pʀɛstiʒjø/pʀɛstiʒjøz] adj.	glanzvoll, renommiert	La Sorbonne à Paris est une université ~[3].
le bassin d'Arcachon [ləbasɛ̃daʀkaʃɔ̃]	das Becken von Arcachon	
situé/située [sitɥe] adj.	gelegen	La maison n'est pas bien ~[4]. Il n'y a rien autour.
Bordeaux [bɔʀdo]	*französische Stadt*	
salé/salée [sale] adj.	salzig, gesalzen	La soupe n'est pas bonne, elle est trop ~[5].
l'océan Atlantique [loseɑ̃atlɑ̃tik] m.	der atlantische Ozean	
bronzer [bʀɔ̃ze]	braun werden	En été, je ~[6] facilement.

la dune du Pilat [ladyndypila]	*riesige Wanderdüne am Becken von Arcachon*	
la dune [ladyn]	die Düne	Le camping est tout près de la plage, derrière les ~[7].
le sable [ləsabl]	der Sand	Après une journée à la plage, on a du ~ partout.
conseiller qc à qn [kɔ̃seje]	jdm etw. raten	Tu as l'air malade. Je te ~[8] d'aller voir un médécin.
le coucher de soleil [ləkuʃedsɔlɛj]	der Sonnenuntergang	La nuit vient après le ~.
l'huître [lɥitʀ] *f.*	die Auster	Les ~[9], on les sert vivantes.
la réserve naturelle [laʀezɛʀvnatyʀɛl]	das Naturschutzgebiet	Dans une ~, on protège la nature et les animaux.
les Alpes [lezalp] *f. pl.*	die Alpen	Nous faisons du ski dans les ~.
le sud-est [ləsydɛst]	der Südosten	Munich se trouve dans le ~ de l'Allemagne.
le Rhône [ləʀon]	die Rhône	
les gorges du Verdon [legɔʀ3dyvɛʀdɔ̃] *f. pl.*	die Verdonschlucht	
le Verdon [ləvɛʀdɔ̃]	der Verdon *Fluß im Südosten Frankreichs*	
Castellane [kastɛlan]	Castellane *französische Kleinstadt*	
le lac de Sainte-Croix [ləlakdəsɛ̃tkʀwa]	*Stausee an der Verdonschlucht*	
le passage [ləpasaʒ]	die Passage, der Durchgang	Pour traverser la grande route, vous pouvez prendre le ~, ici, à droite.
le rafting [ləʀaftiŋ]	Rafting *Sportart*	J'aime l'aventure et je n'ai pas peur de l'eau. En été, je fais du ~.
le Mercantour [ləmɛʀkɑ̃tuʀ]	*Nationalpark im Südosten Frankreichs*	
le sentier [ləsɑ̃tje]	der Fußweg	Mon père connaît tous les ~[10] du coin.
le paradis [ləpaʀadi]	das Paradies	Chez ma grand-mère, il y a tout ce que j'aime. Je me sens comme au ~.
le randonneur / la randonneuse [ləʀɑ̃dɔnœʀ/laʀɑ̃dɔnøz]	der Wanderer, die Wanderin	C'est un sentier dangereux, les ~[11] doivent faire très attention.
le circuit [ləsiʀkɥi]	die Strecke, der Rundweg	Il y a différents ~[12] qui durent une heure, deux heures ou quatre heures.

1 suivante   2 bons plans   3 prestigieuse   4 située   5 salée   6 bronze   7 dunes   8 conseille   9 huîtres   10 sentiers
11 randonneurs   12 circuits

Module E

Die Module sind fakultativ und können unabhängig voneinander behandelt werden.
Sie schließen an den Wortschatz von *Unité 3* an.

la diversité [ladivɛʁsite]	die Vielfalt	Au marché Sandaga, il y a une grande ~ de produits.
le slam [ləslam]	der (Poetry-)Slam	Le ~, c'est mon truc, parce que j'aime bien jouer avec les mots.
le racisme [ləʁasism]	der Rassismus	Les immigrés doivent se défendre contre le ~ quotidien.
les propos [lepʁɔpo] *m. pl.*	die Äußerungen	Les ~ du président étaient trop optimistes.
raciste [ʁasist] *adj.*	rassistisch	Les propos ~[1] de notre voisin sont honteux.
tolérant/tolérante [tɔleʁɑ̃/tɔleʁɑ̃t] *adj.*	tolerant	Ma mère est ~[2], même si elle n'accepte pas n'importe quoi.
rejeter qc/qn [ʁəʒte]	jdn/etw. zurückweisen, ablehnen ▶ *Verbes, p. 138*	Le Parlement européen a ~[3] la proposition.
l'apparence [lapaʁɑ̃s] *f.*	die äußere Erscheinung, der Anschein	Nous soignons notre ~.
le préjugé [ləpʁeʒyʒe]	das Vorurteil	Tout le monde a des ~[4]. Il faut faire un effort pour les oublier.
la nationalité [lanasjɔnalite]	die Staatsangehörigkeit	J'ai la ~ de mon pays d'origine.
quitter qn/qc [kite]	jdn/etw. verlassen	C'est dur de ~ sa famille et ses amis!
fuir la misère [fɥiʁlamizɛʁ]	vor dem Elend flüchten	Beaucoup d'immigrés ont ~[5] de leur pays.

je fuis, tu fuis, il/elle/on fuit, nous fuyons, vous fuyez, ils/elles fuient

représenter qc/qn [ʁəpʁezɑ̃te]	etw./jdn darstellen, bedeuten	Le bac, pour moi, ça ~ l'indépendance.
la tolérance [latɔleʁɑ̃s]	die Toleranz	La ~ n'est pas sa plus grande qualité.
l'espoir [lɛspwaʁ] *m.*	die Hoffnung	L' ~ aide à vivre.
les compatriotes [lekɔ̃patʁijɔt] *m. pl.*	die Landsleute	Avec des ~, on peut parler sa langue d'origine.
parmi [paʁmi]	unter, von	~ les témoins, personne n'a rien vu.
bilingue [bilɛ̃g] *m./f. adj.*	zweisprachig	Laura parle italien et français. Elle est ~.
le lien [ləljɛ̃]	die Verbindung	Ça ne s'est pas passé par hasard. Il y a un ~ entre les deux actions.
souffrir (de qc) [sufʁiʁ]	leiden (an etw.) *wird wie* offrir *konjugiert* ▶ *Verbes, p. 138*	Mon oncle ~[6]. Il a le mal du pays.

simple [sɛ̃pl] *m./f. adj.*	einfach, leicht	– Comment est-ce qu'on fait?
		– C'est tout ~. Je vais te montrer.
égal/égale/égaux *m. pl.* [egal/ego] *adj.*	gleich	Hommes et femmes sont différents mais ~[7].

---

1 racistes   **2** tolérante   **3** rejeté   **4** préjugés   **5** fui la misère   **6** souffre   **7** égaux

Module F

Die Module sind fakultativ und können unabhängig voneinander behandelt werden.
Sie schließen an den Wortschatz von *Unité 3* an.

p. 102	**le zoom** [ləzum]	der Zoom	Quand on fait un ~, on voit les choses de plus près.
	la valise [lavaliz]	der Koffer	J'ai encore une ~ à Berlin.
	la poche [lapɔʃ]	die Tasche, das Innenfach *z. B. an Kleidung*	
	le livre audio [ləlivʀodjo]	das Hörbuch	J'écoute des ~[1] pendant mes voyages ou bien le soir, pour m'endormir.
	l'Olympe [lɔlɛ̃p] *m.*	der Olymp	L'~, c'est l'endroit où habitent les dieux.
	le héros / l'héroïne *f.* [ləeʀo/leʀɔin] 🇬🇧 hero	der/die Held/in	Le ~[2] du film, c'est un jeune garçon sans famille.
	la bande originale [labɑ̃dɔʀiʒinal]	der Soundtrack, die Filmmusik	J'ai adoré la musique du film. Je vais m'acheter la ~.
	la paix [lapɛ]	der Frieden	Arrête de me poser des questions! Laisse-moi en ~.
	les environs [lezɑ̃viʀɔ̃] *m. pl.*	die Umgebung	La prochaine boulangerie est à 12 km d'ici, il n'y a rien dans les ~.
	l'encyclopédie [lɑ̃siklɔpedi] *f.*	die Enzyklopädie, das Lexikon	Une ~ explique les mots et donne des informations.
	la cabane [lakaban]	die Hütte	Dans la forêt, il y avait une ~. Nous n'avons pas osé y entrer.
	le film d'animation [ləfilmdanimasjɔ̃]	der Animationsfilm	Disney et Pixar créent des dessins animés et des ~[3].
	le roi / la reine [ləʀwa/laʀɛn]	der/die König/in	Élisabeth II est la ~[4] des Anglais.
	l'œuvre d'art [lœvʀdaʀ] *f.*	das Kunstwerk	Dans un musée, on peut admirer des ~[5].
p. 103	**Jacques Tardi** [ʒaktaʀdi]	*französischer Comicautor* ▶ *Civilisation, p. 134*	
	la Grande Guerre [lagʀɑ̃dgɛʀ]	der Erste Weltkrieg	La ~ a eu lieu entre 1914 et 1918.

l'horreur [lɔʀœʀ] *f.*	der Schrecken, das Grauen	Notre génération n'a jamais connu les ~[6] de la guerre.
Jacques Martin [ʒakmaʀtɛ̃]	*französischer Comicautor*	
Louis XIV [lwikatɔʀz]	Ludwig XIV. *(1638–1715)* ▶ *Civilisation, p. 134*	
le trafic [lətʀafik] 🇬🇧 traffic	der Verkehr, *auch:* der Schmuggel	Le vendredi après-midi, le ~ est toujours une catastrophe.
extraordinaire [ɛkstʀaɔʀdinɛʀ] *m./f.* *adj.* 🇬🇧 extraordinary	außergewöhnlich	Tout le monde ne peut pas être ~.
Patrick Sobral [patʀiksɔbʀal]	*französischer Comicautor und Zeichner*	
le sorcier / la sorcière [ləsɔʀsje/lasɔʀsjɛʀ]	der/die Hexe/r	Le pouvoir de la ~[7] était faible, parce qu'elle était blessée.
congolais/congolaise [kɔ̃gɔlɛ/kɔ̃gɔlɛz] *adj.*	kongolesisch	
Tembo Kash [tɛmbokaʃ]	*kongolesischer Comicautor*	
le Congo (République démocratique du Congo) [ləkɔ̃gɔ]	der Kongo (Demokratische Republik Kongo) *bis 1997 Zaïre*	
le mécanicien / la mécanicienne [ləmekanisjɛ̃/lamekanisjɛn]	der/die Mechaniker/in	Ça ne marche plus. Il faut appeler un ~[8].
l'homme d'affaires [lɔmdafɛʀ] *m.*	der Geschäftsmann	
^(ê) **tomber amoureux/-euse** [tɔ̃beamuʀø/-øz]	sich verlieben	Lola et Marius sont ~[9]. Maintenant ils sortent ensemble.
Dominique Roques [dɔminikʀok]	*französische Comicautorin*	
Alexis Dormal [alɛksidɔʀmal]	*französischer Comiczeichner*	
Christian Darasse [kʀistjɑ̃daʀas]	*französischer Comiczeichner*	
Zidrou [zidʀu]	*belgischer Comicautor*	
l'adolescent / l'adolescente [ladɔlesɑ̃/ladɔlesɑ̃t]	der/die Jugendliche	En général, les ~[10] vivent chez leurs parents.
le/la camarade de classe [lə/lakamaʀadəklas] *m./f.*	der/die Mitschüler/in	
l'illustration [lilystʀasjɔ̃] *f.* 🇬🇧 illustration	die Abbildung, die Illustration	L'histoire n'est pas mal, mais je n'aime pas les ~[11].
Hugo Pratt [ygopʀat]	*italienischer Comicautor und -zeichner (1927–1995)*	
le classique [ləklasik]	der Klassiker	Son œuvre fait partie des ~[12] qu'on lit à l'école.
le sud [ləsyd]	der Süden	Dans le ~, il fait plus chaud que dans le nord.

élégant/élégante [elegɑ̃/elegɑ̃t] *adj.*
🇬🇧 elegant

elegant

Avec ton vieux jean et ton tee-shirt, tu n'es pas très ~[13].

romantique [ʀɔmɑ̃tik] *m./f. adj.*
🇬🇧 romantic

romantisch

Les bougies et la musique classique, je ne trouve pas ça ~.

le pirate [ləpiʀat]
→ pirater qc

der Pirat

Les ~[14] existent encore à notre époque.

à bord [abɔʀ]
🇬🇧 on bord

an Bord

Un ami m'a invité à venir ~ de son bateau.

le prisonnier / la prisonnière [ləpʀizɔnje/lapʀizɔnjɛʀ]
→ prison

der/die Gefangene

La porte était fermée à clé. J'étais son ~[15]!

mystérieux/mystérieuse [misteʀjø/misteʀjøz] *adj.*
🇬🇧 mysterious

geheimnisvoll

Les histoires de Jérémie sont toujours ~[16].

le crabe [ləkʀab]
🇬🇧 crab

der Krebs

Un ~ ne peut pas marcher droit.

Arthur de Pins [aʀtyʀdəpɛ̃]

französischer Comicautor und -zeichner

la révolution [laʀevɔlysjɔ̃]
🇬🇧 revolution

die Revolution

On fait la ~ pour changer le monde.

p.104 **le festival d'Angoulême (Festival International de la Bande Dessinée d'Angoulême)** [ləfɛstivaldɑ̃gulɛm]

Internationales Comicfestival von Angoulême

Angoulême [ɑ̃gulɛm]

französische Stadt

simplement [sɛ̃pləmɑ̃] *adv.*
🇬🇧 simply

einfach

– Comment es-tu entré?
– J'ai tout ~ ouvert la porte.

entier/entière [ɑ̃tje/ɑ̃tjɛʀ] *adj.*

ganz

Il a mangé le paquet ~[17] de bonbons.

la dédicace [ladedikas]

die Widmung, die (Autoren-)Signatur

Sur la première page, il y a une ~ de l'auteur.

précis/précise [pʀesi/pʀesiz] *adj.*
🇬🇧 precise

genau, exakt

– J'arrive dans l'après-midi.
– Tu peux me dire l'heure ~[18], s'il te plaît?

la science-fiction [lasjɑ̃sfiksjɔ̃]

die Sciencefiction

«La guerre des étoiles» est un film de ~.

l'autobiographie [lotobjɔgʀafi] *f.*

die Autobiographie

le regard [ləʀəgaʀ]
→ regarder

der Blick

le visiteur / la visiteuse [ləvizitœʀ/lavizitøz]
🇬🇧 visitor

der/die Besucher/in

Tous les ans, la tour Eiffel compte plus de 6 millions de ~[19].

assister à qc [asistea]	dabei sein, an etw. teilnehmen	Pendant mon stage à la radio, j'ai ~20 plusieurs émissions.
le/la scénariste [lə/lasenaʀist] *m./f.* → la scène	der/die (Drehbuch-)Autor/in	Le ~ est un auteur qui invente des scènes de film ou de B. D.
la bulle [labyl]	die (Sprech-)Blase	Dans une B. D., je regarde d'abord les dessins, ensuite je lis les ~22.
le spectacle [ləspɛktakl]	die Vorstellung, die Show	Le concert de Rihanna était un vrai ~.
déguisé/déguisée [degize] *adj.*	verkleidet	Au carnaval, les gens sont ~23.
le public [ləpyblik]	das Publikum	Le ~ était content, tout le monde a applaudi.
le jury [ləʒyʀi]	die Jury	
remettre qc [ʀəmɛtʀ]	etw. verleihen ▶ *Verbes, p. 138*	À la fin du festival on ~24 les prix.
c'est-à-dire [sɛtadiʀ]	das heißt	
récompenser qn/qc [ʀekɔ̃pɑ̃se]	jdn/etw. belohnen, auszeichnen	Mon père m'a ~25 pour mes bonnes notes.
grâce à [gʀɑsa]	dank	J'ai rencontré ma petite amie ~26 hasard.
le chiffre [ləʃifʀ]	die Zahl	Moi, je suis bonne en maths parce que j'aime bien les ~27.
la production [lapʀɔdyksjɔ̃] 🇬🇧 production	die Produktion	
le lecteur / la lectrice [ləlɛktœʀ/lalɛktʀis] → lire, la lecture	der/die Leser/in	
au cours de [okuʀdə]	im Laufe von/des/der	~ des dernières années, j'ai beaucoup voyagé.
la tranche d'âge [latʀɑ̃ʃdɑʒ]	die Altersgruppe	
en moyenne [ɑ̃mwajɛn]	im Durchschnitt, durchschnittlich	Les Allemands mangent ~ 60 kilos de pommes de terre par an.
p.106 **fonctionner** [fɔ̃ksjɔne] = marcher	funktionieren, arbeiten	Mon ordinateur ne ~28 pas comme avant. Il est très lent.
la case [lakɑz]	das Feld, *hier:* das einzelne Comicbild, das Panel	Le dessinateur peut raconter une histoire en trois ~.
le plan large [ləplɑ̃laʀʒ]	die Panoramaeinstellung	Au début du film, on voit les Alpes en ~.
représenter qn/qc [ʀəpʀezɑ̃te] 🇬🇧 to represent	jdn/etw. darstellen, zeigen	Tu as vu cette affiche? Je ne vois pas ce que ça ~29.
le décor [lədekɔʀ]	*hier:* die Umgebung	

le gros plan [ləgʀoplɑ̃]   die Nahansicht   La case montre des yeux tristes en ~.

l'inverse [lɛ̃vɛʀs] *m.*   *hier:* umgekehrt   On peut aller au cinéma et ensuite manger un petit truc, ou ~.

l'effet [lefɛ] *m.*   die Wirkung, der Effekt   Une douche froide, ça fait de l'~.

selon [səlɔ̃]   *hier:* je nachdem, je nach   Il faut s'habiller ~ le temps qu'il fait.

le bord de case [ləbɔʀdəkɑz]   die Umrahmung, *hier:* die Panelrahmung

généralement [ʒeneʀalmɑ̃] *adv.*
🇬🇧 generally
= normalement   im Allgemeinen   ~, les histoires pour les enfants se terminent bien.

le système [ləsistɛm]   das System   Si tu veux vraiment changer quelque chose, tu dois changer tout le ~.

on s'y tient [ɔ̃sitjɛ̃]   man hält sich daran   On prend une décision et ~, d'accord?

durant [dyʀɑ̃]
= pendant   während   ~ tout le voyage, il n'a pas arrêté de se plaindre.

la rupture [laʀyptyʀ]   der Bruch, *hier:* die Unterbrechung   Depuis leur ~, ils ne se voient plus.

le flash-back [ləflaʃbak] *m. inv.*
🇬🇧 flash-back   die Rückblende   L'histoire est compliquée, parce qu'elle est racontée avec plein de ~.

le malaise [ləmalɛz]   das Unwohlsein, der Schwächeanfall   Son ami n'est pas venu à cause d'un ~.

la richesse [laʀiʃɛs]
→ riche   der Reichtum, die Fülle   Je préfère l'amour à toutes les ~[30] du monde!

p.107 **le lettrage** [ləlɛtʀaʒ]
🇬🇧 lettering   die Schriftgestaltung, *hier:* das Lettering

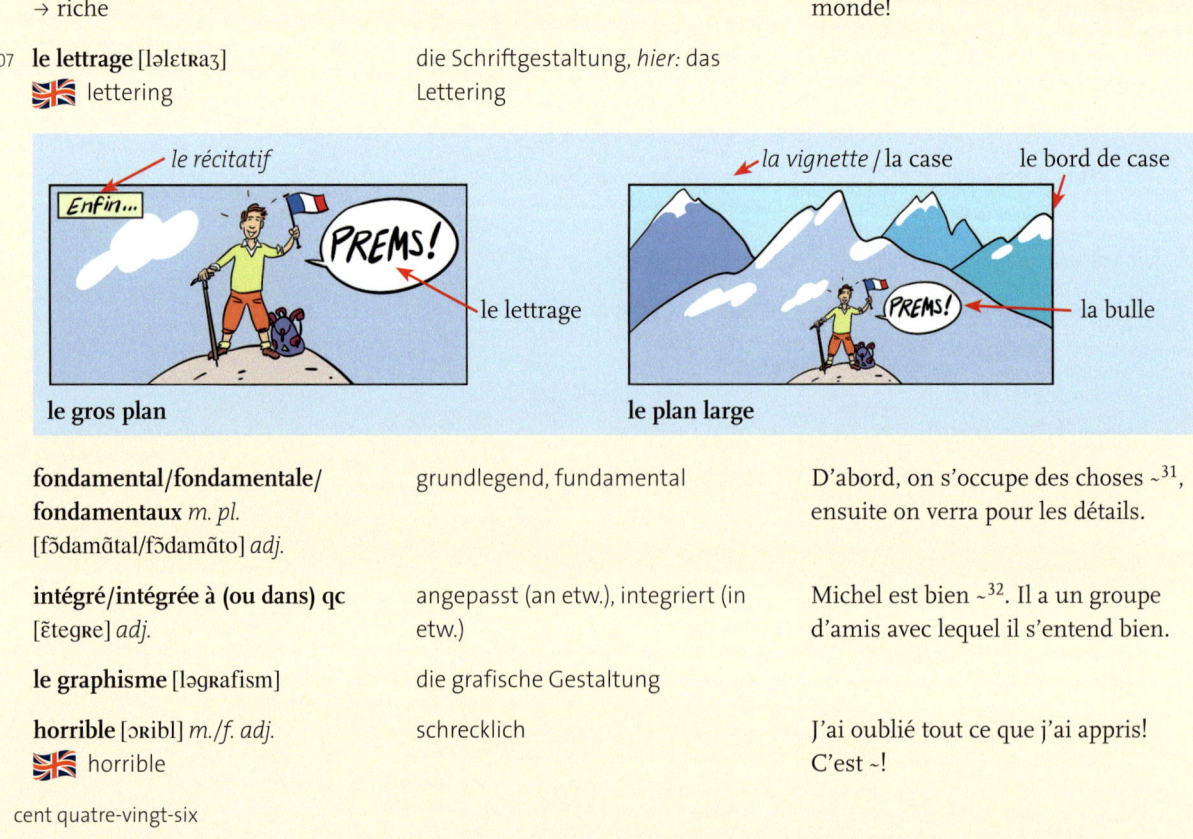

le récitatif — le lettrage
le gros plan

la vignette / la case — le bord de case — la bulle
le plan large

**fondamental/fondamentale/
fondamentaux** *m. pl.*
[fɔ̃damɑ̃tal/fɔ̃damɑ̃to] *adj.*   grundlegend, fundamental   D'abord, on s'occupe des choses ~[31], ensuite on verra pour les détails.

intégré/intégrée à (ou dans) qc
[ɛ̃tegʀe] *adj.*   angepasst (an etw.), integriert (in etw.)   Michel est bien ~[32]. Il a un groupe d'amis avec lequel il s'entend bien.

le graphisme [ləgʀafism]   die grafische Gestaltung

horrible [ɔʀibl] *m./f. adj.*
🇬🇧 horrible   schrecklich   J'ai oublié tout ce que j'ai appris! C'est ~!

la lettre [laletʀ] 🇬🇧 letter	der Buchstabe	La ~ «A» est la première de l'alphabet.
enregistrer qc [ɑ̃ʀəʒistʀe]	etw. aufnehmen, etw. speichern	J'ai ~³³ les photos de nos vacances sur mon portable.
la fonte [lafɔ̃t]	der (Schrift-)Guss	
personnalisé/personnalisée [pɛʀsɔnalize] *adj.*	personalisiert	Ton billet de train est ~³⁴. Tu ne peux pas me le passer.
la typo(graphie) [latipɔgʀafi]	die Schriftart	Un journal utilise toujours la même ~.
faire croire que [fɛʀkʀwaʀkə]	so tun, als ob	Tu peux ~ tu as 18 ans.
chinois/chinoise [ʃinwa/ʃinwaz] *adj.*	chinesisch	Shanghai est une ville ~³⁵.
épais/épaisse [epɛ/epɛs] *adj.*	dick	Ma mère m'a coupé une tranche de pain très ~³⁶.
faire ressortir qc [fɛʀəsɔʀtiʀ]	etw. hervorheben	Durant l'entretien, tu dois ~ tes connaissances.
le gris optique du pavé de texte [ləgʀiɔptikdypavedytɛkst]	die „Bleiwüste" *große Textmenge ohne Absätze*	
doucement [dusmɑ̃] *adv.*	leise	Le chat avait peur, alors je lui ai parlé tout ~.
lisible [lizibl] *m./f. adj.* → lire	lesbar	Maman m'a laissé un mot sur la table, mais il n'est pas ~.
⁽ê⁾ **s'appliquer** [saplike]	sich Mühe geben	– Mathieu est bon en maths? – Il s'~³⁷.
contrairement à [kɔ̃tʀɛʀmɑ̃] *adv.*	im Gegensatz zu	~ toi, j'ai beaucoup aimé le spectacle.
le spectateur / la spectatrice [ləspɛktatœʀ/laspɛktatʀis]	der/die Zuschauer/in	Le film était horrible. Les ~ ont quitté la salle.
la complication [lakɔ̃plikasjɔ̃] 🇬🇧 complication → compliqué/e	die Schwierigkeit	Il y a eu trop de ~³⁸ avec les voisins, alors nous avons changé d'appartement.
p.108 **l'onomatopée** [lɔnɔmatɔpe] *f.*	die Lautmalerei	Mon ~ préférée, c'est «screugneugneu».

1 livres audios 2 héros 3 films d'animation 4 reine 5 œuvres d'art 6 horreurs 7 sorcière 8 mécanicien 9 tombés amoureux 10 adolescents 11 illustrations 12 classiques 13 élégant/e 14 pirates 15 prisonnier 16 mystérieuses 17 entier 18 précise 19 visiteurs 20 assisté 21 dessinateur 22 bulles 23 déguisés 24 remet 25 récompensé 26 grâce au 27 chiffres 28 fonctionne 29 représente 30 richesses 31 fondamentales 32 intégré 33 enregistré 34 personnalisé 35 chinoise 36 épaisse 37 applique 38 complications

Die Angabe hinter dem Pfeil verweist dich auf die *Unité* und das *Volet* oder die *Lecture* bzw. das *Module*, in der / in dem die Vokabel neu eingeführt wird: 3/1 heißt z. B. *Unité 3, Volet 1*; 3/LA heißt z. B. *Unité 3, Lecture A*; MA steht z. B. für *Module A*. Einträge ohne eine solche Angabe gehören zum Lernwortschatz von *À plus! 1*, *À plus! 2* und *À plus! 3*. Die Konjugationen der Verben findest du ab Seite 138.

A

à [a] in

à ... euro(s) [a...øʀo] für... Euro

à ... heure(s) [a...œʀ] um ... Uhr

À bientôt! [abjɛ̃to] Bis bald!

à bord [abɔʀ] an Bord → MF

à cause de [akozdə] wegen

à cause de ça [akozdəsa] deswegen

à côté de qc [akotedə] neben

À demain! [adəmɛ̃] Bis morgen!

à deux contre un [adœkɔ̃tʀɛ̃] zwei gegen einen

à droite [adʀwat] rechts

à gauche [agoʃ] links

à la carte [alakaʀt] nach Wunsch → MD

à la fois [alafwa] gleichzeitig → MA

à la maison [alamɛzɔ̃] zu Hause

à la place de [alaplasdə] anstelle von, statt → 2/1

à l'appareil [alapaʀɛj] am Apparat → 1/3

à l'heure [alœʀ] pünktlich

à l'intérieur [alɛ̃teʀjœʀ] innerhalb, drinnen in den Räumen → MA

à midi [amidi] mittags, um 12 Uhr

à pied [apje] zu Fuß

À plus! [aplys] *fam.* Bis später!

à propos [apʀɔpo] übrigens, apropos

À quelle heure? [akɛlœʀ] Um wie viel Uhr?

à ta place [ataplas] an deiner Stelle → 1/1

À table! [atabl] Essen!, Zu Tisch!

absolument [apsɔlymɑ̃] *adv.* ganz, unbedingt → 2/2

l' **accent** [laksɑ̃] *m.* der Akzent

accepter qc [aksɛpte] (etw.) akzeptieren

l' **accident** [laksidɑ̃] *m.* der Unfall

accompagner qn [akɔ̃paɲe] jdn begleiten

l' **accordéon** [lakɔʀdeɔ̃] *m.* das Akkordeon

l' **accrobranche** [lakʀobʀɑ̃ʃ] *m.* Baumklettern im Hochseilgarten

accueillir qn [akœjiʀ] jdn empfangen, aufnehmen → 3/3

acheter qc [aʃəte] etw. kaufen

l' **acteur / l'actrice** [laktœʀ/laktʀis] *m./f.* der/die Schauspieler/in

l' **action** [laksjɔ̃] *f.* die Aktion, die Tat → 3/2

l' **activité** [laktivite] *f.* die Freizeitaktivität

l' **adaptation** [ladaptasjɔ̃] *f.* die Adaption, die Bearbeitung *hier:* die Verfilmung → MA

admirer qn/qc [admiʀe] jdn/etw. bewundern → 1/1

l' **adolescent / l'adolescente** [ladɔlesɑ̃/ladɔlesɑ̃t] der/die Jugendliche → MF

adorable [adɔʀabl] *m./f. adj.* süß, niedlich

adorer qc/qn/+ inf. [adɔʀe] etw./jdn (sehr) lieben, es lieben, etw. zu tun

l' **aéroport** [laeʀopɔʀ] *m.* der Flughafen

les **affaires** [lezafɛʀ] *f. pl.* die Sachen

africain/africaine [afʀikɛ̃/afʀikɛn] *adj.* afrikanisch → 3/1; l'**Africain / l'Africaine** [lafʀikɛ̃/lafʀikɛn] *m./f.* der/die Afrikaner/in

l' **Afrique** [lafʀik] Afrika

l' **âge** [lɑʒ] *m.* das Alter; **avoir ~ de qn** [avwaʀlɑʒdə] so alt sein wie jd; **Il/Elle a quel ~?** [il/ɛlakɛlɑʒ] Wie alt ist sie?

agir [aʒiʀ] handeln

agréable [agʀeabl] *m./f. adj.* angenehm

agresser qn [agʀese] jdn angreifen

l' **agresseur** [lagʀesœʀ] *m.* der Angreifer

agressif/agressive [agʀesif/agʀesiv] *adj.* aggressiv, grell → MA

l' **agression** [lagʀesjɔ̃] *f.* der Angriff

l' **agriculture** [lagʀikyltyʀ] *f.* die Landwirtschaft → 3/1

ah [a] ach, ach so

l' **aide** [lɛd] *f.* die Hilfe

l' **aide à domicile** [lɛdadɔmisil] *f.* der/die Pfleger/in

aider qn (à + inf.) [ede] jdm helfen (etw. zu tun)

Aïe! [aj] Aua!

aimer qc/qn/+ inf. [eme] etw./jdn mögen; es mögen, etw. zu tun; etw./jdn lieben

aimer bien qn/qc/+ inf. [emebjɛ̃] jdn/etw. gern mögen; es mögen, etw. zu tun

l' **air** [lɛʀ] *m.* die Luft; **au grand ~** [ogʀɑ̃tɛʀ] an der frischen Luft

l' **aire de repos** [lɛʀdəʀəpo] *f.* der Rastplatz, die Raststätte

l' **album** [lalbɔm] *m.* das Album, Fotoalbum

l' **Algérie** [lalʒeʀi] *f.* Algerien → 3/1

l' **Allemagne** [lalmaɲ] *f.* Deutschland

l' **allemand** [lalmɑ̃] *m.* Deutsch; l'**Allemand / l'Allemande** [lalmɑ̃/lalmɑ̃d] *m./f.* der/die Deutsche

(ê)**aller** [ale] gehen; **~ mal** [alemal] sich schlecht fühlen

(ê)**aller chercher qn/qc** [aleʃɛʀʃe] jdn/etw. abholen, holen

l' **allergie** [lalɛʀʒi] *f.* die Allergie

Allez! [ale] Los!

Allô! [alo] Ja, bitte?, Hallo?

alors [alɔʀ] also

les **Alpes** [lezalp] *f. pl.* die Alpen → MD

l' **amateur / l'amatrice** [lamatœʀ/lamatʀis] *m./f.* der Laie → MA

l' **ambiance** [lɑ̃bjɑ̃s] *f.* die Stimmung

amener qn/qc [aməne] jdn/etw. mitbringen *wie* acheter

l' **Amérique** [lamerik] f. Amerika → 3/3

l' **ami** / l'**amie** [lami] m./f. der/die Freund/in

l' **amitié** [lamitje] f. die Freundschaft

l' **amour** [lamur] m. die Liebe

amoureux/amoureuse [amurø/amurøz] adj. verliebt

amusant/amusante [amyzã/amyzãt] adj. lustig, unterhaltsam → 2/3

(ê) **s'amuser** [samyze] sich amüsieren, Spaß haben

l' **an** [ã] m. das Jahr

l' **ananas** [lananas] m. die Ananas

ancien/ancienne [ãsjẽ/ãsjɛn] adj. alt, ehemalig → MA

l'**anecdote** [lanɛkdɔt] f. die Anekdote → 2/3

anglais/anglaise [ãglɛ/ãglɛz] adj. englisch; l'**anglais** [lãglɛ] m. Englisch; l'**Anglais** / l'**Anglaise** [lãglɛ/lãglɛz] m./f. der/die Engländer/in

l' **animal** / les **animaux** [lanimal/lezanimo] m. das Tier

l' **animateur** / l'**animatrice** [lanimatœr/lanimatris] m./f. der/die Animateur/in

animé/animée [anime] adj. belebt

l' **année** [lane] f. das Jahr

l' **anniversaire** [laniverser] m. der Geburtstag; **Joyeux ~!** [ʒwajøzaniverser] Herzlichen Glückwunsch zum Geburtstag!

annoncer qc [anõse] etw. ankündigen, etw. mitteilen → MB

l' **anorak** [lanorak] m. der Anorak

l' **apparence** [laparãs] f. die äußere Erscheinung, der Anschein → ME

l' **appartement** [lapartəmã] m. die Wohnung

l' **appel** [lapɛl] m. der Anruf

appeler qn [apəle] jdn anrufen

(ê) **s'appeler** [saple] heißen

applaudir (qn) [aplodir] applaudieren wie réagir

(ê) **s'appliquer** [saplike] sich Mühe geben → MF

apporter qc (à qn) [apɔrte] (jdm) etw. mitbringen

apprendre qc (sur) [aprãdr] etw. lernen, etw. erfahren (über); ~ **à** + inf. [aprãdra] lernen, etw. zu tun

l' **apprenti** m. / l'**apprentie** f. [laprãti] m./f. der/die Auszubildende, der Lehrling → 1/3

après [aprɛ] danach, nach

après-demain [aprɛdəmẽ] adv. übermorgen → 3/3

l' **après-midi** [laprɛmidi] m./f. der Nachmittag, am Nachmittag

l' **aquarium** [lakwarjɔm] m. das Aquarium

l' **arabe** [larab] m. Arabisch → 3/1

l' **arachide** [laraʃid] f. die Erdnuss → 3/1

l' **arbitre** [larbitr] m./f. der/die Schiedsrichter/in

l' **arbre** [larbr] m. der Baum

les **arènes** [lezarɛn] f. pl. die Arena

l' **argent** [larʒã] m. das Geld, das Silber → 3/1; **gagner de l'~** [gaɲedəlarʒã] Geld verdienen → 1/2

l' **argument** [largymã] m. das Argument

l' **arme** [larm] f. die Waffe → 3/3

l' **armoire** [larmwar] f. der Schrank

arrêter [arɛte] aufhören; (ê) **s'~** [sarɛte] anhalten, aufhören; ~ **de** + inf. [arɛtedə] aufhören, etw. zu tun

l' **arrière-grand-mère** [larjɛrgrãmɛr] f. die Urgroßmutter

l' **arrière-plan** [larjɛrplã] m. der Hintergrund → MA, → MC

l' **arrivée** [larive] f. die Ankunft

(ê) **arriver** [arive] ankommen; (ê) **~ à** qc/+ inf. [arivea] etw. erreichen

l' **arrondissement** [larõdismã] m. das Arrondissement

l' **art** [lar] m. die Kunst → 3/2

l' **article** [lartikl] m. der Artikel, der Zeitungsartikel → 1/1

l' **artiste** [lartist] m./f. der/die Künstler/in

l' **ascenseur** [lasãsœr] m. der Aufzug

l' **Asie** [lazi] f. Asien → 3/1

l' **aspirateur** [laspiratœr] m. der Staubsauger; **passer l'~** [paselaspiratœr] staubsaugen

(ê) **s'asseoir** [saswar] sich hinsetzen → 3/LA

assez [ase] ziemlich

assez de [asedə] genug

l' **assiette** [lasjɛt] f. der Teller

assister à qc [asistea] dabei sein, an etw. teilnehmen → 3/LA, → MF

l' **association** [lasɔsjasjõ] f. die Organisation, der Verein → MC

associer qn/qc à qc [asɔsje] jdn/etw. mit etw. verbinden → MC

l' **atelier** [latəlje] m. der Workshop

l' **athlétisme** [latletism] m. die Leichtathletik

attaché/attachée (à qc/qn) [ataʃe] verbunden, festgemacht (an etw.) → 3/2

l' **attaque** [latak] f. der Angriff, die Angriffspieler

attendre qn/qc [atãdr] auf jdn/etw. warten

l' **attention** [latãsjõ] f. die Aufmerksamkeit → MC

attirer qn [atire] jdn anziehen, anlocken

l' **attraction** [latraksjõ] f. die Attraktion

au grand air [ogrãter] an der frischen Luft

au bord de [obɔrdə] am Ufer von

au bout de qc [obudə] am Ende von etw. → 2/3

au chômage [oʃomaʒ] arbeitslos

au cours de [okurdə] im Laufe von/des/der → MF

au début (de qc) [odeby] adv. am Anfang (von etw.), zuerst

au lieu de [oljødə] statt, anstelle → 3/3

Au revoir! [orəvwar] Auf Wiedersehen!

Au secours! [osəkur] Zu Hilfe!

l' **auberge de jeunesse** [lobɛrʒdəʒœnɛs] f. die Jugendherberge

aujourd'hui [oʒurdɥi] heute

aussi [osi] auch; ~ **... que** [osi...kə] so ... wie

autant de [otãdə] adv. so viel

l' **auteur** / l'**auteure** [lotœr] der/die Autor/in

l' **autobiographie** [lotobjɔgrafi] f. die Autobiographie → MF

autonome [otonɔm] m./f. adj. selbstständig → 1/3

autour de [oturdə] um ... herum

autre [otr] m./f. adj. anderer/andere/anderes

autrefois [otrəfwa] früher

autrement [otrəmã] adv. anders

avant [avã] früher, vor zeitlich; ~ **de** + inf. [avãdə] bevor

avec [avɛk] mit

l' **avenir** [lavniʀ] *m.* die Zukunft → 1/1

l' **aventure** [lavɑ̃tyʀ] *f.* das Abenteuer

l' **avenue** [lavəny] *f.* die Allee

l' **avion** [lavjɔ̃] *m.* das Flugzeug

l' **aviron** [laviʀɔ̃] *m.* das Rudern

l' **avis** [lavi] *m.* die Meinung; **à mon ~** [amɔ̃navi] meiner Meinung nach; **donner son ~ (sur qc)** [dɔnesɔnavi] seine Meinung (zu etw.) äußern

avoir (qc) [avwaʀ] haben; **~ besoin de qn/qc/+ inf.** [avwaʀbəzwɛ̃də] jdn/etw. brauchen, brauchen + *Inf.*; **~ de la chance** [avwaʀdəlaʃɑ̃s] Glück haben; **~ envie de + inf.** [avwaʀɑ̃vidə] Lust haben, etw. zu tun; **~ envie de qc** [avwaʀɑ̃vidə] Lust auf etw. haben; **faim** [avwaʀfɛ̃] Hunger haben; **~ honte (de qc)** [avwaʀɔ̃t] sich schämen (für etw.) → MB; **~ l'air** [avwaʀlɛʀ] aussehen; **~ la patate** [avwaʀlapatat] *fam.* gut drauf sein; **~ le droit de + inf.** [avwaʀlədʀwadə] dürfen, das Recht haben, etw. zu tun; **~ lieu** [avwaʀljø] stattfinden; **~ mal (à)** [avwaʀmal] Schmerzen haben (an/am) → 2/2; **~ peur** [avwaʀpœʀ] Angst haben, Angst bekommen; **~ pitié de qn** [avwaʀpitjedə] mit jdm Mitleid haben; **~ qc en tête** [avwaʀɑ̃tɛt] sich etw. vorstellen, an etw. denken, *wörtlich:* etw. im Kopf haben → 2/3; **~ raison** [avwaʀɛzɔ̃] recht haben; **~ soif** [avwaʀswaf] Durst haben

avril [avʀil] April

B

faire du baby-sitting [fɛʀdybabisitiŋ] babysitten → 3/2

le **bac** [ləbak] *fam.* / le **baccalauréat** [ləbakalɔʀea] das Abi / das Abitur → 3/2

la **bagarre** [labagaʀ] die Prügelei

(ê)**se baigner** [səbeɲe] baden

baisser les bras [beselebʀa] aufgeben *wörtlich:* die Arme senken

la **balade** [labalad] der Ausflug; la **~ en bateau** [labaladɑ̃bato] die Bootsfahrt

(ê)**se balader** [səbalade] *fam.* spazieren gehen, herumlaufen → 3/3

la **baleine** [labalɛn] der Wal

le **ballon** [ləbalɔ̃] der Ball

la **banane** [labanan] die Banane

la **bande originale** [labɑ̃dɔʀiʒinal] der Soundtrack, die Filmmusik → MF

la **banlieue** [labɑ̃ljø] der Vorort, der Stadtrand

le **baoulé** [ləbaule] Baule → 3/1

le **bar** [ləbaʀ] die Bar; le **~ à jus de fruits** [ləbaʀaʒydəfʀɥi] die Saftbar

bas [bɑ] *adv.* unten → 3/LA

les **baskets** [lebaskɛt] *f. pl.* die Turnschuhe

le **bateau** / les **bateaux** [ləbato/lebato] das Schiff, das Boot

la **batterie** [labatʀi] das Schlagzeug

battre qn/qc [batʀ] jdn schlagen, jdn besiegen → 1/1

(ê)**se battre** [səbatʀ] sich (durch) schlagen, kämpfen → 1/1

bavard/bavarde [bavaʀ/bavaʀd] *adj.* geschwätzig

le **beach-volley** [ləbitʃvɔlɛ] Beach-Volleyball

beau / **bel** *m.* / **belle** *f.* **beaux** *m. pl.* / **belles** *f. pl.* [bo/bɛl/bɛl/bo/bɛl] *adj.* schön

beaucoup [boku] viel

beaucoup de [bokudə] viele; **~ monde** [bokudəmɔ̃d] viele Leute

le **beau-père** [ləbopɛʀ] der Stiefvater

la **bédé/B.D.** / les **B.D.** [labede/lebede] der Comic

belge [bɛlʒ] *m./f. adj.* belgisch; le **Belge** / la **Belge** [ləbɛlʒ/labɛlʒ] der Belgier, die Belgierin

la **belle-mère** [labɛlmɛʀ] die Stiefmutter

ben [bɛ̃] *fam.* naja, äh

le **berbère** [ləbɛʀbɛʀ] die Berbersprache, Berberisch → 3/1

bête [bɛt] *m./f. adj.* dumm, blöd

le **beurre** [ləbœʀ] die Butter

la **bibliothèque** [labiblijɔtɛk] die Bibliothek, die Bücherei → 3/2

bien [bjɛ̃] gut

bien d'autres choses [bjɛ̃dotʀʃoz] noch viel mehr

bien sûr [bjɛ̃syʀ] aber sicher; **~ que oui/non!** [bjɛ̃syʀkəwi/nɔ̃] Natürlich (nicht)!

le **bien-être** [ləbjɛ̃nɛtʀ] das Wohlbefinden → MC

bientôt [bjɛ̃to] bald

Bienvenue! [bjɛ̃vəny] *f.* Willkommen!

bilingue [bilɛ̃g] *m./f. adj.* zweisprachig → ME

le **billet** [ləbije] das Ticket, die Eintrittskarte

bio *fam.* / **biologique** [bjo/bjɔlɔʒik] *m./f. adj.* Bio-, biologisch

le **biscuit** [ləbiskɥi] der Keks

la **bise** [labiz] der Kuss

bizarre [bizaʀ] *m./f. adj.* merkwürdig

la **blague** [lablag] der Scherz

blanc/blanche [blɑ̃/blɑ̃ʃ] *adj.* weiß

blessé/blessée [blese] *adj.* verletzt

bleu/bleue [blø] *adj.* blau

le **blog** [ləblɔg] der Blog

bof [bɔf] *fam.* Na ja. / Es geht so.

boire qc [bwaʀ] etw. trinken

le **bois** [ləbwa] das Holz → 3/1

la **boisson** [labwasɔ̃] das Getränk

la **boîte** [labwat] die Dose, die Schachtel

bon/bonne [bɔ̃/bɔn] *adj.* gut; **Bon appétit!** [bɔ̃napeti] Guten Appetit!; **Bonne chance!** [bɔnʃɑ̃s] Viel Glück!; **Bonne idée!** [bɔnide] Gute Idee!; **C'est bon.** [sɛbɔ̃] Das schmeckt gut.; **être bon / bonne en** [ɛtʀbɔ̃/bɔn] in etw. gut sein

bon marché [bɔ̃maʀʃe] *adj. inv.* günstig, preiswert → 1/LA

le **bon plan** [ləbɔ̃plɑ̃] der Geheimtipp → MD

le **bonbon** [ləbɔ̃bɔ̃] das Bonbon, die Praline

Bonjour! [bɔ̃ʒuʀ] Guten Tag!, Guten Morgen!

Bonsoir! [bɔ̃swaʀ] Guten Abend!

le **bord de case** [ləbɔʀdəkaz] die Umrahmung, die Panelrahmung → MF

le **boubou** [ləbubu] der Boubou → 3/3

la **bouche** [labuʃ] der Mund → 3/LB

le **bouchon** [ləbuʃɔ̃] der Stau *auch:* der Flaschenverschluss

bouger [buʒe] sich bewegen

la **bougie** [labuʒi] die Kerze

la **boulangerie** [labulɑ̃ʒʀi] die Bäckerei

les **boulettes (à la liégeoise)** [lebulɛtalaljeʒwaz] *f. pl.* die Hackbällchen (nach Lütticher Art)

le **boulevard** [ləbulvaʀ] der Boulevard

^(ê)**se bousculer** [səbuskyle] sich drängeln → 3/LA

la **bouteille** [labutɛj] die Flasche

la **boutique** [labutik] der Laden

la **boxe** [labɔks] das Boxen

branché/branchée [bʀɑ̃ʃe] *adj. fam.* angesagt

le **bras** [ləbʀa] der Arm; **baisser les ~** [beselebʀa] aufgeben *wörtlich:* die Arme senken

breton/bretonne [bʀətɔ̃/bʀətɔn] *adj.* bretonisch

le **bretzel** [ləbʀɛtzel] die Brezel

bronzé/bronzée [bʀɔ̃ze] *adj.* sonnengebräunt

bronzer [bʀɔ̃ze] braun werden → MD

le **bruit** [ləbʀɥi] der Lärm, das Geräusch

la **brute** [labʀyt] der Grobian

le **buffet** [ləbyfɛ] das Buffet

la **bulle** [labyl] die (Sprech-)Blase → MF

le **bureau** / les **bureaux** [ləbyʀo/ lebyʀo] der Schreibtisch, das Büro

le **bus** [ləbys] der Bus

le **but** [ləbyt] das Tor, das Ziel; le **gardien de ~** / la **gardienne de ~** [ləgaʀdjɛ̃dəbyt/lagaʀdjɛndəbyt] der/die Torwart/in; **marquer un ~** [maʀkeɛ̃byt] ein Tor schießen

C

Ça dépend. [sadepɑ̃] Es kommt darauf an.

ça fait + *adj.* [safɛ] das wirkt → 1/3

Ça marche. [samaʀʃ] *fam.* Geht klar.

Ça me plaît. [saməplɛ] Das gefällt mir.

Ça ne me dit rien (du tout). [sanəmədiʀjɛ̃dytu] Das ist (gar) nichts für mich. → 1/1

Ça va? [sava] Wie geht's? / Geht's dir gut?, In Ordnung?

Ça va. [sava] Es geht (mir) gut.

Ça veut dire ... [savødiʀ] Das bedeutet ...

Ça y est! [saje] *fam.* Geschafft!, Na endlich!

la **cabane** [lakaban] die Hütte → MF

le **cabaret** [ləkabaʀɛ] die Show

le **cacao** [ləkakao] der Kakao → 3/1

la **cache** [lakaʃ] das Versteck, der Cache

^(ê)**se cacher** [səkaʃe] sich verstecken → MB

le **cadeau** / les **cadeaux** [ləkado/lekado] das Geschenk

le **café** [ləkafe] das Café, der Kaffee → 3/1

la **cage** [lakaʒ] der Käfig

le **cahier** [ləkaje] das Heft; le **~ de vacances** [ləkajedəvakɑ̃s] das Ferienheft

la **calanque** [lakalɑ̃k] die Felsbucht

calculer qc [kalkyle] etw. berechnen

calme [kalm] *m./f. adj.* ruhig

le/la **camarade de classe** [lə/lakamaʀadəklas] *m./f.* der/die Mitschüler/in → MF

la **campagne** [lakɑ̃paɲ] das Land

le **camping** [ləkɑ̃piŋ] der Campingplatz, das Zelten

le **Canada** [ləkanada] Kanada

le **candidat** / la **candidate** [ləkɑ̃dida/lakɑ̃didat] der/die Kandidat/in

la **candidature** [lakɑ̃didatyʀ] die Bewerbung → 1/2

la **cantine** [lakɑ̃tin] die Kantine, der Speisesaal

le **caoutchouc** [ləkautʃu] der Kautschuk → 3/1

la **capitale** [lakapital] die Hauptstadt

captiver qn/qc [kaptive] jdn fesseln → MA

le **car** [ləkaʀ] der Reisebus; **en ~** [ɑ̃kaʀ] mit dem Reisebus

le **caractère** [ləkaʀaktɛʀ] der Charakter, die Figur

le **caribou** [ləkaʀibu] das Karibu

le **carnaval** [ləkaʀnaval] der Karneval, der Fasching

le **carnet de correspondance** [ləkaʀnɛdəkɔʀɛspɔ̃dɑ̃s] *Mitteilungsheft* → 2/2

le **carrefour** [ləkaʀfuʀ] die Kreuzung

carrément [kaʀemɑ̃] *fam.* total, direkt → 1/LB, → 2/2

la **carrière** [lakaʀjɛʀ] die Karriere, die Laufbahn → MB

la **carte** [lakaʀt] die (Spiel-) Karte, die Postkarte

le **carton** [ləkaʀtɔ̃] der Karton → 2/1; le **~ jaune** [ləkaʀtɔ̃ʒon] die gelbe Karte

cartonner [kaʀtone] *fam.* großen Erfolg haben → 1/LB

la **case** [lakɑz] das einzelne Comicbild, das Feld, das Panel → MF

le **casque** [ləkask] der Kopfhörer, der Helm

casser la figure à qn [kaselafigyʀa] *fam.* jdn verhauen

la **catastrophe** [lakatastʀɔf] die Katastrophe

catastrophique [katastʀɔfik] *m./f. adj.* katastrophal

la **cathédrale** [lakatedʀal] der Dom, die Kathedrale

le/la **catholique** [lə/lakatɔlik] *m./f.* der/die Katholik/in → MB

le **CD** / les **CD** [ləsede/lesede] die CD

le **CDI** [ləsedei] die Schulbibliothek

ce/cet/cette/ces [sə/sɛt/sɛt/se] dieser/diese/dieses

Ce n'est pas mon truc. [sənepamɔ̃tʀyk] *fam.* Das ist nicht mein Ding.

Ce serait sympa. [səsəʀesɛ̃pa] Das wäre nett.

cela [səla] das

célèbre [selɛbʀ] *m./f. adj.* berühmt

la **censure** [lasɑ̃syʀ] die Zensur → 3/2

cent [sɑ̃] hundert

le **centimètre** [ləsɑ̃timɛtʀ] der Zentimeter → 1/LA

le **centre** [ləsɑ̃tʀ] das Zentrum; le **~ commercial** [ləsɑ̃tʀkɔmɛʀsjal] das Einkaufszentrum

le **centre-ville** [ləsɑ̃tʀvil] das Stadtzentrum

c'est [sɛ] das ist; **C'est à la page 25.** [sɛtalapaʒvɛ̃tsɛ̃k] Das ist/steht auf Seite 25.; **C'est à quelle page?** [sɛtakɛlpaʒ] Auf welcher Seite ist/steht das?; **C'est à qui?** [sɛtaki] Wer ist dran?; **c'est bien ça?** [sebjɛ̃sa] nicht wahr? → 1/3; **C'est honteux!** [sɛɔ̃tø] Das ist eine Schande!; **C'est l'horreur!** [sɛlɔʀœʀ] Das ist der Horror!; **C'est moi.** [sɛmwa] Ich bin's. / Das bin ich.; **C'est qui?** [sɛki] Wer ist das?; **C'est tout.** [sɛtu] Das ist alles.; **C'est trop cool!** [sɛtʀokul] *fam.* Das ist total cool!

C'est à ... [sɛta] ... ist dran.; **C'est à moi.** [sɛtamwa] Ich bin dran.

c'est pourquoi [sɛpuʀkwa] *conj.* deshalb, deswegen

c'est-à-dire [sɛtadiʀ] das heißt → MF

cet après-midi [sɛtapʀɛmidi] heute Nachmittag

c'était trop tard [setɛtʀotaʀ] es war zu spät

C'était l'horreur! [setɛloʀœʀ] Das war der Horror!

chacun/chacune [ʃakɛ̃/ʃakyn] jeder/jede

la **chaîne** [laʃɛn] der Fernsehsender, der Kanal

la **chaise** [laʃɛz] der Stuhl

la **chambre** [laʃɑ̃bʀ] das Schlafzimmer

le **champ** [ləʃɑ̃] das Feld

le **champion** / la **championne** [ləʃɑ̃pjɔ̃/laʃɑ̃pjɔn] der Champion

la **chance** [laʃɑ̃s] das Glück, die Chance; **avoir de la ~** [avwaʀdəlaʃɑ̃s] Glück haben; **Bonne ~!** [bɔnʃɑ̃s] Viel Glück!; **porter ~** [pɔʀteʃɑ̃s] Glück bringen → 3/LA

le **chancelier**/la **chancelière** [ləʃɑ̃səlje/laʃɑ̃səljɛʀ] der/die Kanzler/-in → MB

changer [ʃɑ̃ʒe] sich ändern, umsteigen *wie* manger

la **chanson** [laʃɑ̃sɔ̃] das Lied

chanter (qc) [ʃɑ̃te] (etw.) singen

le **chanteur** / la **chanteuse** [ləʃɑ̃tœʀ/laʃɑ̃tøz] der/die Sänger/-in

chaque [ʃak] *m./f. adj.* jeder, jede, jedes

la **charcuterie** [laʃaʀkytʀi] Wurstwaren, die Metzgerei

chargé/chargée [ʃaʀʒe] *adj.* überladen

la **charte** [laʃaʀt] die Charta

la **chasse au trésor** [laʃasotʀezɔʀ] die Schatzsuche

le **chat** [ləʃa] die Katze

le **château** / les **châteaux** [ləʃato/leʃato] das Schloss, die Burg

chatter (avec qn) [tʃate] (mit jdm) chatten

chaud/chaude [ʃo/ʃod] *adj.* warm, heiß

la **chaussure** [laʃosyʀ] der Schuh

le/la **chef** [lə/laʃɛf] der/die Chef/-in

le **chemin** [ləʃəmɛ̃] der Weg; **demander son ~ (à qn)** [dəmɑ̃desɔ̃ʃəmɛ̃] (jdn) nach dem Weg fragen

la **chemise** [laʃəmiz] das Hemd

cher/chère [ʃɛʀ] *adj.* liebe/-r, teuer

chercher qn/qc [ʃɛʀʃe] jdn/etw. suchen

le **cheval** / les **chevaux** [ləʃəval/leʃəvo] das Pferd

les **cheveux** [leʃvø] *m. pl.* die Haare

chez [ʃe] bei; **~ moi** [ʃemwa] bei mir (zu Hause)

le **chien** [ləʃjɛ̃] der Hund; **avoir un caractère de ~** [avwaʀɛ̃kaʀaktɛʀdə-ʃjɛ̃] *fam.* einen fiesen Charakter haben

le **chiffre** [ləʃifʀ] die Zahl → MF

la **Chine** [laʃin] China

chinois/chinoise [ʃinwa/ʃinwaz] *adj.* chinesisch → MF

les **chips** [leʃips] *f. pl.* die Kartoffelchips

le **choc** [ləʃɔk] der Schock → MB

le **chocolat** [ləʃɔkɔla] die Schokolade

choisir qn/qc [ʃwaziʀ] jdn/etw. aussuchen, auswählen

le **chômeur** / la **chômeuse** [ləʃomœʀ/laʃomøz] der/die Arbeitslose → 1/LB

la **chorale** [lakɔʀal] der Chor

la **chose** [laʃoz] die Sache, das Ding

le **ciel** [ləsjɛl] der Himmel → 1/LA, → MC

le **cinéma** [ləsinema] / le **ciné** [ləsine] *fam* das Kino

la **cinquième** [lasɛ̃kjɛm] die siebte Klasse; **en ~** [ɑ̃sɛ̃kjɛm] in der siebten Klasse

le **circuit** [ləsiʀkɥi] die Strecke, der Rundweg → MD

le **cirque** [ləsiʀk] der Zirkus

la **cité** [lasite] die Siedlung

le **citoyen** / la **citoyenne** [ləsitwajɛ̃/lasitwajɛn] der/die Bürger/-in → MB

le **citron** [ləsitʀɔ̃] die Zitrone

le **citron vert** [ləsitʀɔ̃vɛʀ] die Limone → 3/3

la **classe** [laklas] die Klasse

le **classeur** [ləklasœʀ] der Ordner

classique [klasik] *m./f. adj.* klassisch; le **~** [ləklasik] der Klassiker → MF

la **clé** [lakle] der Schlüssel

le **cliché** [ləkliʃe] das Klischee

le **climat** [ləklima] das Klima

le **clin d'œil** [ləklɛ̃dœj] der Augenblick, das Zwinkern → 3/LA; **en un ~** [ɑ̃nɛ̃klɛ̃dœj] im Handumdrehen → 3/LA

le **clown** [ləklun] der/die Clown/-in

le **club** [ləklœb] der Verein; le **~ de natation** [ləklœbdənatasjɔ̃] der Schwimmverein

le **coca(-cola)** [ləkoka] die Cola

le **cochon d'Inde** [ləkɔʃɔ̃dɛ̃d] das Meerschweinchen

le **cocktail** [ləkɔktɛl] der Cocktail

le **coin** [ləkwɛ̃] die Ecke; le **~ musique** [ləkwɛ̃myzik] die Musikecke

la **collection** [lakɔlɛksjɔ̃] die Sammlung

collectionner qc [kɔlɛksjone] etw. sammeln

le **collège** [ləkɔlɛʒ] die Sekundarstufe 1

la **colo** *fam.* / la **colonie (de vacances)** [lakolo/lakolonidəvakɑ̃s] das Feriencamp, die Themenfreizeit

coloniser qn/qc [kɔlɔnize] jdn/etw. kolonisieren

le **combat** [ləkɔ̃ba] der Kampf → 3/LA

combien [kɔ̃bjɛ̃] wie viel, **~ de ...?** [kɔ̃bjɛ̃də] Wie viel(e) ...?

la **comédie** [lakɔmedi] die Komödie → MA

comme [kɔm] als, da, wie

comme ça [kɔmsa] so

commencer (à + inf.) [kɔmɑ̃se] (mit etw.) beginnen; **Qui commence?** [kikɔmɑ̃s] Wer fängt an?, Wer beginnt?

comment [kɔmɑ̃] wie; **~ ça va?** [kɔmɑ̃sava] Wie geht's?, Wie läuft es?; **~ est-ce qu'on dit ...?** [kɔmɑ̃ɛskɔ̃di] Wie sagt man ...?; **~ est-ce qu'on écrit ...?** [kɔmɑ̃ɛskɔ̃nekʀi] Wie schreibt man ...?

le **commentaire** [ləkɔmɑ̃tɛʀ] der Kommentar

la **comparaison** [lakɔ̃paʀɛzɔ̃] der Vergleich → 2/3

les **compatriotes** [lekɔ̃patʀijɔt] *m. pl.* die Landsleute → ME

complètement [kɔ̃plɛtmɑ̃] *adv.* ganz, vollständig → MA

la **complication** [lakɔ̃plikasjɔ̃] die Schwierigkeit → MF

compliqué/compliquée [kɔ̃plike] *adj.* kompliziert

le **comportement** [ləkɔ̃pɔʀtəmɑ̃] das Verhalten → MA

le **composant** [ləkɔ̃pozɑ̃] der Bestandteil, die Komponente → MC

composer qc [kɔ̃poze] etw. komponieren

comprendre qn/qc [kɔ̃pʀɑ̃dʀ] jdn/etw. verstehen *wie* prendre

compter (sur qn) [kɔ̃te] (auf jdn) zählen; **Je compte sur toi.** [ʒəkɔ̃tsyʀtwa] Ich zähle auf dich.

concentré/concentrée [kɔ̃sɑ̃tʀe] *adj.* konzentriert → 3/LA

le **concepteur** / la **conceptrice de jeux vidéo** [ləkɔ̃sɛptœʀ/lakɔ̃sɛptʀisdə-ʒøvideo] Game Conceptioner → 1/2

le **concert** [ləkɔ̃sɛʀ] das Konzert

le **concours** [ləkɔ̃kuʀ] der Wettbewerb

conduire qc [kɔ̃dɥiʀ] etw. fahren, lenken

la **confiance** [lakɔ̃fjɑ̃s] das Vertrauen; **faire ~ à qn** [fɛʀkɔ̃fjɑ̃sa] jdm vertrauen

confier qc à qn [kɔ̃fjea] jdm etw. anvertrauen

confisquer qc à qn [kɔ̃fiske] jdm etw. wegnehmen

la **confiture** [lakɔ̃fityʀ] die Marmelade, die Konfitüre

le **conflit** [ləkɔ̃fli] der Konflikt

confondre qn/qc [kɔ̃fɔ̃dʀ] jdn/etw. verwechseln → MB

le **Congo** [ləkɔ̃go] der Kongo → MF

congolais/congolaise [kɔ̃gɔlɛ/kɔ̃gɔlɛz] *adj.* kongolesisch → MF

les **connaissances** [lekɔnɛsɑ̃s] *f. pl.* die Kenntnisse, das Wissen → 1/3

connaître (qn/qc) [kɔnɛtʀ] jdn/etw. kennen; ^(ê)**se ~** [səkɔnɛtʀ] sich kennen(lernen), einander kennen(lernen)

le **conseil** [ləkɔ̃sɛj] der Rat; le **~ de classe** [ləkɔ̃sɛjdəklas] die Klassenkonferenz → MA

le **conseiller d'orientation** [ləkɔ̃sɛje-dɔʀjɑ̃tasjɔ̃] der Berufsberater → 1/1

conseiller qc à qn [kɔ̃seje] jdm etw. raten → MD

consoler qn [kɔ̃sɔle] jdn trösten

le **consommateur** / la **consommatrice** [ləkɔ̃sɔmatœʀ/lakɔ̃sɔmatʀis] der/die Verbraucher/in, der/die Konsument/in → MC

la **construction** [lakɔ̃stʀyksjɔ̃] der Bau, die Bauarbeiten

construire qc [kɔ̃stʀɥiʀ] etw. bauen, konstruieren

construit/construite [kɔ̃stʀɥi/kɔ̃stʀɥit] *adj.* erbaut

content/contente [kɔ̃tɑ̃/kɔ̃tɑ̃t] *adj.* zufrieden, glücklich

le **contenu** [ləkɔ̃tny] der Inhalt → 2/1

le **continent** [ləkɔ̃tinɑ̃] der Kontinent → 3/1

continuer [kɔ̃tinye] weitergehen; **~ (qc)** (etw.) weiter machen

contrairement à [kɔ̃tʀɛʀmɑ̃a] *adv.* im Gegensatz zu → MF

contre [kɔ̃tʀ] gegen, dagegen

convaincre qn [kɔ̃vɛ̃kʀ] jdn überzeugen → MC

convertir qn à qc [kɔ̃vɛʀtiʀ] jdn zu etw. bekehren → MB

cool [kul] *adj. fam.* cool

coopérer [kɔɔpere] kooperieren, zusammenarbeiten → MB

les **coordonnées** [lekɔɔʀdɔne] *f. pl.* die Koordinaten

le **copain** / la **copine** [ləkɔpɛ̃/lakɔpin] der/die Freund/in

le **cornet** [ləkɔʀnɛ] die spitze Tüte, die Eiswaffel → 2/1

le/la **corres** *fam.* / le **correspondant** / la **correspondante** [lə/lakɔʀɛs/ləkɔʀɛs-pɔ̃dɑ̃/lakɔʀɛspɔ̃dɑ̃t] der/die Austauschpartner/in

correspondre à qn/qc [kɔʀɛspɔ̃dʀa] jdm/etw. entsprechen → 2/2

la **corrida** [lakɔʀida] der Stierkampf

corriger qc [kɔʀiʒe] etw. korrigieren, berichtigen

la **corruption** [lakɔʀypsjɔ̃] die Korruption, die Bestechung → 3/2

la **côte** [lakot] die Küste

le **côté** [ləkote] die Seite → 2/1

la **Côte d'Ivoire** [lakotdivwaʀ] die Elfenbeinküste → 3/1

le **coton** [ləkɔtɔ̃] die Baumwolle, die Watte → 3/1

le **cou** [ləku] der Hals

le **coucher de soleil** [ləkuʃedsɔlɛj] der Sonnenuntergang → MD

^(ê)**se coucher** [səkuʃe] sich hinlegen, schlafen gehen

la **couleur** [lakulœʀ] die Farbe

le **couloir** [ləkulwaʀ] der Flur

le **coup de fil** [ləkudfil] *fam.* der Anruf → 1/LA

la **cour** [lakuʀ] der Schulhof

le **courage** [ləkuʀaʒ] der Mut → 1/1

courageux/courageuse [kuʀaʒø/kuʀaʒøz] *adj.* mutig

couramment [kuʀamɑ̃] *adv.* fließend → 2/2

courir [kuʀiʀ] rennen

le **cours** [ləkuʀ] der Unterricht; **Je n'ai pas ~.** [ʒənepakuʀ] Ich habe keinen Unterricht.

les **courses** [lekuʀs] *f. pl.* die Einkäufe

le **cousin** / la **cousine** [ləkuzɛ̃/lakuzin] der/die Cousin/e

coûter [kute] kosten

le **couvert** [ləkuvɛʀ] das Gedeck

le/la **CPE** [lə/lasepeø] der/die Schulbetreuer/in

le **crabe** [ləkʀab] der Krebs → MF

le **crayon** [ləkʀɛjɔ̃] der Bleistift; le **~ de couleur** [ləkʀɛjɔ̃dəkulœʀ] der Buntstift

créatif/créative [kʀeatif/kʀeativ] *adj.* kreativ

la **création** [lakʀeasjɔ̃] die Schöpfung, das Kreieren, das Werk → 3/2

créer qc [kʀee] etw. erschaffen, etw. gründen → 3/2

la **crêpe** [lakʀɛp] die Crêpe

la **crêperie** [lakʀɛpʀi] die Crêperie

crier [kʀije] schreien

la **critique** [lakʀitik] die Kritik → MA

critiquer (qn/qc) [kʀitike] (jdn/etw.) kritisieren → 3/2

croire qn/qc [kʀwaʀ] jdm/etw. glauben

la **cuisine** [lakɥizin] die Küche

cuit/cuite [kɥi/kɥit] *adj.* gekocht → 2/1

la **culture** [lakyltyʀ] die Kultur, die Bildung

curieux/curieuse [kyʀjø/kyʀjøz] *adj.* neugierig, merkwürdig → 1/2

le **CV (= curriculum vitae)** [ləseve] der Lebenslauf → 1/3

D

d'abord [dabɔʀ] zuerst

d'accord [dakɔʀ] einverstanden; être ~ sur qc [ɛtʀdakɔʀsyʀ] sich über etw. einig sein

d'ailleurs [dajœʀ] übrigens → MA

la dame [ladam] die Frau

dangereux/dangereuse [dãʒʀø/dãʒʀøz] adj. gefährlich

dans [dã] in; ~ l'attente de votre réponse, je vous prie de recevoir, Madame, Monsieur, mes salutations respectueuses. Mit freundlichen Grüßen. → 1/3; ~ le nord [dãlənɔʀ] im Norden

la danse [ladãs] der Tanz, das Tanzen

danser [dãse] tanzen

la datte [ladat] die Dattel → 3/1

de [də] aus, von; ~ ... à ... [də...a] von ... bis ...; ~ plus [dəplys] adv. außerdem → 1/3; ~ manière ... [dəmanjeʀ] auf... Art und Weise → 2/2

De quoi je me mêle? [dəkwaʒməmɛl] Was geht dich das an? → 3/LB

(ê)se débrouiller [sədebʀuje] zurechtkommen → 2/2

le début [ladeby] der Anfang

décevoir qn [desvwaʀ] jdn enttäuschen

les déchets [ledeʃɛ] m. pl. der Abfall → 3/3

décider de + inf. [desidedə] sich entschließen, entscheiden etw. zu tun; décider de qc [desidedə] über etw. bestimmen → 1/1

la décision [ladesizjõ] die Entscheidung, der Entschluss → 1/2; prendre une ~ [pʀãdʀyndesizjõ] eine Entscheidung treffen, einen Entschluss fassen → 1/2

déclarer qc [deklaʀe] etw. verkünden, erklären → MB

décoder qc [dekɔde] etw. dekodieren, etw. entschlüsseln, durchschauen → MC

le décor [ladekɔʀ] die Umgebung → MF

décorer qc [dekɔʀe] etw. dekorieren, etw. (aus-) schmücken → 1/3

découper qc [dekupe] etw. schneiden, ausschneiden → 2/1

la découverte [ladekuvɛʀt] die Entdeckung

le découvreur / la découvreuse [ladekuvʀœʀ/ladekuvʀøz] der/die Entdecker/in

découvrir qn/qc [dekuvʀiʀ] jdn/etw. entdecken

décrire qn/qc [dekʀiʀ] jdn/etw. beschreiben

la dédicace [ladedikas] die Widmung, die (Autoren-) Signatur → MF

la défense [ladefãs] die Abwehr(spieler), die Verteidigung

dégénérer [deʒeneʀe] ausarten, sich verschlechtern → MA

dégoûtant/dégoûtante [degutã/degutãt] adj. widerlich, ekelhaft

le degré [ladəgʀe] der/das Grad

dégueulasse [degœlas] m./f. adj. fam. widerlich, ekelhaft

déguisé/déguisée [degize] adj. verkleidet → MF

dehors [dəɔʀ] draußen

déjà [deʒa] schon, bereits

le déjeuner [ladeʒœne] das Mittagessen

le délégué de classe / la déléguée de classe [ladelegedəklas/ladelegedəklas] der/die Schülervertreter/in → MA

demain [dəmɛ̃] morgen

la demande [ladəmãd] die Anfrage, die Bitte, der Wunsch → 1/3

demander (qc) à qn [dəmãdea] jdn (nach etw.) fragen; ~ à parler à qn [dəmãdeapaʀlea] nach jdm fragen → 1/3; ~ à qn si [dəmãdesi] jdn fragen, ob; ~ son chemin (à qn) [dəmãdesõʃəmɛ̃] (jdn) nach dem Weg fragen; ~ un effort [dəmãdeɛ̃nefɔʀ] eine Anstrengung verlangen

demi/demie [dəmi] adj. halb

la demi-finale [ladəmifinal] das Halbfinale

dénoncer qn/qc [denõse] jdn/etw. anprangern, anzeigen, jdn/etw. denunzieren, verraten → MC

le départ [ladepaʀ] die Abfahrt

(ê)se dépêcher [sədepɛʃe] sich beeilen

dépenser qc [depãse] etw. ausgeben

(ê)se déplacer [sədeplase] sich fortbewegen

depuis [dəpɥi] seit, seitdem; ~ des mois [dəpɥidemwa] seit Monaten; ~ que [dəpɥikə] seit, seitdem → 3/2

déranger qn [deʀãʒe] jdn stören

dernier/dernière [dɛʀnje/dɛʀnjɛʀ] adj. letzter/letzte/letztes

derrière [dɛʀjɛʀ] hinter

(ê)descendre [desãdʀ] hinuntergehen; (ê)~ (à + station) [desãdʀa] aussteigen (+ Station); ~ les poubelles [desãdʀlepubɛl] den Müll rausbringen

le désert [ladezɛʀ] die Wüste → 3/1

désert/déserte [dezɛʀ/dezɛʀt] adj. verlassen, einsam

le dessert [ladesɛʀ] die Nachspeise

le dessin [ladesɛ̃] die Zeichnung, das Zeichnen

le dessinateur / la dessinatrice [ladesinatœʀ/ladesinatʀis] der/die Zeichner/in → 1/1

dessiner qc [desine] etw. zeichnen

le détail [ladetaj] das Detail, die Einzelheit → MC

détester qc/qn/+ inf. [detɛste] etw./jdn hassen, hassen etw. zu tun

deuxième [døzjɛm] m./f. adj. zweiter/zweite/zweites

devant [dəvã] vor

le développement durable [ladevəlɔpmãdyʀabl] die Nachhaltigkeit → MC

(ê)se développer [sədevlɔpe] sich entwickeln → 3/2

(ê)devenir [dəvəniʀ] werden

devoir [dəvwaʀ] müssen

les devoirs [ledəvwaʀ] m. pl. die Hausaufgaben

d'habitude [dabityd] normalerweise

le dialogue [ladialɔg] der Dialog → MA

le dieu [djø] der Gott → MB

différemment [difeʀamã] adv. anders → 2/2

la différence [ladifeʀãs] der Unterschied → 2/1

différent/différente [difeʀã/difeʀãt] adj. anderer/andere/anderes, anders difficile [difisil] *m./f. adj.* schwer, schwierig

la **difficulté** [ladifikylte] die Schwierigkeit

le **dioula** [lədiula] Dioula → 3/1

dire qc (à qn) [diʀ] (jdm) etw. sagen; ~ **ses quatre vérités à qn** [diʀsekatʀveʀitea] jdm die Meinung sagen

la **discussion** [ladiskysjɔ̃] die Diskussion

discuter (de qc) [diskyte] reden, über etw. diskutieren → 1/3

disparaître [dispaʀɛtʀ] verschwinden

(ê)**se disputer** [sədispyte] sich streiten

la **distance** [ladistɑ̃s] die Entfernung, die Distanz

la **diversité** [ladivɛʀsite] die Vielfalt → ME

le **divertissement** [lədivɛʀtismɑ̃] die Unterhaltung(ssendung)

d'occasion [dɔkazjɔ̃] gebraucht → 1/LA

le **document** [lədɔkymɑ̃] das Dokument, die Unterlagen → 1/3

le **documentaire** [lədɔkymɑ̃tɛʀ] der Dokumentarfilm, die Dokumentation

le/la **documentaliste** [lə/ladɔkymɑ̃talist] der/die Dokumentalist/in

le **domaine** [lədɔmɛn] das Gebiet, der Bereich → 1/2

dommage [dɔmaʒ] schade → 2/1

donc [dɔ̃k] also, folglich

donner qc à qn [dɔnea] jdm etw. geben; ~ **son avis (sur qc)** [dɔnesɔnavi] seine Meinung (zu etw.) äußern; ~ **envie de** + *inf.* [dɔneɑ̃vidə] Lust machen, etw. zu tun; ~ **une voix à qn** [dɔneynvwaa] jdm eine Stimme geben → 3/2

dont [dɔ̃] von dem, dessen, deren → 3/3

doré/dorée [dɔʀe] *adj.* vergoldet → 3/2

dormir [dɔʀmiʀ] schlafen

doucement [dusmɑ̃] *adv.* leise → MF

la **douche** [laduʃ] die Dusche; **prendre une/sa ~** [pʀɑ̃dʀyn/saduʃ] duschen

doué/douée [due] *adj.* begabt → 1/1;

être ~ pour qc [ɛtʀduepuʀ] begabt sein für etw. → 1/1

le **doute** [lədut] der Zweifel

douze ans et demi [duzɑ̃edəmi] zwölfeinhalb (Jahre)

le **drame** [lədʀam] das Drama → MB

le **drapeau** [lədʀapo] die Fahne, die Flagge

drôle [dʀol] *m./f. adj.* lustig, spaßig

drôlement [dʀolmɑ̃] *adv.* ziemlich, ganz schön → 2/1

la **dune** [ladyn] die Düne → MD

dur/dure [dyʀ] *adj.* hart

durant [dyʀɑ̃] während → MF

durer [dyʀe] dauern

le **DVD** / les **DVD** [lədevede/ledevede] die DVD

E

l' **eau** [lo] *f.* das Wasser; l'~ **minérale** [lominɛʀal] *f.* das Mineralwasser; l'~ **gazeuse** [logazøz] *f.* das Mineralwasser mit Kohlensäure → 2/2; l'~ **plate** [loplat] *f.* das stille (Mineral-) Wasser → 2/2

l' **échange** [leʃɑ̃ʒ] *m.* der Austausch, der Tausch → 1/3

échanger qc contre qc [eʃɑ̃ʒekɔ̃tʀ] etw. gegen etw. tauschen

éclater de rire [eklatedəʀiʀ] in Lachen ausbrechen → 2/2

(ê)**s'éclater** [seklate] *fam.* viel Spaß haben

l' **écoblanchiment** [lekɔblɑ̃ʃimɑ̃] *m.* das Greenwashing → MC

l' **écolabel** [lekɔlabɛl] *m.* das Ökolabel → MC

l' **école** [lekɔl] *f.* die Schule

l' **écologie** [lekɔlɔʒi] *f.* die Ökologie → MC

écologique [ekɔlɔʒik] *m./f. adj.* umweltfreundlich, ökologisch → MC

l' **économie** [lekɔnɔmi] *f.* die Wirtschaft, die BWL (= Betriebswirtschaftslehre) → 1/2

écouter qn/qc [ekute] jdm zuhören, auf jdn hören, etw. anhören

écrire (qc à qn) [ekʀiʀ] (jdm etw.) schreiben

l' **effaceur** [lefasœʀ] *m.* der Tintenkiller

l' **effet** [lefɛ] *m.* die Wirkung, der Effekt → MF

l' **effort** [lefɔʀ] *m.* die Anstrengung

égal/égale/égaux *m. pl.* [egal/ego] *adj.* gleich → ME

l' **électro** [lelɛktʀo] *f.* die Elektromusik

élégant/élégante [elegɑ̃/elegɑ̃t] *adj.* elegant → MF

l' **élément** [lelemɑ̃] *m.* das Element → MC

l' **éléphant** [lelefɑ̃] *m.* der Elefant → 3/3

l' **élevage** [lelvaʒ] *m.* die Zucht, die Aufzucht → 3/1

l' **élève** [lelɛv] *m./f.* der/die Schüler/in **Je t'embrasse.** [ʒətɑ̃bʀas] Liebe Grüße

l' **émission** [lemisjɔ̃] *f.* die (Fernseh-) Sendung; l'~ **de téléréalité** [lemisjɔ̃dəteleʀealite] *f.* die Reality-TV-Show

emmener qn/qc [ɑ̃mne] jdn/etw. mitnehmen → 3/LA, → MA

l' **émotion** [lemosjɔ̃] *f.* die Gefühlsregung, die Aufregung → MA

empêcher qn/qc de + *inf.* [ɑ̃peʃedə] etw. verhindern, jdn an etw. hindern → 1/1

l' **Empire** [lɑ̃piʀ] *m.* das Kaiserreich → MB

l' **emploi du temps** [lɑ̃plwadytɑ̃] *m.* der Stundenplan

l' **employeur** / l'**employeuse** [lɑ̃plwajœʀ/lɑ̃plwajøz] *m./f.* der/die Arbeitgeber/in → 1/3

emporter qc [ɑ̃pɔʀte] etw. mitnehmen → 1/2

emprunter qc [ɑ̃pʀɛ̃te] etw. ausleihen

en [ɑ̃] in; davon; ~ **bas** [ɑ̃ba] unten, nach unten → MC; ~ **car** [ɑ̃kaʀ] mit dem Reisebus; ~ **ce moment** [ɑ̃səmomɑ̃] zurzeit, im Moment; **en cinquième** [ɑ̃sɛ̃kjɛm] in der siebten Klasse; ~ **détail** [ɑ̃detaj] ausführlich, im Einzelnen → 3/3; ~ **direct** [ɑ̃diʀɛkt] live; ~ **direction de** + **lieu** [ɑ̃diʀɛksjɔ̃də] in Richtung + *Ort*; ~ **face de** [ɑ̃fasdə] gegenüber; ~ **forme de** [ɑ̃fɔʀmdə] in Form von → 2/3; ~ **français** / ~ **allemand** [ɑ̃fʀɑ̃sɛ/ɑ̃almɑ̃] auf Französisch / auf Deutsch; ~ **général** [ɑ̃ʒeneʀal] normalerweise, im Allgemeinen → 1/LA, → 2/1; ~ **haut** [ɑ̃o] oben, nach oben → MC;

~ **liberté** [ɑ̃libɛʀte] in Freiheit; ~ **ligne** [ɑ̃liɲ] online; ~ **montagne** [ɑ̃mɔ̃taɲ] in den Bergen; ~ **moyenne** [ɑ̃mwajɛn] im Durchschnitt, durchschnittlich → MF; ~ **particulier** [ɑ̃paʀtikylje] insbesondere, vor allem → MA; ~ **permanence** [ɑ̃pɛʀmanɑ̃s] im Aufenthaltsraum; ~ **en plastique** [ɑ̃plastik] aus Plastik → 2/1; ~ **plus** [ɑ̃plys] außerdem; ~ **rajouter** [ɑ̃ʀaʒute] dick auftragen → 1/3; ~ **retard** [ɑ̃ʀətaʀ] zu spät, mit Verspätung; ~ **silence** [ɑ̃silɑ̃s] still; ~ **une fois** [ɑ̃ynfwa] auf ein Mal, in einem Zug

encore [ɑ̃kɔʀ] noch; ~ **une fois** [ɑ̃kɔʀynfwa] noch einmal

encourager qn [ɑ̃kuʀaʒe] jdn ermutigen

l' **encyclopédie** [ɑ̃siklɔpedi] *f.* die Enzyklopädie, das Lexikon → MF

l' **endroit** [ɑ̃dʀwa] *m.* der Ort

énerver qn [enɛʀve] jdn ärgern; (ê)**s'~** [senɛʀve] sich aufregen

l' **enfance** [ɑ̃fɑ̃s] *f.* die Kindheit → 3/2

l' **enfant** [ɑ̃fɑ̃] *m./f.* das Kind

enfin [ɑ̃fɛ̃] endlich, schließlich; Na ja, ...

engagé/engagée [ɑ̃gaʒe] *adj.* engagiert → 3/2

l' **engagement** [ɑ̃gaʒmɑ̃] *m.* das Engagement, die Verpflichtung → MC

engager qn [ɑ̃gaʒe] jdn einstellen

(ê)**s'engager** [sɑ̃gaʒe] sich engagieren → 1/1

l' **énigme** [lenigm] *f.* das Rätsel, das Geheimnis

l' **ennemi** *m.*/ l'**ennemie** *f.* [lenmi] der/die Feind/in → MB

(ê)**s'ennuyer** [sɑ̃nɥije] sich langweilen

ennuyeux/ennuyeuse [ɑ̃nɥijø/ɑ̃nɥijøz] *adj.* langweilig

énorme [enɔʀm] *m./f. adj.* riesig → 3/LA

énormément [enɔʀmemɑ̃] *adv.* sehr viel, gewaltig → 2/2

l' **enquête** [ɑ̃kɛt] *f.* die Umfrage, die Untersuchung

enregistrer qc [ɑ̃ʀəʒistʀe] etw. aufnehmen, etw. speichern → MF

enrichissant/enrichissante [ɑ̃ʀiʃisɑ̃/ɑ̃ʀiʃisɑ̃t] *adj.* bereichernd → 1/2

l' **enseignement** [ɑ̃sɛɲmɑ̃] *m.* der Unterricht, das Schulwesen → 3/1

ensemble [ɑ̃sɑ̃bl] zusammen

ensuite [ɑ̃sɥit] dann

entendre qn/qc [ɑ̃tɑ̃dʀ] jdn/etw. hören *wie* attendre; (ê)**s'~ (bien)** [sɑ̃tɑ̃dʀ] sich (gut) verstehen → 2/2

entier/entière [ɑ̃tje/ɑ̃tjɛʀ] *adj.* ganz → MF

(ê)**s'entraîner** [sɑ̃tʀene] trainieren

l' **entraîneur** / l'**entraîneuse** [lɑ̃tʀɛnœʀ/lɑ̃tʀɛnøz] *m./f.* der/die Trainer/in

entre [ɑ̃tʀ] unter, zwischen

l' **entrée** [lɑ̃tʀe] *f.* die Vorspeise

l' **entreprise** [lɑ̃tʀəpʀiz] *f.* das Unternehmen → 1/2

(ê)**entrer** [ɑ̃tʀe] hineingehen, etw. betreten; (ê)**~ en guerre (avec qn)** [ɑ̃tʀeɑ̃gɛʀ] gegen jdn in den Krieg ziehen

envahir [ɑ̃vaiʀ] einfallen in → MB

environ [ɑ̃viʀɔ̃] ungefähr, in etwa

l' **environnement** [lɑ̃viʀɔnmɑ̃] *m.* die Umwelt → MC

les **environs** [lezɑ̃viʀɔ̃] *m. pl.* die Umgebung → MF

s'envoler [sɑ̃vɔle] davonfliegen

envoyer qc (à qn) [ɑ̃vwaje] (jdm) etw. schicken

épais/épaisse [epɛ/epɛs] *adj.* dick → MF

l' **épaule** [lepol] *f.* die Schulter → 3/LA

l' **époque** [lepɔk] *f.* die Zeit, die Epoche

épouser qn [epuze] jdn heiraten

l' **épreuve** [lepʀœv] *f.* die Prüfung → MB

l' **EPS** [løpeɛs] der Sportunterricht

l' **équilibre** [lekilibʀ] *m.* das Gleichgewicht

l' **équipe** [lekip] *f.* die Mannschaft, das Team

équitable [ekitabl] *m./f. adj.* gerecht → MC

l' **équitation** [lekitasjɔ̃] *f.* Reiten

l' **erreur** [leʀœʀ] *f.* der Irrtum, der Fehler → MB

l' **escalade** [lɛskalad] *f.* Klettern

l' **escalier** [lɛskalje] *m.* die Treppe

l' **esclave** [lɛsklav] *m./f.* der Sklave/ die Sklavin → 3/3

l' **espagnol** [lɛspaɲɔl] *m.* Spanisch → 3/1

espérer [ɛspeʀe] hoffen

espionner qn/qc [ɛspjɔne] jdn/etw. ausspionieren

l' **espoir** [lɛspwaʀ] *m.* die Hoffnung → ME

essayer qc [eseje] etw. versuchen, etw. (an)probieren

est-ce que [ɛskə] *Fragepartikel*; ~ **je peux** + *inf.* [ɛskəʒəpø] Darf ich ... ? **et** [e] und; ~ **puis** [epɥi] außerdem

l' **étage** [letaʒ] *m.* das Stockwerk, die Etage

l' **étagère** [letaʒɛʀ] *f.* das Regal

les **États-Unis (d'Amérique)** [lezetazyni] *m. pl.* die Vereinigten Staaten (von Amerika)

l' **été** [lete] *m.* der Sommer

l' **étoile** [letwal] *f.* der Stern

étonné/étonnée [etɔne] *adj.* erstaunt

l' **étranger** [letʀɑ̃ʒe] *m.* das Ausland → 1/2; **étranger/étrangère** [etʀɑ̃ʒe/etʀɑ̃ʒɛʀ] *adj.* ausländisch

être [ɛtʀ] sein; ~ **accro à qc** [ɛtʀakʀoa] nach etw. süchtig sein; ~ **assis/assise** [ɛtʀasi/asiz] sitzen → 2/2; ~ **capable de** + *inf.* [ɛtʀkapabldə] fähig sein, etw. zu tun; ~ **contre qn/qc** [ɛtʀkɔ̃tʀ] gegen jdn/ etw. sein, dagegen sein; ~ **doué/ douée pour qc** [ɛtʀduepuʀ] begabt sein für etw. → 1/1; ~ **égal à qn** [ɛtʀegala] jdm egal sein; ~ **en train de** + *inf.* [ɛtʀɑ̃tʀɛ̃də] dabei sein, etw. zu tun; ~ **fan de qn/qc** [ɛtʀəfɑ̃də] ein Fan von jdm/etw. sein; ~ **intéressé/intéressée par qn/qc** [ɛtʀɛ̃teʀesepaʀ] interessiert sein an jdm/etw. → 1/3; ~ **né/née (à/le)** [ɛtʀne] geboren sein (in/am); ~ **nul/nulle en** [ɛtʀnylɑ̃] in etw. schlecht sein, eine Niete sein; ~ **pour qn/qc** [ɛtʀpuʀ] für jdn/etw. sein, dafür sein; ~ **pressé/pressée** [ɛtʀpʀese] es eilig haben → 3/3; ~ **prêt/prête (à** + *inf.***)** [ɛtʀəpʀɛ/ɛtʀəpʀɛt] bereit sein (etw. zu tun) → 1/2; ~ **privé/privée de qc** [ɛtʀəpʀivedə] -verbot haben; ~ **séparé** [ɛtʀsepaʀe] getrennt sein les **études** [lezetyd] *f. pl.* das Studium; **faire des ~** [fɛʁdezetyd] studieren

l' **étudiant** / l'**étudiante** [letydjɑ̃/letydjɑ̃t] *m./f.* der/die Student/in

euh [ø] äh

l' **euro** [løʁo] *m.* der Euro

l' **Européen** / l'**Européenne** [løʁopeɛ̃/løʁopeen] *m./f.* der/die Europäer/in

évidemment [evidamɑ̃] *adv.* natürlich, selbstverständlich → 2/2

évoquer qc [evɔke] an etw. erinnern → MC

exactement [ɛgzaktəmɑ̃] *adv.* genau → 2/3

exagéré/exagérée [ɛgzaʒeʁe] *adj.* übertrieben

exagérer [ɛgzaʒeʁe] übertreiben

l' **examen** [lɛgzamɛ̃] *m.* die Prüfung, die ärztliche Untersuchung → 1/2

l' **exclusion** [lɛksklyzjɔ̃] *f.* die Ausgrenzung → 1/1

Excuse-moi. [ɛkskyzmwa] Es tut mir leid., Entschuldige bitte.

l' **exemple** [lɛgzɑ̃pl] *m.* das Beispiel; **par ~ / p.ex.** [paʁɛgzɑ̃pl] zum Beispiel, z.B.

l' **exercice** [lɛgzɛʁsis] *m.* die Übung

l' **exil** [lɛgzil] *m.* das Exil → MB

(ê)**s'exiler** [sɛgzile] ins Exil gehen → 3/2

exister [ɛgziste] existieren

l' **expérience** [lɛkspeʁjɑ̃s] *f.* die Erfahrung → 1/2

expliquer qc [ɛksplike] etw. erklären

l' **exposition** [lɛkspozisjɔ̃] *f.* die Ausstellung

extraordinaire [ɛkstʁaɔʁdinɛʁ] *m./f. adj.* außergewöhnlich → MF

F

facile [fasil] *m./f. adj.* leicht

la **façon** [lafasɔ̃] die Art, die Weise

faible [fɛbl] *m./f. adj.* schwach

la **faim** [lafɛ̃] der Hunger → 3/2

faire qc [fɛʁ] etw. machen, tun; **~ attention** [fɛʁatɑ̃sjɔ̃] aufpassen; **~ confiance à qn** [fɛʁkɔ̃fjɑ̃sa] jdm vertrauen; **~ croire que** [fɛʁkʁwaʁkə] so tun, als ob → MF; **~ de**

l'**aviron** [fɛʁdəlaviʁɔ̃] rudern; **~ la cuisine** [fɛʁlakyizin] (etw.) kochen; **~ de la guitare** [fɛʁdəlagitaʁ] Gitarre spielen; **~ de la musculation** [fɛʁdəlamyskylasjɔ̃] Krafttraining machen → 3/LA; **~ de la musique** [fɛʁdəlamyzik] musizieren; **~ des études** [fɛʁdezetyd] studieren; **~ des percussions** [fɛʁdepɛʁkysjɔ̃] trommeln, Schlagzeug spielen; **~ du baby-sitting** [fɛʁdybabisitiŋ] babysitten → 1/LA, → 3/2; **~ du bien (à qn)** [fɛʁdybjɛ̃] (jdm) gut tun; **~ du camping** [fɛʁdykɑ̃piŋ] zelten; **~ du foot** [fɛʁdyfut] Fußball spielen; (ê)**se ~ la bise** [səfɛʁlabiz] sich mit Küsschen begrüßen/verabschieden → 2/LB; **~ la connaissance de qn/qc** [fɛʁlakɔnɛsɑ̃sdə] jdn/etw. kennenlernen → MB; **~ le tour (de qc)** [fɛʁlətuʁ] um etw. herumgehen, einen Rundgang machen → 2/2; **~ les courses** [fɛʁlekuʁs] einkaufen; **~ mal à qn** [fɛʁmala] jdm wehtun; **~ pareil (que)** [fɛʁpaʁɛj] etw. genauso machen (wie) → 2/1; **~ partie de qc** [fɛʁpaʁtidə] zu etw. gehören, Teil sein von etw. → MC; **~ qc soi-même** [fɛʁswamɛm] etw. selbst machen → 2/1; **~ ressortir qc** [fɛʁəsɔʁtiʁ] etw. hervorheben → MF; **~ une surprise à qn** [fɛʁynsyʁpʁiza] jdn überraschen

la **famille** [lafamij] die Familie; **la ~ d'accueil** [lafamijdakœj] die Gastfamilie → 2/2

le/la **fan** [lə/lafan] der Fan

fantastique [fɑ̃tastik] *m./f. adj.* fantastisch, großartig

la **fantasy** [lafɑ̃tezi] Fantasy

la **farine** [lafaʁin] das Mehl

fatigué/fatiguée [fatige] *adj.* müde

la **faute** [lafot] der Fehler, das Foul

faux/fausse [fo/fos] *adj.* falsch → MC

les **faux amis** [lefozami] *m. pl. wörtlich:* falsche Freunde → 2/3

la **fée** [lafe] die Fee

la **femme** [lafam] die Frau, die Ehefrau; **la ~ de ménage** [lafamdəmenaʒ] die Putzfrau

la **fenêtre** [lafənɛtʁ] das Fenster

le **fer** [ləfɛʁ] das Eisen

la **féria** [lafeʁja] *Straßenfest in Südfrankreich*

fermé/fermée [fɛʁme] *adj.* geschlossen

fermer (qc) [fɛʁme] (etw.) schließen, zumachen

le **festival** [ləfɛstival] das Festival

la **fête** [lafɛt] die Feier

fêter qc [fete] etw. feiern

le **feu** [ləfø] das Feuer; **le ~ rouge** [ləføʁuʒ] die Ampel; **le ~ d'artifice** [ləfødaʁtifis] das Feuerwerk

la **feuille** [lafœj] das Blatt

fier/fière (de qn/qc) [fjɛʁ] *adj.* stolz (auf jdn/etw.)

fièrement [fjɛʁmɑ̃] *adv.* stolz → 2/1

la **figurine** [lafigyʁin] die Figur

la **file d'attente** [lafildatɑ̃t] die Warteschlange → 1/LB

la **fille** [lafij] das Mädchen, die Tochter

le **film** [ləfilm] der Film; **le ~ d'animation** [ləfilmdanimasjɔ̃] der Animationsfilm → MF

le **fils** [ləfis] der Sohn

la **fin** [lafɛ̃] das Ende

fin/fine [fɛ̃/fin] *adj.* fein, dünn → 2/1

la **finale** [lafinal] das Finale

financier/financière [finɑ̃sje/finɑ̃sjɛʁ] *adj.* finanziell → MB

finir (qc) [finiʁ] (etw.) beenden, enden *wie* réagir

fixe [fiks] *m./f. adj.* fest, unveränderlich → 1/2

le **flash-back** [ləflaʃbak] *m. inv.* die Rückblende → MF

le **fleuve** [ləflœv] der Fluss, der Strom

flexible [flɛksibl] *m./f. adj.* flexibel → 1/2

flipper [flipe] *fam.* Panik kriegen, ausflippen → 1/LB

la **flûte** [laflyt] die Flöte

la **fois / les fois** [lafwa/lefwa] das Mal; **en une ~** [ɑ̃ynfwa] auf ein Mal, in einem Zug

fonctionner [fɔ̃ksjɔne] funktionieren, arbeiten → MC, → MF

fondamental/fondamentale/fondamentaux *m. pl.* [fɔ̃damɑ̃tal/fɔ̃damɑ̃to] *adj.* grundlegend, fundamental → MF

fonder qc [fɔ̃de] etw. gründen

la **fonte** [lafɔ̃t] der (Schrift-) Guss → MF

le **foot(ball)** [ləfutbol] der Fußball, das Fußballspielen

le **footing** [ləfutiŋ] das Joggen, das Laufen → 3/LA

forcément [fɔrsemɑ̃] adv. zwangsläufig → 2/2

la **forêt** [lafɔrɛ] der Wald

la **formation** [lafɔrmasjɔ̃] die Ausbildung → 1/3

formidable [fɔrmidabl] m./f. adj. toll

fort/forte [fɔr/fɔrt] adj. stark

la **forteresse** [lafɔrtərɛs] die Festung

le **fossile** [ləfosil] das Fossil

le **fou** / la **folle** [ləfu/lafɔl] der/die Verrückte, der Fan → 3/LA

la **fraise** [lafrɛz] die Erdbeere

le **franc CFA** [ləfrãseɛfa] der CFA-Franc → 3/3

le **français** [ləfrãsɛ] Französisch; le **Français** / la **Française** [ləfrãsɛ/ lafrãsɛz] der Franzose, die Französin

francophone [frãkofɔn] m./f. adj. französischsprachig

frapper qn [frape] jdn schlagen; ~ **à la porte** [frapealapɔrt] an die Tür klopfen

le **frère** [ləfrɛr] der Bruder

les **frères et sœurs** [lefrɛrɛsœr] m. pl. die Geschwister

les **frites** [lefrit] f. pl. Pommes frites

le **froid** [ləfrwa] die Kälte

le **fromage** [ləfrɔmaʒ] der Käse

le **fruit** [ləfrɥi] die Frucht, das Obst

fuir la misère [fɥirlamizɛr] vor dem Elend flüchten → ME

furieux/furieuse [fyrjø/fyrjøz] adj. wütend

le **futur** [ləfytyr] die Zukunft

G

gagner (qc) [gaɲe] (etw.) gewinnen; ~ **de l'argent** [gaɲedəlarʒã] Geld verdienen → 1/2

le **garçon** [ləgarsɔ̃] der Junge

garder qc [garde] etw. behalten; ~ **qn** auf jdn aufpassen

le **gardien** / la **gardienne** [ləgardjɛ̃/lagardjɛn] der Wachmann, die Wachfrau; le **gardien de but** / la **gardienne de but** [ləgardjɛ̃dəbyt/lagardjɛndəbyt] der/die Torwart/in

la **gare** [lagar] der Bahnhof

gaspiller qc [gaspije] etw. verschwenden → 3/LB

le **gâteau** / les **gâteaux** [ləgato/legato] der Kuchen; le ~ **au chocolat** [ləgatooʃokola] der Schokoladenkuchen

le **gaz** [ləgaz] das Gas → 3/1; le ~ **naturel** [ləgaznatyrɛl] das Erdgas → 3/1

geler [ʒəle] frieren

le **général** [ləʒeneral] der General → MB

généralement [ʒeneralmã] adv. im Allgemeinen → MF

génial/géniale/géniaux m. pl. [ʒenjal/ʒenjo] adj. fam toll, genial, super

le **genou** / les **genoux** [ləʒənu/leʒənu] das Knie

les **gens** [leʒã] m. pl. die Leute

gentil/gentille [ʒãti/ʒãtij] adj. nett, freundlich

gentiment [ʒãtimã] adv. netterweise → 2/2

la **géo** fam. [laʒeo] die Geographie

le **géocaching** [ləʒeokaʃiŋ] das Geocaching

le **gîte** [ləʒit] die Unterkunft, das Gästehaus

la **glace** [laglas] das Eis

le **gladiateur** [ləgladjatœr] der Gladiator

le **globe** [ləglɔb] der Globus

le **goût** [ləgu] der Geschmack, die Vorliebe → MA

goûter qc [gute] etw. probieren, etw. kosten → 2/3

le **gouvernement** [ləguvɛrnəmã] die Regierung → MB

le **GPS** [ləʒepeɛs] das GPS

grâce à [grɑsa] dank → 3/LB, → MB, → MF

grand/grande [grã/grãd] adj. groß

la **Grande Guerre** [lagrãdgɛr] der Erste Weltkrieg → MF

grandir [grãdir] wachsen

la **grand-mère** [lagrãmɛr] die Großmutter

le **grand-père** [ləgrãpɛr] der Großvater

les **grands-parents** [legrãparã] m. pl. die Großeltern

le **graphisme** [ləgrafism] die grafische Gestaltung → MF

grave [grav] m./f. adj. ernst, schlimm

gros/grosse [gro/gros] adj. groß, dick → 2/3;

le **gros plan** [ləgroplã] die Nahansicht → MF, die Nahaufnahme → MA

grosses bises [grosbiz] f. pl. liebe Grüße

le **groupe** [ləgrup] die Band, die Gruppe

la **guerre** [lagɛr] der Krieg; la ~ **franco-prussienne** [lagɛrfrãkoprysjɛn] der französisch-preußische Krieg → MB

le **guide** [lə/lagid] m. der/die (Reise-) Führer/in

la **guitare** [lagitar] die Gitarre

le **gymnase** [ləʒimnaz] die Turnhalle

H

habillé/habillée [abije] adj. angezogen

(ê)**s'habiller** [sabije] sich anziehen

l' **habitant** / l'**habitante** [labitã/labitãt] m./f. der/die Einwohner/in

habiter [abite] wohnen

l' **habitude** [labityd] f. die Gewohnheit → 2/1

le **hamac** [ləamak] die Hängematte

le **hamster** [ləamstɛr] der Hamster

le **handball** [ləãdbal] Handball

handicapé/handicapée [ãdikape] adj. behindert; le **handicapé** / la **handicapée** [ləãdikape/laãdikape] der/die Behinderte

harceler qn [arsəle] jdn belästigen

l' **harmonie** [larmɔni] f. die Harmonie, der Einklang → MC

le **hasard** [ləazar] der Zufall

haut/haute [o/ot] adj. hoch

la **hauteur** [laotœr] die Höhe

hélas [elas] leider → MB

le **héros** / l'**héroïne** f. [ləero/leroin] der/die Held/in → MF

hésiter [ezite] zögern

l' **heure** [lœr] f. die Stunde, Uhr; à l'~ [alœr] pünktlich; **À quelle ~?** [akɛlœr] Um wie viel Uhr?

heureusement [ørøzmã] *adv.* glücklicherweise

heureux/heureuse [ørø/ørøz] *adj.* glücklich

hier [jɛʀ] gestern

hip-hop [læipɔp] der Hip-Hop

l' histoire [listwaʀ] *f.* die Geschichte

l' hiver [livɛʀ] *m.* der Winter

le hobby [lɔɔbi] das Hobby

le hockey [lɔɔkɛ] Hockey; le ~ sur glace [lɔɔkɛsyʀglas] Eishockey

l' homme / les hommes [lɔm/lezɔm] *m.* der Mann, der Mensch; l'~ d'affaires [lɔmdafɛʀ] *m.* der Geschäftsmann → MF; l'~ politique / la femme politique [lɔmpɔlitik/lafampɔlitik] der/die Politiker/in → MB

honteux/honteuse [ɔ̃tø/ɔ̃tøz] *adj.* beschämend, empörend; C'est ~! [sɛtɔ̃tø] Das ist eine Schande!

l' hôpital / les hôpitaux [lɔpital/lezɔpito] *m.* das Krankenhaus

l' horaire [lɔʀɛʀ] *m.* die Arbeitszeit, der Fahrplan → 1/2

l' horreur [lɔʀœʀ] *f.* der Schrecken, das Grauen → MB, → MF

horrible [ɔʀibl] *m./f. adj.* schrecklich → MF

l' hôtel [lotɛl] *m.* das Hotel

huguenot/huguenote [ygno/ygnɔt] *adj.* hugenottisch → MB; le huguenot / la huguenote [lɔygno/laygnɔt] der Hugenotte / die Hugenottin → MB

l' huile [lɥil] *f.* das Öl → 3/1; l'~ de palme [lɥildəpalm] *f.* das Palmöl → 3/1

l' huître [lɥitʀ] *f.* die Auster → MD

l' humour [lymuʀ] *m.* der Humor

I

ici [isi] hier

idéal/idéale [ideal] *adj.* ideal

l' idée [lide] *f.* die Idee

(ê)s'identifier à qn/qc [sidãtifjea] sich identifizieren mit jdm/etw.

idiot/idiote [idjo/idjɔt] *adj. fam.* blöd; l'idiot / l'idiote [lidjo/lidjɔt] *m./f.* der/die Idiot/in

l' idole [lidɔl] *f.* das Idol

l' igloo [liglu] *m.* das Iglu

Il fait beau. [ilfɛbo] Es ist schönes Wetter.; Il fait chaud. [ilfɛʃo] Es ist warm/heiß.; Il fait froid. [ilfɛfʀwa] Es ist kalt.

il fait bon vivre [ilfɛbɔ̃vivʀ] es lebt sich gut → 3/2

Il fallait y penser! [ilfalɛipãse] (von *falloir*) Darauf muss man erst mal kommen! → 2/3

il faudrait + *inf.* [ilfodʀɛ] (von *falloir*) wir müssten/sollten, man müsste/sollte

il faut + *inf.* [ilfo] (von *falloir*) wir müssen, man muss; il faut qc [ilfo] man braucht / wir brauchen etw.; il faut que + *subj.* [ilfokə] es ist nötig, etw. zu tun; Il faut que j'y aille. / Il faut qu'on y aille! [ilfokəʒiaj/ilfokɔ̃niaj] Ich muss los. / Wir müssen los!

Il faut que je te dise un truc! [ilfokəʒətədizɛtʀyk] Ich muss dir was sagen!, Ich muss dir was erzählen!

Il gèle. [ilʒɛl] Es friert.

il ne faut pas + *inf.* [ilnəfopa] (von *falloir*) wir dürfen/sollten nicht, man darf/sollte nicht; il ne faut pas que + *subj.* [ilnəfopakə] man darf nicht, es darf nicht

il paraît que [ilpaʀɛkə] angeblich → 2/3

Il pleut. [ilplø] (von *pleuvoir*) Es regnet.

il s'agit de [ilsaʒidə] es handelt sich um

il y a [ilja] es gibt; vor *zeitlich*

il/elle veut savoir si [il/ɛlvøsavwaʀsi] er/sie will wissen, ob

l' île [lil] die Insel

l' illustration [lilystʀasjɔ̃] *f.* die Abbildung, die Illustration → MF

l' image [limaʒ] *f.* das Bild → 3/2

imaginer qc [imaʒine] sich etw. vorstellen → 1/1

immense [imãs] *m./f. adj.* riesig

l' immigré / l'immigrée [limigʀe] der Einwanderer / die Einwanderin → 3/1

important/importante [ɛ̃pɔʀtã/ɛ̃pɔʀtãt] *adj.* wichtig

(ê)s'imposer [sɛ̃poze] sich behaupten → 3/2

impossible [ɛ̃pɔsibl] *m./f. adj.* unmöglich → MB

l' impression [lɛ̃pʀesjɔ̃] *f.* der Eindruck → 1/LA, → 3/3

impressionner qn [ɛ̃pʀesjɔne] jdn beeindrucken → 1/1

l' imprimerie [lɛ̃pʀimʀi] *f.* die Druckerei → MB

l' incendie [lɛ̃sãdi] *m.* der Brand → MB

inconnu/inconnue [ɛ̃kɔny] *adj.* unbekannt

incroyable [ɛ̃kʀwajabl] *m./f. adj.* unglaublich

l' Inde [lɛ̃d] *f.* Indien

l' indépendance [lɛ̃depãdãs] *f.* die Unabhängigkeit → 3/3

indépendant/indépendante [ɛ̃depãdã/ɛ̃depãdãt] *adj.* unabhängig → 2/2

indien/indienne [ɛ̃djɛ̃/ɛ̃djɛn] *adj.* indianisch, indisch; l'Indien / l'Indienne [lɛ̃djɛ̃/lɛ̃djɛn] *m./f.* der/die Indianer/in, der/die Inder/in

indiquer qc [ɛ̃dike] etw. angeben

l' infirmerie [lɛ̃fiʀmøʀi] *f.* die Krankenstation

l' infirmier / l'infirmière [lɛ̃fiʀmje/lɛ̃fiʀmjɛʀ] *m./f.* der/die Krankenpfleger/in

l' information [lɛ̃fɔʀmasjɔ̃] *f.* die Information

l' informatique [lɛ̃fɔʀmatik] *f.* die Informatik → 1/3

l' ingénieur [lɛ̃ʒenjœʀ] *m./f.* der/die Ingenieur/in

(ê)s'inquiéter [sɛ̃kjete] sich Sorgen machen

insister [ɛ̃siste] auf etw. bestehen, nachhaken

insolent/insolente [ɛ̃sɔlã/ɛ̃sɔlãt] *adj.* unverschämt, frech → MA

installer qc [ɛ̃stale] etw. aufbauen; (ê)s'~ [sɛ̃stale] sich niederlassen

l' instrument [lɛ̃stʀymã] *m.* das Instrument

intégré/intégrée (à/dans) qc [ɛ̃tegʀe] *adj.* angepasst (an etw.), integriert (in etw.) → MF

intelligent/intelligente [ɛ̃teliʒã/ɛ̃teliʒãt] *adj.* intelligent

l' **intello** [ɛ̃telo] *m./f.* der/die Streber/in → 1/LA

interdire (à qn) de + *inf.* [ɛ̃tɛʀdiʀdə] (jdm) verbieten, etw. zu tun

intéressant/intéressante [ɛ̃teʀesɑ̃/ɛ̃teʀesɑ̃t] *adj.* interessant

être intéressé/intéressée par qn/qc [etʀɛ̃teʀesepaʀ] interessiert sein an jdm/etw. → 1/3

intéresser qn [ɛ̃teʀese] jdn interessieren; (e)**s'~ à qn/qc** [sɛ̃teʀesea] sich für jdn/etw. interessieren

international/internationale/ internationaux *m. pl.* [ɛ̃tɛʀnasjɔnal/ ɛ̃tɛʀnasjɔno] *adj.* international

l' **interne** [ɛ̃tɛʀn] *m./f.* der/die Internatsschüler/in

Internet [ɛ̃tɛʀnɛt] *m.* das Internet; **surfer sur ~** [sœʀfesyʀɛ̃tɛʀnɛt] im Internet surfen

l' **interro** *fam.* / l'**interrogation** [ɛ̃tɛʀɔ/ɛ̃teʀɔgasjɔ̃] *f.* der Test

l' **interview** [ɛ̃tɛʀvju] *f.* das Interview

introduire qn/qc [ɛ̃tʀɔdɥiʀ] jdn/ etw. einführen, einleiten → 2/1

inventer qc [ɛ̃vɑ̃te] etw. erfinden

l' **inverse** [ɛ̃vɛʀs] *m.* umgekehrt → MF

l' **invitation** [ɛ̃vitasjɔ̃] *f.* die Einladung

l' **invité** / l'**invitée** [ɛ̃vite] *m./f.* der Gast

inviter qn (à qc) [ɛ̃vite] jdn (zu etw.) einladen

ironique [iʀɔnik] *m./f. adj.* ironisch → MC

italien/italienne [italjɛ̃/italjɛn] *adj.* italienisch

ivoirien/ivoirienne [ivwaʀjɛ̃/ivwaʀjɛn] *adj.* aus der Elfenbeinküste, ivorisch → 3/2

J

J'ai écrit autre chose. [ʒeekʀiotʀ- ʃoz] Ich habe etwas anderes geschrieben.

J'ai fait un autre exercice. [ʒɛfɛɛ̃notʀegzɛʀsis] Ich habe eine andere Übung gemacht.

J'ai oublié quelque chose. [ʒeublijekɛlkəʃoz] Ich habe etwas vergessen.

j'aimerais + *inf.* [ʒeməʀɛ] ich würde gerne + *Inf.*

la **jambe** [laʒɑ̃b] das Bein; **prendre ses jambes à son cou** [pʀɑ̃dʀesəʒɑ̃basɔ̃- ku] die Beine in die Hand nehmen

janvier [ʒɑ̃vje] Januar

le **jardin** [laʒaʀdɛ̃] der Garten

jaune [ʒon] *m./f. adj.* gelb; **le carton ~** [ləkaʀtɔ̃ʒon] die gelbe Karte

je crois que [ʒəkʀwakə] ich glaube, dass

Je n'ai pas compris. [ʒənepakɔ̃pʀi] Ich habe (es) nicht verstanden.

Je n'ai pas fini! [ʒənepafini] Ich bin noch nicht fertig!

Je ne sais pas. [ʒənəsɛpa] Ich weiß es nicht.

je ne voudrais pas que + *subj.* [ʒənəvudʀɛpakə] ich möchte nicht, dass

je voudrais [ʒəvudʀɛ] ich möchte gern, ich hätte gern

Je vous (le/la) passe. [ʒəvulə/lapas] Ich stelle Sie (zu ihm/ihr) durch. → 1/3

le **jean** [lədʒin] die Jeans

J'en ai jusque-là! [ʒɑ̃nɛʒyskəla] Mir steht's bis hier! → 2/LA

J'en ai marre! [ʒɑ̃nɛmaʀ] Mir reicht's!

jeter qc [ʒəte] etw. (weg)werfen → 3/3

le **jeu** / les **jeux** [ləʒø/leʒø] das Spiel; **le ~ vidéo** [ləʒøvideo] das Videospiel

le/la **jeune** [lə/laʒœn] der/die Jugendliche

jeune [ʒœn] *m./f. adj.* jung

la **jeunesse** [laʒœnɛs] die Jugend → 3/2

joli/jolie [ʒɔli] *adj.* hübsch

jouer (avec qn) [ʒwe] (mit jdm) spielen; **~ à qc** [ʒwea] etw. spielen; **~ de qc** [ʒwedə] spielen (Instrument)

le **joueur** / la **joueuse** [ləʒwœʀ/laʒwøz] der/die Spieler/in

le **jour** [ləʒuʀ] der Tag

le **journal** [ləʒuʀnal] die Nachrichten(sendung), die Zeitung, das Tagebuch

le/la **journaliste** [lə/laʒuʀnalist] *m./f.* der/die Journalist/in

la **journée** [laʒuʀne] der Tag; la **~ portes ouvertes** [laʒuʀnepɔʀtzuvɛʀt] der Tag der offenen Tür

le **jumelage** [ləʒymlaʒ] die (Städte-)Partnerschaft → MB

les **jumelles** [leʒymɛl] *f. pl.* das Fernglas

le **jury** [ləʒyʀi] die Jury → MF

le **jus de fruits** [ləʒydəfʀɥi] der Fruchtsaft

jusqu'à [ʒyska] bis

jusqu'au bout [ʒyskobu] bis zum Ende

juste [ʒyst] *adv.* gerade noch; **C'est ~?** [sɛʒyst] Ist das richtig?, Stimmt das?

justement [ʒystəmɑ̃] eben, genau

J'y vais! [ʒivɛ] Ich gehe hin!

K

le **kayak** [ləkajak] das Kajak, das Kajakfahren

le **kilo** [ləkilo] das Kilo

le **kilomètre** [ləkilomɛtʀ] der Kilometer

le **kiwi** [ləkiwi] die Kiwi → 2/3

le **km²** (**le kilomètre carré**) [ləkilomɛtʀkaʀe] der Quadratkilometer

L

là [la] da, hier

là-bas [laba] dort

le **label** [ləlabɛl] das Label, die Marke → MC

le **lac** [ləlak] der See

lâche [laʃ] *m./f. adj.* feige

lâcher qn/qc [laʃe] jdn/etw. loslassen

laisser qc [lese] etw. liegen lassen; **~ qn tranquille** [lesetʀɑ̃kil] jdn in Ruhe lassen

le **lait** [ləlɛ] die Milch

la **lampe** [lalɑ̃p] die Lampe

la **langue** [lalɑ̃g] die Sprache, die Zunge

le **lapin** [ləlapɛ̃] das Kaninchen

le **lave-vaisselle** [ləlavvɛsɛl] die Spülmaschine

le **lecteur** / la **lectrice** [ləlɛktœʀ/lalɛktʀis] der/die Leser/in → MF

la **lecture** [lalɛktyʀ] die Lektüre, das Lesen

la **légende** [laleʒɑ̃d] die Legende

les **légumes** [lelegym] *m. pl.* das Gemüse

le **lendemain** [lǝlɑ̃dǝmɛ̃] *adv.* am nächsten Tag

lequel/laquelle/lesquels/lesquelles [lǝkɛl/lakɛl/lekɛl/lekɛl] welcher/welche/welches

le **lettrage** [lǝletʀaʒ] die Schriftgestaltung, das Lettering → MF

la **lettre** [laletʀ] der Brief → MB, der Buchstabe → MF; la ~ **de motivation** [laletʀdǝmotivasjɔ̃] das Bewerbungsschreiben → 1/3

(ê)**se lever** [sǝlǝve] aufstehen

la **liberté** [labiʀte] die Freiheit; **en ~** [ɑ̃libɛʀte] in Freiheit

la **librairie** [lalibʀeʀi] die Buchhandlung

libre [libʀ] *m./f. adj.* frei

le **lien** [lǝljɛ̃] die Verbindung → ME

la **ligne** [laliɲ] die Linie

limiter qc [limite] etw. beschränken, begrenzen

le **lion** [lǝljɔ̃] der Löwe → 3/3

lire [liʀ] lesen

lisible [lizibl] *m./f. adj.* lesbar → MF

la **liste** [lalist] die Liste

le **lit** [lǝli] das Bett

le **livre** [lǝlivʀ] das Buch; le ~ **audio** [lǝlivʀodjo] das Hörbuch → MF

la **loi** [lalwa] das Gesetz

loin [lwɛ̃] weit (weg); ~ **de** [lwɛ̃dǝ] weit entfernt von

long/longue [lɔ̃/lɔ̃g] *adj.* lang

longtemps [lɔ̃tɑ̃] lange

le **look** [lǝluk] der Look, das Outfit

le **loyer** [lǝlwaje] die Miete

le **siècle des Lumières** [lǝsjɛkldelymjɛʀ] *f. pl.* die Aufklärung → MB

lundi [lɛ̃di] *m.* Montag, am Montag

la **lutte** [lalyt] der Kampf, das Ringen → 3/3

lutter [lyte] kämpfen

le **lycée** [lǝlise] das Gymnasium, die gymnasiale Oberstufe → 2/2

M

Madame/Mme [madam] Frau (Anrede)

Mademoiselle/Mlle [madmwazɛl] Fräulein (Anrede)

le **magasin** [lǝmagazɛ̃] das Geschäft

le **magazine** [lǝmagazin] die Infosendung, das Magazin, die Zeitschrift

le **Maghreb** [lǝmagʀɛb] der Maghreb → 3/1

la **magie** [lamaʒi] die Zauberei, die Magie

magique [maʒik] *m./f. adj.* magisch

magnifique [maɲifik] *m./f. adj.* wunderschön

le **mail** [lǝmɛl] die Mail

la **main** [lamɛ̃] die Hand; les **mains vides** [lemɛ̃vid] mit leeren Händen

maintenant [mɛ̃tǝnɑ̃] jetzt

le **maire** [lǝmɛʀ] *m./f.* der/die Bürgermeister/in → MB

mais [mɛ] aber

la **maison** [lamɛzɔ̃] das Haus

maîtriser qc [metʀize] etw. beherrschen → MA

la **majorité** [lamaʒoʀite] die Mehrheit → 3/1

mal [mal] *adv.* schlecht; **aller ~** [alemal] sich schlecht fühlen; **faire ~ à qn** [fɛʀmala] jdm wehtun; ~ **finir** [malfiniʀ] schlecht ausgehen

le **mal du pays** [lǝmaldypei] das Heimweh → 2/2

malade [malad] *m./f. adj.* krank

le **malaise** [lǝmalɛz] das Unwohlsein, der Schwächeanfall → MF

le **malentendu** [lǝmalɑ̃tɑ̃dy] das Missverständnis → 2/3

malgré [malgʀe] trotz → 1/1

malheureusement [malœʀøzmɑ̃] *adv.* leider, unglücklicherweise

malheureux/malheureuse [malœʀø/malœʀøz] *adj.* unglücklich

le **Mali** [lǝmali] Mali → 3/1

le **malinké** [lǝmalɛ̃ke] Malinke → 3/1

maman [mamɑ̃] *f.* Mama

mamie [mami] *f.* Oma

le **manga** [lǝmɑ̃ga] das Manga

manger [mɑ̃ʒe] essen

la **mangue** [lamɑ̃g] die Mango → 3/1

manipuler qc/qn [manipyle] etw./jdn manipulieren → MC

manquer [mɑ̃ke] fehlen → 2/2

le **marchand** / la **marchande** [lǝmaʀʃɑ̃/lamaʀʃɑ̃d] der/die Händler/in

marchander [maʀʃɑ̃de] handeln, verhandeln → 3/3

le **marché** [lǝmaʀʃe] der Markt

le **mari** [lǝmaʀi] der Ehemann, der Mann → 3/2

le **mariage** [lǝmaʀjaʒ] die Hochzeit

le **marié** / la **mariée** [lǝmaʀje/lamaʀje] der Bräutigam, die Braut

le **Maroc** [lǝmaʀɔk] Marokko → 3/1

marocain/marocaine [maʀɔkɛ̃/maʀɔkɛn] *adj.* marokkanisch → 3/2; le **Marocain** / la **Marocaine** [lǝmaʀɔkɛ̃/lamaʀɔkɛn] der/die Marokkaner/in → 3/2

la **marque** [lamaʀk] die Marke

(ê)**se marrer** [sǝmaʀe] Spaß haben → 2/LB

le **match** [lǝmatʃ] das Spiel

les **maths** *fam.* / les **mathématiques** [lemat/lematematik] *f. pl.* Mathe

la **matière** [lamatjɛʀ] das Schulfach

le **matin** [lǝmatɛ̃] der Morgen, morgens

mauvais/mauvaise [movɛ/movɛz] *adj.* schlecht, falsch

le **mécanicien** / la **mécanicienne** [lǝmekanisjɛ̃/lamekanisjɛn] der/die Mechaniker/in → MF

le **médecin** [lǝmedsɛ̃] der Arzt, die Ärztin → 1/1

le **médiateur** / la **médiatrice** [lǝmedjatœʀ/lamedjatʀis] der/die Mediator/in

meilleur/meilleure [mɛjœʀ] *adj.* besserer/bessere/besseres; le **meilleur** / la **meilleure** [lǝmɛjœʀ/lamɛjœʀ] *adj.* der/die/das beste;

la **mélodie** [lamelodi] die Melodie

le/la **même** [lǝ/lamɛm] *m./f. adj.* der-/die-/dasselbe, der/die/das gleiche, sogar

même si [mɛmsi] auch wenn, selbst wenn → 2/2

menacer qn [mǝnase] jdm drohen, jdn bedrohen

le **ménage** [lǝmenaʒ] der Haushalt

le **menhir** [lǝmeniʀ] der Menhir, der Hinkelstein

mentir [mɑ̃tiʀ] lügen

le **menu** [lǝmǝny] das Menü, die Speisekarte

la **mer** [lamɛʀ] das Meer, die See; la ~ **Méditerranée** [lamɛʀmediteʀane] das Mittelmeer

merci [mɛʀsi] danke; ~ **de votre attention.** [mɛʀsidəvɔtʀatɑ̃sjɔ̃] Vielen Dank für eure Aufmerksamkeit.

la **mère** [lamɛʀ] die Mutter

le **message** [ləmesaʒ] die Botschaft, die Aussage

le **métal** [ləmetal] das Metall → 2/1
métallique [metalik] m./f. adj. metallen, aus Metall

le **métier** [ləmetje] der Beruf → 1/1

le **mètre** [ləmɛtʀ] der Meter

le **métro** [ləmetʀo] die U-Bahn
mettre [mɛtʀ] etw. setzen, stellen, legen; etw. tragen, anziehen; ~ **en scène** [mɛtʀɑ̃sɛn] inszenieren → 3/2; ~ **fin à qc** [mɛtʀfɛ̃a] etw. beenden → MB; **en ~ partout** [ɑ̃mɛtʀpaʀtu] alles voll kleckern → 2/1; ~ **le couvert** [mɛtʀləkuvɛʀ] den Tisch decken; ~ **le son plus fort** [mɛtʀləsɔ̃plyfɔʀ] den Ton lauter stellen; ~ **qc** [mɛtʀ] etw. streichen → 2/1

midi [midi] zwölf Uhr mittags
mieux que [mjøkə] adv. besser als
mille [mil] adj. tausend

le **milliard** [ləmiljaʀ] die Milliarde → 3/1

le **million** [ləmiljɔ̃] die Million

la **minichaîne** [laminiʃɛn] die Mini-Stereoanlage

la **minute** [laminyt] die Minute
moche [mɔʃ] m./f. adj. hässlich

la **mode** [lamɔd] die Mode

le **modèle** [ləmɔdɛl] das Vorbild, das Modell → 3/2
moderne [mɔdɛʀn] m./f. adj. modern
modeste [mɔdɛst] m./f. adj. bescheiden → 1/1
moi [mwa] ich; ~ **non plus.** [mwanɔ̃ply] Ich auch nicht.; ~ **si.** [mwasi] Doch, ich schon.
moins [mwɛ̃] weniger, minus; ~ ... **que** [mwɛ̃...kə] weniger ... als; ~ **le quart** [mwɛ̃l[ə]kaʀ] Viertel vor

le **mois** [ləmwa] der Monat

la **moitié** [lamwatje] die Hälfte → 3/1

le **moment** [ləmɔmɑ̃] der Moment, der Augenblick; **en ce ~** [ɑ̃səmɔmɑ̃] zurzeit, im Moment; le ~ **clé** [ləmɔmɑ̃kle] der Schlüsselmoment → MA

le **monde** [ləmɔ̃d] die Menschenmenge, die Welt
Monsieur/M. [məsjø] Herr (Anrede)

le **montage** [ləmɔ̃taʒ] die Montage

la **montagne** [lamɔ̃taɲ] der Berg; **en ~** [ɑ̃mɔ̃taɲ] in den Bergen
monter qc [mɔ̃te] etw. aufbauen, errichten
(ê)**monter dans qc** [mɔ̃tedɑ̃] in etw. einsteigen

la **montre** [lamɔ̃tʀ] die Armbanduhr → 1/2
montrer qc à qn [mɔ̃tʀea] jdm etw. zeigen

le **monument** [ləmɔnymɑ̃] das Bauwerk
(ê)**se moquer de qn/qc** [səmɔkedə] sich über jdn/etw. lustig machen

le **morceau / les morceaux** [ləmɔʀso] das Stück → 2/1

la **mort** [lamɔʀ] der Tod

le **mot** [ləmo] das Wort; ~ **à ~** [motamo] wortwörtlich → 2/2; le ~ **de passe** [ləmodəpas] das Passwort
motivé/motivée [mɔtive] adj. motiviert → 1/3
motiver qn [mɔtive] jdn motivieren → MA

la **motoneige** [lamotonɛʒ] der Motorschlitten, das Schneemobil

les **mouillettes** [lemujɛt] f. pl. die Brotstreifen → 2/1

la **mousse** [lamus] der Schaum, die Mousse

la **moutarde** [lamutaʀd] der Senf

le **mouton** [ləmutɔ̃] das Schaf → 3/1

le **Moyen-Âge** [ləmwajenɑʒ] das Mittelalter

le **multiculturalisme** [ləmyltikyltyʀalism] die Multikulturalität → 3/2

le **mur** [ləmyʀ] die Mauer, die Wand

le **musée** [ləmyze] das Museum

le **musicien / la musicienne** [ləmyzisjɛ̃/lamyzisjɛn] der/die Musiker/in

la **musique** [lamyzik] die Musik; la ~ **classique** [lamyziklasik] klassische Musik
mystérieux/mystérieuse [misteʀjø/misteʀjøz] adj. geheimnisvoll → MF

nager [naʒe] schwimmen wie man ger

le **narrateur / la narratrice** [lənaʀatœʀ/lanaʀatʀis] der/die Erzähler/in

la **natation** [lanatasjɔ̃] Schwimmen
national/nationale/nationaux m. pl. [nasjɔnal/nasjɔno] adj. national, National- → 3/1

la **nationalité** [lanasjɔnalite] die Staatsangehörigkeit → ME

la **nature** [lanatyʀ] die Natur
naturel/naturelle [natyʀɛl] adj. natürlich

le **navigateur / la navigatrice** [lənavigatœʀ/lanavigatʀis] der/die Seefahrer/in

le **nazisme** [lənazism] der Nationalsozialismus → MB
ne ... plus [nə...ply] nicht mehr
ne ... jamais [nə...ʒamɛ] nie
ne ... pas [nə...pa] nicht
ne ... pas de [nə...padə] kein
ne ... pas trop [nə...patʀo] nicht so (sehr, gern)
ne ... personne [nə...pɛʀsɔn] niemand
ne ... plus de [nə...plydə] kein ... mehr
ne ... rien [nə...ʀjɛ̃] nichts
Ne quittez pas. [nəkitepa] Bleiben Sie dran. → 1/3

la **neige** [lanɛʒ] der Schnee
neiger [neʒe] schneien
n'est-ce pas [nɛspa] nicht (wahr), oder (etwa nicht) → 2/LA

le **net** [lənɛt] das Internet
nettoyer qc [netwaje] etw. reinigen, sauber machen

le **neveu / la nièce** [lənəvø/lanjɛs] der Neffe, die Nichte → MB
N'importe quoi! [nɛ̃pɔʀtkwa] Was für ein Quatsch!

le **niveau** [lənivo] das Niveau → 1/3
noir/noire [nwaʀ] adj. schwarz

le **nom** [lənɔ̃] der Name, der Nachname → 3/2

le **nombre** [lənɔ̃bʀ] die Anzahl, die Zahl
non [nɔ̃] nein; ~ **plus** [nɔ̃ply] adv. auch nicht; **Non?** [nɔ̃] fam. Nicht wahr?

le **nord** [lɔnɔʀ] der Norden; **dans le ~**
[dãlənɔʀ] im Norden

normal/normale/normaux m. pl.
[nɔʀmal/nɔʀmo] adj. normal

normalement [nɔʀmalmã] adv.
normalerweise

la **note** [lanɔt] die Note

noter (qc) [nɔte] (etw.) aufschreiben, notieren; **Qui note?**
[kinɔt] Wer schreibt (das auf)?

la **nourriture** [lanuʀityʀ] die Nahrung

nouveau / nouvel m. / **nouvelle** f.
nouveaux m. pl. / **nouvelles** f. pl.
[nuvo/nuvɛl/nuvɛl/nuvo/nuvɛl] adj.
neu

la **nouvelle** [lanuvɛl] die Nachricht,
die Neuigkeit

la **nuit** [lanɥi] die Nacht, nachts

nul/nulle [nyl] adj. (sehr) schlecht,
mies; **être nul/nulle en** [ɛtʀnylã] in
etw. schlecht sein, eine Niete sein

le **numéro** [lənymeʀo] die Nummer

O

l' **objectif** [lɔbʒɛktif] m. das Ziel
→ MB

l' **objet** [lɔbʒɛ] m. das Objekt, der
Gegenstand

observer qn/qc [ɔpsɛʀve] jdn/etw.
beobachten

**occidental/occidentale/occiden-
taux** m. pl. [ɔksidãtal/ɔksidãto] adj.
westlich → 3/2

(ê)**s'occuper de** [sɔkypedə] sich um
etw./jdn kümmern

l' **océan** [lɔseã] m. der Ozean

l' **océan Atlantique** [lɔseãatlãtik] m.
der atlantische Ozean → MD

l' **œil / les yeux** [lœj/lezjø] m. das
Auge

l' **œuf / les œufs** [lœf/lezø] m. das Ei;
l'**~ à la coque** [lœfalakɔk] m. das
(weich) gekochte Ei → 2/1

l' **œuvre d'art** [lœvʀdaʀ] f. das Kunstwerk → MF

officiel/officielle [ɔfisjɛl] adj. offiziell

offrir qc à qn [ɔfʀiʀa] jdm etw.
schenken, anbieten

Oh si! [osi] Ach doch!

l' **oiseau / les oiseaux** [lwazo/lezwazo]
m. der Vogel

l' **olive** [lɔliv] f. die Olive → 3/1

l' **Olympe** [lɔlɛ̃p] m. der Olymp → MF

On peut toujours espérer! [ɔ̃pø-
tuʒuʀɛspeʀe] Die Hoffnung stirbt
zuletzt!

on s'y tient [ɔ̃sitjɛ̃] man hält sich
daran → MF

On y va! [ɔ̃niva] Los geht's!

l' **oncle** [lɔ̃kl] m. der Onkel

l' **onomatopée** [lɔnɔmatɔpe] f. die
Lautmalerei → MF

l' **opéra** [lɔpeʀa] m. die Oper

optimiste [ɔptimist] m./f. adj. optimistisch → 1/2

l' **or** [lɔʀ] m. das Gold

l' **orange** [lɔʀãʒ] f. die Orange

orange [ɔʀãʒ] m./f. adj. orange

l' **ordinateur** [lɔʀdinatœʀ] m. der
Computer

l' **ordre** [lɔʀdʀ] m. der Befehl, die
Ordnung → 1/2

l' **oreiller** [lɔʀeje] m. das Kopfkissen
→ 2/3

l' **organisateur / l'organisatrice**
[lɔʀganizatœʀ/lɔʀganizatʀis] m./f.
der/die Organisator/in

l' **organisation** [lɔʀganizasjɔ̃] f. die
Organisation → 3/2

organiser qc [ɔʀganize] etw. strukturieren, etw. organisieren; (ê)**s'~**
[sɔʀganize] sich organisieren

original/originale/originaux m. pl.
[ɔʀiʒinal/ɔʀiʒino] adj. originell

l' **origine** [lɔʀiʒin] f. die Herkunft, der
Ursprung → 3/1

oser + inf. [oze] sich trauen, etw. zu
tun

ou [u] oder

où [u] wo, **~ est-ce que ...?** [uɛskə]
Wo? Wohin ...?

oublier qc [ublije] etw. vergessen

oui [wi] ja

l' **ours / les ours** [luʀs/lezuʀs] m. der
Bär

ouvert/ouverte [uvɛʀ/uvɛʀt] adj.
offen

l' **ouvrier / l'ouvrière**
[luvʀije/luvʀijɛʀ] m./f. der/die
Arbeiter/in

ouvrir qc [uvʀiʀ] etw. öffnen wie
offrir

P

le **pain** [ləpɛ̃] das Brot

la **paix** [lapɛ] der Frieden → MB, → MF

le **palais** [ləpalɛ] der Palast

le **pantalon** [ləpãtalɔ̃] die Hose

papa [papa] m. Papa

papi [papi] m. Opa

le **papier** [ləpapje] das Papier, das
Dokument → 2/1

le **paquet** [ləpakɛ] die Packung

par jour [paʀʒuʀ] pro Tag

par contre [paʀkɔ̃tʀ] jedoch, allerdings → 2/2

par exemple / p. ex. [paʀɛgzãpl]
zum Beispiel, z.B.

le **paradis** [ləpaʀadi] das Paradies
→ MD

le **parapente** [ləpaʀapãt] Paragliding

le **parc** [ləpaʀk] der Park

parce que [paʀsəkə] weil

le **parcours** [ləpaʀkuʀ] der Parcours

pardon [paʀdɔ̃] Verzeihung

faire pareil (que) [fɛʀpaʀɛj] etw.
genauso machen (wie) → 2/1

les **parents** [lepaʀã] m. pl. die Eltern

parfait/parfaite [paʀfɛ/paʀfɛt] adj.
perfekt → 1/LA

parfois [paʀfwa] manchmal

le **Parisien / la Parisienne**
[ləpaʀizjɛ̃/lapaʀizjɛn] der/die Pari-
ser/in

le **parkour** [ləpaʀkuʀ] Parkour

parler (à qn) [paʀle] (mit jdm) sprechen; **~ de qc** [paʀledə] über etw.
sprechen

parmi [paʀmi] unter, von → ME

les **paroles** [lepaʀɔl] f. pl. der Liedtext

partager qc [paʀtaʒe] etw. teilen,
etw. aufteilen → MB

participer à qc [paʀtisipea] an etw.
teilnehmen

particulièrement [paʀtikyljɛʀmã]
adv. besonders → 1/3

la **partie** [lapaʀti] die Runde, der Teil
→ MB; la **~ de cartes** [lapaʀtidəkaʀt]
eine Runde Karten

(ê)**partir** [paʀtiʀ] wegfahren, losgehen; (ê)**~ de rien** [paʀtiʀdəʀjɛ̃] von
nichts ausgehen → 1/1; (ê)**~ en randonnée** [paʀtiʀãʀãdɔne] wandern
gehen; (ê)**~ en week-end** [paʀtiʀã-
wikɛnd] ins Wochenende fahren

partout [paʀtu] überall

pas du tout [padytu] gar nicht

pas grand-chose [pɑgʀɑ̃ʃoz] nicht viel, nichts Besonderes → 2/2

Pas maintenant. [pamɛ̃tənɑ̃] Nicht jetzt.

pas mal [pamal] nicht schlecht

le **passage** [ləpasaʒ] die Passage, der Durchgang → MD

(ê)**passer** [pase] laufen, kommen *Film*; vorbeigehen, vergehen → 2/2; ~ verbringen, (ê)**se** ~ [səpase] geschehen, spielen; (ê)**se** ~ **bien/mal** [səpasebjɛ̃/mal] gut/schlecht laufen; (ê)~ **chercher qn/qc** [paseʃɛʀʃe] jdn/etw. abholen; (ê)~ **(chez qn)** (bei jdm) vorbeikommen; ~ **l'aspirateur** [paselaspiʀatœʀ] staubsaugen; (ê)~ **par qc** [pasepaʀ] durch etw. fahren; (ê)~ **pour qn/qc** [pasepuʀ] für jdn/etw. gehalten werden → 3/3; ~ **qc** etw. vorspielen; ~ **qc à qn** [pasea] jdm etw. reichen; ~ **son temps à** + *inf.* [pasesɔ̃tɑ̃a] die ganze Zeit etw. tun *wörtlich:* seine Zeit damit verbringen, etw. zu tun

la **passion** [lapasjɔ̃] die Leidenschaft → 1/1

passionnant/passionnante [pasjɔnɑ̃/pasjɔnɑ̃t] *adj.* faszinierend, fesselnd → 1/2

le **pâté** [ləpɑte] die Leberpastete

les **pâtes** [lepɑt] *f. pl.* die Nudeln → 1/LA

le **patron** / la **patronne** [ləpatʀɔ̃/lapatʀɔn] der/die Chef/in → 1/3

la **pause** [lapoz] die Pause

pauvre [povʀ] *m./f. adj.* arm

la **pauvreté** [lapovʀəte] die Armut → 3/2

payer qc [pɛje] etw. bezahlen

le **pays** [ləpei] das Land

le **paysage** [ləpeizaʒ] die Landschaft

la **pêche** [lapɛʃ] Angeln; la ~ **sur glace** [lapɛʃsyʀglas] Eisfischen

pendant [pɑ̃dɑ̃] während

pénible [penibl] *m./f. adj.* lästig

penser à qn/qc [pɑ̃sea] an jdn/etw. denken; **penser que** [pɑ̃sekə] denken, dass

les **percussions** [lepɛʀkysjɔ̃] *f. pl.* das Schlagzeug, das Trommeln

perdre qc [pɛʀdʀ] etw. verlieren

le **père** [ləpɛʀ] der Vater

permettre à qn de + *inf.* [pɛʀmɛtʀa] jdm erlauben, etw. zu tun → 1/2

la **perruche** [lapeʀyʃ] der Wellensittich

le **personnage** [ləpɛʀsɔnaʒ] die Figur

personnalisé/personnalisée [pɛʀsɔnalize] *adj.* personalisiert → MF

la **personnalité** [lapɛʀsɔnalite] die Persönlichkeit

la **personne** [lapɛʀsɔn] die Person

personnel/personnelle [pɛʀsɔnɛl] *adj.* persönlich

petit/petite [pəti/pətit] *adj.* klein

le **petit-déjeuner** [ləpətideʒœne] das Frühstück

la **petite cuillère** [lapətitkɥijɛʀ] der Teelöffel → 2/1

les **petites annonces** [lepətitzanɔ̃s] *f. pl.* die Kleinanzeigen → 1/LA

le **petit-fils** / la **petite-fille** [ləpətifis/lapətitfij] der/die Enkel/in → MB

le **pétrole** [ləpetʀɔl] das Erdöl → 3/1

peu (de) [pø] *adv.* wenig, wenige (von etw.)

le **peul** [ləpøl] Fulfulde → 3/1

peuplé/peuplée [pœple] *adj.* bevölkert → 3/1

la **peur** [lapœʀ] die Angst; **avoir** ~ [avwaʀpœʀ] Angst haben, Angst bekommen; **faire** ~ **à qn** [fɛʀpœʀa] jdm Angst machen

peut-être [pøtɛtʀ] vielleicht

le **phare** [ləfaʀ] der Leuchtturm

le/la **philosophe** [lə/lafilozɔf] *m./f.* der/die Philosoph/in → MB

le **phosphate** [ləfɔsfat] das Phosphat → 3/1

la **photo** [lafoto] das Foto, das Bild; la ~ **d'identité** [lafotodidɑ̃tite] das Passfoto → 1/3

photographier qn/qc [fɔtɔgʀafje] jdn/etw. fotografieren

la **phrase** [lafʀaz] der Satz

la **physique** [lafizik] die Physik

le **piano** [ləpjano] das Klavier

la **pièce** [lapjɛs] das Stück, das Teil; la ~ **jointe** [lapjɛsʒwɛ̃t] der Anhang → 1/3

le **pied** [ləpje] der Fuß

la **pierre** [lapjɛʀ] der Stein

le **ping-pong** [ləpiŋpɔ̃g] Tischtennis

le **pique-nique** [ləpiknik] das Picknick

le **pirate** [ləpiʀat] der Pirat → MF

pirater qc [piʀate] etw. hacken

la **piscine** [lapisin] das Schwimmbad

le **placard** [ləplakaʀ] der Wandschrank

la **place** [laplas] der Platz

la **plage** [laplaʒ] der Strand

(ê)**se plaindre de qc** [səplɛ̃dʀdə] sich beklagen über etw. → 2/3

plaire à qn [plɛʀa] jdm gefallen

le **plan** [ləplɑ̃] der Stadtplan, die Karte; **le** ~ **large** [ləplɑ̃laʀʒ] die Panoramaeinstellung → MF

le **planétarium** [ləplanetaʀjɔm] das Planetarium

le **plastique** [ləplastik] das Plastik, der Kunststoff → 2/1

le **plat** [ləpla] das (Haupt-) Gericht, die Platte

la **plate-forme** [laplatfɔʀm] die Plattform

plein/pleine [plɛ̃/plɛn] *adj.* voll → 3/LA

plein de [plɛ̃də] *adv.* viele → 3/3

pleurer [plœʀe] weinen

pleuvoir [pløvwaʀ] regnen

la **plupart (de)** [laplypaʀ] die meisten (von) → 3/1

plus [plys] mehr; ~ **...** **que** [ply...kə] mehr ... als; ~ **de** [plysdə] *adv.* mehr

plusieurs [plyzjœʀ] *adj. pl.* mehrere

plutôt [plyto] eher, lieber

la **poche** [lapɔʃ] die Tasche, das Innenfach → MF

le **point fort** [ləpwɛ̃fɔʀ] die Stärke

la **poire** [lapwaʀ] die Birne

le **pois** / les **pois** [ləpwa/lepwa] die Erbse

le **poisson** [ləpwasɔ̃] der Fisch

la **police** [lapɔlis] die Polizei

la **politique** [lapɔlitik] die Politik → MB

polluer [pɔlɥe] verschmutzen → MC

la **pollution** [lapɔlysjɔ̃] die Umweltverschmutzung → MC

la **pomme** [lapɔm] der Apfel

la **pomme de terre** [lapɔmdətɛʀ] die Kartoffel → 2/3

le **pont** [ləpɔ̃] die Brücke

populaire [populɛʀ] *m./f. adj.* beliebt, populär → 3/LA

le **portable** [ləpɔʀtabl] das Handy

la **porte** [lapɔʀt] die Tür

le **porte-bonheur** [ləpɔrtbɔnœr] der Glücksbringer

porter qc [pɔrte] etw. tragen; ~ **chance** [pɔrteʃɑ̃s] Glück bringen → 3/LA

le **portrait** [ləpɔrtrɛ] das Porträt → 3/2

le **Portugal** [ləpɔrtygal] Portugal

poser qc [poze] etw. (hin)stellen, (hin)legen; (ê)**(se) ~ des questions** [pozedekɛstjɔ̃] (sich) Fragen stellen → 3/2; (ê)**ne pas se ~ de questions** [nəpasəpozedəkɛstjɔ̃] nicht groß nachdenken → 1/LA; ~ **sa candidature** [pozesakɑ̃didatyr] sich bewerben → 1/2; (ê)**se ~ (sur)** [səpoze] sich niederlassen (auf)

positif/positive [pozitif/pozitiv] *adj.* positiv → 3/2

possible [pɔsibl] *m./f. adj.* möglich

le **poster** [ləpɔster] das Poster

la **poubelle** [lapubɛl] der Mülleimer; **descendre les poubelles** [desɑ̃drləpubɛl] den Müll rausbringen

le **poulet** [ləpulɛ] das Hähnchen → 3/3

pour [pur] für; ~ + *inf.* [pur] um ... zu + *Inf.*

pour cent [pursɑ̃] das Prozent

pour finir [purfinir] zum Schluss

Pourquoi? [purkwa] Warum?

pourtant [purtɑ̃] trotzdem → 2/2

pouvoir + *inf.* [puvwar] etw. tun können/dürfen

le **pouvoir** [puvwar] die Macht, die Fähigkeit

pratique [pratik] *m./f. adj.* praktisch; la **pratique** [lapratik] die Praktik, die Praxis → MC

pratiquer qc etw. praktizieren, ausüben → MB

le **pré** [ləpre] die Wiese→ MC

précis/précise [presi/presiz] *adj.* genau, exakt → MF

préféré/préférée [prefere] *adj.* Lieblings-

préférer qn/qc /+ inf. [prefere] jdn/etw. bevorzugen, etw. lieber mögen

le **préjugé** [ləprezyʒe] das Vorurteil → ME

premier/première [prəmje/prəmjer] *adj.* erster/erste/erstes

le **premier plan** [ləprəmjeplɑ̃] der Vordergrund → MA, → MC

la **Première Guerre mondiale** [lapromjɛrgɛrmɔ̃djal] der Erste Weltkrieg → MB

prendre qc [prɑ̃dr] etw. zu sich nehmen; ~ **des risques** [prɑ̃drderisk] Risiken eingehen → MA; ~ **en photo qn/qc** [prɑ̃drɑ̃foto] jdn/etw. fotografieren; ~ **la défense de qn** [prɑ̃drladefɑ̃sdə] jdn verteidigen; ~ **le soleil** [prɑ̃drləsɔlɛj] sich sonnen; ~ **ses distances** [prɑ̃drsedistɑ̃s] Abstand nehmen; ~ **ses jambes à son cou** [prɑ̃drseʒɑ̃basɔ̃ku] die Beine in die Hand nehmen; ~ **une décision** [prɑ̃dryndesizjɔ̃] eine Entscheidung treffen, einen Entschluss fassen → 1/2; ~ **une/sa douche** [prɑ̃dryn/saduʃ] duschen

le **prénom** [ləprenɔ̃] der Vorname → MB

préparer qc [prepare] etw. vorbereiten, zubereiten; (ê)**se ~** [səprepare] sich fertig machen

près de [prɛdə] bei, in der Nähe (von)

la **présentation** [laprezɑ̃tasjɔ̃] die Präsentation

présenté/e par [prezɑ̃tepar] präsentiert von

présenter qn/qc (à qn) [prezɑ̃te] (jdm) jdn/etw. vorstellen; (ê)**se ~ (à qn)** [səprezɑ̃te] sich (jdm) vorstellen

le **président / la présidente** [ləprezidɑ̃/laprezidɑ̃t] der/die Präsident/in → MB

presque [prɛsk] *adv.* fast

prestigieux/prestigieuse [prɛstiʒjø/prɛstiʒjøz] *adj.* glanzvoll, renommiert → MD

prêt/prête [prɛ/prɛt] *adj.* fertig, bereit → 1/2; **être prêt/prête (à + inf.)** [ɛtrəprɛ/ɛtrprɛt] bereit sein (etw. zu tun) → 1/2

la **preuve** [laprœv] der Beweis

prévenir qn [prevnir] jdn verständigen

la **princesse d'un jour** [laprɛ̃sesdɛ̃ʒur] Prinzessin für einen Tag

principal/principale/ principaux *m. pl.* [prɛ̃sipal/prɛ̃sipo] *adj.* Haupt-;

le **principal / la principale** [ləprɛ̃sipal/laprɛ̃sipal] der/die Schulleiter/in

le **printemps** [ləprɛ̃tɑ̃] der Frühling

la **prison** [laprizɔ̃] das Gefängnis

le **prisonnier / la prisonnière** [ləprizɔnje/laprizɔnjɛr] der/die Gefangene → MF

privé/privée [prive] *adj.* privat

le **prix / les prix** [ləpri] der Preis → 3/3

le **problème** [ləprɔblɛm] das Problem

prochain/prochaine [prɔʃɛ̃/prɔʃɛn] *adj.* nächster/nächste/nächstes

la **production** [laprɔdyksjɔ̃] die Produktion → MF

le **produit** [ləprɔdyi] das Produkt

le/la **prof** [lə/laprɔf] *fam.* / le/la **professeur** [ləprɔfesœr/laprɔfesœr] der/die Lehrer/in; le/la **professeur de français** [lə/laprɔfesœrdəfrɑ̃se] der/die Französischlehrer/in

la **profession** [laprɔfesjɔ̃] Beruf → MB

professionnel/professionnelle [prɔfesjɔnɛl] *adj.* beruflich, Berufs- → 1/3

le **profil** [ləprɔfil] das Profil

le **programme** [ləprɔgram] das Programm

programmé/programmée [prɔgrame] *adj.* vorprogrammiert → MB

le **progrès** [ləprɔgrɛ] der Fortschritt → 2/2

le **projet** [ləprɔʒe] das Projekt, das Vorhaben

(ê)**se promener** [səprɔmne] spazieren gehen

promettre (à qn) de + *inf.* [prɔmɛtrdə] jdm etw. versprechen

les **propos** [leprɔpo] *m. pl.* die Äußerungen → ME

proposer (à qn) de + *inf.* [prɔpozedə] jdm vorschlagen, etw. zu tun; ~ **qc (à qn)** (jdm) etw. vorschlagen, anbieten

la **proposition** [laprɔpozisjɔ̃] der Vorschlag

propre [prɔpr] *m./f. adj.* eigen → 1/2

la **protection** [laprɔtɛksjɔ̃] der Schutz → MC

protéger qn/qc [pʀɔteʒe] jdn/etw. bewahren, schützen

le protestant / **la protestante** [ləpʀɔtɛstɑ̃/lapʀɔtɛstɑ̃t] der/die Protestant/in → MB

la province [lapʀɔvɛ̃s] die Provinz

provisoire [pʀɔvizwaʀ] *m./f. adj.* vorläufig, provisorisch → MB

provoquer qn/qc [pʀɔvɔke] jdn/ etw. herausfordern, provozieren → MC

la Prusse [lapʀys] Preußen → MB

le public [ləpyblik] das Publikum → 3/LA, → MF

la pub *fam.* / **la publicité** [lapyb/lapyblisite], die Werbung, die Anzeige, der Werbespot → MC

puis [pɥi] dann

le pull *fam.* / **le pull-over** [ləpyl/ləpylɔvɛʀ] der Pulli, der Pull-over

Q

le quai [ləke] der Kai

la qualité [lakalite] die Qualität, der Vorzug → 1/2

quand [kɑ̃] wenn, immer wenn; **~ est-ce que ...?** [kɑ̃tɛskə] Wann ...?

quand même [kɑ̃mɛm] trotzdem, dennoch

le quart [ləkaʀ] die Viertelstunde; **et quart** [ekaʀ] Viertel nach ...

le quartier [ləkaʀtje] das Viertel

que [kə] den, die, das *Relativprono-men*

le Québec [ləkebɛk] Quebec

québécois/québécoise [kebɛkwa/kebɛkwaz] *adj.* aus Quebec; **le Québécois** / **la Québécoise** [ləkebekwa/lakebekwaz] der/die Einwohner/in von Quebec

quel/quelle [kɛl] welcher/welche/welches

Quelle chance! [kɛlʃɑ̃s] Was für ein Glück!

quelque chose [kɛlkəʃoz] etwas; **~ se trouve** [kɛlkəʃozsətʀuv] etwas befindet sich/liegt

quelque chose de + *adj.* [kɛlkəʃozdə] etwas + *Adj.*

quelques [kɛlkə] *adj. pl.* einige, ein paar

quelqu'un [kɛlkɛ̃] jemand; **~ d'autre** [kɛlkɛ̃dotʀ] jemand anders; **~ de bien** [kɛlkɛ̃dəbjɛ̃] ein guter Mensch → 1/1

Qu'est-ce que ça veut dire? [kɛskəsavødiʀ] Was bedeutet das?

Qu'est-ce qui ...? [kɛski] Was ...?; **Qu'est-ce qu'il y a?** [kɛskilja] Was gibt es? **Qu'est-ce que ...?** [kɛskə] Was ...?; **~ tu as écrit?** [kɛskətyaekʀi] Was hast du geschrieben?; **~ tu fais?** [kɛskətyfɛ] Was machst du?; **Qu'est-ce qu'il faut faire?** [kɛskilfofɛʀ] Was sollen wir machen?; **Qu'est-ce qu'il y a?** [kɛskilja] Was ist los?

la question [lakɛstjɔ̃] die Frage; **(se) poser des questions** [pozedekɛstjɔ̃] (sich) Fragen stellen → 3/2; **(ê)ne pas se poser de questions** [nəpasəpozedəkɛstjɔ̃] nicht groß nachdenken → 1/LA

qui [ki] der, die, das *Relativprono-men*

Qui est-ce que ...? [kiɛskə] Wen ...?

Qui est-ce qui ...? [kiɛski] Wer ...?

qui s'inspire/nt de [kisɛ̃spiʀdə] nach der Vorlage von → MA

Qui? [ki] Wer?; **~ fait quoi?** [kifɛkwa] Wer macht was?

quinze jours [kɛ̃zʒuʀ] vierzehn Tage, zwei Wochen → 1/3

quitter qn/qc [kite] jdn/etw. verlassen → ME

quoi [kwa] was

quotidien/quotidienne [kɔtidjɛ̃/kɔtidjɛn] *adj.* täglich → 2/1; **le quotidien** [ləkɔtidjɛ̃] der Alltag → MA

R

le R&B [ləaʀɛnbi] der R&B

le racisme [ləʀasism] der Rassismus → ME

raciste [ʀasist] *adj.* rassistisch → ME

raconter qc (à qn) [ʀakɔ̃te] (jdm) etw. erzählen

la radio [laʀadjo] das Radio

le rafting [ləʀaftiŋ] Rafting → MD

râler [ʀɑle] meckern, motzen

le rallye [ləʀali] die Rallye

la randonnée [laʀɑ̃dɔne] die Wanderung

le randonneur / **la randonneuse** [ləʀɑ̃dɔnœʀ/laʀɑ̃dɔnøz] der Wanderer / die Wanderin → MD

ranger qc [ʀɑ̃ʒe] etw. aufräumen; **~ le lave-vaisselle** [ʀɑ̃ʒeləlavvɛsɛl] die Spülmaschine ein-/ausräumen

le rap [ləʀap] der Rap

rapide [ʀapid] *m./f. adj.* schnell

rapidement [ʀapidmɑ̃] *adv.*

rappeler qn [ʀapəle] jdn zurück-rufen

rapprocher qn/qc [ʀapʀɔʃe] ein-ander näher bringen → MB

rassuré/rassurée [ʀasyʀe] *adj.* be-ruhigt

rater qn/qc [ʀate] jdn/etw. verpas-sen, durchfallen → 1/2

réagir [ʀeaʒiʀ] reagieren

le réalisateur / **la réalisatrice** [ləʀealizatœʀ/laʀealizatʀis] der/die Regisseur/in → MA

réaliste [ʀealist] *m./f. adj.* realistisch

la réalité [laʀealite] die Realität → MB

la réception [laʀesɛpsjɔ̃] die Rezep-tion, der Empfang → 1/3

la recette [laʀəsɛt] das (Koch-) Rezept

recevoir qn/qc [ʀəsəvwaʀ] jdn empfangen, etw. erhalten

la recherche [laʀəʃɛʀʃ] die Forschung, die Suche

recommencer [ʀəkɔmɑ̃se] wieder anfangen, etw. noch einmal tun

récompenser qn/qc [ʀekɔ̃pɑ̃se] jdn/etw. belohnen, auszeichnen → MF

la réconciliation [laʀekɔ̃siljasjɔ̃] die Versöhnung → MB

reconnaître qn/qc [ʀəkɔnɛtʀ] jdn/etw. wiedererkennen, etw. zugeben

la récréation [laʀekʀeasjɔ̃] die Pause

récupérer qc [ʀekypeʀe] etw. zu-rückbekommen

redemander [ʀədəmɑ̃de] noch ein-mal fragen

réécouter qc [ʀeekute] etw. noch einmal anhören

réel/réelle [ʀeɛl] *adj.* echt, real → MC

réfléchir (à/sur qn/qc) [ʀefleʃiʀ] nachdenken (über jdn/etw.)

la Réforme [laʀefɔʀm] die Reforma-tion → MB

réformé/réformée [ʀefɔʀme] *adj.* reformiert, protestantisch → MB le **refrain** [ləʀəfʀɛ̃] der Refrain

le **réfugié** / la **réfugiée** [laʀefyʒje/ laʀefyʒje] der Flüchtling → MB

le **refus** [ləʀəfy] die Weigerung, die Ablehnung → 3/2

le **regard** [ləʀəgaʀ] der Blick → MB, → MF

regarder qn/qc [ʀəgaʀde] jdn/etw. ansehen

le **reggae** [ləʀɛge] der Reggae

la **région** [laʀeʒjɔ̃] die Gegend

la **règle** [laʀɛgl] das Lineal

rejeter qc/qn [ʀəʒte] jdn/etw. zurückweisen, ablehnen → ME

rejoindre qn [ʀəʒwɛ̃dʀ] jdn treffen, jdn einholen → 2/3

la **relation** [laʀəlasjɔ̃] die Beziehung

la **religion** [laʀəliʒjɔ̃] die Religion → MB

remarquer qn/qc/que [ʀəmaʀke] jdn/etw. bemerken, bemerken (dass)

remettre qc [ʀəmɛtʀ] etw. verleihen → MF

la **remise des médailles** [laʀəmizdemedaj] die Siegerehrung

le **rempart** [ləʀɑ̃paʀ] die Stadtmauer

remplir qc [ʀɑ̃pliʀ] etw. füllen, etw. ausfüllen → 2/1

la **Renaissance française** [laʀənɛsɑ̃sfʀɑ̃sɛz] die französische Renaissance → MD

la **rencontre** [laʀɑ̃kɔ̃tʀ] das Treffen

rencontrer qn [ʀɑ̃kɔ̃tʀe] jdm begegnen, jdn treffen, sich mit jdm treffen

le **rendez-vous** [ləʀɑ̃devu] die Verabredung, der Termin; **rendez-vous + Zeit/Ort** [ʀɑ̃devu] wir treffen uns in/im/am ...

rendre qc authentique [ʀɑ̃dʀotɑ̃tik] etw. authentisch wirken lassen/ machen → MA

la **rentrée** [laʀɑ̃tʀe] der Schuljahresbeginn

rentrer (à la maison) [ʀɑ̃tʀe] nach Hause gehen

renverser qn/qc [ʀɑ̃vɛʀse] etw. kippen, jdn/etw. umstoßen → 3/LA

reparler de qc à qn [ʀəpaʀledə] noch einmal mit jdm über etw. sprechen

le **repas** [ləʀəpa] das Essen, die Mahlzeit

repasser qc [ʀəpase] etw. wiederholen → 1/2

répéter (qc) [ʀepete] (etw.) wiederholen, nachsprechen

la **répétition** [laʀepetisjɔ̃] die Wiederholung → MC

répondre (à qn/qc) [ʀepɔ̃dʀ] jdm antworten, etw. beantworten

la **réponse** [laʀepɔ̃s] die Antwort → 1/3

le/la **reporter** [lə/laʀəpɔʀtɛʀ] m./f. der/ die Reporter/in → 1/1

(ê)**se reposer** [səʀepoze] sich ausruhen

représenter qc/qn [ʀəpʀezɑ̃te] etw./jdn darstellen, bedeuten → ME; etw./jdn zeigen → MF

reprocher qc à qn [ʀəpʀoʃe] jdm etw. vorwerfen → MA

le **RER** [ləɛʀœʀ]

le **réseau** [ləʀezo] das Netz

la **réserve naturelle** [laʀezɛʀvnatyʀɛl] das Naturschutzgebiet → MD

respecter qn/qc [ʀɛspɛkte] jdn/etw. respektieren

la **responsabilité** [laʀɛspɔ̃sabilite] die Verantwortung → 1/2

ressembler à qn/qc [ʀəsɑ̃blea] jdm/ etw. ähneln → 1/1

les **ressources** [leʀesuʀs] f. pl. die Ressourcen, Bodenschätze → 3/1

le **resto** fam. / le **restaurant** [ləʀɛsto/ləʀɛstoʀɑ̃] das Restaurant, das Lokal

le **reste** [ləʀɛst] der Rest

(ê)**rester** [ʀɛste] bleiben

le **résultat** [ləʀezylta] das Ergebnis

le **résumé** [ləʀezyme] die Zusammenfassung, die Inhaltsangabe

le **retour** [ləʀətuʀ] die Rückkehr

(ê)**retourner à** [ʀətuʀnea] zurückkehren zu/nach

retrouver qn [ʀətʀuve] jdn treffen; (ê)**se ~** [səʀətʀuve] sich (wieder) treffen

réussir (qc) [ʀeysiʀ] (es/etw.) schaffen, gelingen

le **rêve** [ləʀɛv] der Traum

(ê)**revenir** [ʀəvniʀ] zurückkommen → 2/2

rêver (de qn/qc) [ʀɛve] (von jdm/ etw.) träumen; ~ **de** + inf. [ʀɛvedə] träumen, etw. zu tun

la **révocation** [laʀevɔkasjɔ̃] die Widerrufung → MB

la **révolution** [laʀevɔlysjɔ̃] die Revolution → MF

révoquer qc [ʀevɔke] etw. widerrufen → MB

riche [ʀiʃ] m./f. adj. reich

la **richesse** [laʀiʃɛs] der Reichtum, die Fülle → MF

rien de spécial [ʀjɛ̃dəspesjal] nichts Besonderes

rigoler [ʀigɔle] lachen, Spaß haben/ machen

rire [ʀiʀ] lachen

la **rivière** [laʀivjɛʀ] der Fluss

le **riz** [ləʀi] der Reis

la **robe** [laʀɔb] das Kleid

le **rocher** [ləʀɔʃe] der Felsen

le **rock** [ləʀɔk] die Rockmusik

le **roi** / la **reine** [ləʀwa/laʀɛn] der/die König/in → MF

le **rôle** [ləʀol] die Rolle

les **rollers** [leʀɔlœʀ] m. pl. die Inliner

romain/romaine [ʀɔmɛ̃/ʀɔmɛn] adj. römisch

le **roman** [ləʀɔmɑ̃] der Roman; le ~ **de fantasy** [ləʀɔmɑ̃dəfɑ̃tɛzi] der Fantasyroman; le ~ **policier** [ləʀɔmɑ̃pɔlisje] der Kriminalroman

romantique [ʀɔmɑ̃tik] m./f. adj. romantisch → MF

rose [ʀoz] m./f. adj. rosa

rouge [ʀuʒ] m./f. adj. rot

la **route** [laʀut] die Landstraße, die Fernverkehrsstraße

royal/royale/royaux m. pl. [ʀwajal/ ʀwajo] adj. königlich, Königs-

le **ruban** [ləʀybɑ̃] das Band → 2/1

la **rue** [laʀy] die Straße; la ~ **piétonne** [laʀypjeton] die Fußgängerzone

le **rugby** [ləʀygbi] das Rugby

la **rupture** [laʀyptyʀ] der Bruch, die Unterbrechung → MF

le **rythme** [ləʀitm] der Rhythmus

S

le **sable** [ləsabl] der Sand → MD

le **sac** [ləsak] die Tasche; **faire son ~** [fɛʀsɔ̃sak] seine Tasche packen/ vorbereiten la **salade** [lasalad] der Salat; la ~ **de fruits** [lasaladəfʁɥi] der Obstsalat

le **salaire** [ləsalɛʁ] das Gehalt → 1/2; le ~ **fixe** [ləsalɛʁfiks] das Festgehalt → 1/2

salé/salée [sale] *adj.* salzig, gesalzen → MD

la **salle de bains** [lasaldəbɛ̃] das Badezimmer

la **salle de classe** [lasaldəklas] der Klassenraum

la **(salle de) permanence** [lasaldəpɛʁmanɑ̃s] der Aufenthaltsraum

la **salle de séjour** [lasaldəseʒuʁ] das Wohnzimmer

la **salle des profs** [lasaldepʁɔf] das Lehrerzimmer

Salut! [saly] *fam.* Hallo! Tschüss!

le **sandwich** [ləsɑ̃dwitʃ] das Sandwich

sans [sɑ̃] ohne; ~ **blague!** [sɑ̃blag] Kein Scherz?

le **sans-papiers** [ləsɑ̃papjə] der illegale Einwanderer

la **sardine** [lasaʁdin] die Sardine, der (Zelt-)Hering

la **sauce** [lasos] die Soße; la ~ **tomate** [lasostɔmat] die Tomatensoße

la **saucisse** [lasosis] die Wurst → 2/3

sauver qn/qc [sove] jdn/etw. retten → 1/2

savoir qc [savwaʁ] etw. wissen; **n'en ~ rien** [nɑ̃savwaʁjɛ̃] keine Ahnung haben (von etw.) → 1/2

le **scénario** [ləsenaʁjo] das Drehbuch → MA

le/la **scénariste** [lə/lasenaʁist] *m./f.* der/die (Drehbuch-)Autor/in → MF

la **scène** [lasɛn] die Szene

la **science-fiction** [lasjɑ̃sfiksjɔ̃] die Sciencefiction → MF

le **score** [ləskɔʁ] der Spielstand

la **seconde** [ləsəgɔ̃d] *wörtlich:* die zweite → 2/2

la **Seconde Guerre mondiale** [lasəgɔ̃dgɛʁmɔ̃djal] der Zweite Weltkrieg → MB

le **secret** [ləsəkʁɛ] das Geheimnis

le **secrétariat** [ləsəkʁetaʁja] das Sekretariat

la **séduction** [lasedyksjɔ̃] die Verführung

le **séjour** [ləseʒuʁ] der Aufenthalt → 2/2

selon [səlɔ̃] je nachdem, je nach → MF, nach, laut → 3/2

la **semaine** [lasəmɛn] die Woche

sembler [sɑ̃ble] scheinen → MB

le **Sénégal** [ləsenegal] der Senegal → 3/1

sénégalais/sénégalaise [senegalɛ/senegalɛz] *adj.* senegalesisch → 3/3

sensibiliser qn [sɑ̃sibilize] jdn sensiblisieren → MC

le **sentier** [ləsɑ̃tje] der Fußweg → MD

sentir qc [sɑ̃tiʁ] etw. fühlen; (ᵉ)**se ~** [səsɑ̃tiʁ] sich fühlen

la **série** [laseʁi] die Serie; la ~ **policière** [laseʁipɔlisjɛʁ] Krimiserie

sérieusement [seʁjøzmɑ̃] *adv.* ernsthaft

sérieux/sérieuse [seʁjø/seʁjøz] *adj.* ernst, ernsthaft

serrer la main à qn [seʁelamɛ̃a] jdm die Hand geben → 2/LB

le **serveur / la serveuse** [ləsɛʁvœʁ/lasɛʁvøz] der/die Kellner/in → 1/3

le **service** [ləsɛʁvis] der Service, die Bedienung → 1/3

servir à qc [sɛʁviʁa] von Nutzen sein, zu etw. dienen → 2/3; ~ **qn/qc** [sɛʁviʁ] jdn bedienen, etw. servieren → 1/3; **se ~ de qn/qc** [səsɛʁviʁdə] jdn/etw. benutzen → MC

seul/seule [sœl] *adj.* allein, einzig

seulement [sœlmɑ̃] *adv.* nur

le **shampoing** [ləʃɑ̃pwɛ̃] das Shampoo

le **shopping** [ləʃɔpiŋ] der Einkaufsbummel

si [si] wenn; ~ **ça te dit** [sisatədi] wenn du Lust hast

le **siècle** [ləsjɛkl] das Jahrhundert

signaler qc à qn [siɲalea] jdm etw. melden

signer qc [siɲe] etw. unterschreiben → 1/3

s'il te plaît [siltəplɛ] / **s'il vous plaît** [silvuplɛ] bitte

simple [sɛ̃pl] *m./f. adj.* einfach, leicht → ME

simplement [sɛ̃pləmɑ̃] *adv.* einfach → MF

le **singe** [ləsɛ̃ʒ] der Affe

sinon [sinɔ̃] sonst

le **sirop d'érable** [ləsiʁodeʁabl] der Ahornsirup

le **site (web)** [ləsit] die Webseite → 2/2

la **situation** [lasitɥasjɔ̃] die Situation → MA

situé/située [sitɥe] *adj.* gelegen → MD

six jours sur sept [siʒuʁsyʁsɛt] sechs Tage die Woche

la **sixième** [lasizjɛm] Die erste Jahrgangsstufe nach Beendigung der fünfjährigen Grundschule.

le **skate-board** [ləskɛtbɔʁd] das Skateboard

le **sketch / les sketches** [ləskɛtʃ/leskɛtʃ] der Sketch

le **ski** [ləski] der Ski, das Skifahren; le ~ **de fond** [ləskidəfɔ̃] Skilanglauf

le **slam** [ləslam] der (Poetry-) Slam → ME

le **slogan** [ləslɔgɑ̃] der Slogan → MC

la **société** [lasɔsjete] die Gesellschaft → MC

la **sœur** [lasœʁ] die Schwester

soigner qn/qc [swaɲe] jdn/etw. pflegen → 1/1

le **soir** [ləswaʁ] Abend, abends

la **soirée** [laswaʁe] der Abend

le **soldat** [ləsɔlda] der Soldat → MB

le **soleil** [ləsɔlɛj] die Sonne

la **solidarité** [lasɔlidaʁite] die Solidarität

la **solution** [lasɔlysjɔ̃] die Lösung

le **son** [ləsɔ̃] der Ton, der Klang → 3/LA

sonner [sɔne] klingeln

la **sonnerie** [lasɔnʁi] die Klingel, der Klingelton

le **sorcier / la sorcière** [ləsɔʁsje/lasɔʁsjɛʁ] der/die Hexe/r → MF

la **sortie** [lasɔʁti] der Ausgang, Ausgehen

(ᵉ)**sortir** [sɔʁtiʁ] ausgehen, hinausgehen; (ᵉ)~ anlaufen *Film* → 3/2; (ᵉ)~ **avec qn** [sɔʁtiʁavɛk] mit jdm zusammen sein → 1/LA; (ᵉ)~ **de** [sɔʁtiʁdə] entlassen werden (aus); ~ **le chien** [sɔʁtiʁləʃjɛ̃] den Hund ausführen

souffler qc [sufle] etw. ausblasen

souffrir (de qc) [sufʁiʁ] leiden (an etw.) → ME

la **soupe** [lasup] die Suppe;la ~ **aux pois** [lasupopwa] die Erbsensuppe

la **source** [lasuʀs] die Quelle, der Ursprung → MC

sourire [suʀiʀ] lächeln → 1/3

sous [su] unter

le **sous-titre** [ləsutitʀ] der Untertitel → MC

souterrain/souterraine [suteʀɛ̃/suteʀɛn] adj. unterirdisch

le **souvenir** [ləsuvəniʀ] die Erinnerung

(ê) **se souvenir de qn/qc** [səsuvəniʀdə] sich an jdn/etw. erinnern

souvent [suvɑ̃] oft; **le plus ~** [ləplysuvɑ̃] adv. meistens

les **spaghettis** [lespageti] m. pl. die Spaghetti

spécial/spéciale/spéciaux m. pl. [spesjal/spesjo] adj. besonders, speziell

la **spécialité** [laspesjalite] die Spezialität

le **spectacle** [ləspɛktakl] die Vorstellung, die Show → MF

le **spectateur** / la **spectatrice** [ləspɛktatœʀ/laspɛktatʀis] der/die Zuschauer/in → MA, → MF

le **sport** [ləspɔʀ] der Sport

sportif/sportive [spɔʀtif/spɔʀtiv] adj. sportlich; le **sportif** / la **sportive** [ləspɔʀtif/laspɔʀtiv] der/die Sportler/in

le **stade** [ləstad] das Stadion

le **stage** [ləstaʒ] der Ferienkurs, das Praktikum → 1/3

la **star** [lastaʀ] der Star

la **station** [lastasjɔ̃] die Station; la ~ **balnéaire** [lastasjɔ̃balneɛʀ] der Badeort

le **stress** [ləstʀɛs] der Stress

(ê) **se stresser** [səstʀese] sich stressen

le **style** [ləstil] der Stil

le **stylo** [ləstilo] der Kugelschreiber

subsaharien/subsaharienne [sybsaaʀjɛ̃/sybsaaʀjɛn] subsaharisch, südlich der Sahara → 3/1

le **succès** [ləsyksɛ] der Erfolg → 1/1

le **sucre** [ləsykʀ] der Zucker

le **sud** [ləsyd] der Süden → MF; le **sud-est** [ləsydɛst] der Südosten → MD

suggérer qc [sygʒeʀe] etw. andeuten → MC

suivant/suivante [sɥivɑ̃/sɥivɑ̃t] adj. folgender/folgende/folgendes → MD

suivre qn [sɥivʀ] jdm folgen, jdn verfolgen

super [sypɛʀ] adj. fam. super, toll

le **super-héros** / la **super-héroïne** [ləsypeʀeʀo/lasypeʀeʀɔin] der/die Superheld/in → 1/2

le **supermarché** [ləsypɛʀmaʀʃe] der Supermarkt

sur [syʀ] auf; ~ **moi** [syʀmwa] bei mir, dabei

sûr/sûre [syʀ] adj. sicher

sûrement [syʀmɑ̃] adv. sicherlich

le **surf** [ləsœʀf] Surfen

surfer sur Internet [sœʀfesyʀɛ̃tɛʀnɛt] im Internet surfen

surnaturel/surnaturelle [syʀnatyʀɛl] adj. übernatürlich

la **surprise** [lasyʀpʀiz] die Überraschung; **faire une ~ à qn** [fɛʀynsyʀpʀiza] jdn überraschen

surtout [syʀtu] adv. vor allem

le **surveillant** / la **surveillante** [ləsyʀvɛjɑ̃/lasyʀvɛjɑ̃t] die Aufsichtsperson

surveiller qn [syʀvɛje] jdn beaufsichtigen

le **suspense** [ləsyspɛns] die Spannung

les **SVT** [lɛsvete] f. pl. Biologie

le **symbole** [ləsɛ̃bɔl] das Symbol, das Zeichen → 3/2

sympa [sɛ̃pa] adj. fam. nett, sympathisch; **Ce serait ~.** [səsəʀɛsɛ̃pa] Das wäre nett.

la **synopsis** [lasinɔpsis] die Kurzbeschreibung → MA

le **système** [ləsistɛm] das System → MF

T

Ta présentation m'a plu. [tapʀezɑ̃tasjɔ̃maply] Deine Präsentation hat mir gefallen.

la **table** [latabl] der Tisch

le **tableau** / les **tableaux** [lətablo/letablo] die (Schul-)Tafel; das Gemälde

la **tablette de chocolat** [latablɛtdəʃɔkɔla] die Tafel Schokolade

le **taboulé** [lətabule] das Taboulé

la **tâche** [lataʃ] die Aufgabe, die Arbeit; les **tâches ménagères** [letaʃmenaʒɛʀ] f. pl. die Tätigkeiten im Haushalt

Tais-toi! [tɛtwa] Sei still!, Schweig! → 3/LB

Tant mieux! [tɑ̃mjø] Umso besser!

la **tante** [latɑ̃t] die Tante

tard [taʀ] spät; **c'était trop ~** [setɛtʀotaʀ] es war zu spät

la **tarte** [lataʀt] der Kuchen; la ~ **au riz** [lataʀtoʀi] der Milchreiskuchen

la **tartine** [lataʀtin] das Butterbrot, das belegte Brot

le **taureau** / les **taureaux** [lətoʀo/letoʀo] der Stier

le **tee-shirt** [lətiʃœʀt] das T-Shirt

la **télé** / la **télévision** [latele/latelevizjɔ̃] der Fernseher

télécharger qc [teleʃaʀʒe] etw. herunterladen

la **télécommande** [latelekɔmɑ̃d] die Fernbedienung

le **téléphone** [latelefɔn] das Telefon

téléphoner [telefɔne] telefonieren, jdn anrufen

la **télévision franco-allemande** [latelevizjɔ̃fʀɑ̃koalmɑ̃d] der deutsch-französische Fernsehsender

tellement (de) [tɛlmɑ̃] so (viel/e), dermaßen (viel/e) → 1/LA

le **témoin** [lətemwɛ̃] der Zeuge, die Zeugin

le **temps** [lətɑ̃] das Wetter, die Zeit; **de ~ en ~** [dətɑ̃zɑ̃tɑ̃] ab und zu, von Zeit zu Zeit; **Tu as le ~ aujourd'hui?** [tyalətɑ̃zuʀdɥi] Hast du heute Zeit?; le ~ **libre** [lətɑ̃libʀ] die Freizeit

tenir qn/qc [təniʀ] jdn festhalten, etw. halten; ~ **qn par le bras** [təniʀpaʀləbʀa] jdn am Arm festhalten

le **tennis** [lətenis] das Tennis, das Tennisspielen

la **tente** [latɑ̃t] das Zelt

terminer qc [tɛʀmine] etw. beenden

la **terrasse** [lateʀas] die Terrasse

la **terre** [latɛʀ] der Boden, die Erde, die Welt → 3/LA

terrible [tɛʀibl] m./f. adj. furchtbar

terriblement [tɛʀiblmɑ̃] adv. furchtbar, schrecklich

le **test** [lətɛst] der Test

la **tête** [latɛt] der Kopf, das Gesicht → 1/LA, → 2/3, → 3/LA

le **texte** [lətɛkst] der Text

le **texto** [lətɛksto] die SMS

le **théâtre** [ləteatʁ] das Theater

le **thème** [lətɛm] das Thema

le **ticket** [lətike] das Ticket, die Fahrkarte

le **tiers** [lətjɛʁ] das Drittel → 3/1

timide [timid] m./f. adj. schüchtern

tirer [tiʁe] ziehen, schießen → 3/LA

le **tissu** [lətisy] der Stoff → 3/3

le **titre** [lətitʁ] der Titel, der Musiktitel

les **toilettes** [letwalɛt] f. pl. die Toilette

la **tolérance** [latɔleʁɑ̃s] die Toleranz → ME

tolérant/tolérante [tɔleʁɑ̃/tɔleʁɑ̃t] adj. tolerant → ME

la **tomate** [latɔmat] die Tomate

(ê)**tomber** [tɔ̃be] fallen, hinfallen; (ê)**~ amoureux/-euse** [tɔ̃beamuʁø/-øz] sich verlieben → MF

le **tome** [lətɔm] der Band → 1/LB

le **toréro** [lətɔʁeʁo] der Torero

la **tortue** [latɔʁty] die Schildkröte

tôt [to] früh

touchant/touchante [tuʃɑ̃/tuʃɑ̃t] adj. rührend, ergreifend

toucher qn/qc [tuʃe] jdn/etw. anfassen, jdn/etw. (be)treffen, jdn/etw. befallen → 3/2

toujours [tuʒuʁ] immer

la **tour** [latuʁ] der Turm

le **tour de force** [lətuʁdəfɔʁs] der Kraftakt → MB

le **tourisme** [lətuʁizm] der Tourismus

le/la **touriste** [lə/latuʁist] der Tourist / die Touristin

touristique [tuʁistik] m./f. adj. touristisch

tourner [tuʁne] drehen; **~ à droite / à gauche** nach rechts/links abbiegen

le **tournoi** [lətuʁnwa] das Turnier

tous les deux m. pl. / **toutes les deux** f. pl. [tuledø/tutledø] alle beide; **tous/toutes** [tus/tut] adj. pl. alle, jeder/jede/jedes

tous les samedis [tulesamdi] jeden Samstag

tout [tu] alles; **~ le temps** [tulətɑ̃] die ganze Zeit, ständig

tout/toute [tu/tut] adj. ganzer/ganze/ganzes

tout à coup [tutaku] plötzlich

tout à l'heure [tutalœʁ] gleich, in Kürze, vorhin

tout de suite [tutsɥit] adv. sofort

tout droit [tudʁwa] geradeaus

tout le monde [tulmɔ̃d] alle

tout près [tupʁɛ] ganz nah, ganz in der Nähe

la **tradition** [latʁadisjɔ̃] die Tradition

traditionnel/traditionnelle [tʁadisjɔnɛl] adj. traditionell → 3/3

le **traducteur** / la **traductrice** [lətʁadyktœʁ/latʁadyktʁis] der/die Übersetzer/in → 1/2

le **trafic** [lətʁafik] der Verkehr, der Schmuggel → MF

le **train** [lətʁɛ̃] der Zug

le **traîneau** [lətʁɛno] der Schlitten

le **traité** [lətʁete] der Vertrag → MB

le **traité de l'Élysée** [lətʁetedəlelize] der Élysée-Vertrag → MB

la **traite des Noirs** [latʁɛtdenwaʁ] der Sklavenhandel → 3/3

le **tram** [lətʁam] die Straßenbahn

la **tranche** [latʁɑ̃ʃ] die Scheibe → 2/1

la **tranche d'âge** [latʁɑ̃ʃdaʒ] die Altersgruppe → MF

tranquille [tʁɑ̃kil] m./f. adj. ruhig

le **travail** [lətʁavaj] die Arbeit

travailler [tʁavaje] arbeiten, lernen; **On travaille ensemble?** [ɔ̃tʁavajɑ̃sɑ̃bl] Wollen wir zusammen arbeiten?

traverser (qc) [tʁavɛʁse] (etw.) überqueren, durchqueren

le **traversin** [lətʁavɛʁsɛ̃] das Kopfkissen → 2/3

tremper [tʁɑ̃pe] tunken → 2/1

très [tʁɛ] sehr

le **trésor** [lətʁezɔʁ] der Schatz

triste [tʁist] m./f. adj. traurig

troisième [tʁwazjɛm] m./f. adj. dritter/dritte/drittes

(ê)**se tromper** [sətʁɔ̃pe] sich täuschen, sich irren → 2/3

trop [tʁo] zu, zu sehr, zu viel; **~ bon** [tʁobɔ̃] fam. voll lecker; **~ de** [tʁodə] zu viel

le **trou** [lətʁu] das Loch

la **troupe** [latʁup] die Truppe → MB

trouver qc [tʁuve] etw. finden; **~ que** [tʁuvekə] finden, dass; **se ~** [sətʁuve] sich befinden

le **truc** [lətʁyk] das Ding

tu devrais [tydəvʁɛ] du solltest

Tu m'énerves. [tymenɛʁv] Du nervst (mich).

Tu voudrais ...? [tyvudʁɛ] Würdest du gern ...?, Hättest du gern ...?

le **tuyau** / les **tuyaux** [lətɥijo/letɥijo] der Tipp → 1/3

la **typo(graphie)** [latipɔgʁafi] die Schriftart → MF

U

ultra [yltʁa] fam. ultra, extrem

un peu [ɛ̃pø] ein bisschen

un tas de [ɛ̃tadə] eine Menge, ein Haufen

une sorte de [ynsɔʁtdə] eine Art (von) → 2/3

unique [ynik] m./f. adj. inv. einzig, einzigartig → 2/3

l' **unité** [lynite] f. die Lektion

l' **université** [lyniversite] f. die Universität

l' **usine** [lyzin] f. die Fabrik

utile [ytil] m./f. adj. nützlich → 1/1

utiliser qc [ytilize] etw. benutzen

V

les **vacances** [levakɑ̃s] f. pl. die Ferien

la **vague** [lavag] die Welle

la **vaisselle** [lavɛsɛl] das Geschirr → 3/3

la **valise** [lavaliz] der Koffer → MF

la **vallée** [lavale] das Tal

le **vasistas** [ləvazistas] das (kleine) Klappfenster → 2/1

végétal/végétale/végétaux m. pl. [veʒetal/veʒeto] adj. pflanzlich → MC

le **vélo** [ləvelo] das Fahrrad

vendre qc (à qn) [vɑ̃dʁ] (jdm) etw. verkaufen

(ê)**venir** [vəniʁ] kommen; **~ de** + inf. [vəniʁdə] gerade etw. getan haben; (ê)**~ de + pays** [vəniʁdə] kommen aus + Land; **~ droit sur qn** [vəniʁdʁwasyʁ] direkt auf jdn zukommen

le **vent** [ləvɑ̃] der Wind

le **ventre** [ləvɑ̃tʁ] der Bauch → 2/2

la **vérité** [laveʁite] die Wahrheit

le **verre** [ləvɛʁ] das Glas → 2/3

vers [vɛʁ] gegen zeitlich

vert/verte [vɛʁ/vɛʁt] adj. grün

le **vestiaire** [ləvɛstjɛʀ] der Umkleideraum

les **vêtements** [levɛtmã] *m. pl.* die Kleider

la **viande** [lavjãd] das Fleisch → 3/3

la **victime** [laviktim] das Opfer

vide [vid] *m./f. adj.* leer

la **vie** [lavi] das Leben

la **vieille ville** [lavjɛjvil] die Altstadt

vieux / vieil *m.* / **vieille** *f.*
[vjø/vjɛj/vjɛj] *adj.* alt

le **village** [ləvilaʒ] das Dorf

la **ville** [lavil] die Stadt

le **vin** [ləvɛ̃] der Wein → 2/LA

la **violence** [lavjɔlãs] die Gewalt

violent/violente [vjɔlã/vjɔlãt] *adj.*
gewalttätig

le **visage** [ləvizaʒ] das Gesicht

la **visite** [lavizit] die Besichtigung

visiter qc [vizite] etw. besichtigen

le **visiteur** / la **visiteuse** [ləvizitœʀ/
lavizitøz] der/die Besucher/in → MF

la **vitamine** [lavitamin] das Vitamin

vite [vit] schnell

vivant/vivante [vivã/vivãt] *adj.*
lebendig → MA

Vive la vie! [vivlavi] Es lebe das
Leben!; **Vive...** [viv] Es lebe ... /
Es leben ...

vivre [vivʀ] leben, etw. erleben

le **vocabulaire** [ləvɔkabylɛʀ] das Vokabular, der Wortschatz

voici [vwasi] das ist/sind, hier ist/
sind → 1/3

voilà [vwala] das ist; **La ~.** [lavwala]
Da ist sie.

la **voile** [lavwal] Segeln

voir [vwaʀ] sehen

le **voisin** / la **voisine** [ləvwazɛ̃/
lavwazin] der/die Nachbar/in

la **voiture** [lavwatyʀ] der Wagen, das
Auto

la **voix** / les **voix** [lavwa/levwa] die
Stimme

le **volcan** [ləvɔlkã] der Vulkan → MC

voler qc à qn [vɔlea] jdm etw. stehlen

vouloir qc/ + *inf.* [vulwaʀ] etw.
wollen, etw. tun wollen; **~ que** +
subj. [vulwaʀkə] wollen, dass

Vous avez fini? [vuzavefini] Seid
ihr fertig?

vous y êtes [vuziɛt] ihr seid da

le **voyage** [ləvwajaʒ] die Reise

voyager [vwajaʒe] reisen *wie* manger

vrai/vraie [vʀɛ] *adj.* richtig, wahr

vraiment [vʀɛmã] *adv.* wirklich

le **VTT** [ləvetete] das Mountainbike

la **vue** [lavy] die Aussicht

le **week-end** [ləwikɛnd] das Wochenende, am Wochenende

le **wolof** [ləwɔlɔf] Wolof → 3/1

y [i] dort, dorthin

le **zoom** [ləzum] der Zoom → MF

Zut! [zyt] *fam.* Mist!

Die Angabe hinter dem Pfeil verweist dich auf die *Unité* und das *Volet* oder die *Lecture* bzw. das *Module*, in der / in dem die Vokabel neu eingeführt wird: 3/1 heißt z. B. *Unité 3, Volet 1*; 3/LA heißt z. B. *Unité 3, Lecture A*; MA steht z. B. für *Module A*. Einträge ohne eine solche Angabe gehören zum Lernwortschatz von *À plus! 1*, *À plus! 2* und *À plus! 3*.

A

ab und zu de temps en temps

abbiegen (nach rechts/nach links) tourner (à droite / à gauche)

Abbildung l'illustration *f.* → MF

Abend la soirée; **Abend, abends** le soir; **Guten Abend!** Bonsoir!

Abenteuer l'aventure *f.*

aber mais; ~ **sicher** bien sûr

Abfahrt le départ

Abfall les déchets *m. pl.* → 3/3

abholen (jdn/etw.) aller chercher qn/qc, passer chercher qn/qc

Abi, Abitur le bac *fam*, le baccalauréat. → 3/2

ablehnen (jdn/etw.) rejeter qc/qn → ME

Ablehnung le refus → 3/2

Abwehr(spieler) la défense

ach ah

Ach doch! Oh si!

Adaption l'adaptation *f.* → MA

Affe le singe

Afrika l'Afrique

Afrikaner/in l'Africain / l'Africaine *m./f.*

afrikanisch africain/africaine *adj.* → 3/1

agressiv agressif/agressive *adj.* → MA

äh euh, ben *fam.*

ähneln (jdm/etw.) ressembler à qn/qc → 1/1

(sich) ändern changer

Ahornsirup le sirop d'érable

Akkordeon l'accordéon *m.*

Aktion l'action *f.* → 3/2

Akzent l'accent *m.*

akzeptieren (etw.) accepter qc

Album l'album *m.*

Algerien l'Algérie *f.* → 3/1

alle tous/toutes *adj. pl.*, tout le monde; ~ **beide** tous les deux *m. pl.* / toutes les deux *f. pl.*

Allee l'avenue *f.*

allein seul/seule *adj.*

allerdings par contre → 2/2

Allergie l'allergie *f.*

alles tout; **Das ist ~.** C'est tout.

Alltag le quotidien → MA

Alpen les Alpes *f. pl.* → MD

als comme

also alors, donc

alt ancien/ancienne *adj.* → MA, vieux / vieil *m.* / vieille *f. adj.*; **so ~ sein wie jd** avoir l'âge de qn

Alter l'âge *m.*

Altersgruppe la tranche d'âge → MF

Altstadt la vieille ville

am Anfang (von etw.) au début (de qc) *adv.*

am Apparat à l'appareil → 1/3

am Ende von etwas au bout de qc → 2/3

am Ufer von au bord de

Amerika l'Amérique *f.* → 3/3

Ampel le feu rouge

an Bord à bord → MF

an deiner Stelle à ta place → 1/1

an der frischen Luft au grand air

an diesem Wochenende ce week-end

an etw. denken avoir qc en tête → 2/3

Ananas l'ananas *m.*

anbieten (jdm etw.) offrir qc à qn, proposer qc (à qn)

anderer/andere/anderes autre *m./f. adj.*; différent/différente *adj.*

anders autrement *adv.*, différemment *adv.* → 2/2

andeuten (etw.) suggérer qc à qn → MC

Anekdote l'anecdote *f.* → 2/3

Anfang le début

anfassen (jdn/etw.) toucher qn/qc

Anfrage la demande → 1/3

angeben (etw.) indiquer qc

angeblich il paraît que → 2/3

Angeln la pêche

angenehm agréable *m./f. adj.*

angepasst (an etw.) intégré/intégrée à (ou dans) qc *adj.* → MF

angesagt branché/branchée *adj. fam.*

angezogen habillé/habillée *adj.*

angreifen (jdn) agresser qn

Angreifer l'agresseur *m.*

Angriff l'agression *f.*, l'attaque *f.*

Angriffspieler l'attaque *f.*

Angst la peur; ~ **haben**, ~ **bekommen** avoir peur; **jdm ~ machen** faire peur à qn

anhalten s'arrêter

Anhang la pièce jointe → 1/3

anhören (jdn/etw.) écouter qn/qc

Animateur/in l'animateur / l'animatrice *m./f.*

Animationsfilm le film d'animation → MF

ankommen arriver

ankündigen annoncer qc → MB

Ankunft l'arrivée *f.*

anlaufen sortir → 3/2

anlocken (jdn) attirer qn

Anorak l'anorak *m.*

anprangern (jdn/etw.) dénoncer qn/qc → MC

(an)probieren (etw.) essayer qc

Anruf l'appel *m.*, le coup de fil *fam.* → 1/LA

anrufen (jdn) appeler qn, téléphoner

Anschein l'apparence *f.* → ME

ansehen (jdn/etw.) regarder qn/qc

anstelle au lieu de → 3/3

anstelle von à la place de → 2/1

Anstrengung l'effort *m.*; **eine ~ verlangen** demander un effort

Antwort la réponse → 1/3

antworten (jdm) répondre (à qn/qc)

anvertrauen (jdm etw.) confier qc à qn

Anzahl le nombre

Anzeige la publicité, la pub *fam.* → MC

anzeigen (jdn) dénoncer qn

anziehen (jdn) attirer qn; ~ **(etw.)** mettre; **sich ~** s'habiller

Apfel la pomme

applaudieren (jdm) applaudir (qn)

April avril

apropos à propos

Aquarium l'aquarium *m.*
Arabisch l'arabe *m.* → 3/1
Arbeit le travail, la tâche
arbeiten travailler, fonctionner → MC, → MF
Arbeiter/in l'ouvrier / l'ouvrière *m./f.*
Arbeitgeber/in l'employeur / l'employeuse *m./f.* → 1/3
arbeitslos au chômage
Arbeitsloser/Arbeitslose le chômeur / la chômeuse → 1/LB
Arbeitszeit l'horaire *m.* → 1/2
Arena les arènes *f. pl.*
ärgern (jdn) énerver qn
Argument l'argument *m.*
Arm le bras
arm pauvre *m./f. adj.*
Armbanduhr la montre → 1/2
Armut la pauvreté → 3/2
Arrondissement l'arrondissement *m.*
Art la façon; **eine ~ von** une sorte de → 2/3; **auf ... ~ und Weise** de manière ... → 2/2
Artikel l'article *m.* → 1/1
Arzt/Ärztin le médecin → 1/1
Asien l'Asie *f.* → 3/1
Attraktion l'attraction *f.*
Aua! Aïe!
auch aussi; **~ nicht** non plus *adv.*; **~ wenn** même si → 2/2
auf sur; **~ Französich / ~ Deutsch** en français / en allemand
auf ein Mal, in einem Zug en une fois
Auf welcher Seite ist/steht das? C'est à quelle page?
Auf Wiedersehen! Au revoir!
aufbauen (etw.) installer qc, monter qc
Aufenthalt le séjour → 2/2
Aufenthaltsraum la (salle de) permanence
Aufgabe la tâche
aufgeben baisser les bras
aufhören s'arrêter, arrêter; **~ (etw. zu tun)** arrêter de + *inf.*
Aufklärung le siècle des Lumières *f. pl.* → MB
Aufmerksamkeit l'attention *f.* → MC
aufnehmen (etw.) enregistrer qc → MF; **~ (jdn)** accueillir qn → 3/3
aufpassen faire attention; **~ (auf jdn)** garder qn
aufräumen (etw.) ranger qc
sich aufregen s'énerver

Aufregung l'émotion *f.* → MA
aufschreiben (etw.) noter (qc); **Wer schreibt (das auf)?** Qui note?
Aufsichtsperson le surveillant / la surveillante
aufstehen se lever
aufteilen (etw.) partager qc → MB
Aufzucht l'élevage *m.* → 3/1
Aufzug l'ascenseur *m.*
Auge l'œil / les yeux *m.*
Augenblick le clin d'œil → 3/LA, le moment
aus de
aus Quebec québécois/québécoise *adj.*
ausarten dégénérer → MA
Ausbildung la formation → 1/3
ausblasen (etw.) souffler qc
ausflippen flipper *fam.* → 1/LB
Ausflug la balade
ausführlich en détail → 3/3
ausfüllen remplir qc → 2/1
Ausgang la sortie
ausgeben (etw.) dépenser qc
ausgehen sortir; **von nichts ~** partir de rien → 1/1
Ausgrenzung l'exclusion *f.* → 1/1
Ausland l'étranger *m.* → 1/2
ausländisch étranger/étrangère *adj.*
ausleihen (etw.) emprunter qc
Aussage le message
(aus-)schmücken (etw.) décorer qc → 1/3
ausschneiden découper qc → 2/1
aussehen avoir l'air
außerdem de plus *adv.* → 1/3, en plus, et puis
äußere Erscheinung l'apparence *f.* → ME
außergewöhnlich extraordinaire *m./f. adj.* → MF
Äußerungen les propos *m. pl.* → ME
sich ausruhen se reposer
Aussicht la vue
ausspionieren (jdn/etw.) espionner qn/qc
aussteigen descendre (à + station)
Ausstellung l'exposition *f.*
aussuchen (jdn/etw.) choisir qn/qc
Austausch l'échange *m.* → 1/3
Austauschpartner/in le/la corres *fam.* / le correspondant / la correspondante
Auster l'huître *f.* → MD
ausüben (etw.) pratiquer qc → MB
auswählen (jdn/etw.) choisir qn/qc

auszeichnen récompenser qn/qc → MF
Auszubildender/Auszubildende l'apprenti / l'apprentie → 1/3
Auto la voiture
authentisch wirken lassen / machen (etw.) rendre qc authentique → MA
Autobiographie l'autobiographie *f.* → MF
Autor/in l'auteur / l'auteure
(Autoren-)Signatur la dédicace → MF

B

babysitten faire du baby-sitting → 1/LA, → 3/2
Bäckerei la boulangerie
baden se baigner
Badeort la station balnéaire
Badezimmer la salle de bains
Bahnhof la gare
bald bientôt
Ball le ballon
Banane la banane
Band le groupe, le ruban → 2/1, le tome → 1/LB
Bar le bar
Bär l'ours / les ours *m.*
Bau(arbeiten) la construction
Bauch le ventre → 2/2
bauen (etw.) construire qc
Baule le baoulé → 3/1
Baum l'arbre *m.*
Baumklettern im Hochseilgarten l'accrobranche *m.*
Baumwolle le coton → 3/1
Bauwerk le monument
Beach-Volleyball le beach-volley
beantworten (etw.) répondre (à qn/qc)
Bearbeitung l'adaptation *f.* → MA
beaufsichtigen (jdn) surveiller qn
bedeuten (etw.) représenter qc → ME
bedienen (jdn) servir qn/qc → 1/3
Bedienung le service → 1/3
bedrohen (jdn) menacer qn
sich beeilen se dépêcher
beeindrucken (jdn) impressionner qn → 1/1
beenden mettre fin à qc → MB; **~ (etw.)** finir (qc), terminer qc
Befehl l'ordre *m.* → 1/2
sich befinden se trouver; **etwas befindet sich/liegt** quelque chose se trouve
begabt doué/douée *adj.* → 1/1; **~ sein für etw.** être doué/douée pour qc → 1/1
begegnen (jdm) rencontrer qn

beginnen commencer (à + *inf.*)

begleiten (jdn) accompagner qn

begrenzen (etw.) limiter qc

behalten (etw.) garder qc

behaupten s'imposer → 3/2

beherrschen (etw.) maîtriser qc → MA

behindert handicapé/handicapée *adj.*

Behinderter/Behinderte le handicapé / la handicapée

bei chez, près de; ~ **mir** sur moi; ~ **mir (zu Hause)** chez moi

Bein la jambe; **die Beine in die Hand nehmen** prendre ses jambes à son cou

Beispiel l'exemple *m.*; **zum ~, z. B.** par exemple / p. ex.

bekehren (jdn zu etw.) convertir qn à qc → MB

sich beklagen se plaindre de qc → 2/3

belästigen (jdn) harceler qn

belebt animé/animée *adj.*

Belgier/in le Belge / la Belge

belgisch belge *m./f. adj.*

beliebt populaire *m./f. adj.* → 3/LA

belohnen (jdn/etw.) récompenser qn/qc → MF

bemerken (jdn/etw./dass) remarquer qn/qc/que

benachrichtigen (jdn) prévenir qn

benutzen (etw.) utiliser qc; ~ **(jdn/etw.)** se servir de qn/qc → MC

beobachten (jdn/etw.) observer qn/qc

Berberisch le berbère → 3/1

berechnen (etw.) calculer qc

Bereich le domaine → 1/2

bereichernd enrichissant/enrichissante *adj.* → 1/2

bereit prêt/prête *adj.* → 1/2; ~ **(etw. zu tun)** être prêt/prête (à + *inf.*) → 1/2

bereits déjà

Berg la montagne; **in den Bergen** en montagne

berichtigen (etw.) corriger qc

Beruf le métier → 1/1, la profession → MB

beruflich, Berufs- professionnel/professionnelle *adj.* → 1/3

Berufsberater le conseiller d'orientation → 1/1

beruhigt rassuré/rassurée *adj.*

berühmt célèbre *m./f. adj.*

beschämend honteux/honteuse *adj.*

bescheiden modeste *m./f. adj.* → 1/1

Beschluss la décision → 1/2; **einen ~ fassen** prendre une décision → 1/2

beschränken (etw.) limiter qc

beschreiben (jdn/etw.) décrire qn/qc

besichtigen (etw.) visiter qc

Besichtigung la visite

besiegen (jdn) battre qn → 1/1

besonders spécial/spéciale/spéciaux *m. pl. adj.*, particulièrement *adv.* → 1/3

besserer/bessere/besseres meilleur/meilleure *adj.*; **der/die/das beste** le meilleur / la meilleure *adj.*

besser als mieux que *adv.*

Bestandteil le composant → MC

Bestechung la corruption → 3/2

bestehen (auf etw.) insister

bestimmen (über etw.) décider de qc → 1/1

Besucher/in le visiteur / la visiteuse → MF

betreffen (jdn/etw.) toucher qn/qc → 3/2

betreten (etw.) entrer

Bett le lit

bevölkert peuplé/peuplée *adj.* → 3/1

bevor avant de + *inf.*

bevorzugen (jdn/etw. / + *Inf.*) préférer qn/qc / + *inf.*

bewahren (jdn/etw.) protéger qn/qc

sich bewegen bouger

Beweis la preuve

sich bewerben poser sa candidature → 1/2

Bewerbung la candidature → 1/2

Bewerbungsschreiben la lettre de motivation → 1/3

bewundern (jdn/etw.) admirer qn/qc → 1/1

bezahlen (etw.) payer qc

Beziehung la relation

Bibliothek la bibliothèque → 3/2

Bild l'image *f.* → 3/2, la photo

Bildung la culture

Bio-, biologisch bio *fam.* / biologique *m./f. adj.*

Biologie les SVT *f. pl.*

Birne la poire

bis jusqu'à; ~ **bald!** À bientôt!; ~ **morgen!** À demain!; ~ **später!** À plus! *fam.*; ~ **zum Ende** jusqu'au bout

ein bisschen un peu

Bitte la demande → 1/3

bitte s'il te plaît, s'il vous plaît

Blatt la feuille

blau bleu/bleue *adj.*

bleiben rester

Bleiben Sie dran. Ne quittez pas. → 1/3

Bleistift le crayon

Blick le regard → MB, → MF

blöd idiot/idiote *adj. fam.*, bête *m./f. adj.*

Blog le blog

Boden la terre → 3/LA

Bodenschätze les ressources *f. pl.* → 3/1

Bonbon le bonbon

Boot le bateau / les bateaux; **Bootsfahrt** la balade en bateau

Botschaft le message

Boubou le boubou → 3/3

Boulevard le boulevard

Boxen la boxe

Brand l'incendie *m.* → MB

brauchen (jdn/etw.) / ~ + *Inf.* avoir besoin de qn/qc / + *inf.*

braun werden bronzer → MD

Bräutigam, Braut le marié / la mariée

bretonisch breton/bretonne *adj.*

Brezel le bretzel

Brief la lettre → MB

Brot le pain; **Butterbrot, belegtes Brot** la tartine

Bruch la rupture → MF

Brücke le pont

Bruder le frère

Buch le livre

Bücherei la bibliothèque → 3/2

Buchhandlung la librairie

Buchstabe la lettre → MF

Buffet le buffet

Buntstift le crayon de couleur

Burg le château / les châteaux

Bürger le citoyen / la citoyenne → MB

Bürgermeister/in le maire *m./f.* → MB

Büro le bureau / les bureaux

Bus le bus

Butter le beurre

BWL l'économie *f.* → 1/2

C

Cache la cache

Café le café

Campingplatz le camping

CD le CD / les CD

CFA Franc le franc CFA → 3/3

Champion le champion / la championne

Chance la chance

Charakter le caractère; **einen fiesen ~ haben** avoir un caractère de chien *fam.*

Charta la charte

chatten (mit jdm) chatter (avec qn)

Chef/in le/la chef, le patron / la patronne → 1/3

China la Chine
chinesisch chinois/chinoise *adj.* → MF
Chor la chorale
Clown/in le clown
Cocktail le cocktail
Cola le coca(-cola)
Comic la bédé / B. D. / les B. D.
Comicbild la case → MF
Computer l'ordinateur *m.*
cool cool *adj. fam.*
Cousin/e le cousin / la cousine
Crêpe la crêpe
Crêperie la crêperie

D

da là; ~ *kausal* comme; ~ **ist sie.** La voilà.;
ihr seid ~ vous y êtes
dabei sur moi; ~ **sein** assister à qc → 3/LA,
→ MF
dafür sein être pour qn/qc
dagegen contre; ~ **sein** être contre qn/qc
danach après
dank grâce à → 3/LB, → MB, → MF
danke merci
dann ensuite, puis
Darauf muss man erst mal kommen!
Il fallait y penser! → 2/3
darstellen (etw./jdn) représenter qc/qn
→ ME, → MF
das cela; ~ **ist eine Schande!** C'est
honteux!
Das bedeutet ... Ça veut dire ...
Das bin ich. C'est moi.
das heißt c'est-à-dire → MF
das ist c'est; voilà; **Das ist der Horror!**
C'est l'horreur!
Das ist (gar) nichts für mich. Ça ne me
dit rien (du tout). → 1/1
Das ist klasse! C'est trop cool! *fam.*
Das ist nicht mein Ding. Ce n'est pas
mon truc. *fam.*
das ist/sind voici → 1/3
Das ist/steht auf Seite 25. C'est à la page
25.
Das war der Horror! C'était l'horreur!
Das wäre nett. Ce serait sympa.
das wirkt + *Adjektiv* ça fait + *adj.* → 1/3
Dattel la datte → 3/1
dauern durer
davon en
davonfliegen s'envoler
Deine Präsentation hat mir gefallen.
Ta présentation m'a plu.

dekodieren (etw.) décoder qc → MC
dekorieren (etw.) décorer qc → 1/3
den, die, das *Relativpronomen* que
denken (an jdn/etw.) penser à qn/qc;
~, **dass** penser que
dennoch quand même
denunzieren (jdn/etw.) dénoncer qn/qc
→ MC
der, die, das *Relativpronomen* qui
der-/die-/dasselbe le/la même *m./f. adj.*
deren dont → 3/3
dermaßen (viel/e) tellement (de) → 1/LA
deshalb c'est pourquoi *conj.*
dessen dont → 3/3
deswegen c'est pourquoi *conj.*, à cause
de ça
Detail le détail → MC
Deutsch l'allemand *m.*
Deutscher/Deutsche
l'Allemand / l'Allemande *m./f.*
Deutschland l'Allemagne *f.*
Dialog le dialogue → MA
dick épais/épaisse *adj.* → MF, gros/
grosse *adj.* → 2/3
dick auftragen en rajouter → 1/3
Die Hoffnung stirbt zuletzt! On peut
toujours espérer!
dienen (zu etw.) servir à qc → 2/3
dieser/diese/dieses ce/cet/cette/ces
Ding le truc, la chose
Dioula le dioula → 3/1
direkt carrément *adv. fam.* → 1/LB, → 2/2;
~ **zukommen (auf jdn)** venir droit sur qn
Diskussion la discussion
diskutieren (über etw.) discuter (de qc)
→ 1/3
Distanz la distance
Dokument le document → 1/3, le papier
→ 2/1
Dokumentalist/in le/la documentaliste
Dokumentarfilm le documentaire
Dokumentation le documentaire
Dom la cathédrale
Dorf le village
dort là-bas; ~, **dorthin** y
Dose la boîte
Drama le drame → MB
drängeln (sich) se bousculer → 3/LA
draußen dehors
Drehbuch le scénario → MA
(Drehbuch-)Autor le/la scénariste *m./f.*
→ MF
drehen tourner

drinnen à l'intérieur → MA
Drittel le tiers → 3/1
dritter/dritte/drittes troisième *m./f. adj.*
drohen (jdm) menacer qn
Druckerei l'imprimerie *f.* → MB
Du nervst. Tu m'énerves.
du solltest tu devrais
dumm bête *m./f. adj.*
Düne la dune → MD
dünn fin/fine *adj.* → 2/1
durchfallen rater qc → 1/2
Durchgang le passage → MD
durchqueren (etw.) traverser qc
sich durchschlagen se battre → 1/1
durchschnittlich en moyenne → MF
dürfen avoir le droit de + *inf.*; **Darf ich ...?**
Est-ce que je peux + *inf.*; **etw. tun** ~
pouvoir + *inf.*
Durst haben avoir soif
Dusche la douche
duschen prendre une/sa douche
DVD le DVD / les DVD

E

eben justement
echt réel/réelle *adj.* → MC
Ecke le coin
Effekt l'effet *m.* → MF
ehemalig ancien/ancienne *adj.* → MA,
vieux / vieil *m.* / vieille *f. adj.*
Ehemann le mari → 3/2
eher plutôt
Ei l'œuf / les œufs *m.*; **(weich) gekochtes**
~ l'œuf à la coque *m.* → 2/1
eigen propre *m./f. adj.* → 1/2
einander näher bringen rapprocher
qn/qc → MB
Eindruck l'impression *f.* → 1/LA, → 3/3
einfach simple *m./f. adj.* → ME, simplement *adv.* → MF
einfallen in envahir → MB
einführen (jdn/etw.) introduire qn/qc
→ 2/1
einholen (jdn) rejoindre qn → 2/3
einige quelques *adj. pl.*
Einkäufe les courses *f. pl.*
einkaufen faire les courses
Einkaufsbummel le shopping
Einkaufszentrum le centre commercial
Einklang l'harmonie *f.* → MC
einladen (jdn zu etw.) inviter qn (à qc)
Einladung l'invitation *f.*
einleiten introduire qn/qc → 2/1

einsam désert/déserte *adj.*

einsteigen (in etw.) monter dans qc

einstellen (jdn) engager qn

Eintrittskarte le billet

einverstanden d'accord; **sich über etw.**

einig sein être d'accord sur qc

Einwanderer/Einwanderin l'immigré / l'immigrée → 3/1

Einwohner/in l'habitant / l'habitante

Einwohner/in von Quebec le Québécois / la Québécoise

Einzelheit le détail → MC

einzig seul/seule *adj.*, unique *adj. inv.* → 2/3

einzigartig unique *adj. inv.* → 2/3

Eis la glace

Eisen le fer

Eisfischen la pêche sur glace

Eishockey le hockey sur glace

Eiswaffel le cornet → 2/1

ekelhaft dégoûtant/dégoûtante *adj.*, dégueulasse *adj. fam.*

Elephant l'éléphant *m.* → 3/3

elegant élégant/élégante *adj.* → MF

Elektromusik l'électro *f.*

Element l'élément *m.* → MC

Elfenbeinküste la Côte d'Ivoire → 3/1; **aus/von der ~** ivoirien/ivoirienne *adj.* → 3/2

Eltern les parents *m. pl.*

Élysée-Vertrag le traité de l'Élysée → MB

Empfang la réception → 1/3

empfangen (jdn) accueillir qn → 3/3, recevoir qn/qc → 1/3

empörend honteux/honteuse *adj.*

Ende la fin

enden finir (qc)

endlich enfin

Engagement l'engagement *m.* → MC

sich engagieren s'engager → 1/1

engagiert engagé/engagée *adj.* → 3/2

Engländer/in l'Anglais / l'Anglaise *m./f.*

Englisch l'anglais *m.*

englisch anglais/anglaise *adj.*

Enkel le petit-fils / la petite-fille → MB

entdecken (jdn/etw.) découvrir qn/qc

Entdecker/in le découvreur / la découvreuse

Entdeckung la découverte

Entfernung la distance

entlassen werden (aus) sortir de

entscheiden (etw. zu tun) décider de + *inf.*

Entscheidung la décision → 1/2; **eine ~ treffen** prendre une décision → 1/2

sich entschließen etw. zu tun décider de + *inf.*

entziffern (etw.) décoder qc → MC

Entschuldige bitte. Excuse-moi.

entsprechen correspondre à qn/qc → 2/2

enttäuschen (jdn) décevoir qn

sich entwickeln se développer → 3/2

Enzyklopedie l'encyclopédie *f.* → MF

Epoche l'époque *f.*

er/sie will wissen, ob il/elle veut savoir si

erbaut construit/construite *adj.*

Erbse le pois / les pois

Erbsensuppe la soupe aux pois

Erdbeere la fraise

Erde la terre → 3/LA

Erdgas le gaz naturel → 3/1

Erdnuss l'arachide *f.* → 3/1

Erdöl le pétrole → 3/1

erfahren (etw. über etw.) apprendre qc (sur)

Erfahrung l'expérience *f.* → 1/2

erfinden (etw.) inventer qc

Erfolg le succès → 1/1; **großen Erfolg haben** cartonner *fam.* → 1/LB

Ergebnis le résultat

ergreifend touchant/touchante *adj.*

erhalten (etw.) recevoir qn/qc → 1/3

erinnern (an etw.) évoquer qc → MC; **sich an jdn/etw. ~** se souvenir de qn/qc

Erinnerung le souvenir

erklären (etw.) expliquer qc, déclarer qc → MB

erlauben (jdm) etw. zu tun permettre à qn de + *inf.* → 1/2

erleben (etw.) vivre

ermutigen (jdn) encourager qn

ernst grave *m./f. adj.*, sérieux/sérieuse *adj.*

ernsthaft sérieux/sérieuse *adj.*, sérieusement *adv.*

erreichen (etw.) arriver à qc / + *inf.*

errichten (etw.) monter qc

erschaffen (etw.) créer qc → 3/2

erstaunt étonné/étonnée *adj.*

Erster Weltkrieg la Grande Guerre → MF, la Première Guerre mondiale → MB

erster/erste/erstes premier/première

erzählen (jdm etw.) raconter qc (à qn)

Erzähler/in le narrateur / la narratrice

Es friert. Il gèle.

es ist nötig, etw. zu tun il faut que + *subj.*

es war zu spät c'était trop tard

es eilig haben être pressé/pressée → 3/3

es gibt il y a

es handelt sich um il s'agit de

Es ist kalt. Il fait froid.

Es ist warm/heiß. Il fait chaud.

Es kommt darauf an. Ça dépend.

Es lebe ... Vive ...; **~ das Leben!** Vive la vie!

es lebt sich gut il fait bon vivre → 3/2

Es regnet. Il pleut.

Es tut mir leid. Excuse-moi.

essen manger

Essen le repas

Essen!, Zu Tisch! À table!

Etage l'étage *m.*

etwas quelque chose; **~ + *Adj.*** quelque chose de + *adj.*; **~ befindet sich/liegt** quelque chose se trouve

Euro l'euro *m.*

Europäer/in l'Européen / l'Européenne *m./f.*

exakt précis/précise *adj.* → MF

Exil l'exil *m.* → MB; **ins Exil gehen** s'exiler → 3/2

existieren exister

extrem ultra *fam.*

F

Fabrik l'usine *f.*

Fach la case → MF

fähig sein (etw. zu tun) être capable de + *inf.*

Fähigkeit le pouvoir

Fahne le drapeau

fahren (etw.) conduire qc; **ins Wochenende ~** partir en week-end; **~ (durch etw.)** passer par qc

Fahrkarte le ticket

Fahrplan l'horaire *m.* → 1/2

Fahrrad le vélo

fallen tomber

falsch faux/fausse *adj.* → MC, mauvais/mauvaise *adj.*; **falsche Freunde** les faux amis *m. pl.* → 2/3

Familie la famille

Fan le/la fan, le fou / la folle → 3/LA; **ein ~ von jdm/etw. sein** être fan de qn/qc

fantastisch fantastique *m./f. adj.*

Fantasy la fantasy

Fantasyroman le roman de fantasy

Farbe la couleur

Fasching le carnaval

fast presque *adv.*

faszinierend passionnant/passionnante *adj.* → 1/2

Fee la fée

fehlen manquer → 2/2

Fehler la faute, l'erreur *f.* → MB

Feier la fête

feiern (etw.) fêter qc

feige lâche *m./f. adj.*

fein fin/fine *adj.* → 2/1

Feind l'ennemi *m.* / l'ennemie *f.* → MB

Feld la case → MF, le champ → MC

Felsbucht la calanque

Felsen le rocher

Fenster la fenêtre

Ferien les vacances *f. pl.*

Feriencamp la colo *fam.* / la colonie (de vacances)

Ferienheft le cahier de vacances

Ferienkurs le stage

Fernbedienung la télécommande

Fernglas les jumelles *f. pl.*

Fernseher la télé / la télévision

Fernsehsender la chaîne; **der deutsch-französische ~** la télévision franco-allemande

(Fernseh-)Sendung l'émission *f.*

Fernverkehrsstraße la route

fertig prêt/prête *adj.*; **sich ~ machen** se préparer

fesseln (jdn/etw.) captiver qn/qc → MA

fesselnd passionnant/passionnante *adj.* → 1/2

fest fixe *m./f. adj.* → 1/2

Festgehalt le salaire fixe → 1/2

festgemacht attaché/attachée (à qc/qn) → 3/2

festhalten (jdn) tenir qn/qc; **jdn am Arm ~** tenir qn par le bras

Festival le festival

Festung la forteresse

Feuer le feu

Feuerwerk le feu d'artifice

Figur le caractère, la figurine, le personnage

Film le film

Filmusik la bande originale → MF

Finale la finale

finanziell financier/financière *adj.* → MB

finden (etw.) trouver qc; **~, dass** trouver que

Fisch le poisson

Flagge le drapeau

Flasche la bouteille

Fleisch la viande → 3/3

flexibel flexible *m./f. adj.* → 1/2

fließend couramment *adv.* → 2/2

Flöte la flûte; **~ spielen** faire de la flûte

Flüchtling le réfugié / la réfugiée → MB

Flughafen l'aéroport *m.*

Flugzeug l'avion *m.*

Flur le couloir

Fluss le fleuve, la rivière

folgen (jdm) suivre qn

folgende/r, folgendes suivant/suivante *adj.* → MD

folglich donc

Forschung la recherche

sich fortbewegen se déplacer

Fortschritt le progrès → 2/2

Fossil le fossile

Foto la photo

Fotoalbum l'album *m.*

fotografieren (jdn/etw.) photographier qn/qc, prendre en photo qn/qc

Foul la faute

Frage la question

fragen (jdn nach etw.) demander (qc) à qn; **jdn ~, ob** demander à qn si **nach jdm ~** demander à parler à qn → 1/3

Fragen stellen (sich) (se) poser des questions → 3/2

Franzose/Französin le Français / la Française

Französisch le français

französische Renaissance la Renaissance française → MD

Französischlehrer/in le/la professeur de français

französischsprachig francophone *m./f. adj.*

Frau la dame, la femme, Madame/Mme

Fräulein Mademoiselle/Mlle

frech insolent/insolente *adj.* → MA

frei libre *m./f. adj.*

Freiheit la liberté; **in ~** en liberté

Freizeit le temps libre

Freizeitaktivität l'activité *f.*

Freund/in l'ami / l'amie *m./f.*, le copain / la copine

freundlich gentil/gentille *adj.*

Freundschaft l'amitié *f.*

Frieden la paix → MB, → MF

frieren geler

Frucht le fruit

Fruchtsaft le jus de fruits

früh tôt

früher autrefois, avant

Frühling le printemps

Frühstück le petit-déjeuner

fühlen (etw.) sentir qc; **sich ~** se sentir; **sich schlecht ~** aller mal

Fulfulde le peul → 3/1

Fülle la richesse → MF

füllen remplir qc → 2/1

fundamental fondamental/fondamentale/fondamentaux *m. pl. adj.* → MF

funktionieren fonctionner → MC, → MF

für pour; **~ jdn/etw. sein** être pour qn/qc; **~ ... Euro** à ... euro(s); **~ jdn/etw. gehalten werden** passer pour qn/qc → 3/3

furchtbar terrible *m./f. adj.*, terriblement *adv.*

Fuß le pied

Fußball le foot(ball); **~ spielen** faire du foot

Fußgängerzone la rue piétonne

Fußweg le sentier → MD

G

Game Conceptioner le concepteur / la conceptrice de jeux vidéo → 1/2

ganz absolument *adv.* → 2/2, complètement *adv.* → MA, entier/entière *adj.* → MF; **ganzer/ganze/ganzes** tout/toute *adj.*

ganz schön drôlement *adv.* → 2/1

gar cuit/cuite *adj.* → 2/1

gar nicht pas du tout

Garten le jardin

Gas le gaz → 3/1

Gast l'invité / l'invitée *m./f.*

Gästehaus le gîte

Gastfamilie la famille d'accueil → 2/2

geben (jdm etw.) donner qc à qn

Gebiet le domaine → 1/2

geboren sein (in/am) être né/née (à/le)

gebraucht d'occasion → 1/LA

Geburtstag l'anniversaire *m.*; **Herzlichen Glückwunsch zum ~!** Joyeux anniversaire!

Gedeck le couvert

gefährlich dangereux/dangereuse *adj.*

gefallen (jdm) plaire à qn

Gefangener/Gefangene le prisonnier / la prisonnière → MF

Gefängnis la prison

gegen contre; **~ zeitlich** vers; **~ jdn/etw. sein** être contre qn/qc

Gegend la région
Gegenstand l'objet *m.*
gegenüber en face de
Gehalt le salaire → 1/2
Geheimnis le secret, l'énigme *f.*
geheimnisvoll mystérieux/mystérieuse *adj.* → MF
Geheimtipp le bon plan → MD
gehen aller; **Es geht (mir) gut.** Ça va.; **Geht klar.** Ça marche. *fam.*; **Geht's dir gut?** Ça va?
gekocht cuit/cuite *adj.* → 2/1
gelb jaune *m./f. adj.*; **gelbe Karte** le carton jaune
Geld l'argent *m.*; **~ verdienen** gagner de l'argent → 1/2
gelegen situé/située *adj.* → MD
gelingen réussir (qc)
Gemälde le tableau / les tableaux
Gemüse les légumes *m. pl.*
genau justement, exactement *adv.* → 2/3, précis/précise *adj.* → MF
etw. genauso machen (wie) faire pareil (que) → 2/1
General le général → MB
genial génial/géniale/géniaux *m. pl. adj. fam.*
genug assez de
Geocaching le géocaching
Geographie la géo *fam.*
gerade etwas tun être en train de + *inf.*; **gerade etw. getan haben** venir de + *inf.*
gerade noch juste
geradeaus tout droit
Geräusch le bruit
gerecht équitable *m./f. adj.* → MC
Gericht le plat
gesalzen salé/salée *adj.* → MD
Geschafft! Ça y est! *fam.*
Geschäft le magasin
Geschäftsmann l'homme d'affaires *m.* → MF
geschehen se passer
Geschenk le cadeau / les cadeaux
Geschichte l'histoire *f.*
Geschirr la vaisselle → 3/3
geschlossen fermé/fermée *adj.*
Geschmack le goût → MA
geschwätzig bavard/bavarde *adj.*
Geschwister les frères et sœurs *m. pl.*; **Ich habe keine ~.** Je n'ai pas de frères et sœurs.
Gesellschaft la société → MC

Gesetz la loi
Gesicht le visage
gestern hier
Getränk la boisson
Gewalt la violence
gewaltig énormément *adv.* → 2/2
gewalttätig violent/violente *adj.*
gewinnen (etw.) gagner (qc)
Gewohnheit l'habitude *f.* → 2/1
Gitarre la guitare; **~ spielen** faire de la guitare
Gladiator le gladiateur
glanzvoll prestigieux/prestigieuse *adj.* → MD
Glas le verre → 2/3
glauben (jdm/etw.) croire qn/qc
gleich égal/égale/égaux *m. pl. adj.* → ME, tout à l'heure
gleiche (der/die/das) le/la même *m./f. adj.*
Gleichgewicht l'équilibre *m.*
gleichzeitig à la fois → MA
Globus le globe
Glück la chance; **~ haben** avoir de la chance; **~ bringen** porter chance → 3/LA
glücklich heureux / heureuse *adj.*, content/contente *adj.*
glücklicherweise heureusement *adv.*
Glücksbringer le porte-bonheur
Gold l'or *m.*
golden doré/dorée *adj.* → 3/2
Gott le dieu → MB
GPS le GPS
Grad le degré
grafische Gestaltung le graphisme → MF
Grauen l'horreur *f.* → MB, → MF
Greenwashing l'écoblanchiment *m.* → MC
grell agressif/agressive *adj.* → MA
Grobian la brute
groß grand/grande *adj.*, gros/grosse *adj.* → 2/3
großartig fantastique *m./f. adj.*
Großeltern les grands-parents *m. pl.*
Großmutter la grand-mère
Großvater le grand-père
grün vert/verte *adj.*
etw. gründen fonder qc; créer qc → 3/2
grundlegend fondamental/fondamentale/fondamentaux *m. pl. adj.* → MF
Gruppe le groupe
günstig bon marché *adj. inv.* → 1/LA

gut bien *adv.*, bon/bonne *adj.*; **~ in etw. sein** être bon / bonne en; **~/schlecht laufen** se passer bien/mal; **Gute Idee!** Bonne idée!; **~ drauf sein** avoir la patate *fam.*; **jdm ~ tun** faire du bien (à qn)
Guten Abend! Bonsoir!
Guten Appetit! Bon appétit!
Guten Morgen! Bonjour!
Guten Tag! Bonjour!
guter Mensch quelqu'un de bien → 1/1
gymnasiale Oberstufe le lycée → 2/2
Gymnasium le lycée → 2/2

H

Haare les cheveux *m. pl.*
haben (etw.) avoir (qc); **das Recht ~, etw. zu tun** avoir le droit de + *inf.*
Hackbällchen (nach Lütticher Art) les boulettes (à la liégeoise) *f. pl.*
hacken (etw.) pirater qc
Hähnchen le poulet → 3/3
halb demi/demie *adj.*
Halbfinale la demi-finale
Hälfte la moitié → 3/1
Hallo? Allô!
Hallo! Salut! *fam.*
Hals le cou
halten (etw.) tenir qn/qc
Hamster le hamster
Hand la main; **jdm die ~ geben** serrer la main à qn → 2/LB; **mit leeren Händen** les mains vides
Handball le handball
handeln agir, marchander → 3/3
Händler/in le marchand / la marchande
Handy le portable
Hängematte le hamac
Harmonie l'harmonie *f.* → MC
hart dur/dure *adj.*
hassen (etw./jdn), es ~, etw. zu tun détester qc/qn / + *inf.*
hässlich moche *m./f. adj.*
Hättest du gern …? Tu voudrais …?
Haufen un tas de
Haupt- principal/principale/principaux *m. pl. adj.*
Hauptgericht le plat
Hauptstadt la capitale
Haus la maison
Hausaufgaben les devoirs *m. pl.*; **Ich habe meine ~ nicht.** Je n'ai pas mes devoirs.
Haushalt le ménage

Heft le cahier

Heimweh le mal du pays → 2/2

heiraten (jdn) épouser qn

heiß chaud/chaude *adj.*

heißen s'appeler

Held le héros / l'héroïne *f.* → MF

helfen (jdm) aider qn; **jdm ~ etw. zu tun** aider qn (à + *inf.*)

Hemd la chemise

herausfordern (jdn/etw.) provoquer qn/qc → MC

Herkunft l'origine *f.* → 3/1

Herr Monsieur/M.

herumgehen faire le tour (de qc) → 2/2

herumlaufen se balader *fam.* → 3/3

herunterladen (etw.) télécharger qc

hervorheben faire ressortir qc → MF

heute aujourd'hui; **~ Nachmittag** cet après-midi

Hexe le sorcier / la sorcière → MF

hier là, ici

hier ist/sind voici → 1/3

Hilfe l'aide *f.*

Himmel le ciel → 1/LA, → MC

hinausgehen sortir

jdn an etw. hindern empêcher qn/qc de + *inf.* → 1/1

hineingehen entrer

hinfallen tomber

Hinkelstein le menhir

sich hinlegen se coucher

sich hinsetzen s'asseoir → 3/LA

hinter derrière

Hintergrund l'arrière-plan *m.* → MA, → MC

hinuntergehen descendre

Hip-Hop le hip-hop

Hobby le hobby

hoch haut/haute *adj.*

Hochzeit le mariage

Hockey le hockey

hoffen espérer

Hoffnung l'espoir *m.* → ME

Höhe la hauteur

holen (jdn/etw.) aller chercher qn/qc

Holz le bois → 3/1

Hörbuch le livre audio → MF

hören (jdn/etw.) entendre qn/qc

Hose le pantalon

Hotel l'hôtel *m.*

hübsch joli/jolie *adj.*

Hugenotte le huguenot / la huguenote → MB

hugenottisch huguenot/huguenote *adj.* → MB

Humor l'humour *m.*

Hund le chien; **den ~ ausführen** sortir le chien

hundert cent

Hunger la faim → 3/2; **~ haben** avoir faim

Hütte la cabane → MF

I

ich moi; **Doch, ~ schon.** Moi si.; **~ auch nicht.** Moi non plus.; **~ bin's.** C'est moi.

Ich habe etwas anderes geschrieben. J'ai écrit autre chose.; **ich möchte nicht, dass** je ne voudrais pas que + *subj.*; **Ich muss los.** Il faut que j'y aille.

Ich bin dran. C'est à moi.

Ich bin noch nicht fertig! Je n'ai pas fini!

Ich gehe hin! J'y vais!

Ich glaube, dass je crois que

Ich habe eine andere Übung gemacht. J'ai fait un autre exercice.

Ich habe (es) nicht verstanden. Je n'ai pas compris.

Ich habe etwas vergessen. J'ai oublié quelque chose.

Ich muss dir was sagen!, Ich muss dir was erzählen! Il faut que je te dise un truc!

Ich stelle Sie (zu ihm/ihr) durch. Je vous (le/la) passe. → 1/3

Ich verstehe (es) nicht. Je ne comprends pas.

Ich weiß es nicht. Je ne sais pas.

ich würde gerne + *Inf.* j'aimerais + *inf.*

Ich zähle auf dich. Je compte sur toi.

ideal idéal/idéale *adj.*

Idee l'idée *f.*

sich identifizieren (mit jdm/etw.) s'identifier à qn/qc

Idiot/in l'idiot / l'idiote *m./f.*

Idol l'idole *f.*

Iglu l'igloo *m.*

ihr seid da vous y êtes

illegaler Einwanderer le sans-papiers

Illustration l'illustration *f.* → MF

im Allgemeinen généralement *adv.* → MF, en général → 1/LA, → 2/1

im Durchschnitt en moyenne → MF

im Einzelnen en détail → 3/3

im Gegensatz zu contrairement à *adv.* → MF

im Handumdrehen en un clin d'œil → 3/LA

im Laufe von au cours de → MF

im Norden dans le nord

im Winter en hiver

immer toujours

in à, dans, en; **in Richtung** + *Ort* en direction de + *lieu*

in der Nähe (von) tout près (de)

in etwa environ

in Form von en forme de → 2/3

in Kürze tout à l'heure

in Lachen ausbrechen éclater de rire → 2/2

In Ordnung? Ça va?

Indianer/in l'Indien / l'Indienne

indianisch indien/indienne *adj.*

Indien l'Inde *f.*

indisch indien/indienne *adj.*

Informatik l'informatique *f.* → 1/3

Information l'information *f.*

Infosendung le magazine

Ingenieur/in l'ingénieur *m./f.*

Inhalt le contenu → 2/1

Inhaltsangabe le résumé

Inliner les rollers *m. pl.*

Innenfach la poche → MF

innerhalb à l'intérieur → MA

insbesondere en particulier → MA

Insel l'île *f.*

Instrument l'instrument *m.*

inszenieren mettre en scène → 3/2

integriert (in etw.) intégré/intégrée à (ou dans) qc *adj.* → MF

intelligent intelligent/intelligente *adj.*

interessant intéressant/intéressante *adj.*

interessieren (jdn) intéresser qn; **sich für jdn/etw. ~** s'intéresser à qn/qc

interessiert sein an jdm/etw. être intéressé/intéressée par qn/qc → 1/3

international international/internationale/internationaux *m. pl. adj.*

Internatsschüler/in l'interne *m./f.*

Internet Internet *m.*, le net; **surfen** surfer sur Internet

Interview l'interview *f.*

ironisch ironique *m./f. adj.* → MC

sich irren se tromper → 2/3

Irrtum l'erreur *f.* → MB

... ist dran. C'est à ...

italienisch italien/italienne *adj.*

ivorisch ivoirien/ivoirienne *adj.* → 3/2

J

ja oui; ~, **bitte?** Allô!
Jahr l'an *m.*, l'année *f.*
Jahrhundert le siècle
Januar janvier
je nach selon → MF
je nachdem selon → MF
Jeans le jean
jeden Samstag tous les samedis
jeder/jede/jedes tous/toutes *adj. pl.*; chaque *m./f. adj.*; **jeder/jede** chacun/chacune
jedoch par contre → 2/2
jemand quelqu'un; ~ **anders** quelqu'un d'autre
jetzt maintenant
Joggen le footing → 3/LA
Journalist/in le/la journaliste *m./f.*
Jugend la jeunesse → 3/2
Jugendherberge l'auberge de jeunesse *f.*
Jugendlicher/Jugendliche le/la jeune; l'adolescent / l'adolescente → MF
jung jeune *m./f. adj.*
Junge le garçon
Jury le jury → MF

K

Kaffee le café → 3/1
Käfig la cage
Kai le quai
Kaiserreich l'Empire *m.* → MB
Kajak(fahren) le kayak
Kakao le cacao → 3/1
Kälte le froid
Kampf le combat → 3/LA, la lutte → 3/3
kämpfen lutter, se battre → 1/1
Kanada le Canada
Kanal la chaîne
Kandidat/in le candidat / la candidate
Kaninchen le lapin
Kantine la cantine
Kanzler/in le chancelier/la chancelière → MB
Karibu le caribou
Karneval le carnaval
Karriere la carrière → MB
Karte le plan; (Spiel-) ~ la carte; **gelbe** ~ le carton jaune
Kartoffel la pomme de terre → 2/3
Kartoffelchips les chips *f. pl.*
Karton le carton → 2/1
Käse le fromage

katastrophal catastrophique *m./f. adj.*
Katastrophe la catastrophe
Kathedrale la cathédrale
Katholik/in le/la catholique → MB
Katze le chat
kaufen (etw.) acheter qc
Kautschuk le caoutchouc → 3/1
kein ne ... pas de; ~ ... **mehr** ne ... plus de; ~ **Scherz?** Sans blague!
keine Ahnung haben (von etw.) n'en savoir rien → 1/2
Keks le biscuit
Kellner/in le serveur / la serveuse → 1/3
kennen (jdn/etw.) connaître (qn/qc); **jdn/etw. ~ lernen** faire la connaissance de qn/qc → MB; **sich/einander ~ (-lernen)** se connaître
Kenntnisse les connaissances *f. pl.* → 1/3
Kerze la bougie
Kilo le kilo
Kilometer le kilomètre
Kind l'enfant *m./f.*
Kindheit l'enfance *f.* → 3/2
Kino le ciné *fam.*, le cinéma
kippen (etw.) renverser qc → 3/LA
Kiwi le kiwi → 2/3
Klang le son → 3/LA
(kleines) Klappfenster le vasistas → 2/1
Klasse la classe; **in der siebten** ~ en cinquième; **siebte** ~ la cinquième
Klassenkonferenz le conseil de classe → MA
Klassenraum la salle de classe
Klassiker le classique → MF
klassisch classique *m./f. adj.*; **klassische Musik** la musique classique
Klavier le piano
kleckern en mettre partout → 2/1
Kleid la robe
Kleider les vêtements *m. pl.*
klein petit/petite *adj.*
Kleinanzeigen les petites annonces *f. pl.* → 1/LA
Klettern l'escalade *f.*
Klima le climat
Klingel la sonnerie
klingeln sonner
Klischee le cliché
klopfen: an die Tür ~ frapper à la porte
Knie le genou / les genoux
kochen (etw.) faire la cuisine
(Koch-)Rezept la recette
Koffer la valise → MF

kolonisieren (jdn/etw.) coloniser qn/qc
kommen venir; ~ **(aus)** venir de + pays; ~ *Film, Lied* passer
Kommentar le commentaire
Komödie la comédie → MA
kompliziert compliqué/compliquée *adj.*
Komponente le composant → MC
komponieren (etw.) composer qc
Konfitüre la confiture
Konflikt le conflit
Kongo le Congo → MF
kongolesisch congolais/congolaise *adj.* → MF
König le roi / la reine → MF
königlich/Königs- royal/royale/royaux *m. pl. adj.*
können (etw. tun ~) pouvoir + *inf.*
Können Sie / Könnt ihr das wiederholen Vous pouvez répéter?
konstruieren (etw.) construire qc
Konsument/in le consommateur / la consommatrice → MC
Kontinent le continent → 3/1
konzentriert concentré/concentrée *adj.* → 3/LA
Konzert le concert
kooperieren coopérer → MB
Koordinaten les coordonnées *f. pl.*
Kopf la tête → 1/LA, → 2/3, → 3/LA
Kopfhörer le casque
Kopfkissen l'oreiller *m.* → 2/3
korrigieren (etw.) corriger qc
Korruption la corruption → 3/2
kosten coûter, goûter qc → 2/3
Kraftakt le tour de force → MB
Kraftraining machen faire de la musculation → 3/LA
krank malade *m./f. adj.*
Krankenhaus l'hôpital / les hôpitaux *m.*
Krankenpfleger/in l'infirmier / l'infirmière *m./f.*
Krankenstation l'infirmerie *f.*
kreativ créatif/créative *adj.*
Krebs le crabe → MF
Kreieren la création → 3/2
Kreuzung le carrefour
Krieg la guerre; **gegen jdn in den ~ ziehen** entrer en guerre (avec qn)
Kriminalroman le roman policier
Krimiserie la série policière
Kritik la critique → MA
kritisieren (jdn/etw.) critiquer (qn/qc) → 3/2

Küche la cuisine
Kuchen le gâteau / les gâteaux, la tarte
Kugelschreiber le stylo
Kultur la culture
kümmern: sich um etw./jdn ~ s'occuper de qc/qn
Kunst l'art *m.* → 3/2
Künstler/in l'artiste *m./f.*
Kunststoff le plastique → 2/1
Kunstwerk l'œuvre d'art *f.* → MF
Kurzbeschreibung la synopsis → MA
Kuss, Küsschen la bise; **sich mit Küsschen begrüßen/verabschieden** se faire la bise → 2/LB
Küste la côte

L

Label le label → MC
lächeln sourire → 1/3
lachen rigoler, rire
Laden la boutique
Laie l'amateur / l'amatrice → MA
Lampe la lampe
Land la campagne, le pays
Landschaft le paysage
Landsleute les compatriotes *m. pl.* → ME
Landstraße la route
Landwirtschaft l'agriculture *f.* → 3/1
lang long/longue *adj.*
lange longtemps
sich langweilen s'ennuyer
langweilig ennuyeux/ennuyeuse *adj.*
Lärm le bruit
lassen: jdn in Ruhe ~ laisser qn tranquille
lästig pénible *m./f. adj.*
Laufbahn la carrière → MB
Laufen le footing → 3/LA
laufen *Film, Lied* passer
laut selon → 3/2
Lautmalerei l'onomatopée *f.* → MF
Leben la vie
leben vivre
lebendig vivant/vivante *adj.* → MA
Lebenslauf le CV (= curriculum vitae) → 1/3
Leberpastete le pâté
leer vide *m./f. adj.*
legen (etw. hin-) poser qc; mettre qc
Legende la légende
Lehrer/in le/la prof *fam.*, le/la professeur
Lehrerzimmer la salle des profs
Lehrling l'apprenti / l'apprentie → 1/3

leicht simple *m./f. adj.* → ME, facile *m./f. adj.*
Leichtathletik l'athlétisme *m.*; **~ treiben** faire de l'athlétisme
leiden souffrir (de qc) → ME
Leidenschaft la passion → 1/1
leider malheureusement *adv.*; hélas → MB
leise doucement *adv.* → MF
Lektion l'unité *f.*
Lektüre la lecture
lenken (etw.) conduire qc
lernen travailler; **etw. ~** apprendre qc; **~ zu (+** *Inf.***)** apprendre à + *inf.*
lesbar lisible *m./f. adj.* → MF
lesen lire
Leser/in le lecteur / la lectrice → MF
Lettering le lettrage → MF
letzter/letzte/letztes dernier/dernière *adj.*
Leuchtturm le phare
Leute les gens *m. pl.*; **junge ~** la jeunesse → 3/2
Lexikon l'encyclopédie *f.* → MF
lieb cher/chère *adj.*
Liebe l'amour *m.*
liebe Grüße grosses bises *f. pl.*, Je t'embrasse.
lieben (sehr) / es ~, etw. zu tun adorer qc/qn / + *inf.*
lieber plutôt; **~ mögen (jdn/etw. / +** *Inf.***)** préférer qn/qc / + *inf.*
Lieblings- préféré/préférée *adj.*
Lied la chanson
Liedtext les paroles *f. pl.*
liegen lassen (etw.) laisser qc
Limone le citron vert → 3/3
Lineal la règle
Linie la ligne
links à gauche
Liste la liste
live en direct
Loch le trou
Lokal le resto *fam.* / le restaurant
Look le look
Los! Allez!
Los geht's! On y va!
losgehen partir
loslassen (jdn/etw.) lâcher qn/qc
Lösung la solution
Lothringen la Lorraine → MB
Löwe le lion → 3/3
Luft l'air *m.*; **an der frischen ~** au grand air
lügen mentir

Lust auf etw. haben avoir envie de qc; **~ haben, etw. zu tun** avoir envie de + *inf.*; **~ machen, etw. zu tun** donner envie de + *inf.*
lustig amusant/amusante *adj.* → 2/3, drôle *m./f. adj.*; **sich ~ machen über jdn/etw.** se moquer de qn/qc

M

machen (etw. weiter ~) continuer (qc); **etw. ~** faire qc; **etw. selbst ~** faire qc soi-même → 2/1; **Was sollen wir ~?** Qu'est-ce qu'il faut faire?
Macht le pouvoir
Mädchen la fille
Magazin le magazine
Maghreb le Maghreb → 3/1
Magie la magie
magisch magique *m./f. adj.*
Mahlzeit le repas
Mail le mail
Mal la fois / les fois
Mali le Mali → 3/1
Malinke le malinké → 3/1
Mama maman *f.*
man muss / wir müssen il faut + *inf.*
man braucht / wir brauchen (etw.) il faut qc
man darf nicht, es darf nicht il ne faut pas que + *subj.*
man darf/sollte nicht il ne faut pas + *inf.*
man hält sich daran on s'y tient → MF
man könnte, wir könnten on pourrait
man müsste/sollte il faudrait + *inf.*
Man sagt ... On dit ...
Man schreibt ... On écrit ...
manchmal parfois
Manga le manga
Mango la mangue → 3/1
manipulieren (etw./jdn) manipuler qc/qn → MC
Mann le mari → 3/2, l'homme / les hommes *m.*
Mannschaft l'équipe *f.*
Marke le label → MC, la marque
Markt le marché
Marmelade la confiture
Marokkaner le Marocain / la Marocaine → 3/2
marokkanisch marocain/marocaine *adj.* → 3/2

Marokko le Maroc → 3/1

Mathe les maths *fam.* / les mathématiques *f. pl.*

Mauer le mur

Mechaniker le mécanicien / la mécanicienne → MF

meckern râler

Mediator/in le médiateur / la médiatrice

Medina la Médina → 3/3

Meer la mer

Meerschweinchen le cochon d'Inde

Mehl la farine

mehr plus, plus de *adv.*; ~ ... **als** plus ... que

mehrere plusieurs *adj. pl.*

Mehrheit la majorité → 3/1

Meinung l'avis *m.*; **meiner** ~ **nach** à mon avis; **seine** ~ **(zu etw.) äußern** donner son avis (sur qc)

die meisten la plupart (de) → 3/1

meistens le plus souvent *adv.*

melden (jdm etw.) signaler qc à qn

Melodie la mélodie

Menge un tas de

Menhir le menhir

Mensch l'homme / les hommes *m.*

Menschenmenge le monde

Menü le menu

merkwürdig bizarre *m./f. adj.*, curieux/ curieuse *adj.* → 1/2

Metall le métal → 2/1

metallen, aus Metall métallique *m./f. adj.*

Meter le mètre

mies nul/nulle *adj.*

Miete le loyer

Milch le lait

Milchreiskuchen la tarte au riz

Milliarde le milliard → 3/1

Million le million

Mineralwasser l'eau minérale *f.*; ~ **mit Kohlensäure** l'eau gazeuse *f.* → 2/2

Mini-Stereoanlage la minichaîne

minus moins

Minute la minute

Mir reicht's! J'en ai marre!; **Mir steht's bis hier!** J'en ai jusque-là! → 2/LA

Missverständnis le malentendu → 2/3

Mist! Zut! *fam.*

mit avec; ~ **dem Reisebus** en car

Mit freundlichen Grüßen. Dans l'attente de votre réponse, je vous prie de recevoir, Madame, Monsieur, mes salutations respectueuses. → 1/3

mit leeren Händen les mains vides

mitbringen (jdm etw.) apporter qc (à qn); **jdn/etw.** ~ amener qn/qc

Mitleid haben (mit jdm) avoir pitié de qn

mitnehmen (jdn) emporter qc → 1/2; **jdn/etw.** ~ emmener qn/qc → 3/LA, → MA

Mitschüler le/la camarade de classe → MF

Mittagessen le déjeuner

mittags à midi; **zwölf Uhr** ~ midi

mitteilen annoncer qc → MB

Mittelalter le Moyen-Âge

Mittelmeer la mer Méditerranée

Mode la mode

Modell le modèle → 3/2

modern moderne *m./f. adj.*

ich möchte gern je voudrais; **mögen (jdn/etw.)** aimer bien qn/qc / + *inf.*

möglich possible *m./f. adj.*

Moment le moment; **im** ~ en ce moment

Monat le mois

Montag lundi *m.*

Montage le montage

morgen demain

Morgen, morgens le matin

motivieren (jdn) motiver qn → MA

motiviert motivé/motivée *adj.* → 1/3

Motorschlitten la motoneige

motzen râler

Mountainbike le VTT

Mousse la mousse

müde fatigué/fatiguée *adj.*

sich Mühe geben s'appliquer → MF

den Müll rausbringen descendre les poubelles; **Mülleimer** la poubelle

Multikulturalität le multiculturalisme → 3/2

Mund la bouche → 3/LB

Museum le musée

Musik la musique

Musikecke le coin musique

Musiker/in le musicien / la musicienne

musizieren faire de la musique

müssen devoir, il faut que + *subj.* (von *falloir*)

Mut le courage → 1/1

mutig courageux/courageuse *adj.*

Mutter la mère

N

Na endlich! Ça y est! *fam.*

nach après, selon → 3/2; ~ **der Vorlage von** qui s'inspire/nt de → MA; ~ **Hause**

gehen rentrer (à la maison); ~ **oben** en haut → MC; ~ **unten** en bas → MC; ~ **Wunsch** à la carte → MD

Nachbar/in le voisin / la voisine

nachdenken (über jdn/etw.) réfléchir (à/sur qn/qc); **über etwas nicht** ~ ne pas se poser de questions → 1/LA

nachhaken insister

Nachhaltigkeit le développement durable → MC

Nachmittag, am ~ l'après-midi *m./f.*

Nachname le nom → 3/2

Nachricht la nouvelle

Nachrichten(sendung) le journal

Nachspeise le dessert

nachsprechen (etw.) répéter (qc)

nächster/nächste/nächstes prochain/ prochaine *adj.*

Nacht, nachts la nuit

Nahansicht, Nahaufnahme le gros plan → MF, MA

Nahrung la nourriture

naja ben *fam.*; Enfin, ...

Name le nom → 3/2

national, National- national/nationale/ nationaux *m. pl. adj.* → 3/1

Nationalsozialismus le nazisme → MB

Natur la nature

natürlich évidemment *adv.*, naturel/ naturelle *adj.*; ~ **(nicht)!** Bien sûr que oui/non!

Naturschutzgebiet la réserve naturelle → MD

neben à côté de qc

Neffe le neveu → MB

nehmen prendre; **Abstand** ~ prendre ses distances; **die Beine in die Hand** ~ prendre ses jambes à son cou; **etw. zu sich** ~ prendre qc

nein non

nerven: er/sie nervt il/elle m'énerve; **sie nerven** ils/elles m'énervent

nett gentil/gentille *adj.*, sympa *adj. fam.*; **Das wäre** ~. Ce serait sympa.

netterweise gentiment *adj.* → 2/2

Netz le réseau

neu nouveau / nouvel *m.* / nouvelle *f.* nouveaux *m. pl.* / nouvelles *f. pl. adj.*

neugierig curieux/curieuse *adj.* → 1/2

Neuigkeit la nouvelle

nicht ne ... pas; **auch** ~ non plus *adv.*; ~ **(wahr)** n'est-ce pas → 2/LA; ~ **jetzt.** Pas maintenant.; ~ **schlecht** pas mal; ~ **so**

(sehr/gern) ne ... pas trop; ~ wahr? Non? *fam.*, c'est bien ça? → 1/3; ~ mehr ne ... plus; ~ viel pas grand-chose → 2/2

Nichte la nièce → MB

nichts ne ... rien; ~ Besonderes pas grand-chose → 2/2, rien de spécial

nie ne ... jamais

sich niederlassen s'installer; sich ~ (auf) se poser (sur)

niedlich adorable *m./f. adj.*

niemand ne ... personne

Niete: eine ~ sein in être nul/nulle en

Niveau le niveau → 1/3

noch encore

noch einmal encore une fois; etw. ~ anhören réécouter qc; mit jdm ~ über etw. sprechen reparler de qc à qn; ~ etw. tun recommencer; ~ fragen redemander

noch viel mehr bien d'autres choses

Norden le nord; im ~ dans le nord

normal normal/normale/normaux *m. pl. adj.*

normalerweise d'habitude, en général → 1/LA, → 2/1, normalement *adv.*

Note la note

notieren (etw.) noter (qc)

Nudeln les pâtes *f. pl.* → 1/LA

Nummer le numéro

nur seulement *adv.*

nützlich utile *m./f. adj.* → 2/1

O

oben en haut → MC

Objekt l'objet *m.*

Obstsalat la salade de fruits

oder ou; ~ (etwa nicht) n'est-ce pas? → 2/LA

offen ouvert/ouverte *adj.*

offiziell officiel/officielle *adj.*

öffnen (etw.) ouvrir qc

oft souvent

ohne sans

Ökolabel l'écolabel *m.* → MC

Ökologie l'écologie *f.* → MC

ökologisch écologique *m./f. adj.* → MC

Öl l'huile *f.* → 3/1

Olive l'olive *f.* → 3/1

Olymp l'Olympe *m.* → MF

Oma mamie *f.*

Onkel l'oncle *m.*

online en ligne → 1/1

Opa papi *m.*

Oper l'opéra *m.*

Opfer la victime

optimistisch optimiste *m./f. adj.* → 1/2

Orange l'orange *f.*

orange orange *m./f. adj.*

Ordner le classeur

Ordnung l'ordre *m.* → 1/2

Organisation l'association *f.* → MC, l'organisation *f.* → 3/2

Organisator/in l'organisateur / l'organisatrice *m./f.*

organisieren (etw.) organiser qc; sich ~ s'organiser

originell original/originale/originaux *m. pl. adj.*

Ort l'endroit *m.*

Outfit le look

Ozean l'océan *m.*; atlantischer ~ l'océan Atlantique *m.* → MD

P

ein paar quelques *adj. pl.*

Packung le paquet

Palast le palais

Palmöl l'huile de palme *f.* → 3/1

Panelrahmung le bord de case → MF

Panik kriegen flipper *fam.* → 1/LB

Panoramaeinstellung le plan large → MF

Papa papa *m.*

Papier le papier → 2/1

Paradies le paradis → MD

Paragliding le parapente

Parcours le parcours

Pariser/in le Parisien / la Parisienne

Park le parc

parkour le parkour

Passage le passage → MD

Passfoto la photo d'identité → 1/3

Passwort le mot de passe

Pause la pause, la récréation

perfekt parfait/parfaite *adj.* → 1/LA

Person la personne

personalisiert personnalisé/personnalisée *adj.* → MF

persönlich personnel/personnelle *adj.*

Persönlichkeit la personnalité

Pferd le cheval / les chevaux

pflanzlich végétal/végétale/végétaux *m. pl. adj.* → MC

pflegen (jdn/etw.) soigner qn/qc → 1/1

Pfleger/in l'aide à domicile *f.*

Philosoph/in le/la philosophe → MB

Phosphat le phosphate → 3/1

Physik la physique

Picknick le pique-nique

Pirat le pirate → MF

Planetarium le planétarium

Plastik le plastique → 2/1; aus Plastik en plastique → 2/1

Platte le plat

Plattform la plate-forme

Platz la place

plötzlich tout à coup

(Poetry-)Slam le slam → ME

Politik la politique → MB

Polizei la police

Politiker/in l'homme politique / la femme politique → MB

Pommes frites les frites *f. pl.*

populär populaire *m./f. adj.* → 3/LA

Porträt le portrait → 3/2

Portugal le Portugal

positiv positif/positive *adj.* → 3/2

Poster le poster

Postkarte la carte

Praktik la pratique → MC

Praktikum le stage → 1/3

praktisch pratique *m./f. adj.*

praktizieren (etw.) pratiquer qc → MB

Präsentation la présentation

präsentiert von présenté/e par

Präsident le président / la présidente → MB

Praxis la pratique → MC

Preis le prix / les prix → 3/3

preiswert bon marché *adj. inv.* → 1/LA

Preußen la Prusse → MB

Prinzessin für einen Tag la princesse d'un jour

privat privé/privée *adj.*

pro Tag par jour

probieren goûter qc → 2/3

Problem le problème

Produkt le produit

Produktion la production → MF

Profil le profil

Programm le programme

Projekt le projet

Protestant le protestant/la protestante → MB

Provinz la province

provisorisch provisoire *m./f. adj.* → MB

provozieren (jdn/etw.) provoquer qn/qc → MC

Prozent pour cent

Prüfung l'épreuve *f.* → MB, l'examen → 1/2

Prügelei la bagarre

Publikum le public → 3/LA, → MF

Pullover le pull *fam.* / le pull-over
pünktlich à l'heure
Putzfrau la femme de ménage

Q

Quadratkilometer le km² (le kilomètre carré)
Qualität la qualité → 1/2
Quebec le Québec
Quelle la source → MC

R

R&B le R&B
Rad fahren faire du vélo
Radio la radio
Rafting le rafting → MD
Rallye le rallye
Rap le rap
Rassismus le racisme → ME
rassistisch raciste *m./f. adj.* → ME
Rastplatz, Raststätte l'aire de repos *f.*
Rat le conseil
raten (jdm etw.) conseiller qc à qn → MD
Rätsel l'énigme *f.*
reagieren réagir
reel réel/réelle *adj.* → MC
realistisch réaliste *m./f. adj.*
Realität la réalité → MB
Soap(opera) l'émission de téléréalité *f.*
recht haben avoir raison
rechts à droite
reden discuter (de qc) → 1/3
Reformation la Réforme → MB
reformiert réformé/réformée *adj.* → MB
Refrain le refrain
Regal l'étagère *f.*
Reggae le reggae
Regierung le gouvernement → MB
Regisseur le réalisateur / la réalisatrice → MA
regnen pleuvoir
reich riche *m./f. adj.*
reichen (jdm etw.) passer qc à qn
Reichst du mir ...? Tu me passes ...?
Reichtum la richesse → MF
reinigen (etw.) nettoyer qc
Reis le riz
Reise le voyage
Reisebus le car
(Reise-)Führer/in le guide *m.*
reisen voyager
Reiten l'équitation *f.*
Religion la religion → MB

rennen courir
renommiert prestigieux/prestigieuse *adj.* → MD
Reporter/in le/la reporter *m./f.* → 1/1
RER le RER
respektieren (jdn/etw.) respecter qn/qc
Ressourcen les ressources *f. pl.* → 3/1
Rest le reste
Restaurant le resto *fam.* / le restaurant
retten (jdn/etw.) sauver qn/qc → 1/2
Revolution la révolution → MF
Rezeption la réception → 1/3
Rhythmus le rythme
richtig vrai/vraie *adj.*; **Ist das ~?** C'est juste?
riesig énorme *m./f. adj.* → 3/LA, immense *m./f. adj.*
Ringen la lutte → 3/3
Risiken eingehen prendre des risques → MA
Rockmusik le rock
Rolle le rôle
Roman le roman
romantisch romantique *m./f. adj.* → MF
römisch romain/romaine *adj.*
rosa rose *m./f. adj.*
rot rouge *m./f. adj.*
Rückblende le flash-back *m. inv.* → MF
Rückkehr le retour
Rudern l'aviron *m.*; **rudern** faire de l'aviron
Rugby le rugby
ruhig calme *m./f. adj.*, tranquille *m./f. adj.*
rührend touchant/touchante *adj.*
Runde la partie; **~ Karten** la partie de cartes
Rundgang le tour; **einen ~ machen** faire le tour → 2/2
Rundweg le circuit → MD

S

Sache la chose
Sachen les affaires *f. pl.*
Saftbar le bar à jus de fruits
sagen (jdm etw.) dire qc (à qn); **jdm die Meinung ~** dire ses quatre vérités à qn
Salat la salade
salzig salé/salée *adj.* → MD
sammeln (etw.) collectionner qc
Sammlung la collection
Sand le sable → MD
Sandwich le sandwich

Sänger/in le chanteur / la chanteuse
Sardine la sardine
Satz la phrase
sauber machen (etw.) nettoyer qc
Schachtel la boîte
schade dommage → 2/1
Schaf le mouton → 3/1
schaffen (es /etw.) réussir (qc)
sich schämen (für etw.) avoir honte (de qc) → MB
Schatz le trésor
Schatzsuche la chasse au trésor
Schaum la mousse
Schauspieler/in l'acteur / l'actrice
Scheibe la tranche → 2/1
scheinen sembler → MB
schenken (jdm etw.) offrir qc à qn
Scherz la blague
schicken (jdm etw.) envoyer qc (à qn)
Schiedsrichter/in l'arbitre *m./f.*
schießen tirer → 3/LA
Schiff le bateau / les bateaux
Schildkröte la tortue
schlafen dormir; **~ gehen** se coucher
Schlafzimmer la chambre
schlagen (jdn) frapper qn, battre qn/qc → 1/1
Schlagzeug la batterie, les percussions *f. pl.*; **~ spielen** faire des percussions
schlecht mal *adv.*, mauvais/mauvaise *adj.*, nul/nulle *adj.*; **gut/~ laufen** se passer bien/mal; **~ (in etw.) sein** être nul/nulle en; **~ ausgehen** mal finir; **sich ~ fühlen** aller mal
schließen (etw.) fermer (qc)
schließlich enfin
schlimm grave *m./f. adj.*
Schlitten le traîneau
Schloss le château / les châteaux
Schlüssel la clé
Schlüsselmoment le moment-clé → MA
schmecken: Das schmeckt gut. C'est bon.
Schmerzen haben (an/am) avoir mal (à) → 2/2
Schmuggel le trafic → MF
Schnee la neige
Schneemobil la motoneige
schneiden découper qc → 2/1
schneien neiger
schnell rapide *m./f. adj.*, rapidement *adv.*, vite
Schock le choc → MB
Schokolade le chocolat

Schokoladenkuchen le gâteau au chocolat

schon déjà

schön beau / bel *m.* / belle *f.* beaux *m. pl.* / belles *f. pl. adj.*

Schöpfung la création → 3/2

Schrank l'armoire *f.*

Schrecken l'horreur *f.* → MF

schrecklich terriblement *adv.*, horrible *m./f. adj.* → MF

schreiben (jdm etw.) écrire (qc à qn)

Schreibtisch le bureau / les bureaux

schreien crier

Schriftart la typo(graphie) → MF

Schriftgestaltung le lettrage → MF

Schriftguss la fonte → MF

schüchtern timide *m./f. adj.*

Schuh la chaussure

Schulbetreuer/in le/la CPE

Schulbibliothek le CDI

Schule l'école *f.*

Schüler/in l'élève *m./f.*

Schülervertreter/in le délégué de classe / la déléguée de classe → MA

Schulfach la matière

Schulhof la cour

Schulleiter/in le principal / la principale

Schulter l'épaule *f.* → 3/LA

Schulwesen l'enseignement *m.* → 3/1

Schutz la protection → MC

schützen (jdn/etw.) protéger qn/qc

schwach faible *m./f. adj.*

Schwächeanfall le malaise → MF

schwarz noir/noire *adj.*

Schweig! Tais-toi! → 3/LB

schwer difficile *m./f. adj.*

Schwester la sœur

schwierig difficile *m./f. adj.*

Schwierigkeit la difficulté, la complication → MF

Schwimmbad la piscine

Schwimmen la natation; **schwimmen** nager

Schwimmverein le club de natation

Sciencefiction la science-fiction → MF

sechs Tage die Woche six jours sur sept

Sechste (Klasse) la sixième

See le lac, la mer

Seefahrer/in le navigateur / la navigatrice

Segeln la voile

sehen voir

sehr très; ~ **viel** énormément *adv.* → 2/2

Sei still! Tais-toi! → 3/LB

Seid ihr fertig? Vous avez fini?

sein être; **begabt ~ für etw.** être doué/ douée pour qc → 1/1; **dabei ~, etw. zu tun** être en train de + *inf.*; **egal ~ (jdm)** être égal à qn; **getrennt ~** être séparé; **süchtig ~ (nach etw.)** être accro à qc

seit, seitdem depuis (que) → 3/2

seit Monaten depuis des mois

Seite le côté → 2/1

Sekretariat le secrétariat

Sekundarstufe 1 le collège

selbst machen (etw.) faire qc soi-même → 2/1

selbst wenn même si → 2/2

selbstständig autonome *m./f. adj.* → 1/3

selbstverständlich évidemment *adv.* → 2/2

Senegal le Sénégal → 3/1

senegalesisch sénégalais/sénégalaise *adj.* → 3/3

Senf la moutarde

sensibilisieren (jdn) sensibiliser qn → MC

Serie la série

Service le service → 1/3

servieren (etw.) servir qc → 1/3

Shampoo le shampoing

Show le cabaret, le spectacle → MF

sicher sûr/sûre *adj.*

sicherlich sûrement *adv.*

Siedlung la cité

Siegerehrung la remise des médailles

Silber l'argent *m.* → 3/1

singen (etw.) chanter (qc)

Situation la situation → MA

sitzen être assis/assise → 2/2

Skateboard le skate-board

Sketch le sketch / les sketches

Ski le ski; ~ **fahren** faire du ski

Skilanglauf le ski de fond

Sklave l'esclave *m./f.* → 3/3

Sklavenhandel la traite des Noirs → 3/3

Slogan le slogan → MC

SMS le texto

so comme ça

so (viel/e) tellement (de) → 1/LA

so ... wie aussi ... que

so tun, als ob faire croire que → MF

so viel autant de *adv.*

sofort tout de suite *adv.*

sogar même *adv.*

Sohn le fils

Soldat le soldat → MB

Solidarität la solidarité

Sommer l'été *m.*

Sonne le soleil

sich sonnen prendre le soleil

sonnengebräunt bronzé/bronzée *adj.*

Sonnenuntergang le coucher de soleil → MD

sonst sinon

sich Sorgen machen s'inquiéter

Soße la sauce

Soundtrack la bande originale → MF

Spaghetti les spaghettis *m. pl.*

Spanisch l'espagnol *m.* → 3/1

Spannung le suspense

Spaß haben rigoler, s'amuser, se marrer → 2/LB; **viel** ~ s'éclater *fam.*

spaßig drôle *m./f. adj.*

spät tard; **es war zu ~** c'était trop tard; **zu ~** en retard

spazieren gehen se promener, se balader *fam.* → 3/3

Spaziergang la balade

speichern (etw.) enregistrer qc → MF

Speisekarte le menu

Speisesaal la cantine

Spezialität la spécialité

speziell spécial/spéciale/spéciaux *m. pl. adj.*

Spiel le jeu / les jeux, le match

spielen se passer; ~ **(mit jdm)** jouer (avec qn); ~ **(etw.)** jouer à qc; ~ **(Instrument)** jouer de qc

Spieler/in le joueur / la joueuse

Spielstand le score

Sport le sport; ~ **treiben** faire du sport

Sportler/in le sportif / la sportive

sportlich sportif/sportive *adj.*

Sportunterricht l'EPS

Sprache la langue

Sprechblase la bulle → MF

sprechen (mit jdm) parler (à qn); **über etw.** ~ parler de qc; **Sprich lauter!** Parle plus fort!

Spülmaschine le lave-vaisselle; **die** ~ **ein-/ ausräumen** ranger le lave-vaisselle

Staatsangehörigkeit la nationalité → ME

Stadion le stade

Stadt la ville

Städtepartnerschaft le jumelage → MB

Stadtmauer le rempart

Stadtplan le plan

Stadtrand la banlieue
Stadtzentrum le centre-ville
ständig tout le temps
Star la star
stark fort/forte *adj.*
Stärke le point fort
Station la station
statt à la place de → 2/1, au lieu de → 3/3
stattfinden avoir lieu
Stau le bouchon
staubsaugen passer l'aspirateur
Staubsauger l'aspirateur *m.*
stehlen (jdm etw.) voler qc à qn
Stein la pierre
stellen (etw. hin-) poser qc; mettre qc;
den Ton lauter ~ mettre le son plus fort
Stern l'étoile *f.*
Stiefmutter la belle-mère
Stiefvater le beau-père
Stier le taureau / les taureaux
Stierkampf la corrida
Stil le style
still en silence
stilles Mineralwasser l'eau plate *f.* → 2/2
Stimme la voix / les voix; **jdm eine ~**
geben donner une voix à qn → 3/2
Stimmt das? C'est juste?
Stimmung l'ambiance *f.*
Stockwerk l'étage *m.*
Stoff le tissu → 3/3
stolz fièrement *adv.* → 2/1; **~ (auf jdn/etw.)**
fier/fière (de qn/qc) *adj.*
stören (jdn) déranger qn
Strand la plage
Straße la rue
Straßenbahn le tram
Streber l'intello *m./f.* → 1/LA
Strecke le circuit → MD
streichen (etw.) mettre qc → 2/1
sich streiten se disputer
Stress le stress
sich stressen se stresser
Strom le fleuve
strukturieren (etw.) organiser qc
Stück le morceau / les morceaux → 2/1,
la pièce
Student/in l'étudiant / l'étudiante
studieren faire des études
Studium les études *f. pl.*
Stuhl la chaise
Stunde l'heure *f.*
Stundenplan l'emploi du temps *m.*
subsaharisch subsaharien/subsahari-

enne → 3/1
Suche la recherche
suchen (jdn/etw.) chercher qn/qc
süchtig sein (nach etw.) être accro à qc
Süden le sud → MF
Südwesten le sud-est → MD
super super *adj. fam.*
Superheld/in le super-héros / la super-
héroïne → 1/2
Supermarkt le supermarché
Suppe la soupe
surfen surfer sur Internet
Surfen le surf
süß adorable *m./f. adj.*
Symbol le symbole → 3/2
sympathisch sympa *adj. fam.*
System le système → MF
Szene la scène

T

Taboulé le taboulé
Tafel le tableau / les tableaux; **~ Schoko-**
lade la tablette de chocolat
Tag le jour, **(in seinem Ablauf)** la journée;
am nächsten ~ le lendemain *adv.*; **~ der**
offenen Tür la journée portes ouvertes;
vierzehn Tage quinze jours → 1/3
Tagebuch le journal
täglich quotidien/quotidienne *adj.* → 2/1
Tal la vallée
Tante la tante
Tanz la danse
tanzen danser, faire de la danse
Tasche la poche → MF, le sac; **seine ~**
packen/vorbereiten faire son sac
Tat l'action *f.* → 3/2
Tätigkeiten im Haushalt les tâches ménagères *f. pl.*
Tausch l'échange *m.* → 1/3
tauschen (etw. gegen etw.) échanger qc
contre qc
sich täuschen se tromper → 2/3
tausend mille *adj.*
Team l'équipe *f.*
Teelöffel la petite cuillère → 2/1
Teil la pièce, la partie → MB; **~ sein von**
etw. faire partie de qc → MC
teilen (etw.) partager qc → MB
teilnehmen (an etw.) assister à qc
→ 3/LA, → MF, participer à qc
Telefon le téléphone
telefonieren téléphoner
Teller l'assiette *f.*

Tennis le tennis; **~ spielen** faire du tennis
Termin le rendez-vous
Terrasse la terrasse
Test l'interro *fam.* / l'interrogation *f.*, le test
teuer cher/chère *adj.*
Text le texte
Theater le théâtre; **~ spielen** faire du
théâtre
Thema le thème
Themenfreizeit la colo *fam.* / la colonie
(de vacances)
Ticket le billet, le ticket
Tier l'animal / les animaux *m.*
Tintenkiller l'effaceur *m.*
Tipp le tuyau / les tuyaux → 1/3
Tisch la table; **den ~ decken** mettre le
couvert
Tischtennis le ping-pong
Titel le titre
Tochter la fille
Tod la mort
Toilette les toilettes *f. pl.*
tolerant tolérant/tolérante *adj.* → ME
Toleranz la tolérance → ME
toll super *adj. fam.*, formidable *m./f. adj.*,
génial/géniale/géniaux *m. pl. adj. fam*
Tomate la tomate
Tomatensoße la sauce tomate
Ton le son → 3/LA
Tor le but; **ein ~ schießen** marquer un
but
Torero le toréro
Torwart/in le gardien de but / la gar-
dienne de but
total carrément *adv. fam.* → 1/LB, → 2/2
Tourismus le tourisme
Tourist/in le/la touriste
touristisch touristique *m./f. adj.*
Tradition la tradition
traditionell traditionnel/traditionnelle
adj. → 3/3
tragen (etw.) mettre, porter qc
Trainer/in l'entraîneur / l'entraîneuse
trainieren s'entraîner
sich trauen (etw. zu tun) oser + *inf.*
Traum le rêve
träumen (etw. zu tun) rêver de + *inf.*;
von jdm/etw. ~ rêver de qn/qc
traurig triste *m./f. adj.*
Treffen la rencontre
treffen (jdn) retrouver qn; rejoindre qn
→ 2/3; **sich ~** se retrouver; **sich mit jdm ~**
rencontrer qn; **wir ~ uns in/im/am …**

rendez-vous + *Zeit/Ort*
Treppe l'escalier *m.*
trinken (etw.) boire qc
trommeln faire des percussions
trösten consoler qn
trotz malgré → 1/1
trotzdem quand même, pourtant → 2/2
Truppe la troupe → MB
Tschüss! Salut! *fam.*
T-Shirt le tee-shirt
tun (etw.) faire qc
tunken tremper → 2/1
Tür la porte
Turnhalle le gymnase
Turm la tour
Turnier le tournoi
Turnschuhe les baskets *f. pl.*
Tüte le cornet → 2/1

U

U-Bahn le métro
überall partout
überladen chargé/chargée *adj.*
übermorgen après-demain *adv.* → 3/3
übernatürlich surnaturel/surnaturelle *adj.*
überqueren (etw.) traverser (qc)
überraschen (jdn) faire une surprise à qn
Überraschung la surprise
Übersetzer/in le traducteur / la traductrice → 1/2
übertreiben exagérer
übertrieben exagéré/exagérée *adj.*
überzeugen (jdn) convaincre qn → MC
übrigens à propos, d'ailleurs → MA
Übung l'exercice *m.*
Um wie viel Uhr? À quelle heure?; **um ... Uhr** à ... heure(s)
ultra ultra *fam.*
um ... herum autour de
um ... zu pour + *inf.*
Umfrage l'enquête *f.*
Umgebung le décor, les environs *m. pl.* → MF
umgekehrt l'inverse *m.* → MF
Umkleideraum le vestiaire
Umrahmung le bord de case → MF
Umso besser! Tant mieux!
umsteigen changer
umstoßen (jdn/etw.) renverser qn/qc → 3/LA
Umwelt l'environnement *m.* → MC
umweltfreundlich écologique *m./f. adj.*

→ MC
Umweltverschmutzung la pollution → MC
unabhängig indépendant/indépendante *adj.* → 2/2
Unabhängigkeit l'indépendance *f.* → 3/3
unbedingt absolument *adv.* → 2/2
unbekannt inconnu/inconnue *adj.*
und et
Unfall l'accident *m.*
ungefähr environ
unglaublich incroyable *m./f. adj.*
unglücklich malheureux/malheureuse *adj.*
unglücklicherweise malheureusement *adv.*
Universität l'université *f.*
unmöglich impossible *m./f. adj.* → MB
unten bas *adv.* → 3/LA, en bas → MC
unter entre, parmi → ME, sous
Unterbrechung la rupture → MF
sich unterhalten s'amuser
unterhaltsam amusant/amusante *adj.* → 2/3
Unterhaltung(ssendung) le divertissement
unterirdisch souterrain/souterraine *adj.*
Unterkunft le gîte
Unterlagen le document → 1/3
Unternehmen l'entreprise *f.* → 1/2
Unterricht le cours, l'enseignement *m.* → 3/1; **Ich habe keinen ~.** Je n'ai pas cours.
Unterschied la différence → 2/1
unterschreiben signer qc → 1/3
Untersuchung l'enquête *f.*; **ärztliche ~** l'examen → 1/2
Untertitel le sous-titre → MC
unveränderlich fixe *m./f. adj.* → 1/2
unverschämt insolent/insolente *adj.* → MA
Unwohlsein le malaise → MF
Urgroßmutter l'arrière-grand-mère *f.*
Ursprung l'origine *f.* → 3/1, la source → MC

V

Vater le père
Verabredung le rendez-vous
Verantwortung la responsabilité → 1/2
verbieten, etw. zu tun (jdm) interdire (à qn) de + *inf.*
verbinden (etw. mit jdm/etw.) associer

qn/qc à qc → MC
Verbindung le lien → ME
-verbot haben être privé/privée de qc
Verbraucher/in le consommateur / la consommatrice → MC
verbringen passer
verbunden attaché/attachée (à qc/qn) → 3/2
verdienen (Geld) gagner de l'argent → 1/2
Verein l'association *f.* → MC, le club
Vereinigte Staaten (von Amerika) les États-Unis (d'Amérique) *m. pl.*
verfeindet ennemi/ennemie *adj.* → MB
Verfilmung l'adaption *f.* → MA
verfolgen (jdn) suivre qn
Verführung la séduction
vergehen passer → 2/2
vergessen (etw.) oublier qc
Vergleich la comparaison → 2/3
vergoldet doré/dorée *adj.* → 3/2
Verhalten le comportement → MA
verhandeln marchander → 3/3
verhauen (jdn) casser la figure à qn *fam.*
verhindern (etw.) empêcher qn/qc de + *inf.* → 1/1
verkaufen (jdm etw.) vendre qc (à qn)
Verkehr le trafic → MF
verkleidet déguisé/déguisée *adj.* → MF
verkünden (etw.) déclarer qc → MB
verlassen désert/déserte *adj.*; **jdn/etw. ~** quitter qn/qc → ME
verleihen (etw.) remettre qc → MF
verletzt blessé/blessée *adj.*
sich verlieben tomber amoureux/-euse → MF
verliebt amoureux/amoureuse *adj.*
verlieren (etw.) perdre qc
verpassen (jdn/etw.) ~ rater qn/qc
Verpflichtung l'engagement *m.* → MC
verraten (jdn) dénoncer qn
Verrückte le fou / la folle → 3/LA
sich verschlechtern dégénérer → MA
verschmutzen polluer → MC
verschwenden gaspiller qc → 3/LB
verschwinden disparaître
Versöhnung la réconciliation → MB
mit Verspätung en retard
versprechen (jdm etw.) promettre (à qn) de + *inf.*
verständigen (jdn) prévenir qn
Versteck la cache
sich verstecken se cacher → MB

verstehen (jdn/etw.) comprendre qn/qc; sich (gut) ~ s'entendre (bien) → 2/2

versuchen (etw.) essayer qc

verteidigen (jdn) prendre la défense de qn

Verteidigung la défense

Vertrag le traité → MB

Vertrauen la confiance; jdm vertrauen faire confiance à qn

verwechseln (jdn/etw.) confondre qn/qc → MB

Verzeihung pardon

Videospiel le jeu vidéo

viel beaucoup; ~ Glück! Bonne chance!

viele beaucoup de; viel/viele plein de adv. → 3/3

viele Leute beaucoup de monde

Vielen Dank für eure Aufmerksamkeit. Merci de votre attention.

Vielfalt la diversité → ME

vielleicht peut-être

Viertel le quartier

Viertelstunde le quart; Viertel nach et quart; Viertel vor moins le quart

Vitamin la vitamine

Vogel l'oiseau / les oiseaux m.

Vokabular le vocabulaire

voll plein/pleine adj. → 3/LA

voll lecker trop bon fam.

vollständig complètement adv. → MA

von de, parmi → ME

von ... bis ... de ... à ...

von dem dont → 3/3

von Nutzen sein servir à qc → 2/3

vor devant; zeitlich avant, il y a

vor allem en particulier, surtout adv.

vor dem Elend flüchten fuir la misère → ME

vorbeigehen passer → 2/2

vorbeikommen (bei jdm) passer (chez qn)

vorbereiten (etw.) préparer qc

Vorbild le modèle → 3/2

Vordergrund le premier plan → MA, → MC

Vorhaben le projet

vorhin tout à l'heure

vorläufig provisoire m./f. adj. → MB

Vorliebe le goût → MA

Vorname le prénom → MB

Vorort la banlieue

vorprogrammiert programmé/programmée adj. → MB

Vorschlag la proposition

vorschlagen (jdm etw.) proposer qc (à qn); ~ (jdm/etw. zu tun) proposer (à qn) de + inf.

Vorspeise l'entrée f.

vorspielen (etw.) passer qc

vorstellen (jdm jdn/etw.) présenter qn/qc (à qn); sich (jdm) ~ se présenter (à qn); sich etw. ~ imaginer qc → 1/1; avoir qc en tête → 2/3

Vorstellung le spectacle → MF

Vorurteil le préjugé → ME

vorwerfen (jdm etw.) reprocher qc à qn → MA

Vorzug la qualité → 1/2

Vulkan le volcan → MC

W

Wachfrau/ Wachmann la gardienne / le gardien

wachsen grandir

Waffe l'arme f. → 3/3

Wagen la voiture

wahr vrai/vraie adj.

während durant → MF, pendant

Wahrheit la vérité

Wal la baleine

Wald la forêt

Wand le mur

Wanderer/Wanderin le randonneur / la randonneuse → MD

wandern gehen partir en randonnée

Wanderung la randonnée

Wandschrank le placard

Wann ...? Quand est-ce que ...?

warm chaud/chaude adj.

warten (auf jdn/etw.) attendre qn/qc

Warteschlange la file d'attente → 1/LB

Warum? Pourquoi?

was quoi; was wenn du nach dem Subjekt des Satzes fragst Qu'est-ce qui ...?

Was bedeutet das? Qu'est-ce que ça veut dire?; Was gibt es?, Was ist los? Qu'est-ce qu'il y a?

Wer macht was? Qui fait quoi?

Was ...? Qu'est-ce que ...?

Was für ein Glück! Quelle chance!

Was für ein Quatsch! N'importe quoi!

Was geht dich das an? De quoi je me mêle? → 3/LB

Was hast du geschrieben? Qu'est-ce que tu as écrit?

Wasser l'eau f.

Watte le coton → 3/1

Webseite le site (web) → 2/2

Weg le chemin; (jdn) nach dem ~ fragen demander son chemin (à qn)

wegen à cause de

wegfahren partir

wegnehmen (jdm etw.) confisquer qc

wegwerfen (etw.) jeter qc → 3/3

wehtun (jdm) faire mal à qn

Weigerung le refus → 3/2

weil parce que

Wein le vin → 2/LA

weinen pleurer

Weise la façon

weiß blanc/blanche adj.

weit (weg) loin; ~ entfernt von loin de

weitergehen continuer

welche lesquels/lesquelles

welcher/welche/welches lequel/laquelle/ lesquels/lesquelles, quel/quelle

Welle la vague

Wellensittich la perruche

Welt le monde

wenig, wenige peu (de) adv.

weniger moins; weniger ... als moins ... que

wenn konditional si; immer ~ quand

Wen ...? wenn du nach dem Objekt des Satzes fragst Qui est-ce que ...?; Wer ...? wenn du nach dem Subjekt des Satzes fragst Qui est-ce qui ...?; Wer fängt an? Qui commence?; Wer ist dran? C'est à qui?; Wer macht was? Qui fait quoi? Wer? Qui?

Werbung, Werbespot la publicité, la pub fam. → MC

werden devenir

werfen (etw.) jeter qc → 3/3

westlich occidental/occidentale/ occidentaux m. pl. adj. → 3/2

Wettbewerb le concours

Wetter le temps; Es ist schönes ~. Il fait beau.

wichtig important/importante adj.

widerlich dégoûtant/dégoûtante adj., dégueulasse m./f. adj. fam.

Widerrufung la révocation → MB

widerrufen (etw.) révoquer qc → MB

Widmung la dédicace → MF

wie comme, comment; wie vergleichend que

Wie alt ist er/sie? Il/Elle a quel âge?

Wie geht's? Ça va?, Comment ça va?

wie viel combien

Wie viel(e) ...? Combien de ...?

wieder anfangen (etw.) recommencer

wiedererkennen (jdn/etw.) reconnaître qn/qc

wiederholen (etw.) répéter (qc); repasser qc → 1/2

Wiederholung la répétition → MC

sich wiedertreffen se retrouver

Wiese le pré → MC

Willkommen! Bienvenue! f.

Wind le vent

Winter l'hiver m.

Wir müssen los! Il faut qu'on y aille!; wir müssen, man muss il faut + inf.

wir dürfen/sollten nicht il ne faut pas + inf.

wir müssten/sollten il faudrait + inf.

wirklich vraiment adv.

Wirkung l'effet m. → MF

Wirtschaft l'économie f. → 1/2

Wissen les connaissances f. pl. → 1/3

wissen (etw.) savoir qc

wo où

Woche la semaine; zwei Wochen quinze jours → 1/3

Wochenende, am Wochenende le week-end; ins ~ fahren partir en week-end;

Wohin ...? Où est-ce que ...?

Wohlbefinden le bien-être → MC

wohnen habiter

Wohnung l'appartement m.

Wohnzimmer la salle de séjour

wollen (etw.) / etw. tun wollen vouloir qc / + inf.; wenn du willst si ça te dit; ~, dass vouloir que + subj.

Wolof le wolof → 3/1

Workshop l'atelier m.

Wort le mot

Wortschatz le vocabulaire

wortwörtlich mot à mot → 2/2

wunderschön magnifique m./f. adj.

Wunsch la demande → 1/3

Würdest du gern ...? Tu voudrais ...?

Wurst la saucisse → 2/3

Wurstwaren la charcuterie

Wüste le désert → 3/1

wütend furieux / furieuse adj.

Z

Zahl le nombre, le chiffre → MF

zählen (auf jdn) compter (sur qn)

Zauberei la magie

Zeichen le symbole → 3/2

zeichnen (etw.) dessiner qc

Zeichner/in le dessinateur / la dessinatrice → 1/1; → MF

Zeichnung le dessin

zeigen (jdn/etw.) représenter qn/qc → MF; jdm etw. ~ montrer qc à qn

Zeit l'époque f., le temps; von ~ zu ~ de temps en temps; die ganze ~ tout le temps; die ganze ~ etw. tun passer son temps à + inf.; Hast du heute ~? Tu as le temps aujourd'hui?, Tu es libre aujourd'hui?

Zeitschrift le magazine

Zeitung le journal

Zeitungsartikel l'article m. → 1/1

Zelt la tente

Zelten le camping; zelten faire du camping

Zensur la censure → 3/2

Zentimeter le centimètre → 1/LA

Zentrum le centre

Zeuge/Zeugin le témoin

ziehen tirer → 3/LA

Ziel le but, l'objectif m. → MB

ziemlich assez, drôlement adv. → 2/1

Zirkus le cirque

Zitrone le citron

zögern hésiter

Zoom le zoom → MF

zu / zu sehr / zu viel trop (de)

zu etw. gehören faire partie de qc → MC

zu Fuß à pied

zu Hause à la maison

Zu Hilfe! Au secours!

zubereiten (etw.) préparer qc

Zucht l'élevage m. → 3/1

Zucker le sucre

zuerst au début (de qc) adv., d'abord

Zufall le hasard

zufrieden content/contente adj.

Zug le train

zugeben (etw.) reconnaître qn/qc

zuhören (jdm/etw.) écouter qn/qc

Zukunft l'avenir m. → 1/1, le futur

zum Beispiel / z. B. par exemple / p. ex.

zum Schluss pour finir

zumachen (etw.) fermer (qc)

Zunge la langue

zurechtkommen se débrouiller → 2/2

zurückbekommen (etw.) récupérer qc

zurückkehren (zu/nach) retourner à

zurückkommen revenir → 2/2

zurückrufen (jdn) rappeler qn

zurückweisen (jdn/etw.) rejeter qc/qn → ME

zurzeit en ce moment

zusammen ensemble; mit jdm ~ sein sortir avec qn → 1/LA

zusammenarbeiten coopérer → MB

Zusammenfassung le résumé

Zuschauer/in le spectateur / la spectatrice → MA, → MF

zwangsläufig forcément adv. → 2/2

zwei gegen einen à deux contre un

Zweifel le doute

zweisprachig bilingue m./f. adj. → ME

Zweiter Weltkrieg la Seconde Guerre mondiale → MB

zweiter/zweite/zweites deuxième m./f. adj.

Zwinkern le clin d'œil → 3/LA

zwischen entre

zwölf Uhr mittags midi

zwölfeinhalb (Jahre) douze ans et demi

Fotos:
Cover links Glow Images/Henri-Louis Roland; *rechts* Shutterstock/Edyta Pawlowska – **S. 12** *1. von links* Shutterstock/auremar; *2. von links* Shutterstock/Pressmaster; *3. von links* Shutterstock/Derek Latta; *4. von links* Fotolia/Henry Schmitt – **S. 13** Shutterstock/LiliGraphie – **S. 14, 15** Fotolia/DragonImages – **S. 16** „Premier chagrin" Eva Kavian, 2011, Éditions Mijade – **S. 17** *oben rechts* Fotolia/Steven Jamroofer; *Mitte, 1. von links* Fotolia/Javier Brosch; *Mitte, 2. von links* Fotolia/Igor Mojzes; *Mitte, 3. von links* mauritius images/Fiona Fergusson; *Mitte, 4. von links* Fotolia/SusaZoom; *unten, 1. von links* F1online/Blend Images/John Romanelli; *unten, 2. von links* Shutterstock/Alexander Raths; *unten, 3. von links* Fotolia/Robert Kneschke; *unten, 4. von links* Fotolia/PhotographyByMK – **S. 20** *oben links* Fotolia/ra2studio; *oben rechts* Fotolia/Chlorophylle; *Mitte rechts* Shutterstock/Eugenia-Petrenko; *Mitte links* Shutterstock/Anemone; *unten rechts* Shutterstock/Dmitry Kalinovsky – **S. 22** *Mitte links* Fotolia/Igor Mojzes; *Mitte rechts* imago/snapshot – **S. 27** Fotolia/a.k. – **S. 29** Fotolia/gstockstudio – **S. 30** *links* Shutterstock/pio3; *rechts* picture-alliance/ASA/Jean-François Galeron – **S. 31** Cornelsen/Lara Nikolic– **S. 34** *links, 1. von oben* F1online/AGE/Walter Bibikow; *rechts, 1. von oben* Glow Images; *links, 2. von oben* Clip Dealer/schwarzwald-photo; *rechts, 2. von oben* Schapowalow/SIME/Sebastiano Scattolin; *links, 3. von oben* Corbis/VIP Images/Eric Fougere; *links, 4. von oben* picture-alliance/HOCH ZWEI – **S. 35** *oben links* picture-alliance/maxppp/Bertrand Bechard; *oben rechts* Huber-Images/R. Schmid; *unten rechts* mauritius images/Photo Alto – **S. 36, 37** picture-alliance/dpa – **S. 38** imago/United Images – **S. 39** *alle* mauritius images/United Archives – **S. 42** *rechts oben* Fotolia/Richard Villalon; *rechts unten* F1online/imageBROKER/Norbert Michalke; *links oben* mauritius images/Ikon Images/Stuart Kinloughs ; *links unten* mauritius images/Cultura/Aleksandr Rubtsov – **S. 43** *1. von links* Photoshot/Red Cover; *2. von links* VISUM/Jose Navia; *3. von links* epd-bild/Stefan Arend; *4. von links* mauritius images/Alamy/Collectiva; *5. von links* Topic Media/imageBROKER/Creativ Studio Heinemann; *6. von links* Fotofinder/LEEMAGE – **S. 44** Corbis/Westend61/Fotografixx – **S. 46** *1* Your Photo Today/Marco Polo/F Bouillot; *2* F1online/Maskot; *3* mauritius images/Cultura/Seb Oliver; *4* mauritius images/STOCK4B-RF; *5* mauritius images/Radius Images – **S. 47** picture alliance/maxppp/PHOTOPQR – **S. 48** *links, 1. von oben* mauritius images/Cultura/Adrian Weinbrecht; *rechts oben* Corbis/Westend61/Dieter Heinemann; *links, 2. von oben* Shutterstock/pkchai; *links, 3. von oben* Shutterstock/Blend Images; *rechts unten* Fotolia/HandmadePictures; *links, 4. von oben* Fotolia/JenkoAtaman; *links, 5. von oben* Fotolia/Brad Pict – **S. 50** *1, 2* Fotolia/Barbara Pheby – **S. 51** *1. von links* F1online/Maskot; *2. von links* mauritius images/Photononstop/J-C. & D. Pratt; *3. von links* Shutterstock/Nordling; *4. von links* picture-alliance/maxppp/PHOTOPQR; *5. von links* Fotolia/Frog 974; *6. von links* Fotolia/tsach – **S. 52** Shutterstock/sianc – **S. 53** *oben links* Shutterstock/Mr Twister; *oben rechts* Fotolia/illustrez-vous; *unten* Fotolia/drubig-photo – **S. 56** *oben links* imago/Revierfoto; *oben rechts* Shutterstock/Christian Bertrand; *Mitte links* Shutterstock/Denis Makarenko; *Mitte rechts* Corbis/Demotix/Thi Thuy; *unten links* Corbis/Don Kelly Photo; *unten rechts* Shutterstock/katatonia82 – **S. 57** *links + Mitte* action press/ullstein-Archiv Gerstenberg; *rechts* Corbis/Reuters/STR – **S. 58, 59** mauritius images/Alamy/Tommy E Tranchard – **S. 61** *oben rechts* Fabrice Hervieu-Wane, Aujourd'hui au Sénégal, Aurélia Fronty, © Editions Gallimard Jeunesse 2005 – **S. 64** *oben rechts* mauritius images/imageBROKER/Thomas Dressler; *oben links* Your Photo Today/HAGA; *oben Mitte* Corbis/Godong/Philippe Lissac; *Mitte links oben* laif/HOA-QUI/Michel RENAUDEAU; *Mitte links unten* picture-alliance/dpa/dpaweb; *unten links* mauritius images/Alamy/Charles O. Cecil; *unten Mitte* Corbis/Demotix/Tommy Trenchard – **S. 65** *links, 1. von oben* Fotofinder/Lineair/Ron Giling; *links, 2. von oben* Juniors/M. Harvey; *links, 3. von oben* laif/hemis.fr/Ludovic Maisant; *links, 4. von oben* Reuters/Louafi Larbi; *links, 5. von oben* laif/hemis.fr/Paule Seux; *rechts unten* Shutterstock/Indigo Fish – **S. 66** *links* Corbis/Godong/Philippe Lissac; *rechts* Glow Images/Rubberball – **S. 67** *Mitte links* CIJF/OIF; *Mitte rechts + unten* CIJF/OIF + CIJF/OIF, Jean-Yves Ruszniewski – **S. 68** *links, 1. von oben* laif/GAMMA/Eric CATARINA; *rechts oben* imago/PANORAMIC/SIMONDAVAL; *links, 2. + 3. von oben* Universal Music GmbH; *links, 4. von oben* Barbara C.; *rechts unten* Hassan Ouazzani; *links, 5. von oben* action press/Collection Christophel – **S. 69** *links* Corbis/Retna Ltd./Beowulf Sheehan; *Mitte* „Aya de Yopougon" Marguerite Abouet & Clément Oubrerie, Bayou © Éditions Gallimard Jeunesse 2005; *rechts* action press/Collection Christophel; – **S. 71** *1. von links* Shutterstock/AGIF; *2. von links* Corbis/Reuters/RUSSELL BOYCE; *3. von links* picture-alliance/dpa; *4. von links* Shutterstock/joyfull – **S. 72** *oben rechts* Fotolia/DiversityStudio; *Mitte links* picture-alliance/Africa Media Online/Aliou Mbaye; *Mitte rechts* Fotolia/bertauxn; *unten links* action press/Hennig, Karsten; *Smileys* Colourbox/Elena Duvernay – **S. 73** *oben rechts* mauritius images/Alamy/Bartek Wrzesniowski; *Smiley* Colourbox/Elena Duvernay; *unten, 1. von links* Fotolia/Aleksandar Todorovic; *unten, 2. von links* Glow Images/imageBROKER; *unten, 3. von links* F1online/AGE/Tondini; *unten, 4. von links* Clip Dealer/Julija Sapic; *unten, 5. von links* Glow Images/imageBROKER; *unten, 6. von links* picture-alliance/Africa Media Online/Africa Imagery/Ariadne Van Zandbergen – **S. 74** F1online/AGE/Jorge Fernández – **S. 75** www.trigon-film.org – **S. 76** *oben links* OKAPIA/imageBROKER/Bernard Jaubert; *oben Mitte* Corbis/photocuisine/Nurra; *oben rechts* mauritius images/Alamy/Friedrich Stark; *unten links* Shutterstock/africa924; *unten Mitte* picture-alliance/Anadolu Agency/Stringer; *unten rechts* laif/Philipp Engelhorn – **S. 77** *oben links* Corbis/Godong/Philippe Lissac; *oben Mitte* Association Oujda Arts; *oben rechts* Shutterstock/Filipe B. Varela; *Mitte, 1. von links* DOUZI; *Mitte, 2. von links* mauritius images/Alamy/Andrew Michael; *unten links* laif/HOA-QUI/Michel HUET; *unten rechts* Youri Lenquette – **S. 80** *a–c* Cornelsen/Wilimek; *Mitte rechts* shutterstock/koya979 – **S. 81** *a* shutterstock/kosam; *b* shutterstock/Patrick Breig; *c* imago/Peter Widmann – **S. 82** *a* shutterstock/Koya 979; *b* shutterstock/Africa Studio; *c* shutterstock/tavi; *unten* Cornelsen/Monika Schulze – **S. 83** *oben* picture alliance/dpa/Horst Galuschka; *unten* Fotolia/philippe Devanne – **S. 84** action press/Collection Christophel – **S. 85** *1.* Clip Dealer/Mamuka Gotsiridze; *2.* Shutterstock/Nata-Art; *3.* Clip Dealer/Igor Zakowski; *4. + 5.* action press/Collection Christophel; *6.* action press/Everett Collection – **S. 86** „Entre les murs" Laurent Cantet, Haut et Court 2008, Photos: Pierre Millon – **S. 87** *oben, v. links n. rechts:* action press/Everett Collection/Sony Pictures; action press/Collection Christophel; „Entre les murs" Laurent Cantet, Haut et Court 2008, Photos: Pierre Millon; action press/Collection Christophel; „Entre les murs" Laurent Cantet, Haut et Court 2008, Photos: Pierre Millon; action press/Everett Collection; *unten* „Entre les murs" Laurent Cantet, Haut et Court 2008, Photos: Pierre Millon – **S. 88** Glow Images/Cultura/Nancy Honey – **S. 89** *1* Corbis/Reuters; *7* action press/BECKER + BREDEL GbR; *4* picture-alliance/dpa; *10* SZ Photo /Scherl – **S. 90** *links* Interfoto/Bouserath; *rechts* Photoshot/UPPA – **S. 91** Clip Dealer/Igor Zakowski – **S. 93** *1. von links* imago/Steinach; *2. von links* bpk/The Trustees of the British Museum; *3. von links* Clip Dealer/Cora Müller; *4. von links* bpk/Daniel Chodowiecki – **S. 94** Danone Eaux France – **S. 95** *oben links* AFNOR Certification; *oben rechts* European Union, 1995–2015; *Mitte* REFEDD 2012 – **S. 96** *Mitte* Shutterstock/Pinkyone; *unten* F1online/Cultura/Zero Creatives – **S. 97** *unten* Fotolia/by-studio; *unten links* Fotolia/Bank-Bank; *unten rechts* Fotolia/Africa Studio – **S. 98** *oben* Cornelsen/Lennart Fischer; *unten links* F1online/AGF-Foto/Tips Images – *unten rechts* Shutterstock/stocker1970 – **S. 99** *oben links* Fotolia/joseph_hilfiger; *oben rechts* Fotofinder/LEEMAGE; *unten links* F1online/AGE/Norbert Scanella; *unten rechts* Fotolia/thier – **S. 100** Corbis/Ann Summa – **S. 102** Glow Images/Superstock/Stephen Simpson – **S. 103** *oben, links* „Putain de guerre" Jacques Tardi, Jean-Pierre Verney, © Casterman – Avec l'aimable autorisation des auteurs et des Éditions Casterman; *oben rechts* „Le Code noir" Jacques Martin, © Casterman– Avec l'aimable autorisation des auteurs et des Éditions Casterman; *2. von oben, links* „Jungle urbaine 1. Lola" Kash, Coll. L'Harmattan BD © Editions l'Harmattan 2012; *2. von oben, rechts* „Les Légendaires – Origines, volume 1", Sobral – Nadou, © Éditions Delcourt 2012; *3. von oben, links* „Pico Bogue: La Vie et Moi" © DARGAUD 2008 by Dormal & Roques www.dargaud.com All rights reserved; *3. von oben, rechts* „Tamara: Faites comme chez vous" © Dupuis, 2006 – Zidrou & Darasse www.dupuis.com All rights reserved; *4. von oben links* „Corto Maltese. La ballade de la mer salée" paru aux Editions Casterman 2007 © 1967 Cong SA, Suisse. Tous droits réservés. www.cong-pratt.com; *4. von oben, rechts* „La Marche du crabe, tome 1" © Éditions Soleil/De Pins – **S. 104** *oben links* imago/Panoramic/RenaudJoubert; *unten links* Corbis/KIPA/Christophe Russeil; *unten rechts* Cornelsen/François Schuitten/FIBD 2003 – **S. 109** *oben rechts* Shutterstock/LDprod; *unten* Cornelsen/Barbara Jantzen – **S. 110** *oben* imago/EQ images; *unten* Corbis/ZUMA Press/Wiktor Dabkowski – **S. 112** picture alliance/dpa– **S. 115** imago/United Archives – **S. 124** laif/REA/Benoit DECOUT – **S. 125** Cornelsen/Barbara Jantzen – **S. 126** picture-alliance/maxppp/PHOTOPQR – **S. 128** Cornelsen/Barbara Jantzen – **S. 134** *oben links* Corbis/People Avenue/Stephane Cardinale; *oben rechts* imago/ZUMA/Keystone; *unten links* laif/GAMMA/BEDDER BRYAN – **S. 135** *oben* laif/hemis.fr/Jean DU BOISBERRANGER; *unten* laif/HOA-QUI/Maurice ASCANI – **S. 136** *oben* laif/HOA-QUI/Michel RENAUDEAU; *Mitte* laif/HOA-QUI/Cecile TREAL et Jean-Michel RUIZ; *unten* Photoshot/MINT Images/Frans Lanting – **S. 137** *oben* laif/Bruno Morandi; *unten* laif/Guenay Ulutuncok – **S. 167** *oben* laif/Gordon Welters; *unten* Corbis/photocuisine/Radvaner.

Texte/Cartoons:
S. 8, 9, 10, 11 „La Page Blanche", Bagieu – Boulet (c) Éditions Delcourt – 2012 – **S. 16** „Premier chagrin" Eva Kavian, 2011, Éditions Mijade – **S. 18** „Boulard 1, En mode cool", Erroc & Mauricet, 2013 Bamboo Édition – **S. 40, 41** ClairiKine – **S. 60, 61** *Mitte* Fabrice Hervieu-Wane, „Aujourd'hui au Sénégal", Aurélia Fronty, © Editions Gallimard Jeunesse 2005 – **S. 62, 63** Marguerite Abouet, „Aya de Yopougon", Clément Oubrerie, © Editions Gallimard Jeunesse 2005 – **S. 71** Patouche Editions/Sony/ATV Music Publishing France Sony/ATV Music Publishing (Germany) GmbH, Berlin/D'Inca, Michael – **S. 96** *oben* „Grrreeny Tome 1, Vert un jour, vert toujours", Midam/Glénat, Mad Fabrik 2012 – **S. 106–107** „Bande dessinée – Apprendre et comprendre", Trondheim – Garcia, © Éditions Delcourt 2006 – **S. 112, 113** „Ich fühle mich als Beruf: Franzose in Deutschland – Corsogespräch mit Emmanuel Peterfalvi alias Alfons", Deutschlandradio 2013 – **S. 123** „Quai D'Orsay: Tome 2" © DARGAUD 2011 by Blain & Lanzac wwww.dargaud.com All rights reserved

Glossaire | Glossar – Übungsanweisungen

A	**affiche**, l' *f.*	das Plakat
	avantage, l' *m.*	der Vorteil
B	**bulle**, la	die Sprechblase
C	**chacun/chacune**	jeder, jede
	combinaison, la	die Kombination, die Zuordnung
	commenter qc	etw. kommentieren
	comparer qc	etw. vergleichen
	compléter qc	etw. ausfüllen, ergänzen
	convenir	passen, zutreffen
	correspondre à qc	etw. entsprechen
D	**décrire qc**	etw. beschreiben
	devinette, la	das Ratespiel
E	**encadré**, l' *m.*	der Kasten
	enregistrement, l' *m.*	die Aufnahme
	exposer qc	etw. darlegen, etw. vorstellen
	expression, l' *f.*	die Redewendung, der Ausdruck
F	**fiche**, la	die Karteikarte, der Steckbrief
	former qc	etw. bilden
H	**hypothèse**, l' *f.*	die Hypothese, die Vermutung
J	**justifier qc**	etw. begründen
M	**se mettre d'accord**	sich einigen
	mettre qc en commun	etw. zusammentragen
N	**narratrice**, la	die Erzählerin
	nommer qc	etw. nennen
O	**ordre**, l' *m.*	die Reihenfolge
P	**par cœur**	auswendig
	paragraphe, le	der Absatz
	partie, la	der Teil
	passage, le	der Abschnitt
R	**relever qc**	etw. notieren
	remplir qc	etw. ausfüllen
	réponse, la	die Antwort
	résumer qc	etw. zusammenfassen
S	**schéma**, le	das Schaubild
	si nécessaire	wenn nötig
	sous forme de	in Form von, als
	suivant / suivante	folgend
	survoler qc	etw. überfliegen
T	**tableau**, le	die Tabelle
	tour, le	der Rundgang
	traduire qc	etw. übersetzen
U	**utile** *m./f.*	nützlich
V	**vignette**, la	die Comiczeichnung, das Einzelbild

présent

Verben auf **-er**	Verben auf **-ir**, **-re**
-e	-s
-es	-s
-e	-t (-d)
-ons	
-ez	
-ent	

Fast alle Verbformen haben im *présent* diese Endungen.
Beim Verbstamm gibt es aber Unterschiede. (▶ *Verbes*, p. 138–143)
Ausnahmen:

être	nous sommes, vous êtes	**faire**	vous faites, ils font
avoir	j'ai, il a, ils ont	**offrir**	wird wie die Verben auf *-er* konjugiert
aller	il va, ils vont	**ouvrir**	wird wie die Verben auf *-er* konjugiert
découvrir	wird wie die Verben auf *-er* konjugiert	**pouvoir**	je peux, tu peux
dire	vous dites	**vouloir**	je veux, tu veux

subjonctif	imparfait	conditionnel présent	futur simple
-e	-ais	-ais	-ai
-es	-ais	-ais	-as
-e	-ait	-ait	-a
-ions	-ions	-ions	-ons
-iez	-iez	-iez	-ez
-ent	-aient	-aient	-ont

Der Stamm wird abgeleitet vom:

présent,	**présent,**	**infinitif:**
3. Person Plural:	1. Person Plural:	
ils parlent	nous parlons	parler
ils réagissent	nous réagissons	réagir
ils perdent	nous perdons	perdre

Ausnahmen:

aller	que j'aille, que nous allions
avoir	que j'aie, que nous ayons
boire	que je boive, que nous buvions
croire	que je croie, que nous croyions
décevoir	que je déçoive, que nous décevions
devoir	que je doive, que nous devions
envoyer	que j'envoie, que nous envoyions
être	que je sois, que nous soyons
faire	que je fasse, que nous fassions
falloir	qu'il faille
pouvoir	que je puisse, que nous puissions
prendre	que je prenne, que nous prenions
savoir	que je sache, que nous sachions
venir	que je vienne, que nous venions
tenir	que je tienne, que nous tenions
voir	que je voie, que nous voyions
vouloir	que je veuille, que nous voulions

Die Formen von *tu*, *il/elle/on* und *ils/elles* haben alle denselben Stamm wie die *je*-Form.
Die *vous*-Form hat denselben Stamm wie die *nous*-Form.

Ausnahme:

être	j'étais

Ausnahmen (*conditionnel présent, futur simple*):

acheter	j'achèterais	j'achèterai
aller	j'irais	j'irai
amener	j'amènerais	j'amènerai
appeler	j'appellerais	j'appellerai
avoir	j'aurais	j'aurai
courir	je courrais	je courrai
décevoir	je décevrais	je décevrai
devenir	je deviendrais	je deviendrai
devoir	je devrais	je devrai
être	je serais	je serai
s'ennuyer	je m'ennuierais	je m'ennuierai
envoyer	j'enverrais	j'enverrai
essayer	j'essaierais	j'essaierai
faire	je ferais	je ferai
falloir	il faudrait	il faudra
jeter	je jetterais	je jetterai
payer	je paierais	je paierai
pleuvoir	il pleuvrait	il pleuvra
pouvoir	je pourrais	je pourrai
prévenir	je préviendrais	je préviendrai
savoir	je saurais	je saurai
tenir	je tiendrais	je tiendrai
venir	je viendrais	je viendrai
voir	je verrais	je verrai
vouloir	je voudrais	je voudrai